P9-AQI-599

烈焰之岛

斯大林格勒"街垒"火炮工厂攻防战

THE BATTLE FOR
THE BARRIKADY GUN FACTORY
IN STALINGRAD
1942.11-1943.2

【下册】

编著·胡毅秉 丛丕

人民日报出版社

图书在版编目（CIP）数据

烈焰之岛 ： 斯大林格勒"街垒"火炮工厂攻防战 ：
全 2 册 / 胡毅秉，丛丕编著． -- 北京 ： 人民日报出版社，
2016.2
ISBN 978-7-5115-3617-4

Ⅰ．①烈… Ⅱ．①胡… ②丛… Ⅲ．①斯大林格勒保
卫战（1942～1943）－史料 Ⅳ．① E512.9

中国版本图书馆 CIP 数据核字 (2016) 第 021389 号

书　　名：**烈焰之岛：斯大林格勒"街垒"火炮工厂攻防战 1942. 11-1943. 2**
作　　者：胡毅秉 丛丕 编著

出 版 人：董　伟
责任编辑：周海燕
封面设计：崎峻文化
策划制作：崎峻文化·左立

出版发行：人民日报出版社
社　　址：北京金台西路 2 号
邮政编码：100733
发行热线：（010）65369509 65369527 65369846 65363528
邮购热线：（010）65369530 65363527
编辑热线：（010）65369518
网　　址：www.peopledailypress.com
经　　销：新华书店
印　　刷：重庆共创印务有限公司

开　　本：787mm×1092mm　1/16
字　　数：600 千字
印　　张：38.5
印　　次：2016 年 3 月第 1 版　 2016 年 3 月第 1 次印刷

书　　号：ISBN 978-7-5115-3617-4
定　　价：159.60 元（全 2 册）

目录

前 言

斯大林格勒战役一向被认为是第二次世界大战的转折性战役，一个精锐的德国集团军在伏尔加河畔的覆灭对于轴心国集团的沉重打击是毋庸置疑的，而对世界反法西斯阵营的鼓舞则是意义非凡的。正因为如此，战后东西方都出版了诸多关于斯大林格勒战役的书籍，拍摄了多部以此为背景的影视作品，对这场战役的方方面面进行了再现和诠释，即使在这一背景下，本书仍然以其独特的视角、细致入微的笔触呈现了斯大林格勒巷战的真实面貌，值得读者耐心品读。本书并不是一部反映斯大林格勒战役全景的作品，而是聚焦于苏德两军围绕斯大林格勒北部城区一个重要目标——"街垒"火炮工厂而展开的争夺战。"街垒"并不是该厂在这场战役期间的临时称谓，而是一直以来的厂名，它的含义非常明确，充满了布尔什维克色彩——对于经历了19世纪革命风暴的欧洲来说，"街垒"几乎就是暴力革命的象征。这场鏖战相比规模宏大的整个战役而言非常小，却可作为充满徒劳无谓、残酷无情和命运无常的斯大林格勒战役的完美象征。

本书叙事的起始时间是1942年11月初，德军经过一个多月的激战已经占领了斯大林格勒90%的城区，将苏军压缩到伏尔加河畔的几处桥头堡中。为了最后占领全城，德军特意从后方调来5个精锐工兵营投入"街垒"工厂方向，在11月11日开始的最后攻势中，将防守工厂的苏军步兵第138师分割包围在伏尔加河边一处宽不过300多米、纵深不过400多米的狭小空间内，由此形成了一座三面临敌、一面背水，被战火环绕的"孤岛"，苏军以步兵第138师师长的名字将这个小桥头堡称为"柳德尼科夫岛"。数百名苏军官兵在近乎弹尽粮绝的情况下，以高昂的斗志和超人的顽强顶住了德军的猛攻，给进攻者造成了惊人的损失——5个特遣工兵营在仅仅两周战斗后全都残破不堪，只能就地解散，混编入其他部队，"街垒"工厂战斗的残酷血腥可见一斑。随着苏军转入反攻并将德军第6集团军包围，"街垒"工厂周边的攻守角色互换，苏军以"柳德尼科夫岛"为跳板展开进攻，收复失地，然而陷入困境的德军官兵也表现出了不亚于对手的坚韧，顽强固守，直至1943年2月2日战役落幕，"街垒"工厂是斯大林格勒包围圈中最后投降的德军据点之一。围绕着"柳德尼科夫岛"的激烈战斗，从而得出了本书的书名——《烈焰之岛》。

本书大量引用了苏德两军部队的作战记录和档案资料，清晰呈现了战斗过程，更为可贵的是还记录了很多战役亲历者的回忆以及德军官兵从前线写给亲友的信件（其中很多信件的主人早已在包围圈或战停营中死亡），透过这些经历漫长岁月保留下来的珍贵文字，挖掘出很多鲜为人知的战场细节。通过这种方式，本书将"街垒"工厂的战斗做了最大程度的微观化，它不再是作战地图上抽象的箭头和符号，而是细化为围绕每一座建筑、每一个房间、每一堵墙壁甚至每一块砖头瓦砾的殊死争夺，以及在极端困难、近于绝望的境况下双方士兵的心态变化和情感宣泄。特别值得提及的是，本书德方资料的收集是克服极大困难后完成的，作为失败者，斯大林格勒对于德军官兵及其家属而言是一个耻辱和污点，是一个稍一触摸就隐隐作痛的伤疤，很多被围德军官兵至今仍被列为"失踪人员"，他们的家人在苦苦等待中度过了一生，那些幸存的老兵乐于回忆让他们倍感自豪的胜利，而不愿回想在欧洲边缘的一座城市里那场艰苦卓绝的厮杀。例如有个德国军官在战后连续50多年参加战友聚会，却从未把自己参加过斯大林格勒之战的事实告诉最好的朋友。

为了便于读者阅读，有几点问题需要说明：1. 在苏联作战的德军按德国时间作息，从1942年11月2日3时起，德军所有钟表都被拨慢一个小时，设为德国冬令时，相当于东一时区，而斯大林格勒位于东三时区。为了避免时区差异造成的混淆，本书已将所有苏联时间换算为德国时间。2. 关于战场地名的标注，德方和苏方都为"街垒"地区的每幢建筑指定了数字名称，本书中德方名称均使用"楼"（例如81号楼），苏方名称则用"房"（例如63号房），在使用德方名称时在其后注明苏方名称，例如"81号楼［63号房］"，反之亦然。对于"街垒"工厂厂房，德方名称使用"厂房"，苏方使用"车间"。部分地点双方都使用了代号，比如原工厂行政管理楼被德军称为"政委楼"，苏军称为"Π形房"。为行文方便，全书统一使用一个名称，但在直接引用原文时会加以说明。3. 本书将大量人物的简历制作成脚注附在文中，其基本格式是：姓名、最终晋升的军衔、曾获的高级荣誉、所属部队、出生时间及地点、阵亡或去世的时间及地点。

丛丕

2015年11月

僵持不下

1942年11月26日

苏军不知道（实际上大多数德军普通士兵也不知道）的是，将被打残的德军部队进行重组和合并其实是突围的前提条件，这些师旅若想在穿越冰原的艰苦行军中找到任何生存机会，就必须精简机构并抛弃所有多余的行李。每过一天，苏军的包围圈就会收紧一分，而德军成功突围的机会也会相应减少一分。希特勒向来不喜欢让部队突围，现在他更是坚定地把一切"放弃"斯大林格勒的意见拒之门外，因为在他看来这意味着拱手让出3个月来流了无数鲜血换取的战果。因此元首命令第6集团军就地坚守，等待援军到来。

当然，蜷缩在光线暗淡的地窖或寒气袭人的战壕里的一线士兵对此一无所知。就连指挥士兵的军官也所知甚少，而且他们知道的只是流言和道听途说。雷滕迈尔上尉在日记里记录了自己的感想："今天早上前线明显安静多了。南边的敌人又在进攻，我们这一带一切都比较平静。我们听说我军有一个师过早地破坏了他们的车辆[1]。"

* * *

另一方面，在雷滕迈尔认为"明显安静多了"的"街垒"工厂一带，仍在发生着人们习以为常的事件。整个晚上，德军都在用小型武器、机枪和零星的迫击炮火射击柳德尼科夫部和扎伊采夫斯基岛。在佩钦纽克负责的地段，守在悬崖顶部战壕里的第578掷弹兵团的步兵朝水泵和"滚轴"小分队投掷了手榴弹。苏军各部为了报复则频繁以小型武器和机枪对德军据点猛烈射击，并伴以成排投出的手榴弹。炮兵也做了系统的射击，在惯常的炮击模式中穿插了不少火力急袭。经过两个星期尸山血海的战斗，这些交火在双方疲惫不堪的士兵看来确实"明显安静多了"。

佩钦纽克团的观察员确认，德军在政委楼和83号楼 [64号房] 之间架了3门迫击炮，他们还在84号楼 [65号房] 右侧15 ~ 20米处发现了一挺轻机枪。和以往一样，苏军各部不分昼夜地密切监视着德军动向。佩钦纽克团接到了师指挥部下达的第27号命令，准备发动原定于11月23日发起的进攻："命令：你团应组织人力物力充分开展土工作业。为了实施此次作战，应彻底摸清敌占楼房的布防情况，发现敌人埋设的地雷。"

* * *

暂停进攻作战后，第305步兵师加强了自己的各个据点，做好长期固守的准备。楼房周围的雷场变得更密集了，带刺铁丝网又多了好几道，战壕都被挖深，弹药也被大量贮存。机枪手把机枪架在能发挥最大作用的地方，迫击炮手对敌人可能接近的路线都做了标定，预备队则集结在防线后方的建筑物地下室里，随时准备发起反击。为了确保防线稳固，德军采取了所有能想到的措施。最前沿据点的守备任务很快就会使士兵的神经不堪重负，因此德军还制定了定时轮换制度。雷滕迈尔上尉在日记中写道：

"在10时左右，我将与在伏尔加河沿岸驻守的皮特曼上尉换防，然后在12时我会去团指挥所，13时30分回到我们的营指挥所。我会在19时左右视察我们的阵地。"

几乎可以肯定，苏军观察员注意到了雷滕迈

---

1. 他说的是第94步兵师在1942年11月23日夜到24日晨那次遭到惨败的撤退。

尔的第1营换下皮特曼的第3营的行动，因为步兵第138师当晚提交的每日报告提到：

"敌人继续构筑工事。这一天，我师前线的敌人没有实施任何进攻行动。有小股敌军士兵调动，表明敌人可能在准备对我师各部发起攻击。"

此时第6集团军已经被围近5天，为了确保守住阵地，不得不采取一些必要的措施，其中最重要的措施之一就是节约弹药和食品，定量配给制度开始在各部紧急施行，雷滕迈尔写道："上级指示我们要非常节俭地使用弹药和口粮，因此我们只能领到维持战斗力所必需的数量。面包的定量是375克，今后几天我们还会再领到一些马肉，补给只能靠飞机运进来。谁能逃出这个漫天风雪的地方？"

在19时，第51军下发了第120号军长令。命令一开始就毫不含糊地说明了自一个星期前苏军开始反攻以来形成的局面：

"我集团军由于友邻地段发生的战斗而被包围，现在必须坚守阵地直至最后一刻。每个师的任务都是一句话：一步都不准后退！无论哪里的阵地丢失了，都必须毫不迟疑地夺回来。解围部队已经出发。补给将通过飞机运进来。"

随后命令列出了各师为节省弹药消耗和增加战斗力量而需要采取的措施：

"在这次战斗中，必须动员所有可用的部队（包括每一个人和每一件武器）投入战场。在这次战斗中我军处于固守待援的境地，无论这种状态会持续多久，我们都必须以最经济的方式使用弹药，严格合理地控制燃料消耗，谨慎节约其余所有物资，就连蜡烛和纸张也不例外。必须将所有可用库存集中起来，以便战友间按平等互惠的原则充分利用。

"指挥官必须确保手下的每一个士兵都遵守这些要求，以求将他们塑造成一个坚定勇敢、服从命令的整体。任何违背这些要求的行为都是在背叛我军坚守到底的坚强决心，必须受到严惩，严重者甚至可处以极刑。

"必须动用一切可行的手段进一步改造和加固阵地，首要措施是以在火力控制下的障碍和雷场充分保护阵地，不得以作战疲劳和消耗过大为由推迟对阵地的加固工作，必须严格实施此类作业。只要做好这些工作，就会换来伤亡减少、阵地防御能力提高的回报。

"各师的师长有权归并各部来获得有战斗力的部队，有权减少辎重队的人员数量，等等。如有意采取此类措施需上报……

"必须节约使用弹药，对任何目标都只能以相应的（换言之，威力足够的）武器射击。如果重步兵炮足以应付，就不得动用大炮。要严格控制射击次数。

"应将散落各地的弹药集中起来。每一发炮弹都是宝贵的！只要稍加注意，就可找到相当数量的弹药。

"要节约使用燃料！只要现状持续下去，每公里不必要的行车都是犯罪！通信兵必须更多地利用他们的双腿、自行车或马匹。必须出行的人员应该多人同行，做到一次完成多项使命。"

最后，为了强调局势的严峻，命令还针对"独苗"政策做了说明：

"目前，我们无法照顾'家中仅剩的独苗'之类的人，因为形势要求我们将每一个能够作战的人推上战场。"

* * *

接管可能是斯大林格勒最危险的地段后，雷滕迈尔上尉对由他的营把守的阵地做了一次巡察。他负责的前线地段起自"阑尾沟"和"食指沟"之间的地峡，沿伏尔加河边的悬崖顶部延伸，绕过"滚轴"沟，止于"水泵沟"（一座砖砌的小变电站是该处的防御支撑点）。第578掷弹兵团其余部队的前线则从该处折回西边未完工楼房和84号楼［65号房］的阵地，止于公园中央一片由战壕和掩蔽部组成的迷宫。在前沿阵地后方，79号楼［07号房］、83号楼［64号房］、81号楼［63号房］和政委楼都是坚固的堡垒，能够以机枪弹雨淹没任何进攻的苏军部队。雷滕迈尔在日记中写道：

"在19时，罗明格尔中尉[1]（Rominger）和我视察了阵地。天上挂着明亮的满月，寒风凛冽，雪花纷飞。阵地紧贴着河边。各条冲沟都有良好的保护。几乎每一处阵地附近都有俄国人驻防，双方的距离近得可以互掷手榴弹。反坦克炮架设在前沿阵地中，用于阻止伏尔加河上的航船。在我们的防御地段中央，前线向北弯曲的地方，我们的士兵正在构筑一条通到河边悬崖边缘的壕沟，以便占据有利地形，他们只要再挖5～8米就能完工了。

"政委楼是一座有许多地下室的大楼。我自己正坐在53号楼下面的一个地下室里，这座楼原是供暖设施的一部分。天花板上有个大洞，有道梯子从入口通到我的住处。在地面上矗立着一堵10米高的砖墙的残迹。如果有必要，我们可以在墙上打通出口。

"大家都在利用这个机会写信，我也一样。我们比往常更思念亲人。"

按照一份11月26日第51军向第6集团军报告前线部署战斗士兵人数的备忘录[2]，雷滕迈尔手下总共有66名战斗士兵可用来防守他负责的地段。第305步兵师所属各部的战斗士兵人数及各部指挥官如下[4]：第576团第2营（布劳恩少校）——76人，第576团第3营（肯普特上尉[3]）——75人，第577团第2营（温克勒中尉）——132人，第577团第3营（魏特曼上尉）——131人，第578

1942年11月26日双方的伤亡情况
苏军步兵第138师：没有确切数字
德军第305步兵师：7人阵亡，1名军官和17名士兵受伤

团第1营（雷滕迈尔上尉）——66人，师预备队第578团第2营（施瓦茨上尉）——172人，第578团第3营（皮特曼上尉）——77人，第305工兵营（特劳布上尉）——45人，第162工兵营（克吕格少校）——99人，第294工兵营（魏曼少校）——40人，第336工兵营（隆特上尉）——92人，第44突击连（扬森下士）——38人。

他们北边的友邻部队——第389步兵师的实力如下[5]：第544团第1营——195人，第544团第3营——220人，第545团第1营——86人，第545团第3营——90人，第546团第1营——88人，第546团第3营——139人，第389自行车营——53人。

他们面对的是步兵第138师在伏尔加河西岸的508人，其中42人是伤员，此外，还有91名不属于该师的人员。步兵第138师作战地段的总兵力是599人。他们的武器包括344支步枪、69支冲锋枪、19挺轻机枪、2挺重机枪、3门反坦克炮、3支反坦克枪和1挺高射机枪。

1942年11月27日

舒服地躺在相对安全的地下室里，再不用关心进攻的事，于是许多德军官兵陷入沉思，纷纷想起了故乡的亲人。

"现在是5时，"雷滕迈尔写道，"我的亲人在家乡，应该还在甜美的睡梦中。这很好，他们没必要知道我们的境遇，因为这只会让他们更焦虑、更担心。总医院已经不再收容高烧39或40摄氏度的病人，至少到11月29日为止是这样。"

1. 路德维希·罗明格尔中尉（Ludwig Rominger），第576掷弹兵团第13连，1943年1月25日获得金质德意志十字奖章，其余信息不详。

2. 但是必须指出的是，这些数字似乎是按照11月25日部队重新编组之前的各部实力和构成统计的。

3. 汉斯·肯普特少校（Hans Kempter），第576掷弹兵团第3营，1895年8月11日生，1980年7月12日卒于兰茨胡特。

4. 不知为什么，这份清单里没有列出第50装甲工兵营。

5. 这份清单里没有列出第45和第389工兵营。

伤员已经使德军的医院和救护站人满为患，自从包围圈形成以来，伤员得到一流水平医治的唯一机会就是搭乘飞机离开，住进苏联内地的大医院。第一批飞机在11月23日降落，但是根本不足以减少伤员人数。在空运行动的头五天，总共有119架次降落在包围圈内（五天的数字分别是29、20、31、27和12架次），机型包括Ju 52、Ju 86和Ju 90。可惜如今没有资料能证明这几天有多少伤员飞出包围圈，但肯定不到1000人[1]。被送到急救站的伤员远远超过飞机疏散的伤员人数。第6集团军面临着令人担心的局面：医护人员只顾得上照料伤员，而雷滕迈尔上尉这样的指挥官则为部下的健康深感忧虑。

* * *

11月27日比前一天更平静。步兵第138师继续固守原来的阵地，德军也没有显出一丁点进攻的意思。整整一天，德军只是用迫击炮零星射击了苏军的防线，并继续朝水泵和"滚轴"小分队投掷手榴弹。德军的机枪火力点则比较卖力，系统地扫射了周围区域，架在未完工楼房右侧的1挺重机枪和1挺轻机枪尤其活跃。德军狙击手也频繁出手，架在政委楼和83号楼[64号房]之间的迫击炮则时不时投射弹幕。苏军的3个团以步枪和机枪射击了活跃的德军据点，并继续观察德军动向。柳德尼科夫师已经知道其他地段的某些德军部队正在撤退，但苏军担心退却的德军可能掉头攻击北面的戈罗霍夫集群。因此，柳德尼科夫命令部下发现当面德军有撤退迹象就立刻上报，即使是极细微的迹象也不能忽视。

在下午13时40分，例行的交火被一架德军的Ju 88飞机打断。这架飞机自东南向西北飞越"街垒"战场，但没有投弹。双方都暂时停止了射击，抬头观察这个低空飞行的不速之客。当它消失在

远方之后，步枪的脆响再度回荡在战场上。苏军炮兵的零星射击持续了一个下午。

步兵第138师的兵力：位于西岸的总人数——517人，其中42人是伤员，不属于该师的人员——89人。该师作战地段内的总人数——606人。武器装备：344支步枪、69支冲锋枪、19挺轻机枪、2挺重机枪、4门反坦克炮、3支反坦克枪和1挺高射机枪。

* * *

夜里，雷滕迈尔仍然思绪万千：

"晚饭时（我们把一整天的食物都放在晚上吃），我拿到两份报纸，日期分别是10月31日和11月6日，另外还有一封11月6日从家里寄来的信。读信的时候，我满脑子都想着家里，我家房子的每一个角落都浮现在我眼前，每一个细节都是那么真实。比起待在这里，谁都想回家陪着老婆孩子。要摆脱这样的念头是很难的，但是为了家里的亲人，我们必须留在这里坚持战斗。外面刮着寒冷刺骨的东风，还在下小雪。"

第305装甲歼击营第1连的汉斯·卢兹二等兵（Hans Luz）是架在悬崖顶上的一门75毫米反坦克炮的炮组成员，他的炮长是瓦尔特·克尼特尔下士[2]（Walter Knittel）：

"在11月22日，我们接管了伏尔加河边上一处极其危险的阵地。那里只有后方没有敌人，也就是说，俄国人从三面包围着我们，我们和俄国人隔着大约80米的距离。我们的任务是扰乱伏尔加河上的船运交通，并且在敌人的攻击下守住这个阵地。你们也许想象得到，那里一直非常热闹。我们在那里只守了一个星期。虽然一开始很成功，但是在11月27日，命运给了我们重重一击。这天晚上，我们这个炮组有4个人被一发迫击炮弹放倒。当时两个弟兄、克尼特尔下士和我正在大炮

---

1. 截至12月9日共有741架次运输机抵达，运走6441名伤员，平均每架次运输8～9名伤员，以此推算空运前五天运送伤员不足1000人。

2. 瓦尔特·克尼特尔下士，第305装甲歼击营第1连，1914年11月2日生于梅青根，1942年11月27日阵亡于斯大林格勒。

边上忙碌，敌人的炮弹正好落在大炮上爆炸了。我立刻被炸翻在地，身上中了很多弹片。尽管如此，我的神志还是很清醒，立刻环顾四周，想看看弟兄们怎样了。不幸的是，克尼特尔下士就躺在我边上，右大腿被弹片打出了一个很大的伤口。没有受伤的弟兄立刻把他抬进我们的地堡里，对他进行了急救，稍后他们把我也抬了进去。另一个弟兄当场就被炸死了，还有一个受了轻伤。接着大家检查了克尼特尔和我的伤势。不幸的是，他几分钟后就失去知觉，最后因为失血过多英勇战死了。我在斯大林格勒一直待到1942年12月18日，然后被飞机运到包围圈外面的萨利斯克。"

由于局势不断恶化，很多像卢兹二等兵这样的伤员（甚至包括许多在11月攻势初期受伤的人）都被长期困在包围圈内。第45工兵营第2连的卡尔·克劳斯二等兵在11月11日身负重伤，此后就躺在戈罗季谢教堂冰冷的石砌地板上：

"那时我已经记不清我在这座房子里躺了多久了，而就在这段时间里，第6集团军被团团包围了！

"我身上多处受伤，所以只有手臂和头部能动。卫生员把我抬上一辆在等候的救护车，但我没被送上飞机，而是被丢进了一间开阔的地窖里。我在那里又被一片呻吟和哭叫包围，但是既没人照料也没有东西可吃。时不时会有几个人被抬出去，我非常嫉妒他们，这主要是因为我相信他们是被送去机场了。后来我才愧疚地发现，这些弟兄里面有好多人已经死了。气温跌得更加厉害，已经到了零下20度到零下25度。我不记得自己在这个开阔的老鼠洞里躺了多久，幸亏身上裹着纸袋，再加上又在发高烧，我才没有被活活冻死。

"后来我终于被抬了出去，送进一个木棚，躺在一块凹地里。风雪从木板的缝隙直往里灌。那里是个临时搭建的手术室，我的绷带终于被拆掉了，一个长着花白胡子的老医生给我做了检查。

"诊断结果：除了许多伤口以外，还长了坏疽。我很清楚这意味着什么，死刑判决？

"医生说：'小伙子，落到我手里算你走运。我是从第一次世界大战干到现在的少数坏疽专家之一，不用截肢就能治好它。'接着他用乙醚麻醉，给我动了手术，但是因为乙醚很紧缺，所以我很快就因为疼痛难忍而恢复了知觉。（后来我又在包围圈外面接受了三次手术，全都成功了。）直到今天我还是全胳膊全腿的！

"接着我被送到一顶很大的医疗帐篷里（大概是在斯大林格勒斯基附近）。俄国人的步兵突破了阵地，子弹嗖嗖地穿过帐篷，卫生员们纷纷进入帐篷周围的防御阵地。突然，传来一阵发动机的轰鸣和鸣笛的尖啸，还伴随着可怕的爆炸声——德国的'斯图卡'飞机救了我们。

"我们得到了德国红十字会的姐妹们的照顾。这些勇敢的小姑娘决定留下来陪我们，让我觉得很过意不去。过了很长时间以后，我们又领到了茶和薄脆饼干，还有大约25克马肉，死去和冻硬的马都被人用斧子分成了小块。我的高烧持续了几个星期，体温一直徘徊在41.3度到41.8度。'缝纫机'常在晚上光临，不分青红皂白地扔下炸弹，根本不管下面是不是医疗帐篷。我们全都很清楚，如果伊万突破了防线，我们会有什么下场：假设卡拉奇还没被占领，有一趟运伤员的列车正要往西开，那么俄国人的第一辆坦克就会直奔火车站的入口。俄国人会把伤员和医护人员统统赶下火车，在零下25度的严寒中，用水浇遍他们全身！后来，俄国战俘冷静而沉默地把我抬出帐篷，塞进一辆正在等候的救护车。车子载着我去了古姆拉克机场！在我眼里，机场上等候的 Ju 52 就是一部长着天使翅膀的机器。但是西伯利亚来的暴风雪太冷了！天色渐渐变暗，好几架飞机飞走了，但是我的飞机还趴在地上，因为天太冷，发动机转不起来，飞行员气得七窍生烟。单机飞行

在1942年11月下旬第6集团军陷入包围后，几十万德军官兵的给养完全依靠空运来维持，伤员也只能乘飞机撤离，但是德国空军的空运能力根本无法满足空中补给的需要，疏散伤员的数量也很有限。上图是1942年底飞往斯大林格勒包围圈的德军 Ju 52 型运输机，下图是一群德军士兵将伤员送上运输机，注意他们中很多人还穿着夏季制服。

1942年11月27日双方的伤亡情况
苏军步兵第138师：无人伤亡
德军第305步兵师：19人受伤[1]

意味着被击落的可能性大大增加，因为没有战斗机护航。最后，经过许多努力，发动机终于发出了美妙的声响。飞行员小心地操作着，没让发动机熄火。这种飞机在俄国战斗机面前基本上是不堪一击的，我们能平安逃出去全靠黑暗的掩护。这是我第一次坐飞机[2]。我们降落在莫洛索夫斯卡亚，上一年秋天我们曾在那里度过了许多美好的日子。我的住处是一幢上下两层的楼房，它只有几扇窗子和门还在。我被放在一楼，过道和楼梯都被冻结的人体脓血和浸透血液的绷带铺满了。过了很长时间，我们被安置到一顶医疗帐篷里，摆在地上准备继续运往后方。空袭持续不断，城区和许多红十字帐篷都挨了炸弹。我们这里最受欢迎的人是一位维也纳来的牧师，他在一顶帐篷里和所有伤员一起被炸死了，我们全都放声大哭。俄国人突破了奇尔河防线……"

1942年11月28日

在平静的夜间，趁着德军活动最少的时候，步兵第650团的防区里举行了一次授勋仪式。尼古拉·费奥多罗维奇·巴拉诺夫中士(Nikolai Fedorovich Baranov)、约瑟夫·安德烈耶维奇·莫塔梅夫中士(Iosif Andreyevich Motamev)、格里戈利·伊万诺维奇·普罗斯科诺斯列兵(Grigory Ivanovich Ploskonos)、尼古拉·米哈伊洛维奇·斯米尔诺夫列兵(Nikolai Mikhailovich Smirnov)和菲利普·米哈伊洛维奇·季莫菲耶夫列兵(Filip Mikhailovich Timofiyev)被授予勇敢奖章。众人喝了庆功酒，

然后回到各自的岗位。

在3时，步兵第138师报告说："在我师前线，敌人继续用小型武器、机枪和零星的迫击炮火作有规律的射击，未发现敌人有积极的作战和调动。"佩钦纽克的步兵第650团则报告说："敌人仍守在他们原先的据点中。在昨天晚上和今天白天，他们的射击很频繁，小型武器和机枪尤其活跃，他们还偶尔朝'滚轴'和水泵投掷手榴弹。"各团都加强了对德军射击情况的观察，以标定他们的火力点并做特别关照。伏尔加河东岸的苏军炮兵射击了偶尔暴露的目标和已经判明的德军火力点。在刚刚过去的这一个晚上，苏军的3个团都报告自身无一人伤亡。

在6时，第51军报告了夜间在第305步兵师地段发生的情况：

"在火炮厂以东，敌人的若干突击队被击退。在储油设施区西南的冲沟内，我军肃清了渗透进来的敌军部队。"

* * *

虽然自从德军被包围以来，柳德尼科夫部受到的压力明显减轻，但他们仍处在危机四伏的境地。此时他们的前沿阵地分布如下：

步兵第768团——伏尔加河河岸到48号房[95号楼]、列宁大道与48号房[95号楼]东南冲沟交汇处、泰梅尔街北端的冲沟。

步兵第344团——47号房[78号楼]西北50米处、"街垒"工厂铁路支线沿线、40号房[68号楼]、41号房[75号楼]（不含）、列宁大道。

步兵第650团——花园南侧边缘、41号房[75号楼]以东150米处、水泵沟处的伏尔加河河岸。

此外，步兵第138师向第62集团军报告说："在猛烈炮火掩护下通过小船运来的弹药和口粮还

---

1. 不知为什么，克尼特尔下士和第305装甲歼击营第1连另一个无名士兵的死亡没有被列入第305步兵师通常每天上午提交的伤亡报告。

2. 后来为了庆祝克劳斯的80大寿，他的儿子安排他乘坐极少数仍能飞行的Ju 52型运输机之一又飞了一次。不用说，卡尔·克劳斯第二次乘坐Ju 52的飞行比第一次平安得多。

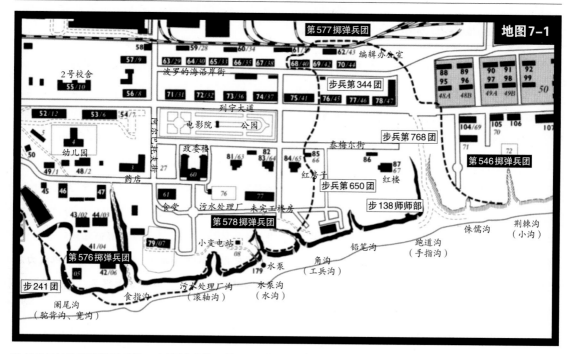

■ 1942年11月28日苏军步兵第138师的防御态势，尽管斯大林格勒城外苏军已经发起反攻，但该师的处境仍无改善，一面背水，三面被围。

不能满足部队需要，浮冰增加了渡河的困难。"德军在自己控制的地段尽了最大努力阻止任何船只渡过伏尔加河，而第578掷弹兵团在伏尔加河悬崖上的前进阵地使他们能够观察很长一段伏尔加河的航道。雷滕迈尔上尉报告说："在中午，临近13时，俄国人在我们南面大约两公里的地方组织船只准备渡过伏尔加河。我们本身对此无能为力，因此我将这件事上报到团部。"团部将这个情报传递给了第79步兵师，因为这些船只是在该师的防区渡河的，不过该师自己的观察员也已经发现了小船。与此相比，观察员发现的另一个动向要让德军上下紧张得多，据第179炮兵团报告："在伏尔加河对岸，观察到卡车和其他车辆频繁往来。有一辆卡车载着浮舟……一些小型船只多次渡河。在网格80a，敌人已经建起一个登陆场。伏尔加河航道两边聚集着顺流而下的冰凌。"

德军最不想看到的就是苏军架起横跨伏尔加河的浮桥，从而获得来自对岸的大量增援。而随着冬意日渐浓重，伏尔加河的河冰会变得越来越厚，不久整条河道就会封冻，形成跨越宽广的伏尔加河的天然桥梁。这一切只是时间问题，而在那之前，德军将尽一切努力干扰苏军渡河。

* * *

苏军集中火力打击德军活跃射击孔的战术收到了效果，雷滕迈尔也在他的日记中提了一笔：

"现在我们的敌人让我们很不舒服。每天都有人伤亡……元首下了命令：'坚守伏尔加河边的堡垒，我将竭尽所能来缓解你们受到的压力。'集团军司令保卢斯将军又给这道命令加了一句；'从明天起，口粮配额减半。'"

元首的命令是在11月27日下发到第6集团军各师的："斯大林格勒及周边阵地必须坚守至解围为止。"保卢斯补充的说明则指出集团军已经被包围，但不能放弃现有阵地："总司令部为了从外部打破包围圈，已经在调兵遣将了。"这是被围将士第一次全面了解到自己所处的危险境地。雷滕迈尔上尉费尽心机地研读上级传达的自相矛盾的信息，试图从中理清头绪。获救的希望、尽忠职守的信念和明显不断恶化的处境相互冲突，令他深感苦恼。雷滕迈尔爱兵如子，而已经51岁的他

1942年11月28日双方的伤亡情况
苏军步兵第138师：没有确切数字
德军第305步兵师：1人阵亡，1名军官和6名士兵受伤

事实上要比许多士兵的父亲年纪更大。他的几个儿子与他的部下是同龄人，再加上他还当过几十年的教师，因此他把这些士兵几乎都看作亲生儿子一样。他感到自己肩负着照顾他们、抚养他们和引导他们的重大责任，因此希特勒的"固守"命令在这令人不知所措的局面下给他提供了一些指导，让他觉得自己肩上的重担总有卸下的时候。

他们只需要就地坚持，等援军到来就好。但实际上，他的部下将不得不靠减半的口粮"固守"，因为第51军在11月26日向所辖各师下发了减少每日口粮配额的命令。随着这道即时生效的命令下达，每个人的每日口粮将包括：400克面包（正常情况下是750克）、120克猪肉或马肉、相当于标准配额一半的蔬菜（正常情况下是250克）、30克油脂（正常情况下是60克）或相当于标准配额五分之三的果酱（正常情况下是200克）；晚餐仍然按标准配额供给，食糖是40克，盐是标准配额的一半（正常情况下是15克）；如果有需要，可以供应三份兑水的饮料；最后，对士兵来说重要性不亚于主食的香烟和雪茄也减半发放（正常情况下是7支香烟或2支雪茄）。各师最迟应在11月29日向第51军报告现有库存。

除了削减口粮配给，命令还要求减少弹药消耗。第51军在前一天晚上22时40分发出了有关的备忘录，其中说道：

"因为陆军总司令部采取的行动措施需要一定时间才能奏效，所以集团军的命运首先取决于弹药。必须极其小心地节省库存弹药以及预期将通过空运送达的补充弹药，确保它们足以支撑到包围圈被打破为止。如果做不到这一点，我集团军就将处于无力自保的状态，换言之就是将被消灭。必须向每个人明确这一要求。因此，必须尽

量做到以最低的弹药使用量换取最大的战果，务必向每一个士兵灌输这一理念！"

然后备忘录又提出了几条具体措施：

"弹药只能被用来消灭目标。每消灭一个较大的目标（迫击炮、反坦克炮、机枪、大批人员等）都要向团级指挥机关报告，并说明弹药用量。

"只准对已明确识别的目标（而不是疑似的目标）开火。

"必须在有效射程内开火。保持冷静！精确瞄准或装定射击诸元！严格执行射击纪律！

"应将大队敌人放近，然后趁其不备以火力急袭。采用这种打法，效果会大得多，而弹药消耗会少得多。

"飞机运来的少量火炮弹药对我军来说是特别宝贵的，因此对这些弹药的使用要特别强调上述指导方针。少做弹幕射击，只有在步兵火力不足的情况下才可使用炮兵火力。任何情况下都禁止使用大炮射击个别人员或侦察分队，最好只用于在有利的距离上射击已经识别的敌军集群、工事或重武器。要求以特别谨慎和严格的态度监控弹药消耗量，确保部队按照这些指导方针严格执行射击纪律。

"如果能做到这些要求，胜利必将属于我们。我集团军将会击退敌人的所有进攻，坚持到援军到达。"

但是苏方记录中却有大量证据可以证明，柳德尼科夫岛周围的德军并没有减少扣扳机的次数，例如步兵第138师的战争日记中就提到：

"敌人继续用小型武器和机枪有规律地射击。船只由于遇到猛烈炮火，无法为我师运来足够的口粮和弹药，河上的浮冰也妨碍了渡河。步兵第138师与友邻部队仍未取得联系。"

苏军的渡船是"已明确识别的目标"，而且德军的火力似乎取得了一些战果，据雷滕迈尔记录："夜里，俄国人企图冲击我们的阵地，但是经过短

兵相接的战斗后被击退。在伏尔加河上我们击毁了两艘船,一艘是用反坦克炮打的,另一艘是用机枪干掉的。"

1942年11月29日

德军还是日夜不停地用机枪射击渡河的船只。当天黑看不见船时,伏尔加河悬崖顶上的哨兵只要听到像是船桨击水或者桨架嘎吱作响的声音,就会朝河道中扫射。不过,大多数时候他们听到的其实是浮冰相互擦撞以及小块碎冰落水的声音……当然,有时德国机枪手也会交上好运。一旦他们确认自己发现的是渡船,一串串子弹就会画着弧线飞向那不幸的小船和船员。令人惊讶的是,大多数时候,小船能缓慢地划进悬崖下面的死角,或者躲到向河中突出的峭壁后面,从而逃过一劫,步兵第138师就通过这样细水长流的方式获得刚够保证生存的补给。但是要不了多久,这条生命线也会被切断,这只是时间问题,该师在当天的报告中紧张地记录道:"伏尔加河上出现大冰凌,妨碍了船只渡河。"

* * *

德军的机枪按照每天的惯例射击了苏军阵地。苏军还报告德军的炮击有所增强,此外苏军自己的炮弹有时飞得不够远,也会落进苏军阵地(主要是落在河岸上),保护柳德尼科夫的指挥所的那个排有两人受伤。

第578掷弹兵团的迫击炮从84号楼[65号房]、幼儿园和未完工楼房对步兵第650团的前沿防御阵地轰击了一整天,狙击手和冲锋枪手也很活跃,"滚轴"小分队和水泵遭到手榴弹攻击。佩钦纽克的步兵发现德军有个别或三五成群的人员在小变电站一带跑动,立刻用猛烈的火力将他们

1942年11月29日双方的伤亡情况
苏军步兵第138师:没有确切数字
德军第305步兵师:没有确切数字

放倒。苏军各团一边继续监视德军动向,一边用小型武器和机枪还击,并引导重炮轰击德军炮位。佩钦纽克有两名部下被狙击手和迫击炮火击伤。

雷滕迈尔上尉在日记中记录了当天的事件:

"对我们来说,今天和别的日子没什么两样……炮弹和平时一样,在9时到12时之间带着轰然巨响落在我们周围的废墟上,巨大的砖石碎块像雨点一般砸到我们地下室防护薄弱的天花板上。人们围在火炉边或坐或躺,外面冷得很:温度在零下15度到零下21度之间。我们有一台收音机,靠着它我们才知道家乡是什么情况。我们和家乡的亲人听着一样的歌曲……要是我们能隔着万水千山和他们通话就好了,哪怕只是简单地说一句:'我们活着。'

"我们现在的处境就像死囚在等待行刑,不知道什么时候就会等来一刀。不过,我们还是很有信心,元首会把我们救出这个包围圈的。"

起初,第305步兵师的大部分官兵都相信他们能逃出斯大林格勒的这个捕鼠笼,但是随着日子一天天过去,这个信念逐渐动摇了。第305工兵营第3连的施泰格中尉回忆说:

"被包围后,我们的士气一落千丈。我们彼此之间开始公开议论说,这场战争终究要输掉,尽管我们都相信宣传的口号:'集团军被包围了。坚持下去,元首会救你们出去的!'但是就连这点希望也很快消失了。"

1942年11月30日

前一天苏军看见小股德军在小变电站附近奔跑,这是有原因的。德军在这一地段的指挥官非常清楚渡河的小船只要一进入伏尔加河悬崖下的死角就可高枕无忧,于是他们决定把几挺机枪布置到离河更近的地方来阻断河上交通。只是说起来容易做起来难,因为小变电站下方的悬崖和河岸是苏军控制的,侵入那块区域要冒很大的生命

危险。尽管如此,德军还是派出了由无畏的机枪手和掷弹兵组成的一个班。步兵第138师在当天的报告中写道:"在小变电站一带,有一小队敌人带着两挺轻机枪企图下到伏尔加河边阻止运送补给的船只渡河,但是步兵第650团把他们全部消灭了。"

这些勇敢但运气不佳的德国机枪手并不知道,当天晚上其实一艘船都不会来。河里的浮冰已经大大增加,变得特别密集,因此船只无法渡河到达柳德尼科夫岛。这些小划艇当然无法完全满足步兵第138师的弹药和口粮需求,但它们提供了相当大的帮助。为这些渡船提供船员的独立舟桥第107营蒙受了重大损失,在1942年11月21日到30日的这十天时间里,这个营有6人牺牲,18人负伤。他们在这段时间里往返23次,输送了80名援兵、2部便携式电台和相应的蓄电池、13吨弹药和食品,还将70名伤员疏散到后方。每晚都勇敢地执行这一危险任务的船员有卡利亚诺夫中尉(Kalyanov)、M.V.邦达尔丘克技术上士(M.V.Bondarchuk),以及战士舍斯塔科夫(Shestakov)、久谢诺夫(Dyusenov)、沃罗申(Voloshin)、希巴耶夫(Shibayev)、格列别纽克(Grebenyuk)、梅什金(Myshkin)、叶列梅耶夫(Yeremeyev)和奥西波夫(Osipov)——他们最后全都因为表现英勇而获得嘉奖。

在1942年11月30日,密集的浮冰再次阻断了补给线。柳德尼科夫后来回忆起为步兵第138师运送补给的英雄时写道:"红旗步兵第138师头发花白的老兵们都愿意向舟桥兵和伏尔加河区舰队的水兵鞠躬致敬,他们驾着渔船和装甲汽艇一次次为我们送货,他们知道我们需要什么……"

* * *

德军在这一天没有发动任何攻击,只是偶尔对苏军部队开火。他们使用未完工楼房里的迫击炮和"街垒"工厂里的重迫击炮轰击了步兵第650团的防守部队,79号楼[07号房]的机枪和位于未完工楼房以北40~50米处的一个机枪火力点,始终用火力控制着伏尔加河。苏军在小变电站附近又发现个别德军在跑动。德军狙击手们仍然很活跃。佩钦纽克的团有五人受伤。

■ 留存至今的小变电站,仍然占据着悬崖上的制高点,在斯大林格勒战役中这座变电站是德军重要的防御枢纽部。

1942年11月30日双方的伤亡情况
苏军步兵第138师：没有确切数字
德军第305步兵师：3人阵亡，15人受伤，共计18人

雷滕迈尔上尉又在一封信中向后方的亲友传达了自己的想法：

"再过四个星期左右，圣诞节就到了。昨天是基督降临节的第一天，真希望对我们来说降临节能保持它的本意，为我们带来重获自由的曙光。

"俄国飞机撒下了一些传单：'你们被包围了，红军的任务就是歼灭你们。'后面照例是劝说我们投诚的文字。

"晚上送饭的人来到阵地上，大家七嘴八舌地向他们问了许多问题。形势怎样，是好是坏？大家想知道是不是有一个匈牙利骑兵师正在（从卡尔梅克草原）赶来。昨天，俄国人乘坐几艘小船渡过了伏尔加河。这一次他们渡河的地点更靠近上游，有一挺重机枪开了火，我们左边的友邻部队没有动静。现在是10时左右，俄国人的大炮又开始朝我们发出诅咒。"

1942年12月1日

午夜时分，苏军观察员发现未完工楼房附近有人活动。显然那里的德军正在接收援兵。柳德尼科夫也利用这个机会堵住了自己防线上的几个漏洞。在20时，佩钦纽克少校接到师部发来的第088号命令：

"派一个由中级指挥员领导的5人小分队，到被击毁的坦克一带布防，以堵住步兵第344团左翼和步兵第650团右翼之间的缺口。"

两个团之间的这个缺口是在已被夷为平地的公园里，位于列宁大道边上，路中央躺着一辆在德军最后几次进攻中被击毁放弃的德国突击炮残骸。对苏联守军来说这个地段很危险，因为75号楼[41号房]里的德军很容易观察到公园里的任何动静，也可以轻松地以猛烈的自动武器火力横

扫这片区域。然而这毕竟是防线上的一个缺口，柳德尼科夫还是希望把它堵住。

这一天又过得比较平静。步兵第138师的战争日记写道：

"敌人继续用机枪和步枪射击我师部队。我师各部以小型武器和机枪向敌还击。"

步兵第650团的战斗日志则提供了更多细节：

"在我团防线前面，敌人修筑了大量高于伏尔加河及河中岛屿的防御据点、预备阵地和护堤，沿着一条有利的防线布置了火力点。

"在小变电站、长排红色楼房、未完工楼房和更右侧被毁的拖车下方，都有机枪朝我军射击。敌人的狙击手也进行了一些活动。我们还听到从敌人那里定时传来狗吠声。

"我团目前正据守防线，密切监视敌人动向，并以小型武器和机枪对敌枪炮掩体进行射击。

"团部人员今天两次领到了热饭。"

后勤供应还是很紧张，正如前一天的记录所述，伏尔加河上的冰凌变得越来越大，而在12月的第一天，伏尔加河的河面完全被一层薄冰覆盖，只有一艘小船克服万难成功过河。

* * *

这一天，被围德军低落的情绪至少曾暂时振奋了一下。雷滕迈尔上尉写道："上级向所有人宣读了元首的命令，内容是明确而且充满自信的。它宣称俄国人的这次进攻就像在哈尔科夫那次那样，一定会以他们的毁灭而告终。集团军在元首命令后面附上的指示是这样开头的：'集团军被包围了。弟兄们，这不是你们的错。你们要就地坚守，元首一定会打破包围圈，把你们救出去。'"

希特勒的手谕全文如下：

"争夺斯大林格勒的战斗正在进入高潮，敌人已经突破了德国军队的后方，正在拼死进攻，企图重新夺回伏尔加河畔这座具有决定意义的堡垒的控制权。此时此刻，我和全体德国人民的心都

和你们在一起。

"你们无论如何都必须守住已经在斯大林格勒占领的阵地，这些阵地是你们在勇猛刚毅的将领指挥下，流了无数鲜血才换来的。

"我们一定会像今年春天在哈尔科夫所做的那样，凭借不可动摇的坚强意志，通过已经开始实施的应变措施，使俄国人的这次突破以他们的毁灭而告终。

"我将在我力所能及的范围内，尽量支持你们进行这场英勇的战斗。"

保卢斯则在希特勒的命令后面补充了如下指示，为部下鼓劲：

"集团军被包围了，这不是你们的错。你们一如既往地英勇善战，即使敌人出现在后方也能战胜。我们已经在这里战胜过他们，他们不会实现在这里歼灭我们的目标。

"我必须对你们提出很高的要求：除了在冰天雪地里忍饥挨饿，你们还必须保持顽强的斗志和高昂的士气，顶住数量占优的敌人的所有攻击。

"元首已经答应帮助我们，我们必须坚持到援军抵达。只要集团军全体官兵团结一心，我们就能做到这一点。

"因此务必要坚持下去，元首必定会救我们脱离苦海的。"

这两通宣言在一定程度上确实鼓舞了被围部队的士气，但正如雷滕迈尔所写，真正驱散广大官兵心头阴云的是另一条消息："据说司令部还收到一封电报，上面是这样说的：'挺住，我这就过来！冯·曼斯坦因。'我们立刻信心百倍，就算还要再苦熬几天，就算所有东西都得省着用，也不在话下了。既然有了援军正在赶来的确实消息，那么我们什么都能忍耐。"

如释重负而且精神大振的雷滕迈尔视察了前线部队，甚至冒险拜访了小变电站的守军：

1. 塞德利茨指挥的第51军的临时番号。

1942 年 12 月 1 日双方的伤亡情况
苏军步兵第 138 师：没有确切数字
德军第 305 步兵师：3 人阵亡，4 人受伤，共计 7 人

"对我们来说，这个夜晚很平静。我去了另一个阵地陪着战友们，每天晚上都有手榴弹飞过来。此时此刻，我们离敌人只有 15 米，我们还在挖掘离他们更近的壕沟。现在是 20 时 30 分，今天我们的敌人已经开始打炮了，比前几天早了一个小时。在 23 时，他们进行了一些不规则的拦阻射击。在我们看来，这些射击表面上似乎是临时起意，其实是经过精心计算的。"

1942 年 12 月 2 日

凌晨时分，黑暗仍然笼罩大地时，第578掷弹兵团的团长马克斯·利泽克中校走访了前线。他还冒险视察了最突前也最举足轻重的据点之一：79 号楼 [07 号房]。这座楼房的射界几乎达到 270 度，也就是说机枪可以轻松扫射这个扇面内的任何地方。德军还采取了其他措施加固这座楼房：他们从后方挖了一条很长的壕沟通到楼内，在窗口和门口都设了坚固的掩体，并且妥善地布设了电话线。当利泽克在楼里时，苏军早早地开始了他们的焰火表演，利泽克一直等到这阵火焰风暴过去才回到指挥所。

利泽克的团在这一天奉命交出了自己的一小部分兵力。塞德利茨集群[1]（Gruppe Seydlitz）下发的第123号命令要求"将第44步兵师的突击连从第305步兵师调出，遣至巴布尔津回归原建制。第305步兵师将另外得到一个罗马尼亚连"。

在11月26日的实力报告中，该突击连尚有38人。在12月3日，他们离开了自己在"街垒"工厂以东的阵地，按照第44步兵师师史的说法，"经过斯大林格勒城内的作战后，约有30人"在扬森下士率领下返回。这个突击连的下列人员因为作战有功将在1942年12月26日获得二级铁十字勋章：约瑟夫·埃格特一等兵（Josef Egerth）、瓦尔特·西马诺夫斯基二等兵[1]（Walter Simanovsky）、约瑟夫·舒斯特二等兵（Josef Schuster）、格奥尔格·博米施二等兵[2]（Georg Boemisch）、约翰·霍列兵（Johann Hoh）、格奥尔格·赖格尔列兵（Georg Reigl）、保罗·卡佩尔列兵（Paul Kappel）、埃米尔·赫特尔列兵[3]（Emil Hertel）、埃米尔·阿佩尔特列兵[4]（Emil Appelt）、马丁·施图姆福尔上等列兵[5]（Martin Stumvoll）、约瑟夫·祖默列兵（Josef Summer）、约翰·霍夫曼列兵（Johann Hoffmann），他们负伤的连长维利·金德勒中尉在同一天被授予一级铁十字勋章。

对突击连的30多名幸存者来说，这次调动其实是避坑落井。第44步兵师的奥地利小伙子们在斯大林格勒以西的辽阔雪原上面临着残酷的战斗，而巴布尔津一带的战斗强度更是无出其右。瓦尔特·西马诺夫斯基二等兵就在12月14日战死于该地，而埃米尔·赫特尔列兵和埃米尔·阿佩尔特列兵分别在12月16日和1943年1月7日步其后尘。在饱经战火摧残的火炮厂英勇奋战、九死一生之后，突击连仅存的成员在冰雪覆盖的荒原上一个接一个地凋零，只有那些运气足够好、在受伤后搭乘飞机逃离的人才能为这群奥地利人在"街垒"工厂的牺牲作证。

* * *

按照柳德尼科夫堵住两个团接合部缺口的命令，步兵第650团的一个五人小分队在米罗什尼琴科中尉（Miroshchnichenko）率领下进入76号楼［45号房］以东的公园并前进了100米。公园里

高大美丽的白桦树现在只剩一些残桩，树桩之间的土地则被弹坑、壕沟和掩体分割得支离破碎。双方都利用从附近房屋拆来的梁柱和木板加固掩体，但是连绵不绝的炮火早已把所有材料和泥土搅拌在一起。米罗什尼琴科中尉和他的部下在这里构筑了一个防御据点，并通过一条横穿列宁大道的壕沟与步兵第344团的阵地连成一片。至于中尉等人后来的命运如何，我们不得而知。

* * *

前线的情况并无变化。德军继续加强工事，偶尔用步枪和机枪射击。为了摧毁德军的火力点并杀伤其有生力量，柳德尼科夫命令自己的炮兵积极行动，轰平敌人的每一个大炮和迫击炮阵地——在这次战役中他还是第一次下这样的命令，他手下的步兵团也接到了类似的命令。在12时30分，师指挥部下发了第089号命令："消灭可观察到的敌军目标，并用各种武器不断射击疑似的目标。迫使敌人更快地消耗其弹药。"到这个时候，苏军已经察觉到德军的后勤问题，知道他们需要节约弹药。

步兵第650团在战斗日志中写道：

"我团前沿的敌军地面部队没有实施任何积极行动，只是偶尔以大炮和迫击炮射击。通过观察确定敌人正在忙于加强其防御支撑点。发现有一股15人的敌军穿着伪装服从白色的五层楼房[6]跑进位于Π形房［政委楼］东北方的原指挥所楼房［83号楼］。我团继续坚守现有防线，对敌军动向进行了连续观察，并组织了小型武器和机枪射击。我团各部总计损失14人，其中5人负伤。"

已经被围两个星期之久的德军惊讶地发现苏

---

1. 瓦尔特·西马诺夫斯基二等兵，第44突击连，1922年1月20日生，1942年12月14日阵亡于斯大林格勒。

2. 格奥尔格·博米施二等兵，第44突击连，1922年4月21日生，1944年5月28日阵亡于意大利。

3. 埃米尔·赫特尔列兵，第44突击连，1923年12月30日生，1942年12月16日阵亡于斯大林格勒。

4. 埃米尔·阿佩尔特列兵，第44突击连，1922年6月11日生于罗森费尔德，1943年1月7日阵亡于斯大林格勒。

5. 马丁·施图姆福尔上等列兵，第44突击连（第80工兵营第3连），1921年9月11日生，2004年卒于维也纳。

6. 可能是指药店。

■ 随着苏军在斯大林格勒城外发起反攻，并进而包围了第6集团军，德军在斯大林格勒城内的进攻偃旗息鼓了，包括第305步兵师在内的德军各部转入防御，等待解围，上图是两名德军步兵从一座工厂废墟内警惕地向外观望，防备苏军可能的进攻。

■ 在德军停止进攻后,"柳德尼科夫岛"上的苏联守军获得了喘息的机会,并且开始积极准备投入反攻,打破包围圈,与集团军主力重新建立联系,上图是两名苏军士兵在战壕内低声交谈,从照片中可以观察到交通壕配有构筑良好的顶盖。

1942年12月2日双方的伤亡情况	
苏军步兵第138师：没有确切数字	
德军第305步兵师：2人阵亡，8人受伤，共计10人	

军方面竟然还有士兵叛逃，雷滕迈尔在日记中记录道："在21时，两个逃兵向我们投诚，他们是在友邻部队的阵地（储油设施区）爬过我们的防线的。"德军已经陷入重重包围，眼看就要弹尽粮绝，这种情况下还有苏军投敌简直不可思议，但是这种现象确实发生了，而且一直持续到1月为止。这些普通的苏军士兵肯定是被交战双方的宣传严重迷惑了，失去了对战场真实情况的判断力，以至于不敢相信这一次德军确实被包围了：他们觉得自己的军官在误导他们，还以为被包围的是己方部队。

1942年12月3日

第62集团军在这天早上开始实施彻底歼灭被围德军的行动，步兵第95师和第138师的残部也要为此出力。柳德尼科夫向步兵第650和768团下发了第090号命令，要求他们准备实施从11月23日起就在策划的进攻作战。根据德方资料记载，苏军的炮火准备从6时开始，持续了3个小时。雷滕迈尔在日记中写道：

"这几天，在早晨的这几个小时（6时～9时），敌人的封锁炮火有时会逐渐增强。这意味着他们的进攻快要来了。在8时15分，我们右侧的友邻部队和敌人拼了一阵手榴弹。后方的包围圈还是继续封闭着，我们还是没有自由，也没法和包围圈外面通信。上午我们望了望下面的伏尔加河，满意地发现它还没有封冻。要是河面封冻以后过河的敌人越来越多怎么办？我们的使命就是在我们现在站立的地方死守，要么胜利，要么死去。"

从雷滕迈尔听天由命的语气可以看出，大多数德军官兵都接受了自己被赋予的使命，但是他们担心苏军很快就会从伏尔加河对面发起猛攻。

不过在此时此刻，他们必须先顶住转守为攻的苏军发动的第一波攻势。

在10时30分，步兵第138师在左右两翼都派出了小规模的突击队攻击德军。步兵第768团的突击队将德军赶出了49号房东南100米处的几个地堡，并推进了70米，为此付出了1死12伤的代价。步兵第650团的攻击则没有这么顺利，他们能够动用的兵力没有多少，目标却定得很大——突击队得到的命令是拿下未完工楼房、小变电站、政委楼和药店。这四个目标都是德军重兵把守的坚固据点。以什卡利纳上尉（Shkarina）为首的突击队刚一冒头，就遭到暴风骤雨般的机枪火力打击，伤亡惨重，郁闷的德军士兵把一肚子火气都发泄在攻击者身上。佩钦纽克后来报告说："在我军突击队前进过程中，敌军的一支突击队向我猛烈开火。"在短短几分钟内，什卡利纳上尉的突击队就损失了8个人，占其兵力的60%左右，这次进攻完全失败了。托波尔科夫上尉的突击队试图进攻，但也无法前进。步兵第650团的损失是2名士兵死亡，另有3名军官、2名士官和4名士兵负伤，共计11人。

11时，在挫败苏军进攻后，德军用机枪和迫击炮继续射击苏军前沿阵地。德军的火力点吐出许多火舌，把已经确认和疑似的苏军阵地都扫射了一遍。

雷滕迈尔提到的拼手榴弹的战斗其实是步兵第95师发起的进攻，苏军这两个师的进攻没有协同，而是分别在不同时间开始的。以下内容摘自步兵第95师的战斗日志：

"为了执行集团军司令部的第202号命令和师指挥部的第27号命令，步兵第90团第1营和第2营以及步兵第161团在8时发起进攻。他们冲到铁丝网前，被敌人精心组织的小型武器和机枪火力所阻止。

"步兵第90团以小分队形式作战。截至11时，

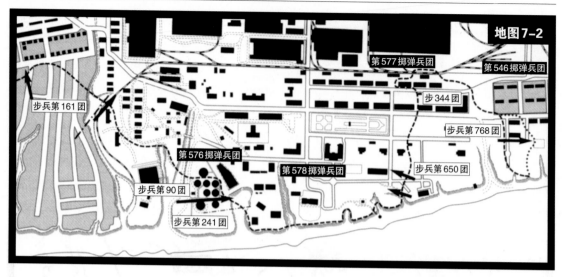

地图 7-2

第577掷弹兵团　第546掷弹兵团　步兵第161团　步344团　步兵第768团　第576掷弹兵团　第578掷弹兵团　步兵第650团　步兵第90团　步兵第241团

■ 1942年12月3日上午，苏军步兵第95师和第138师对德军占领地区展开攻击。

有一个10人小分队攻占了储油设施区附近的一个敌军掩蔽部。

"步兵第161团的左翼部队前进了25～30米，逼近机器街上的一个炮兵掩体，他们在这里受阻于机枪火力。

"步兵第241团据守其先前的阵地，为步兵第90团的突击队提供了掩护火力。"

为了这点微不足道的战果，苏军付出了严重伤亡：步兵第161团伤亡41人，步兵第90团伤亡27人，步兵第241团虽然只损失了5人，但其中一名死者是该团的团长——伊万·库兹米奇·卡尔梅科夫少校，他在前任团长丹尼尔·弗拉基米罗维奇·杜纳耶夫斯基少校(Dannil Vladimirovich Dunayevsky)负伤后，从1942年9月28日起担任该团团长，卡尔梅科夫指挥这个团经受住了最严峻的考验。在他牺牲后继任团长的是尼古拉·彼得罗维奇·布达林少校[1](Nikolai Petrovich Budarin)。布达林于1910年5月生于坦波夫州的查基诺，酷爱运动，具有非凡的组织能力。他在1932-1934年间加入红军，曾以营教导员身份参与了1939-1940年的苏芬战争。从"巴巴罗萨"行动的第一天起他就上了前线，

1942年12月3日双方的伤亡情况
苏军步兵第138师：3人阵亡，21人受伤，共计24人
德军第305步兵师：11人阵亡，14人受伤，4人失踪

1941年冬曾在莫斯科附近奋战，他以自己勇猛的表现和大胆的进攻精神鼓舞了步兵第241团久战疲惫的指战员们。

1942年12月4日

"昨天晚上送饭的人带来一些消息，"雷滕迈尔在日记中写道，"从明天起，我们可以领到正常配额的口粮了，邮件应该也会送到，因为包围圈已经被打破了。我们不能确定这消息是否属实，但是我们相信它是真的，因为这是我们最殷切的期望。我们又可以畅快地呼吸了，折磨我们神经的噩梦退散了。"

这条虚假而且可以说是非常残酷的消息一度激起了德军官兵的希望，当它最终被证明不实之后，又使人们的情绪更加低落。雪上加霜的是，雷滕迈尔对于伏尔加河封冻的担忧（前一天他刚在日记里提到）也成真了。从12月3日夜到4日晨，西岸和扎伊采夫斯基岛之间的河道在一夜之间冻得结结实实。对苏军来说，这是一个喜忧参半的

1. 尼古拉·彼得罗维奇·布达林少校，苏联英雄，步兵第241团，1910年5月生于查基诺，1943年11月6日伤重不治。

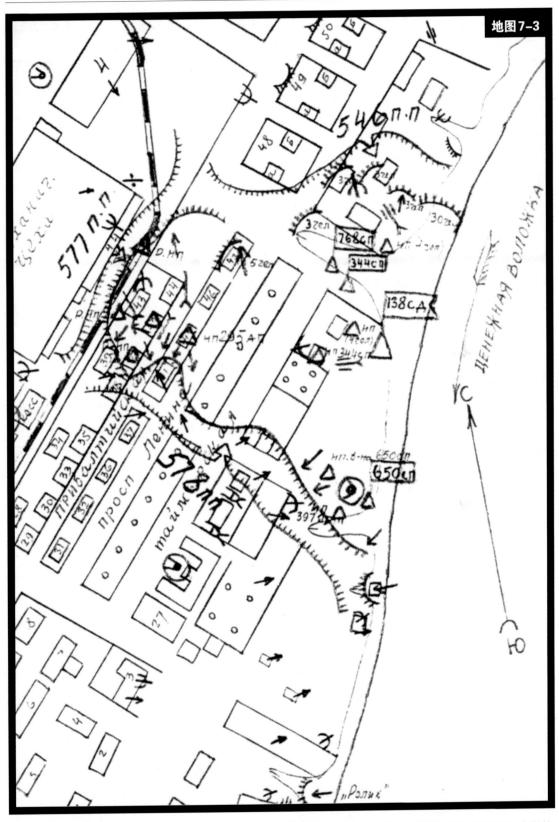

地图7-3

■ 这幅苏军步兵第138师绘制的战斗草图显示了该师在1942年12月4日的形势，图中标出了苏德双方的武器（箭头表示轻机枪，半圆弧加一划表示重机枪）以及苏军的观察所（以三角形表示），在防区纵深还部署有火炮阵地。

情况。显而易见的好处是：危险的浮冰期结束了，补给终于可以直接越过冰封的河道送上前线了。事实上，当天晚上扎伊采夫斯基岛和柳德尼科夫岛之间就开始频繁交通。不过，由于敌人的冷枪打得很准，暴露的人员在伏尔加河上运动反而更加困难，在白天基本上不可能与对岸联络。另一方面，柳德尼科夫部后勤和通信困难的缓解并没有让第62集团军司令部的人们松一口气，以崔可夫为首的指挥员们担心河道封冻后柳德尼科夫岛反而可能失守，因为德军可以利用这个机会攻下伏尔加河中真正的岛屿——扎伊采夫斯基岛。崔可夫手下的一个参谋——阿纳托利·格里戈里耶维奇·梅列什科中尉[1]（Anatoli Grigoryevich Mereshko）记得，当时他们更担心的是德军在城市南部以同样手法夺取戈洛德内岛，进而包围第62集团军的所有部队，然后照梅列什科直白的说法就是"把我们全收拾掉"。为了防止德军包围步兵第138师，崔可夫早在11月就命令机炮第400营在扎伊采夫斯基岛布防。其实德军就连这样的尝试都不曾有过，但即使仗打到这个地步，即使德军已经被围两个星期之久，苏军指挥员心中还是觉得德军很有可能对兵力枯竭的守城部队发动新的进攻。

柳德尼科夫岛上的情况还是没有变化，德军用密集的步枪和机枪火力阻止苏军部队运动。步兵第650团的防区全天都遭到东南方30~40米外小变电站方向的机枪射击，还遭到未完工楼房一带连属迫击炮的轰击。观察员注意到，每天都有一辆中型坦克和一辆"小坦克"[2]开到政委楼附近，他们猜测德军是在用这些坦克给楼里的守军运送弹药和口粮。这些坦克每次在政委楼边稍作停留后就会缓缓前进，朝水泵开火，然后掉头回到"街

1942年12月4日双方的伤亡情况
苏军步兵第138师：22人阵亡，36人受伤，共计58人
德军第305步兵师：5人阵亡，16人受伤，共计21人

垒"工厂里。

柳德尼科夫下令把驻守步兵第650团防区里的内务人民委员部督战队和侦察连换下来。我们不清楚他为什么要下这道命令，因为佩钦纽克团此时的兵力非常薄弱：托波尔科夫上尉的小分队有9个人，米罗诺夫大尉（Mironov）的小分队有6个人，"滚轴"小分队有10个人，佩钦纽克能够调用的最强单位就是尚有33人的内务人民委员部督战队。当天晚些时候，步兵第650团又从师指挥部接到一道命令："在12月5日夜到6日晨，应派人替下在步兵第650团防区内据守阵地的工兵营残部。"

雷滕迈尔上尉在日记里又记了一笔："敌人今天又折腾了一整天，不过他们绝不是像昨天那样白白浪费弹药。等到弹药供应重新恢复，我们就要继续实施先前的进攻行动。只有把眼前的这股敌人解决掉，我们才能比较太平地过冬。"

1942年12月5日

步兵第138师在夜里利用横跨伏尔加河河道的冰桥从预备步兵第149团接收了120名援兵，此后水下冰层开裂，后续的过河行动只得暂停。柳德尼科夫要求部下在天黑前消灭所有妨碍扎伊采夫斯基岛上人员过河的德军狙击手。

汉斯·魏格纳中尉[3]（Hans Wegener）就是这些狙击手中的一员，他是海因里希·西登托普夫少校[4]（Heinrich Siedentopf）的第389装甲歼击营第1（自行车）连的连长。他和部下位于柳德尼科夫岛以北伏尔加河悬崖上的阵地里，对河

1. 阿纳托利·格里戈里耶维奇·梅列什科上将，第62集团军司令部，1921年8月7日生于新切尔卡斯克，其余情况不详。
2. 这可能是第305步兵师使用的一辆T-60或T-70型坦克。
3. 汉斯·魏格纳中尉，第389装甲歼击营第1连，1912年1月22日生，其余情况不详。
4. 海因里希·西登托普夫少校，第389装甲歼击营，1904年4月17日生于耶克斯海姆，1943年4月28日卒于奥兰基战俘营。

■ 德军第389装甲歼击营第1连的汉斯 · 魏格纳中尉。

道和扎伊采夫斯基岛可以一览无余：

"斯大林格勒周围的包围圈形成以后，两个装甲歼击连和我手下的重机枪排都被调去顿河一带

了，我后来再没得到过他们的音信。西登托普夫少校留在包围圈里，但是我和他实际上没有任何关系，因为我的连（或者应该说是它的残部）老是被划给其他部队，这不是什么让人高兴的事。我们能够用装瞄准镜的马枪朝伏尔加河上射击，我们德国狙击手至少不比俄国人差！"

在战斗日志中，步兵第650团记录了当天发生的事件：

"敌军部队全天没有实施进攻作战。我团的防区遭到机枪和未完工楼房一带迫击炮有规律的射击，有敌人向我前沿阵地投掷手榴弹。我团部队继续加强工事——挖掘了新的壕沟和交通沟，我团还组织小型武器和机枪射击了敌军火力点。"

此时佩钦纽克的"团"在伏尔加河西岸共有89人，装备有65支步枪、15支冲锋枪、1门迫击炮、2支反坦克枪和6挺轻机枪。他们的弹药储备是7000发步枪子弹、7500发冲锋枪子弹、110发迫击炮弹、50发反坦克枪子弹、200颗手榴弹和一些信号火箭。

■ 从北面德军第389步兵师的阵地观察到的"柳德尼科夫岛"。照片中可以认出许多地标：1. 小变电站，2. 79号楼［07号房］，3. 未完工楼房，4. 泰梅尔街旁边的建筑，5. 电影院和公园，6. 列宁大道旁边的建筑。前两个据点的重要性是显而易见的。

1942年12月5日双方的伤亡情况		
苏军步兵第138师：3人阵亡，10人受伤，共计13人		
德军第305步兵师：3人阵亡，7人受伤，共计10人		

该团的损失是1名中士和2名士兵负伤，另有一名大士因病被送往后方，共计4人。

* * *

"这一天，敌人显得比往常安静，"雷滕迈尔回忆说，"夜里有两个逃兵过来，他们已经受够了战争。看来在俄国，人们肯定经常挨饿。他们没法用钱买到食物，只能拿东西去换。我们没有收到邮件，艰苦的生活和各种节约措施依然照旧，不过每个坚守岗位的人都保持着信心。"

大多数德军官兵虽然对高级指挥官放任战局恶化到这种程度感到失望，但他们还是坚信自己能够摆脱苦海。第336工兵营的鲍赫施皮斯会计中尉说出了许多人的想法：

"我们在斯大林格勒打的这一仗有可能搞得很惨。我们周围的大战已经激烈进行了14天，我们的补给只能靠空运解决，不过现在援军应该已经打开了通道，要不了多久，被包围的就将是俄国人，而不是我们。

"这几天日子过得非常苦。谣言一个接着一个，直到关于战局和口粮的确切消息终于传来，大家才再度冷静下来。我们的给养很多，所以只要省着点用，就可以坚持很长时间。直接的危险还远得很，在最坏情况下我们也能突围。"

在陷入包围满两个星期之际，第6集团军接到了下属部队从11月21日到12月5日的累计伤亡数字报告：第305步兵师伤亡了268人，而他们北面的友邻伤亡了162人。

1942年12月6日

虽然后勤供应不断恶化，但第305步兵师似乎还在大手大脚地使用着弹药。以下摘自步兵第138师的战争日记：

"敌人继续用迫击炮、步枪和机枪射击我师部队，他们有时还用六管火箭炮射击师指挥所和扎伊采夫斯基岛。"

还有步兵第650团战斗日志的记载：

"敌人今天没有实施任何进攻行动。在39号房和38号房的废墟中，以及南面的 Π 形房和 L 形房中，都有人使用小型武器和机枪朝伏尔加河及河中岛屿射击。'滚轴'小分队不时遭到手榴弹攻击。我团全天不间断地监视敌人动向，并轰击了敌人的前沿阵地和火力点。未发现敌人有任何举动。我团无损失。"

德军各部继续在"街垒"工厂一带大兴土木，深沟高垒。按照雷滕迈尔的说法，他们也在为一次"作战"做准备：

"大雾弥漫，积雪消融。我们在挖掘交通壕，并为下一次作战做准备，但愿我们很快就能达成目标，而不用流太多的血。有些传言是这么说的：等我们实现了目标，就会去克里米亚或者法国。"

可惜我们找不到任何德方档案来证明这些德军是确实有实施某种进攻行动的计划，还是仅仅被又一个谣言给骗了。

* * *

在南面的储油设施区一带，局势也很平静，只不过德军搞了一次小规模袭击，步兵第95师的战斗日志对此是这样记录的：

"敌迫击炮对我师各战斗部队的轰击有所加强。午夜时分，在步兵第241团的地段，有一股不超过6人的敌军试图接近我军前沿阵地，但是我军以小型武器和机枪火力歼灭了这股敌人的一部分，余下的人退入了'宽沟'。"

步兵第241团对面的德军阵地有一部分是欧根·黑林中尉把守的，他是第576掷弹兵团第6连的连长，但此时临时代理第2营营长。我们从他写给父母的一封信中可以看出许多人在艰苦的条件下是如何坚持的：

"给你们写下这些文字的时候，我正在一座化为废墟的城市的某个地下室里，我的营指挥所就设在这里。过几天我就会回到自己的连里，因为团里还有一个上尉能带这个营……现在，我已经长了一脸漂亮的络腮胡，你们要是看见我的模样肯定会惊呆的。我们有足够的冬装，每人都有一双毡靴，而且这里到现在为止也不是那么冷。

"不论发生什么事情，我们都会在这里继续战斗，直到我们热爱的祖国最终胜利为止。我觉得，这一天已经不远了。

"让我高兴的是，我对天主的信仰是那么的深，因为要是没有他，我有很多次都会陷入绝望。我总在最需要的时候呼唤他，而他一次又一次地救我于危难。我每天都向耶稣基督祷告，求他把我平安地送回我的爱妻和你们身边。亲爱的爸爸妈妈，请不要悲伤，我们的救世主一定会听取我们的祷告，救我们脱离苦海的。"

* * *

在包围圈内的各个地方，德军都匆忙组建了一些战斗群来应对局部危机。单位的完整性是次要问题：只要出现需要封堵的缺口，离得最近而且可以抽调的单位就会被派过去。因为装甲歼击营擅长消灭坦克，所以德军指挥官特别喜欢把它们拆散了使用，于是防守伏尔加河正面的各师下辖的装甲歼击营就不断被一点一滴地抽调到其他地段。里夏德·克莱因下士 (Richard Klein) 属于第305装甲歼击营下辖的第305自行车连，这个连被其官兵戏称为"半吊子分队"：

"1942年8月初，我们连驻扎在顿河大弯曲部，当时历经苦战，大家都相当疲惫。我本来要带着我的班执行一次侦察巡逻任务，但是我病倒了，发了严重的高烧，被放在一辆挎斗摩托车上送到救护站，然后又转到草原上的一个野战医院，医生怀疑我得了痢疾。过了大约两个星期，我搭乘火车，途经米列罗沃和哈尔科夫，来到波尔塔

■ 德军第576掷弹兵团第6连的欧根·黑林中尉。

■ 德军第305装甲歼击营自行车连的里夏德·克莱因下士，1919年12月18日生于贝克海姆。这张照片是1942年10月在波尔塔瓦拍摄的，当时他大病初愈，即将前往斯大林格勒。

瓦的一家医院。我身上插了一根流饲管，因为胃里几乎没有胃酸了。虽然他们给我注射了盐酸药剂，我还是腹泻不止。除此之外，我的心率也过快，还有中等发烧。到了10月中下旬，我终于能勉强站起来了。

"我带着归队的命令和军医的指示（饮食要清淡，服用盐酸胶囊，只能有条件地承担合适的工作）前往斯大林格勒，铁路线的终点是奇尔火车站。我搭乘运送补给的卡车来到戈罗季谢峡谷里的一个集结和分配点，然后顺着路标找到了第305步兵师的一支通信部队。到了那里我才知道，我的自行车连已经不复存在了。朱利尼中尉[1]（Giulini）和装甲猎兵们被一起调走了，而他们不认识托伊贝特少尉（Teubert）——夏天时我们的连长。我纯粹是靠着运气才找到了我的副班长汉斯·屈纳特下士（Hans Kühnert）和几个以前的战友，他们当时被配属给步兵，组成了一个战斗群。终于和战友团聚了！一个上士分给我几个兵和一挺轻机枪，我们占领了火炮厂附近的一块区域，这大概是1942年11月底的事。后来我感到身体不适，而且老是腹泻，所以有个卫生员把我和一个轻伤员送到后方的救护站，那个救护站属于第100猎兵师。我在医生面前拿出自己的病历，他看了只能摇头。

"于是我和另一些伤病员一起躺在某个废墟里，靠着茶、薄脆饼干、麦片粥和肉丁的滋养，我终于又能下床了，几天以后被分到了第100猎兵师的一个班里。在12月5日夜到6日晨，我跟着一个少尉到我们的阵地前面侦察。在侦察过程中，双方发生了交火，到天亮时战斗越发激烈。我的班带着一挺轻机枪，趴在一道倒塌的砖墙后面，离我们不远的地方有一门反坦克炮。几辆俄国坦克从斜刺里向我们冲来，距离大约是400米。我们朝坦克后面跟随的步兵开火，接着一发高爆炮弹在机枪和我之间爆炸了。当时我正要用一挺

1942年12月6日双方的伤亡情况
苏军步兵第138师：4人阵亡，7人受伤，共计11人
德军第305步兵师：3人阵亡，6人受伤，共计9人

缴获的马克沁重机枪开火，弹片击中了我的左前臂和手背。我的钢盔也被击中了。一个卫生员给我包扎了手臂，一辆路过的半履带车停下来，我被抬上车，送到一个装甲师的救护站。一个斯图加特来的医务军士长照料了我，把我放进隔壁的房间里。我得到了茶和黑面包，还有一个卫生员给我发了'应急口粮'。我吃东西的时候发现自己的味觉非常差，接着我又发病倒了。几天以后，有人拿棉签在我的喉咙里刮了一下，又过了两天，有人在我的脖子上挂了一张卡片，上面写着：白喉。接下来的事情就像走马灯一样快，我和另外几个得了传染病的人被一起抬上车开往机场，路上我的屁股被扎了好几针。在12月16日，我有生以来第一次坐飞机，说实话，这次飞行也让我回到了人间……"

1942年12月7日

这天夜里，伏尔加河的河道又结了一层足以供人徒步行走的厚冰。柳德尼科夫立刻宣布，士兵们从此可以轮流去扎伊采夫斯基岛上的浴室洗澡，这简直是无法想象的奢侈。士兵们在浴室里一泡就是几个小时，出来以后还可以领到新的军装和内衣，并且在温暖的宿舍里过夜。第二天他们将会干净整洁、精神焕发地回到"岛"上，准备迎接与德国人的厮杀。德军没有这样的设施可用，他们的士兵只能变得越来越瘦、越来越脏。不过，去浴室的路上还是充满危险的，因为德军仍然会用小型武器和机枪系统地射击过河的路线。

1942年12月7日双方的伤亡情况
苏军步兵第138师：2人阵亡，4人受伤，共计6人
德军第305步兵师：2人阵亡，18人受伤，共计20人

---

1. 伯爵乌多·卡尔·朱利尼·德·朱利诺骑兵上尉，第305装甲歼击营自行车连，1918年2月12日生于汉堡，1995年8月5日卒于海德堡。

1942年12月8日

在伸手不见五指的黑夜里，柳德尼科夫师的一艘摩托艇试图横渡尚未封冻的伏尔加河主航道，结果撞上一道大冰凌，很快就带着船上的6个人沉入河底。

诺维科夫上尉（Novikov）率领的一小队侦察兵也借着黑暗的掩护出击，企图在他们先前选定的一条战壕里抓个"舌头"。这次任务没有成功，因为德军在晚上会把前沿战壕里的人员都撤回去。小分队冒着猛烈的火力回到本方阵地，但没有任何损失。

这一天一切如常。德军没有采取任何进攻行动，只是用小型武器和机枪射击了苏军阵地，而他们的迫击炮主要瞄准过河地点轰击。苏军的各个步兵团则据守各自的阵地，用轻机枪和迫击炮对企图阻碍过河的德军炮位还击。佩钦纽克的团没有损失。

* * *

雷滕迈尔在一封家信中倾诉了自己对局势的看法："明天就是我的生日。我以前曾想过要在哪里庆祝生日和怎么庆祝，不过现在看来在这里的生日不会过得'很好'。

"我们现在的处境还是很困难。援军正在赶路，而且已经造成影响了，但是还要再过几个星期我们才会从这个鬼地方解脱。大雪确实让我们的车辆不容易快速移动。我们后方的包围圈应该已经被打开一个缺口，但是道路都在敌人的火力控制下。补给只能通过飞机运过来，可是供养整整一个集团军需要多少飞机啊！我们还得过很长时间的苦日子。我还记得那句非常愚蠢的口号：'他们必须自力更生。'愚蠢和傲慢是一对感情很好的夫妻，而对我们来说更痛苦的是，我们之所以必须在斯大林格勒战斗和牺牲，就是因为有人是那样想的。我们的口粮配额没有增加，不，正相反，它们正在减少，这是必须的，我们也能接受。哪

怕一天只能得到一小片面包或者几克马肉，只要足够维持体力就行。我们主要还是想重获自由。敌人给我们的压力正在逐渐加大。面前的这段伏尔加河已经封冻了，我们再也无法阻止他在晚上获得补给。他们的大炮在冷酷无情地打击着我们，我们自己的大炮却必须节约弹药，只能在极度危急的情况下开火。困在包围圈里的滋味可不好受，对军人来说没有比这更糟的了。但是我们仍然保持着信心，希望能再有欢呼的时候。敌人今晚非常活跃，他们对我们的左右两翼都发动了攻击。这几天他们一直想要把我们逼退，我们每天都遭受伤亡。

"我的身体依然健康，要是能再多点娱乐就好了。我已经把11月初的旧报纸看了一遍又一遍。在这样的环境下，圣诞节跟其他日子相比也不会有什么不同，不过我们会提醒彼此：我们的亲人正在家里围坐在圣诞树下，也许正在挂念着我们。希望你们在家里都身体健康、精神饱满，除了思念出国征战的士兵外没什么可担心的！"

随着日子一天天过去，获救的前景似乎变得越来越渺茫，被围德军的士气在缓慢但不可逆转地下降。垂头丧气的情绪和听天由命的心态都会败坏军纪，而由优秀军官领导的部队对这种影响的抵抗能力要比那些领导不力的部队强得多。一支部队的指挥官是它的主心骨和精神源泉，但此时就连某些优秀的指挥官也觉得队伍难带了。第305工兵营第3连的施泰格中尉回忆说：

"大多数军官即使心里已经放弃了希望，仍然会摆出一副勇敢的姿态。当然了，也有人太想掩饰自己的沮丧，结果在旁人看来反而显得傲慢自大。但是，我也曾经看见一个军官痛哭流涕，因为他看到了部下的悲惨状况，也害怕他已经预见到将要发生的事。他是真的崩溃了。在那种环境下你真的会哭出来！我好歹还能重新振作。但是我们不要忘记，这还是12月的事，在我受伤飞出

包围圈之前。到了1月的时候,那里又会是什么景象?"

在斯大林格勒冰冷的残垣断壁之间,德军千方百计地想保持一些正常生活的感觉,这不光是为了士气,也是为了排遣在同一地区困守几个星期后的单调无聊。他们想到的办法之一就是庆祝一些特别的日子,比如圣诞节、元旦和生日。在写给家人的信里,雷滕迈尔上尉详细记录了他是如何庆祝12月9日的生日的:

"我的身体还是很好,很健康。昨天我得到机会洗了个澡,还刮了脸。我的胡子已经长得太长,有点痒了。可惜昨天是个阴天,要不然我还会在刮脸前照张相。在俄国有很多'胡子扎人的爸爸'——这是奥托卡尔小时候的说法。别为我担心,因为前途已经变得光明一些了,哪怕我们还必须挨一段时间的饿,庆祝一个不怎么欢乐的圣诞节——而且收不到礼物。这都不重要,只要生活恢复正常就好……昨天晚上我和往常一样又熬夜了,虽说这里14时左右天就黑了。有个少尉陪着我,他是团里最后的几个军官之一。临近午夜时,我给他倒了些干邑白兰地,然后对着我的手表,在零点和他干了一杯。接着他站起身来,在一个黑暗的角落里翻出一瓶香槟酒送给我,并且代表他本人和他在第4连的部下向我祝福。这是今天我遇到的第一个惊喜,我真的开心得不得了,因为我从没想到士兵们还知道我的生日。我们立刻品尝了那瓶香槟酒。接着士兵们排着队过来向我道贺,因此这个夜晚我过得又惊又喜。"

雷滕迈尔是个受人爱戴的军官,他的部下对他非常敬重。这个小小的聚会只是某一个连的官兵的自发行为……在第二天,也就是他真正的生日,还会有更多的庆祝活动。

1942年12月8日双方的伤亡情况
苏军步兵第138师:6人阵亡,15人受伤,共计21人
德军第305步兵师:4人阵亡,9人受伤,共计13人

1942年12月9日

雷滕迈尔继续写道:"在我生日这天,我的上级指挥官请我和他共饮了一杯。下午,施瓦茨上尉派人送来一瓶酒和一封写得很好的贺信。晚上他们给我送来的晚饭包括一瓶酒和一盒雪茄,饭菜则是焖牛肉和通心粉。味道真是好极了!虽然身处逆境,但是这一天我过得真是非常快乐。"

施瓦茨上尉的贺信让雷滕迈尔非常感动,以至于他把这封信和自己写的信一起塞进信封寄回了家,施瓦茨的贺信是这样写的:

尊敬的雷滕迈尔先生!

能够发自内心地祝您明天生日快乐是我莫大的荣幸。我不仅仅代表我个人,还代表第2营的其他所有官兵为他们敬爱的老营长送上最真诚的生日祝福。

■ 1942年12月9日,第578掷弹兵团第1营营长雷滕迈尔上尉在他位于53号楼[6号房]的指挥所外拍摄生日照。

首先，我们大家祝您在人生中新的一年里保持身体健康、心情开朗，好让我们这些年轻人继续把您当作榜样和楷模。

我们第二个诚挚的心愿是祝您在人生中新的一年里领导第1营取得新的成功，愿您的武运昌隆依旧。

也许您今晚是在地下室或掩蔽部里与您的部下共度，但即便您是在某些"正式"的场合下庆祝生日，也请您明白，您的旧部的心总会与您在一起，愿这份小小的问候能让您的生日聚会多一点温馨的感觉。

此致

H. 施瓦茨

* * *

第305工兵营的维利·菲辛格二等兵此时还在适应新连队的生活，不过他的心思已经转到圣诞节上了：

"对美好未来的希望和信念是我们最强烈的圣诞节愿望，我们希望到圣诞节时能看到现状改善的一线曙光。在俄国这个地方，只有生存或死亡，但是全能的上帝将会赐福于我们，使我们的人生得以继续。

"由于我的连被解散，我不幸地失去了原先的工作，因此我现在实际上又属于一线战斗人员了。好在我临时分到的新连队给了我一个美差：我们要为全师制作大量雪橇。还有一些木匠会帮我们做这些活。我原先的连队将在可以预见的未来重建，到那时我就能重操旧业了。"

* * *

步兵第138师对这一天的战况总结如下：

"敌人并未由守转攻，他们的大炮也停止了射击，师指挥所一带偶尔遭到猛烈的迫击炮射击，敌人的空军也没什么活动，我师当面的敌人都龟缩在工事里。步兵第138师组织小型武器和机枪系统地射击了敌人的阵地，以迫使他们消耗弹药。"

步兵第650团的战斗日志提供了更多细节：

"今天一整天，敌人用小型武器和机枪射击了我团的战斗部队，还用架设在14号车间[3号厂房]一带的六管火箭炮和Π形房[政委楼]一带的机枪射击了富河汊上的过河线路。

"在这一天，我团部队用小型武器、机枪和迫击炮射击了敌军火力点，并引导炮兵部队轰击了敌人设在各车间之间的炮兵阵地和Π形建筑附近的机枪火力点。这次炮击摧毁了独立小楼一带敌军的一挺重机枪并消灭其射手，此外还消灭了水泵西南方的一名敌狙击手。我团在这一天共损失10人。"

在这一天日落时，步兵第650团的实力是91人，外加30名不属于该团的人员。武器装备包括75支步枪、6挺轻机枪、1挺重机枪、2门82毫米迫击炮、1门50毫米迫击炮、25241发步枪子弹、12100发冲锋枪子弹、110发82毫米炮弹和70发50毫米炮弹。

步兵第138师共有425支步枪、77支冲锋枪、17挺轻机枪、2挺重机枪、1挺高射机枪、5支反坦克枪、6门82毫米迫击炮、4门50毫米迫击炮、3门45毫米炮和2具125毫米纵火器。

从18时30分到20时，师炮兵主任特钦斯基中校动用重炮轰击，企图摧毁步兵第768团右翼对面几个朝渡口射击的地堡及火力点。这些德国机枪手给苏军造成了很大麻烦，虽然苏军尽了最大努力消灭他们，但他们的骚扰还将继续。

* * *

趁着战场陷入平静，柳德尼科夫上校给一些表现突出的指战员颁发了勋章。他将红旗勋章颁发给步兵第650团的班长尼扎梅坦·纳加莫诺维奇·阿利姆津中士（Nizametan Nagamonovich Alimuzin），同样获此殊荣的还有步兵第768团的班长亚历山大·亚历山德罗维奇·卡努尼科夫上士（Aleksandr Aleksandrovich

1942年12月9日双方的伤亡情况	
苏军步兵第138师：6人阵亡，18人受伤，共计24人	
德军第305步兵师：1人阵亡，10人受伤，共计11人	

Kanunnikov）。步兵第650团的迫击炮手伊万·彼得罗维奇·别洛科皮托夫列兵（Ivan Petrovich Belokopitov）和步兵第344团的连长米哈伊尔·列昂季耶维奇·列文中尉（Mikhael Leontevich Levin）则获得了红星勋章。受勋者随后返回各自岗位，他们发誓要尽全力击败敌人，为此不惜在"伏尔加母亲河"的河岸边战斗到最后一口气。

1942年12月10日

德军在这一天基本上没什么动作，只是偶尔以小型武器和机枪做急促射击，他们从政委楼和小变电站射击了富河汊上的渡口。为了报复，佩钦纽克团组织小型武器、机枪、迫击炮和纵火器射击了在他们左翼的德军火力点，这是纵火器第一次在"街垒"工厂地区留下战斗记录。这些纵火器有时也被称为燃烧弹发射器，是一种很不寻常的武器，它连脚架在内重28公斤，结构简单，形似迫击炮，有一个前装的滑膛身管，发射装满白磷纵火剂的玻璃球，射速可以达到每分钟8发左右，但用来对付坦克既不够精确又嫌威力不足。每具纵火器是由三人小组操作的，装填手从发射管口装入直径125毫米的燃烧弹，射手将发射管对准目标后扣下扳机击发一颗空包弹，从而将燃烧弹射向目标。燃烧弹的弹道既不像迫击炮弹那么弯曲，也不像反坦克炮弹那样平直……它是沿着离地数米的弧线飞向目标的。如果要让燃烧弹落在高墙后面或者飞进战壕里，也可以使用更大的射角来瞄准。纵火器的最大射程是250米——在"街垒"工厂一带是绰绰有余了。纵火器通常以2到4具组成一个排，每个步兵营可以配一个这样

的排。步兵第138师在前一天第一次得到这种武器（总共2具），并把它们分给了步兵第650团。该团报告说，部队使用各种火力摧毁了两个德军火力点并压制了小变电站一带的敌人，这种武器的首次亮相肯定给据守小变电站周围危险的前沿阵地的掷弹兵们造成了恐慌。

* * *

"街垒"工厂的住户们在9时20分还经历了一次小小的意外，两架德军运输机飞过工厂上空，遭到苏军战斗机的突然袭击，档案中没有留下这次空战的结果。

从11时到13时，德军继续从"街垒"工厂的主机械车间一带用迫击炮进行系统的轰击。

* * *

严峻的局势迫使德军官兵开始思考未来的命运，并尽力安抚故乡的妻儿老小的恐惧之情。雷滕迈尔在信中写道：

"我的信也许不能让你的担忧减轻多少。你必须忍耐，我对你迄今为止忍耐的一切感同身受，将来你会得到幸福的补偿。我们在这里还必须吃很多苦，也必须继续承受伤亡，但元首不会弃我们于不顾。今天的战报上说，从11月20日到12月9日，敌人在我们集团军防守的地域有614辆坦克被击毁。因此，他们的兵力已经有很大一部分被粉碎了。只是在目前的地形和天气条件下，我军不可能按照夏天那样的快节奏推进。现在我们都信心十足，对未来抱着最好的期望。瓦尔德马（Waldemar）和格哈德（Gerhard）[1]应该也要过来了。他们说援军正从法国赶来，那么他俩可能有一个就在救援部队里。"

他还提到了另一件事。几天前团部通知他，10月17日战死的前任团长维利·文策尔上校的遗孀希望直接和他通信：

"我很想知道上校的妻子要问我什么。那天我

1. 雷滕迈尔上尉的两个儿子，他们同样在军队中服役。

在1942年12月苏军在斯大林格勒城内的反击中使用了125毫米纵火器，这是一种结构简单的燃烧弹发射器，射程约250米，发射装有从火剂的玻璃球，对德军掩体造成了相当的威胁。上下两图是芬兰士兵在操纵缴获的苏军125毫米纵火器。

■ 1942年8月16日,德军第305步兵师的3名军官在商讨战况,自左向右分别为第578掷弹兵团团长文策尔上校,师参谋长科德雷中校和师长奥本兰德少将。在1942年11月时,这3个人都已经不在第305步兵师。

知道这件事以后就立刻去了墓地,他和他的战友们葬在一起。我走过一排排坟墓时,在那些十字架上看到了太多熟悉的名字,其中很多人我还不知道他们已经死了。那真是让人心碎。这块墓地已经变得那么大了!"

两天以后,他又重提此事:

"上校的妻子想要我的战地邮箱号。我很好奇,她到底想知道什么?关于他的死,我只能转述从别人那里听到的内容。"

阵亡军人家属的这种请求并不罕见。军人战死后,家属通常会收到两种形式的通知书:一种是德国有关部门(通常是死者所属军区的司令部)发出的官方通知,另一种是死者上级发出的比较详尽的信件。前者是很简单的公文,主要是"为了人民和帝国战死疆场"之类的陈词滥调,除了死亡日期外基本上没什么信息。后者由死者的上级指挥官撰写,其中包含关于死亡经过的更多细节,但是为了避免刺激到已经悲痛欲绝的家属,信中的措辞总是非常小心。许多人的死亡经过——

包括那些挣扎许久、饱受折磨的——都在给家属的信中被描述为快速而且无痛苦的,原因显而易见。有时候,家属会寄信给部队的其他成员追问更多细节,文策尔的遗孀就属于这种情况。虽然这类家属都会声明自己能够接受真相,但战友若非洞察人情的练达之士就不该披露令人不快的事实。第305工兵营第2连的里夏德·格林中尉就曾以残酷的方式体会到这个道理。格林的一个部下在排雷时被炸成碎片,他尽职地给那人的妻子写了信,但在其中隐去了可怕的细节。后来格林回乡休假时遇到那个遗孀,她问起更多细节,并且追问她丈夫的结婚戒指和手表之类个人物品的下落。格林无奈之下只好更详细地向那个可怜的女子描述了她丈夫的死亡经过。当时她似乎平静地接受了事实,但格林后来才知道,在这次对话之后她就自杀了。

1942年12月10日双方的伤亡情况		
苏军步兵第138师:	4人阵亡,7人受伤,	共计11人
德军第305步兵师:	2人阵亡,6人受伤,	共计8人

1942年12月11日

几部雪橇在晚上穿过冰封的伏尔加河，给步兵第138师带来弹药和口粮，它们返回时还带走了伤员。步兵第138师的指战员们继续轮流到扎伊采夫斯基岛上使用浴室，并在领取新冬装后返回各自的阵地。

第62集团军司令员崔可夫将军命令步兵第138师和步兵第95师组织行动，彻底消灭位于步兵第138师左翼和步兵第95师右翼之间的德军及其火力点。为此他们建立了交叉火力配系，步兵第138师拨出3挺机枪，步兵第95师拨出4挺。

此外，集团军炮兵也准备对德军的这块突出阵地实施强大的协同火力打击。承担这个任务的是装备10门122毫米榴弹炮和12门76毫米炮的炮兵第1011团，拥有12门120毫米重迫击炮的近卫迫击炮第292营，以及步兵第138师的两个82毫米迫击炮连（共有12门炮）。指挥这个炮群的是炮兵第1011团的团长富根菲罗夫少校（Fugenfirov）。

每天向上帝祈祷以求解脱的第576掷弹兵团第6连连长欧根·黑林中尉被一发迫击炮弹的弹片击倒，受了重伤。几块弹片打瞎了他的右眼，还有一块击中他脖子上锁骨之间的部位，破坏了重要的血管。他在12月14日被飞机运到包围圈外的一个野战医院，然后在12月16日转到罗斯托夫的第603野战医院接受专家治疗。起初他的状况似乎还不错，在12月17日甚至给妻子写了一封信。但是随后他的健康就迅速恶化，脑膜炎的征兆开始显现，严重威胁到他的生命。他开始因为高烧而神志不清，不断高谈阔论前线的战斗，并且发号施令，指点目标方位，准备实施臆想中的进攻。在偶尔的清醒时刻，他还会祷告。在12月19日22时30分，他猝然离世。据睡在他隔壁病床的伤兵说，他在临死前唱着《平安夜》，临终遗言是这首歌的最后一句歌词："基督救主降生。"他被以全套军礼安葬在英雄公墓中，这个墓地就建在原罗斯托夫工程研究院的前庭。他在死后被追晋为上尉，时间从1942年12月1日算起。在1943年1月25日，他还被追授金质德意志十字奖章，这是为了表彰他在斯大林格勒的英勇战斗，尤其是11月攻势中

■ 雷滕迈尔上尉（右三）在位于53号楼地下室的营指挥所里向手下的士官交待任务。虽然进行了广泛的搜寻，但研究者们只确认了其中一人的身份即最右侧的康拉德·赫尼希一等兵（Konrad Hönig），隶属于第578掷弹兵团第3连，1912年9月14日生于捷克斯洛伐克，1943年1月失踪于斯大林格勒。

参与夺取和坚守储油设施区的功绩。

这一天德军除了偶尔用机枪和迫击炮射击苏军部队外并无活动,步兵第650团左翼的一个观察所遭到手榴弹攻击。佩钦纽克的部下全天用小型武器、机枪、迫击炮和纵火器对政委楼和小变电站一带的德军火力点猛烈还击。据他们报告,这些武器的火力加上炮兵的轰击,总共摧毁了3个火力点,另外他们还对2条交通壕投掷了许多手榴弹。佩钦纽克部有1名军官战死,3名士兵负伤。

虽然柳德尼科夫手下几个步兵团的战斗力量早就已经降到非常低的水平,但考察一下这些兵力的详细组成还是很有意思的。例如,步兵第650团在这一天总共有83人,但其中有31人是军官,21人是士官,31人是士兵。军官的数量竟然和普通士兵一样多。

苏军观察员还报告发现德军的下列活动迹象:"在8时,有两队敌人(每队都是12~15人)试图从3号车间[6c号厂房]跑进38号房[67号楼]一带。佩钦纽克的部下在德军跑到L形建筑[药店]旁边时对他们开火,歼灭了其中的一半人,迫使另一半溃逃。

"在10时,发现四个德军士兵把一些木板从37号房[74号楼]搬到36号房[73号楼]。10时30分,在14/15号车间[3号厂房]一带,德军活动比较频繁,有多达30名士兵跑进9号房[57号楼],然后移动到伏尔加河边。"

在一封家信中,雷滕迈尔上尉提到了一个新的威胁:"简单问候一下,作为活着的证明。我的情况还是很好,身体很健康。唯一的问题是虱子在以令人担忧的速度成倍增加,已经成为祸害了。不过我们也会战胜这个敌人,虽说在地堡里昏暗的光线下捕杀它们的行动不能保证100%成功。"

1942年12月11日双方的伤亡情况
苏军步兵第138师:5人亡,8人受伤,共计13人
德军第305步兵师:4人阵亡,20人受伤,共计24人

1942年12月12日

从1942年12月12日起,富根菲罗夫少校的炮群开始轰击步兵第138和95师之间的德军阵地。他们接到的命令是消灭在伏尔加河岸边纵深300米内的德军火力点,再由步兵第138和95师组织攻击行动,肃清在伏尔加河岸边将这两个师隔开的德军。炮击从7时开始,10门122毫米榴弹炮各以每分钟2发的速度射击,共射出1080发,而12门76毫米炮和12门120毫米迫击炮各以每分钟1发的速度射击,总共也射出1080发。崔可夫后来写道:

"单靠步兵团的进攻,我们无法消灭街垒工厂一带已到达伏尔加河边的敌人:我们既没有坦克也没有预备队。我们该怎么办?怎样才能帮助柳德尼科夫师脱困?

"布置在伏尔加河左岸的炮兵可以助我们一臂之力,我们不必横跨伏尔加河运送弹药就可以运用这支炮兵,于是我们决定用炮火来消灭敌人。但是要这么做也有一些看似无法克服的困难:我们需要对每一个敌军阵地组织绝对精确的火力打击,需要一群神炮手。我们有这样的炮手,但是在右岸校正他们的炮火很困难——电话线老是被浮冰撞断,而无线电信号又很弱,实在不可靠。考虑了所有这些因素以后,我们研究出了下面的方法,并开始用它来消灭已经突破到伏尔加河边的敌人。

"我们把敌人占领的地段由北向南、从伏尔加河到最前沿,用从左岸能看得很清楚的标杆做出标记。这样,就形成了一个把德国人圈在里边的宽约600~800米的走廊。我们的炮兵能清楚地看到这条走廊,因而可以弹无虚发地轰击敌人的火力点。

"观察员在右岸观察炮击情况,他们准确地指出目标和落弹偏差,把结果报告给各炮兵观察所,后者再转告发射阵地。"

地图7-4

炮兵第1011团炮击范围

步兵第95、138师炮兵团炮击范围

■ 1942年12月12日苏军炮火准备计划，富根菲罗夫的炮兵第1011团与步兵第95、138师的师属炮兵各自划分了炮击范围。

将在次日重复。

在这一天的其他时间里，苏军各部照例用小型武器、机枪和迫击炮猛烈射击了德军的前沿阵地。佩钦纽克团的迫击炮手们摧毁了小变电站附近的一个德军火力点。

* * *

德军后方的生活变得更加危险了。苏军航空兵自从秋末战役打响以来就一直执行夜间轰炸任务，即使在德军掌握制空权的时候也不例外，但是在不用担心德国空军报复后他们的活动强度迅速上升。苏军炮兵也是如此，现在他们已经可

为了给这次炮击做准备，苏军从一些最突出的阵地上撤回了人员。步兵第138师的战争日记甚至报告说："左翼分队（滚轴）向北移动100米，进入了富河汊岸边的供水系统一带。"炮弹的落点并不是全都准确，据步兵第650团的战斗日志记载："集团军炮兵投射的强大炮火落在我团防线前沿和敌军各火力点上，这次炮击摧毁了我团的两个掩蔽部和小变电站一带敌人的三个火力点。"好在该团无人因为这次炮击而丧生，全天的总损失是2人负伤。

苏军已开始用炮击消耗德军兵力，但这一情况并没有让雷滕迈尔上尉感到多大震动：

"没有什么新情况可说，各地的节俭和紧缩规定仍然有效，除此之外一切照常。在7时～8时，他们又一次系统地轰击了我们的整个防区。"

在13时，富根菲罗夫的大炮再次开火。12门76毫米炮和12门82毫米迫击炮各以每分钟2发的速度射击，总共射出3600发炮弹。在两次持续一小时的炮击中，共发射炮弹5760发。同样的程序

以毫无顾忌地轰击斯大林格勒一带的任何地段。第305工兵营的前任营长特劳布上尉此时正在戈罗季谢承担特别使命，他描述了这些空袭、炮击和影响后方人员的其他问题：

"对我们来说一切基本照旧。俄国人十分活跃，经常用大炮轰击我们，他们的飞机在晚上也活动频繁。今天16时15分，他们中的一个高手投下两颗炸弹，使我漂亮的小屋也发生了轻微的晃动。昨晚22时左右，在我出门时，他们还投下了两颗燃烧弹，但没有造成破坏。我还叫人给我修了个地堡，准备明天下午搬进去住。它并不能抵挡炸弹，但是在地下躲着总能给人一定的安全感。事实上，我希望在这个地堡里能好好取暖。由于经常刮东北风，我的小屋已经变得非常冷了。这边是一片大草原，一棵树都没有，每辆进入斯大林格勒城内的车子都必须带回一些木材，不过总有一天斯大林格勒城里将再也没有房子可拆，我恐怕这一天会比这个冬天结束的时间早得多。同样糟糕的是照明条件，我的电石灯已经坏了很长

1942年12月12日双方的伤亡情况
苏军步兵第138师：1人阵亡，9人受伤，共计10人
德军第305步兵师：5人阵亡，1名军官和14人受伤

时间。我曾经收集了不少蜡烛，但是昨天晚上我惊讶地发现只剩两根了。到了圣诞节我也许没法在烛光下庆祝，只能摸黑过节了。说点好消息吧，昨天有传言说，终于连包裹也能随邮件送进来了，现在我们都希望圣诞节的包裹能寄到。目前还是和以前一样，邮局只能处理信件和航空邮件。就连正式的行政邮件也没送出去，所以也难怪我晋升少校的公文到现在还没送来。本来按我现在待的地方，公文早该从最高司令部的人事局送来了。

"今晚我的小屋非常舒适。风小了，炉子里的柴火发出好听的噼啪声，在17时左右我的勤务兵值完班就会过来，那时我就会吃晚饭。我吃的晚饭不能超过两片面包，不然明天早上就没吃的了。吃这么点当然长不了肉，不过对我来说也足够了，以前吃那么多只是习惯。感谢上帝，我现在还有一箱雪茄和一些酒，这些东西能帮我挺过去。我们的军需官今天承认他在储备物资里藏了一箱雪茄，因为我告诉过他，我要是没烟可抽会难受得不得了。到目前为止我们还算幸运，没有遇到真正严寒的天气，我相信到现在为止气温都没有低于零下15度。希望圣彼得宽宏大量，在这个冬天对我们仁慈一点。"

1942年12月13日

苏军从后方用船沿伏尔加河把弹药和口粮运到扎伊采夫斯基岛，然后经过富河汊上的冰面输送给右岸的步兵第138师。

从6时到11时，在机械车间 [4号厂房] 的右侧角落，德军士兵继续挖掘战壕和散兵坑，修筑土木地堡，还建造了一个机枪火力点。

据步兵第138师的战争日记记载，德军这一天特别活跃：

"交火一整天都没停过。从7时到11时，敌人一直在用迫击炮系统地射击师指挥所和我军在扎伊采夫斯基岛上的炮兵阵地。"

步兵第650团战斗日志的记载也差不多：

"在这一天，敌人系统地用小型武器和机枪射击我团防线，并用迫击炮轰击了水泵一带，没有观察到敌军阵地上有什么调动。"

"我团继续坚守原先的防线。在这一天，我团组织小型武器和机枪进行了射击。我团继续利用一切空余时间加强工事，但是由于缺少工兵，工程进度非常慢。我团无损失。"

补充少量人员后，该团的人数略有增加。全团共有101人，其中5人是伤员，此外，还有34名不属于该团的人员，因此该团的战斗力量总计是135人。

富根菲罗夫的炮兵重演了前一天的炮击，在7时和13时各打了一小时，两天内共有11520发炮弹落在步兵第95和138师之间的德军阵地上。

1942年12月13日双方的伤亡情况
苏军步兵第138师：3人阵亡，4人受伤，共计7人
德军第305步兵师：8人阵亡，23人受伤，共计31人

1942年12月14日

保卢斯大将在10时20分光顾了第305步兵师的指挥所，但那里只有师参谋长帕尔措总参勤务中校。帕尔措报告说，最近几天苏军的骚扰炮火很猛烈而且打得很准，已经造成了严重伤亡。此外，该师开办的下级指挥官训练班虽然招收了50名学员，但只培养出大约35名能够作战的下级指挥官。该师的步兵战斗力量总计不过1350人，这意味着该师正在用人数越来越少的部队与日益大胆、步步紧逼的苏军对垒，正如雷滕迈尔上尉在一封信中所写："这里的压力非常大……目前各条战线上的兵力消耗都很巨大，我们的人力储备不是无限的。因此，这对每一个人都必须提出极高的要求,许多情况下要让他们付出近乎不可思议而且显然超出生理极限的努力。但是,我们要想活下去,就必须这么做。"

苏军整晚都在从扎伊采夫斯基岛向对岸运送补给,但不断遭到德军侧射火力的阻碍。援兵和拉着雪橇的后勤人员在冰封的河道上行走,每当看到黑漆漆的悬崖顶上闪现火舌就卧倒在地,倾听子弹从头顶掠过的嗖嗖声响。重机枪和迫击炮的射击在白天也没有停止。水泵以北和小变电站里的机枪会对任何暴露的苏军士兵倾泻弹雨,并且重点照顾富河汊上的任何活动物体。佩钦纽克团试图消灭这些能控制渡口的火力点。

晚上抵达的援兵被分配到各个部队。

在"滚轴"把守的区域,有一个穿着红军制服的德国人被打死。

* * *

这天黄昏时分,柳德尼科夫接到集团军司令员崔可夫的下列命令:

"经过三天战斗,部队已经破坏了敌人在步兵第138和95师之间的防御工事,并且摧毁了敌人的部分火力点。

"任务:步兵第138师应向东南方向推进,以其左翼部队给敌人最沉重的打击。到达泰梅尔街后,与步兵第95师的右翼部队会合,并建立坚固的防线。

"步兵第138师的师长已决定用步兵第650团向 ∏ 形建筑[政委楼]方向进攻,摧毁敌人在泰梅尔街以南的防御工事,并与步兵第95师的右翼部队会师。

"此次进攻定于1942年12月15日12时开始。"

第62集团军司令部派作训处长科利亚金大尉(Kolyakin)作为代表到步兵第138师协助指挥,步兵第95师也派出作训参谋波耶洛夫上尉(Poyelov);步兵第138师则派出作训科的丘金大尉(Chudin)作为代表到步兵第95师。

步兵第138师在夜间重整了部队,集中了用于进攻的兵力。在12月14日夜到15日晨,又有一些援兵穿越富河汊的冰面赶到阵地上——共计222人。

* * *

为了帮助柳德尼科夫岛的部队摧毁德军的坚固据点,苏军从后方调来了2门76毫米炮。此前柳德尼科夫的小桥头堡里最重的武器不过是几门45毫米反坦克炮,现在这个缺陷即将得到弥补。一支配备2门76毫米团属火炮的小分队早已做好准备,正在伏尔加河东岸等待……他们得等到河面上的冰层变得足够坚固,能够承受火炮的900公斤重压为止。率领这支小分队的是炮兵第295团的排长瓦西里·安德烈耶维奇·德沃里亚尼诺夫中尉(Vasili Andreyevich Dvoryaninov)。他这样回忆这次任务:

"在12月,斯大林格勒的保卫者们接到任务——从防御转入进攻,目的是收紧绞索,消灭

■ 苏军炮兵第295团的一名排长德沃里亚尼诺夫中尉。

或围死所有希特勒分子。进攻——这意味着要把法西斯分子从一座座房子、一个个地窖里清除干净，这些地方都被他们改造成了坚固的据点。

"为了成功执行这个战斗任务，需要动用能够伴随步兵战斗的火炮，而且要把这种火炮下放到步兵的作战队列里。于是我率领的炮兵排接到了一个任务：在集团军后方领取新式的团属76毫米火炮，等到伏尔加河上一出现坚固的冰层，就把它们拉到右岸，用直瞄射击摧毁和压制敌人的火力点。

"在12月中旬，河冰结得越来越厚。到了12月13日，我们断定冰层已经足够坚固，必须开始过河了。我们在12月14日晚上用马把火炮拉到岸边，再把马送回后方，然后开始执行危险的任务——通过冰面把火炮从扎伊采夫斯基岛拉到柳德尼科夫岛。

"我们虽然认为冰层已经足够坚固，还是决定采取必要的安全措施，让大炮分别过河，而不是一起过。为此，我们在每门炮的前车上系了一条长长的绳子，然后大家排成一队，相互之间隔开五六米左右，一起拽着绳子拉炮。我们很轻松地把第一门炮拉出停放的位置，让它的轮子滚到了溜滑的冰面上。第二门炮和第一门炮隔开大约百米的距离，也以同样的方式滑到冰面上。我在队伍的最前头，给炮手们指示路线……

"随后第一门炮抵达了对岸，所有人都安全上岸。我们很想高喊'乌拉'互相拥抱，但是为了避免被发现而没有这么做，因为敌人随时可能突然袭击，用准确的火力打断这次行动。第二门大炮也顺利地过来了，再走几步就能上岸了，但就是这最后的几步出了岔子。这门炮可能在河岸边遇到一个冰窟窿，突然沉进了一米深的河水里。怎么办？时间一点都不能耽误。必须在天亮前让大炮进入射击阵地支援步兵进攻，可我们却遇到了这样的倒霉事。我命令两门炮的炮手们一起把

大炮从水里弄出来。他们又是推又是拉，可是大炮纹丝不动。我只好再带着4个战士跳进冰冷的水里，从后面抓住大炮的轮子把它往前推。我们费了半天劲……可大炮还是一动不动。突然，一发照明弹咻溜一声窜上天，炸出一片明亮的火光，接着德国人就用迫击炮对我们开了火。我们不得不伏低身子，等着炮击结束……

"无奈之下，我只好跑到师指挥所向S.Y.特钦斯基上校报告这件事，你们可以想象我当时是什么心情。上校听了这个令人不快的报告以后，就下令在当天晚上只用一门过了河的大炮占领射击阵地，把第二门炮暂时留在伏尔加河里。

"两个炮班的炮手一起把那门炮拉进一条冲沟，这条冲沟把我们师的右翼和德国人的突出部隔开了。要从沟底把大炮拉上坡可不容易，因为右边的坡顶就是法西斯分子们的阵地。虽然我们尽量不发出声响，但是德国人还是注意到了我们，他们从上方朝我们投手榴弹，还用冲锋枪射击。有几个战士受了伤，不过好在没有一个被打死。就这样，我们走走停停，伴着子弹的呼啸和手榴弹爆炸的巨响，把大炮拉上了坡顶的平地，然后拉进47号房里。我们在那里遇到步兵第344团的一个代表，他立刻给我们指出了需要压制的敌军火力点。原来德国机枪手们躲在工厂烟囱内部架设的平台上，在烟囱的砖壁上凿出了枪眼供机枪射击，这些枪眼离地的高度大约是20到30米。他们利用这些居高临下的火力点向我们的步兵倾泻'铅弹雨'，打得我们抬不起头。

"为了更好地压制这些不同寻常的火力点，我们——包括炮长斯卡比尼姆中士（Skabinym）在内——决定把大炮拉到二楼的楼梯平台上。因为我们有两个炮班，炮手人数绰绰有余，所以我们很快就成功完成了这个任务。大家找到两块木板，把它们搁在楼梯的台阶上，然后把大炮拉到木板上。经过这样的准备工作，我们没费多大力气就

在"柳德尼科夫岛"周围的紧张态势缓解后，第62集团军准备以"街垒"工厂以东的阵地为跳板展开反击，为此努力向桥头堡的守军提供增援，并将火炮运过河，为即将开始的进攻提供直瞄火力支援。上图是一门部署在工厂废墟中的76毫米野战炮，下图是在废墟高处观察德军阵地的苏军观察员，这里视野开阔，但比较暴露，容易遭到德军的射击。

1942年12月14日双方的伤亡情况		
苏军步兵第138师：2人阵亡，11人受伤，共计13人		
德军第305步兵师：5人阵亡，19人受伤，共计24人		

把大炮拉上了二楼，架设在一处被打坏的窗口附近。弹药也运上来了……"

在这门孤零零的大炮进入射击阵地以后，德沃里亚尼诺夫中尉和他的炮手们就等着开火的信号了。

1942 年 12 月 15 日

从前一天夜里 21 时到这天中午苏军开始进攻，德军一直在主机械车间右侧角落一带挖掘战壕，并且不断从 67 号楼 [38 号房] 和 73 号楼 [36 号房] 射击苏军部队。67 号楼 [38 号房] 的德国守军并不知道，在苏军下午将要发起的进攻中，他们将成为主要攻击目标之一。在苏军进攻开始前，德军的大炮和迫击炮轰击了河岸和渡口。他们的机枪和冲锋枪也偶尔射击苏军防线，大炮和迫击炮的炮弹系统地落在西岸和富河汊的渡口上。

按照第 62 集团军的计划，炮兵部队——包括富根菲罗夫的炮兵第 1011 团和步兵第 95 及 138 师的所有炮兵在内——从 5 时开始对德军阵地进行破坏性射击。苏军这一次集中了强大的火炮集群：炮兵第 295 团的 7 门 76 毫米炮、近卫迫击炮第 292 营的 24 门 120 毫米迫击炮、近卫炮兵第 86 团的 10 门 120 毫米榴弹炮和 19 门 76 毫米炮、炮兵第 1011 团的 10 门 122 毫米榴弹炮和 12 门 76 毫米炮、反坦克歼击炮兵第 397 团的数量不明的 76 毫米炮、伏尔加河区舰队的舰炮，以及步兵第 95 及 138 师下属步兵团的大量 50 毫米和 82 毫米迫击炮。消耗性炮击持续到 11 时 35 分，然后所有炮兵部队火力全开，狂轰了五分钟。在 11 时 40 分，炮兵放慢射速，继续炮击至 11 时 55 分，接着又是五分钟的火力急袭，揭开了步兵进攻的序幕。

中午，柳德尼科夫师转入进攻，他们的任务是打通与左侧友邻的联系。德沃里亚尼诺夫中尉用他布置在 47 号房 [78 号楼] 的那一门炮支援了科诺瓦连科部的进攻："我们猛轰了第一个烟囱，然后是第二个。几分钟以后，步兵们跃出工事发起进攻，没伤亡多少人就拿下了几座楼房，因为敌人在烟囱里的火力点全都哑巴了。"

这次进攻绝不像德沃里亚尼诺夫中尉暗示的那样轻松，德军进行了激烈抵抗，用各种武器拼命开火。看见科诺瓦连科的突击队发起进攻，3 号厂房 [14/15 号车间] 和主机械车间也射来密集的大炮和迫击炮火力，准确地打进突击队的侧翼。不仅如此，在突击队的前进方向上还密布着雷场、弹坑、掩蔽部、楼房、交通壕、带刺铁丝网和挂着绊雷的绊索。德军工兵已经花了几周时间拼命加强工事，而现在这些防御措施第一次接受真正的严峻考验。突击队朝着 38 号房 [67 号楼] 和 39 号房 [61 号楼] 推进，有一队战士在 I.S. 波格列布尼亚克中尉指挥下攻占了 39 号房 [61 号楼]。多姆拉切瓦中尉 (Domracheva) 率领的一个小队冒着猛烈的机枪火力拿下离 38 号房 [67 号楼] 15 ～ 20 米的两个掩蔽部，然后与敌人进行了长时间的交火。索科洛夫中尉 (Sokolov) 指挥的一个突击队向 41 号房 [75 号楼] 和政委楼以北的建筑攻击前进，将德国人赶出了 41 号房 [75 号楼] 东南方 30 米处的一个掩蔽部，随后在已占领的地方巩固了防守。他们的损失很严重。

第 577 掷弹兵团依靠人工布设的障碍、布满绊雷的铁丝网和猛烈的火力，轻松守住了 41、38 和 37 号房 [75、67、74 号楼]。冲到德军前沿阵地的苏军士兵遭到集中投掷的手榴弹的攻击，不得不停下前进的脚步。科诺瓦连科大尉的步兵第 344 团只取得一些意义不大的战果：他们占领了 39 号房 [61 号楼]、38 号房 [67 号楼] 东北方 15 米处的两个掩蔽部和 41 号房 [75 号楼] 东南方 15 米处的一个掩蔽部，该团报告：

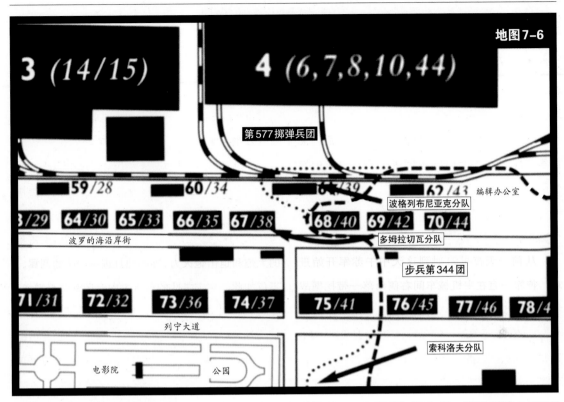

地图 7-6

3 (14/15)

4 (6,7,8,10,44)

第 577 掷弹兵团

59/28 60/34 61/39 62/43 编辑办公室

波格列布尼亚克分队

63/29 64/30 65/33 66/35 67/38 68/40 69/42 70/44

波罗的海沿岸街

多姆拉切瓦分队

步兵第 344 团

71/31 72/32 73/36 74/37 75/41 76/45 77/46 78/4

列宁大道

电影院 公园

索科洛夫分队

■ 1942 年 12 月 15 日，根据第 62 集团军的部署，苏军步兵第 138 师的部队向德军第 305 步兵师的阵地展开反攻。上图是步兵第 344 团的进攻行动，下图是步兵第 650 团的进攻行动。

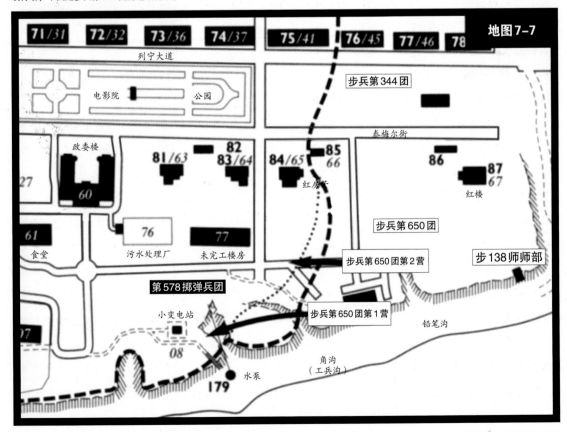

地图 7-7

71/31 72/32 73/36 74/37 75/41 76/45 77/46 78

列宁大道

步兵第 344 团

电影院 公园

泰梅尔街

政委楼

81/63 82 83/64 84/65 85 86 87

66 67

红房子 红楼

步兵第 650 团

步 138 师师部

60

27

76 77

步兵第 650 团第 2 营

61

食堂 污水处理厂 未完工楼房

第 578 掷弹兵团

步兵第 650 团第 1 营

铅笔沟

07

小变电站

08

角沟

（工兵沟）

179 水泵

■ 1942年12月15日，苏军经过精心准备后，向"街垒"工厂方向的德军阵地展开进攻，步兵第138、95师的炮兵部队以及炮兵第1011团根据计划向德军防线展开了猛烈的火力准备。上图是准备开火的苏军76毫米野战炮群，左图是苏军的82毫米迫击炮炮手在进行瞄准。

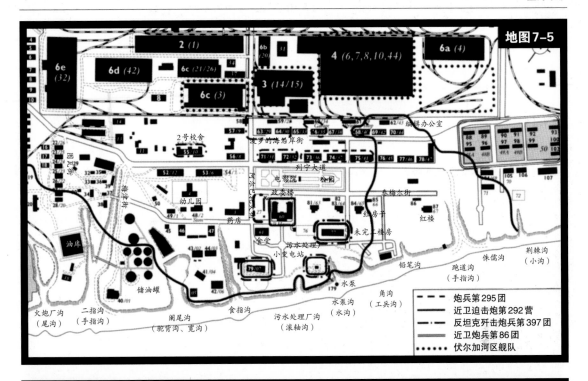

地图7-5

射击方式及 射击时间	消耗射击 （0500-1135）	弹幕射击 （1135-1140）	消耗射击 （1140-1155）	弹幕射击 （1155-1200）

1942年12月15日苏军第62集团军炮兵部队对德军阵地的火力准备计划[1]

射击方式及 射击时间	消耗射击 （0500-1135）	弹幕射击 （1135-1140）	消耗射击 （1140-1155）	弹幕射击 （1155-1200）
炮兵第295团	300发炮弹 37、39、40[2]、41、34、35、36号房	120发炮弹 40、41、39、37、35、36号房	60发炮弹 15/14号车间，28、29号房	120发炮弹 37、39、40、41、34、35、36号房
近卫迫击炮 第292营	360发炮弹 小变电站、Π形房、红房子、未完工楼房	240发炮弹 小变电站、Π形房、红房子、未完工楼房	60发炮弹 8、9、28、29、30、31号房	240发炮弹 小变电站、Π形房、红房子、未完工楼房
反坦克歼击炮兵 第397团	600发炮弹 28、30、32、31、29、27号房，中央大门、E形房、小变电站、红房子、未完工楼房	300发炮弹 28、30、32、31、29、27号房，中央大门、E形房、小变电站、红房子、未完工楼房	120发炮弹 3、4、5、7、6、12、2号房	300发炮弹 28、30、32、31、29、27号房
近卫炮兵第86团	320发炮弹 手指沟，48、49、50、51号房，吉他形平谷	200发炮弹 手指沟，48、49、50、51号房	60发炮弹 52号房	200发炮弹 手指沟，48、49、50、51号房
伏尔加河区舰队	120发炮弹 3、14/15号车间，主机械车间		40发炮弹 主机械车间以北30米	120发炮弹 3、14/15号车间，主机械车间

1. 本表使用的目标地点名称均为苏军方面的代号。
2. 40号房［68号楼］的苏联守军在炮击前暂时撤离了这座楼房。

"我团全天共歼灭多达30名敌军官兵,端掉5挺机枪,直接命中6个掩蔽部并将其摧毁,76毫米炮的火力还轰塌了38号房。"

为了这点小小的战果,他们付出了严重的伤亡:2名军官和5名士兵死亡,1名士官和23名士兵负伤,总计损失31人。在这一天日落时,全团共有163人,但其中在前线战斗的只有64人。他们的装备是129支步枪、2挺重机枪、7挺轻机枪、22支冲锋枪、3支反坦克枪、2门82毫米迫击炮和2门50毫米迫击炮。他们的弹药包括18000发步枪弹、6000发冲锋枪弹、250发反坦克枪弹、20发82毫米迫击炮弹、35发50毫米迫击炮弹和300颗手榴弹,此外还有4天份的食品。

步兵第650团的情况也不比步兵第344团强。该团的步兵第1营在12时冒着猛烈的机枪、迫击炮和冲锋枪火力准时开始进攻。德军坚守防线,并且立即从小变电站、未完工楼房和红房子用重机枪猛烈扫射。在炽烈的弹雨中艰难前进的步兵第1营的战士以可怕的速度接连倒下。几秒钟前还有几十人的队伍,转眼就没有一人还能站立,只见鲜血在混杂着炸翻的泥土的雪地里汩汩流淌。有几个不是特别勇敢就是特别鲁莽的人一路爬到德军的一些前哨阵地上将其占领,但是大多数还没有受伤的士兵只能趴在雪地里动弹不得。该营只前进了30米就不得不停止进攻,再也无力前进一步。

另一方面,步兵第2营甚至根本没有执行进攻的命令,这次进攻尝试从一开始就被搞砸了。德军极其密集的机枪、迫击炮和冲锋枪火力横扫一切,没有给苏军任何机会。

步兵第650团的全部战果是:将左翼推进了30～50米不等。柳德尼科夫后来写道:"尽管只夺回了这么一小片土地,也是值得庆贺的,但想到各团为此付出的代价,我们就高兴不起来了。于是我下令停止进攻。"

步兵第650团的伤亡是60人,其中6人是被友军炮火误伤的……对于一个两天前战斗力量总共只有135人的团来说,这样的损失是毁灭性的。前一天步兵第138师接收的222名补充兵有相当一部分被分到了步兵第650团(上述战斗力量数字没有计入这些人员),但该团日志中的一条评论明确指出这些新来的士兵在这次进攻中所起的作用不大:"增援人员没有做好战斗准备,他们行动迟缓,在遭到严重损失后就躲在掩蔽部里不敢出击。"在这一天日落时,该团有28名军官、12名士官、100名士兵,外加24名不属于该团的人员。

* * *

戈里什内上校的步兵第95师奉命向西北方向推进,其任务是打到泰梅尔街与步兵第138师的部队会合。在进攻前,该师各团的实力如下:步兵第161团有363人(步兵第1营——84人,步兵第2营——106人,步兵第3营——8人),步兵第90团有238人(步兵第2营——60人,步兵第3营——56人),而步兵第241团有230人(步兵第1营——62人,步兵第2、3营——9人)。

他们这次进攻的结果记录在步兵第95师的第106号战斗报告中:

"为执行第221号命令,步兵第90和241团在12时发起进攻。

"步兵第241团从'驼背沟'冲出后,遭到敌机枪和冲锋枪火力阻击,来自02、05、04、06号房中火力点的大口径机枪火力尤其猛烈。该团夺取了四个掩蔽部后,继续封锁敌火力点。

"步兵第90团执行了领受的任务,攻占了敌人的3条战壕和6个掩蔽部,战线推进情况如下:右翼到达储油设施区以西60米处,左翼占领了位于储油设施区以西40米处的红房子,他们已巩固了所占区域的防守。

"步兵第161团继续坚守原有阵地,并使用45毫米炮、迫击炮和机枪支援了步兵第241和90团

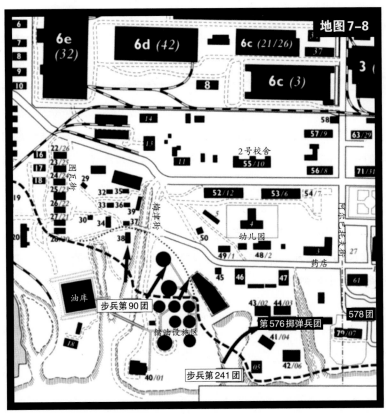

地图7-8

6e (32)

6d (42)

6c (21/26)

6c (3)

3

2号校舍 55/10

幼儿园

油库

步兵第90团

储油设施区

第576掷弹兵团

步兵第241团

578团

■ 1942年12月15日苏军步兵第95师对德军第576掷弹兵团发起的反攻行动。

的进攻。

"我部的大炮和迫击炮尝试了压制和摧毁打击我进攻部队的敌火力点。炮兵第57团的火炮表现出色，但是由于火炮口径太小，无法摧毁敌人设在碉堡和一座砖石建筑中的火力点（02、05、04、06号房）。"

报告中还提到"在储油设施区附近步兵第90团当面的敌人是第6集团军第576步兵团第3营的两个连"。步兵第241团用迫击炮摧毁了1挺重机枪和2挺轻机枪，该团的45毫米炮也击毁1个碉堡。步兵第95师抓获11名俘虏[1]并缴获下列装备：1挺重机枪、4挺轻机枪、2门连属迫击炮、25支步枪、5支冲锋枪、10颗手榴弹和2800发弹药。该师的损失与这些不大的战果相比很严重：步兵第241团伤亡47人，步兵第90团损失19人（3人

战死），而步兵第161团有3人负伤。

德军在厚壁砖石建筑中设置的据点非常坚固，而苏军火炮对它们的毁伤效果欠佳，就连暂时压制都难做到——戈里什内上校因此不得不向第62集团军司令部提出请求：

"我请求拨一个连的大口径火炮供我调用，以便摧毁敌人设在砖石楼房中的碉堡，同时请求给步兵第241和90团各补充150～200人。"

苏军通过侦察、从尸体上收集的证件和俘房的口供查明了与他们作战的德军部队番号，第62集团军的战争日记是这样说明的：

"从工厂东侧边缘到伏尔加河河岸——第305步兵师的第577和578步兵团，第578步兵团有不超过一个营的兵力把守着河岸边到储油设施区的阵地；防守储油设施区一带的是第294和50工兵营；从储油设施区到水兵街——第305步兵师的第576步兵团和第672工兵营。"

苏军情报还提到德军在储油设施区附近采取的奇特防御战术："我们注意到，在储油设施区附近，敌人使用了哨兵犬来帮助守卫接近路线，以防止我方侦察队渗透到他们的战斗队列中。"

* * *

入夜后，苏军小部队继续执行进攻任务。步兵第344团对38号房［67号楼］方向的攻击一直持续到16时左右。步兵第138师统计后认为，其部队全天消灭了100多名德军并端掉了8挺机枪，

1. 第62集团军的战争日记称："抓获5名俘房，其中有2个德国人、3个罗马尼亚人，全都来自第576掷弹兵团。"第305步兵师当天的伤亡报告中未提到该部有任何人失踪。

1942年12月15日双方的伤亡情况
苏军步兵第138师：51人阵亡，106人受伤，共计157人
德军第305步兵师：17人阵亡，4名军官和94名士兵受伤

此外还摧毁了一个掩蔽部和3座房屋。根据初步统计的数据，该师的损失为51人死亡，106人负伤，共计157人。因为该师的防御阵地太小，纵深不够，可以被德军火力轻易覆盖，所以该师的损失一直在稳定地增加。

步兵第138师发动进攻并且被击退的事并没有在德军阵营中掀起多大波澜，事实上，步兵第95师的进攻给德国人造成的影响还要稍大一点。在20时45分，第51军向第6集团军报告说："敌人在火炮厂东南方向几次进攻无果后，终于在储油设施区附近达成了局部突破。我军将在今夜发动反击。"

1942年12月16日

在4时30分，德军一个排攻击了位于"阑尾沟"[驼背沟]北坡的步兵第241团部队，企图夺回前一天失守的5个掩蔽部。苏军步兵使用机枪和手榴弹击退了德军攻击部队，后者丢下许多尸体以后四散逃入掩体中。在8时10分，步兵第241团派出几支侦察小分队，又攻占了冲沟北坡上的两个掩蔽部。

在9时50分，苏军观察员发现约有100名德军士兵从药店和2号校舍经交通壕向前推进，并分散进入储油设施区西北方星罗棋布的战壕和掩蔽部中。他们在遭到苏军炮兵打击后，有一部分溃散。

这一天，步兵第90团在储油设施区以西与德军进行了激烈的手榴弹对拼。在纵火器、机枪和迫击炮火力掩护下，分成小股作战的突击队攻占了两个掩蔽部，但随后这两个目标又多次易手。到当天日落时，苏军步兵终于控制了其中的一个。步兵第90团的突击队得到了南边友邻部队——步兵第161团的45毫米炮、迫击炮和机枪支援。炮兵第57团的炮火则摧毁了德军的6个掩蔽部并炸毁2挺机枪。

步兵第95师这一天的伤亡要比前一天严重不少：步兵第241团损失58人，步兵第90团损失60人，步兵第161团则损失1人。该师实际上还有更多伤亡，但却是己方造成的：在11时15分，东岸的苏军炮兵错误地对师指挥所一带进行了弹幕射击，结果造成5死6伤，死者中包括该师的副通信科长伊万诺夫大尉(Ivanov)，伤者中有米罗年科中尉(Mironenko)和诺维科夫少尉(Novikov)。步兵第241团除了战斗伤亡外，也因为友军误击蒙受了4死13伤的损失。

* * *

在步兵第138师前线，德军偶尔以冲锋枪、机枪和迫击炮开火。步兵第344团的战斗部队遭

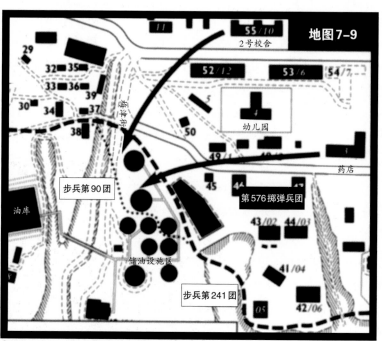

■ 1942年12月16日，德军对储油设施区的的苏军展开反击行动。

到系统的射击。步兵第650团使用小型武器、机枪、迫击炮、冲锋枪和反坦克枪射击了活跃的德军火力点。执行这个任务的战士显然兴致很高，以至于到日落时该团报告说，它的2门82毫米炮弹只剩下10发炮弹，那1门50毫米迫击炮则用光了所有弹药。步兵第138师的防线仍维持原状，但增加了前一天攻占的39号房和3个掩蔽部。按照接获的命令，柳德尼科夫师计划在11时发动一次步兵进攻，而在此之前该师用机枪和冲锋枪对德军猛烈扫射，迫使他们暂停路障和其他防御障碍物的修筑。

在11时，步兵第344和650团发起进攻，步兵第768团则继续射击离他们最近的敌方阵地。当步兵第344团一个15人的突击队在38号房[67号楼]一带前进时，德军用密集的机枪火力迎接他们，迫使他们就地卧倒。这支突击队被打得抬不起头，在雪地里趴了近半个小时。在11时30分，有一队12～15人的德军从14/15号车间[3号厂

房]方向对突击队发起反击，但是受阻于机枪和步枪火力。这些德军随后进入38号房[67号楼]、36号房[73号楼]、37号房[74号楼]和41号房[75号楼]固守，他们肯定是被派来加强这些楼房防御的援兵。苏军突击队一边朝他们开火，一边退回了出发阵地。

在佩钦纽克部进攻的地段，德军死守阵地。他们使用来自未完工楼房、小变电站和41号房[75号楼]的火力打击步兵第1营。该营在11时发起进攻，只前进了几米就受阻于猛烈的小型武器、机枪、冲锋枪火力以及偶尔的迫击炮火力。该团的损失是1名军官和1名士兵死亡，8名士兵负伤，共计10人。

两个团的进攻部队都在遭遇猛烈火力后无功而返，德军的防御实在太坚固了。不过苏军炮兵还是压制了一些德军的火力点，摧毁了一些掩蔽部并杀伤了其中的人员。步兵第138师这一天的损失是4人死亡，21人负伤，共计25人。

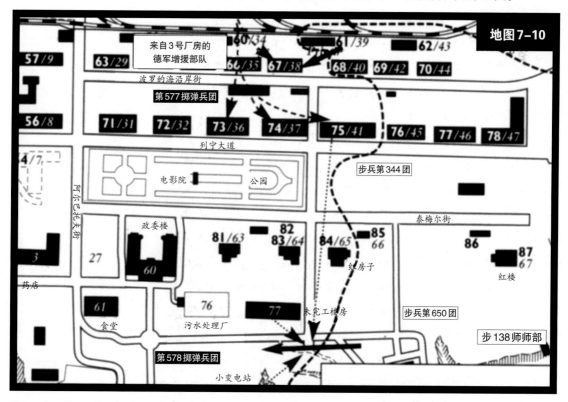

■ 1942年12月16日苏军步兵第344、650团的进攻，德军向前沿据点增兵，并从各个方向对苏军进攻进行压制。

1942年12月16日双方的伤亡情况
苏军步兵第138师：4人阵亡，21人受伤，共计25人
德军第305步兵师：13人阵亡，39人受伤，共计52人

这次进攻还是没有给德军造成多大影响，他们基本上不认为这是严重的威胁。在17时15分，第51军向第6集团军报告说："敌人在强大炮兵支援下在火炮厂东南和东方发动多次进攻，被我部分击退。敌人伤亡惨重。"

夜幕降临时，75号楼[41号房]里的一个德军机枪手朝68号楼[40号房]和69号楼[42号房]猛烈射击，打光了好几条弹链。

1942年12月17日

这天夜里，弹药源源不断地从后方运往柳德尼科夫岛。扎伊采夫斯基岛上的部队把物资装在人拉雪橇上向前线运输，并且用这些雪橇运回伤员。每过一个晚上，这条生命线的运转效率都会提高，送上去的补给和援军越来越多，伤员的疏散速度也越来越快，新鲜的血液和活力正在流入步兵第138师的血管。

* * *

第51军向第6集团军报告说，该部当晚为了拉直火炮厂东南被局部突破地段的防线而发起多次反击，但只取得了部分成功。步兵第95师的第110号战斗报告记录了德军的每一次反击：

"在12月16日夜到17日晨，敌人调上来的预备队企图恢复原有阵地。在步兵第90团的地段，他们从L形建筑[药店]和E形建筑[2号校舍]向储油设施区发动了七次攻击。在12月16日20时35分动用了

一个排，在20时42分动用了大约70名士兵，在21时、21时30分、21时45分各动用一个排，在22时40分动用大约60名士兵，在3时30分又动用一个排。敌人的所有这些进攻都被我击退，他们遭受了严重的损失。在这些不成功的进攻结束后，他们撤回原来的阵地，并朝步兵第90团的战壕投掷手榴弹。"

经过猛烈炮火准备后，戈里什内的部队再次攻击了储油设施区附近。这次战斗的细节也可以在第110号战斗报告中找到：

"在12时，步兵第90团击退敌人进攻后，执行了攻打储油设施区西北方多个掩蔽部的任务，但是遭到顽强抵抗，这些掩蔽部多次易手。

"在储油设施区一带的战斗中表现特别突出的有步兵第3营营长斯卢茨基大尉（Slutsky）、副团长马克西莫夫大尉（Maksimov）、连长列别杰夫中尉（Lebedev）和政治副营长帕夫连科上尉衔政治指导员（Pavlenko）。"

* * *

德军各部依靠完备的火力配系坚守阵地，并且使用小型武器、机枪和偶尔的迫击炮火力系统

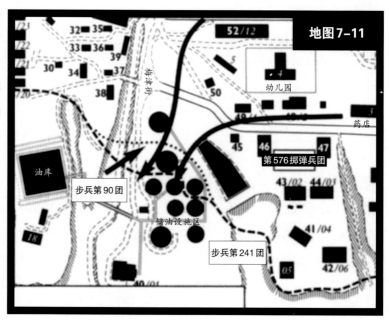

地图7-11

■ 1942年12月16日夜17日晨德军的反击，以及12月17日中午苏军步兵第90团的进攻。

地射击柳德尼科夫师。在步兵第650团的地段，德军从未完工楼房、75号楼[41号房]和小变电站不断用小型武器和机枪射击，并辅以迫击炮和反坦克枪的火力。该团在这一天也不断组织火力还击，重点照顾红房子和未完工楼房中顽强的德国守军。

苏军观察员报告，从7时到10时，德军继续在"街垒"工厂地区修筑工事。

在为步兵第650团的进攻而做的火力准备中，苏军炮兵系统地轰击了德军火力点和人员，对前沿工事和后方都做了重点关照。佩钦纽克的步兵第1营向红房子和未完工楼房方向发起进攻，又一次遇到猛烈的小型武器、机枪和冲锋枪火力拦截，偶尔还遭到迫击炮的拦阻射击。他们在距红房子20米处躲藏起来，然后陆续以2～3人为一组绕到红房子右侧，企图压制距该楼房10来米的一个碉堡中的火力点。但是，德军组织起极为强大的火力打垮了苏军的这次进攻。苏方有18人在此战中负伤。

德方守军也并非没有损失，雷滕迈尔上尉的第578掷弹兵团第1营的第3连连长卡尔·魏策尔军士长[1]（Karl Wezel）就在当日的战斗中丧生。魏策尔原本属于后方梯队，和许多人一样是经过了城市战的速成训练以后被送上前线的。他和另一些经过重新训练的后勤部队士兵、年轻的奥地利籍补充兵和少数久经沙场的老兵们一起，把守着分布在柳德尼科夫岛周围的危险据点。

这次进攻甚至在任何德方报告中都找不到记录。在20时20分，第51军报告说："下午除了敌人对储油设施区的零星袭击以及偶尔活跃的炮兵活动外，没有任何战事。整个白天以及入夜之后，敌人的空军活动频繁。"

炮兵第295团的德沃里亚尼诺夫中尉冒着重重危险从47号房回到伏尔加河边，组织人手打捞

1942年12月17日双方的伤亡情况
苏军步兵第138师：5人阵亡，16人受伤，共计21人
德军第305步兵师：8人阵亡，52人受伤，16人失踪

那门在12月14日夜15日晨掉到冰窟里的大炮：

"我们使用吊车把'溺水的姑娘'吊起来，拉到了火炮阵地上。终于能用两门炮作战了，这让我们更加高兴了。不过，没过多久就又来了两门炮，于是我被任命为步兵第650团的炮兵连长……"

虽然初上战场就遭遇挫折，但德沃里亚尼诺夫的这个"溺水的姑娘"最终将成为伟大卫国战争的一个象征而备受尊崇：

"曾在12月15日落水的那门火炮编号为14042，它在苏联士兵手里表现出色，不仅参与了斯大林格勒战役，还参与了奥廖尔－库尔斯克突出部战役以及强渡杰斯纳河、第聂伯河、德涅斯特河的战斗，解放了格卢霍夫、巴兹马奇、日托米尔、科罗斯坚、文尼察、日梅林卡、卡门内茨－波多利斯克等城市。我们光荣的炮兵连用这门炮打死打伤了一千多名希特勒分子，压制了数以百计的火力点，击毁击伤了几十辆敌人的坦克和机动车。我们把这门炮命名为'斯大林格勒'，带着它一直打到喀尔巴阡山。后来它被收走，送进了红军的一个博物馆。"

1942年12月18日

夜里，储油设施区一带又爆发激战。德军通过对储油设施区的一次夜袭将戈里什内的步兵赶出了突破口，夺回了原来的阵地。到天亮时，只有一个据点还在反复争夺。步兵第95师的第112号战斗报告详细描述了这次血战：

"1942年12月17日22时10分，在步兵第90团第3连的地段，我军注意到大约60名敌军士兵从红十月工厂向街垒工厂运动，猜测他们将被投入储油设施区附近的战斗。在22时25分，我军

---

1. 卡尔·魏策尔军士长，第578掷弹兵团第3连，1916年2月25日生于米尔海姆，1942年12月17日阵亡于斯大林格勒。

注意到一队大约30人的敌军士兵从街垒工厂东南角沿一道路堤匍匐前进，最后消失在一些掩蔽部中……我军的迫击炮、机枪和大炮朝他们开了火。

"在23时15分，敌人用45名士兵对储油设施区和'驼背沟'[阑尾沟]之间的步兵第90团地段发起进攻。经过短兵相接和拼手榴弹的战斗，敌人占领了锥形油罐附近的一个掩蔽部，随后部署了哨兵犬。

"2时25分，在储油设施区附近的步兵第241团地段，敌人用一个排的步兵攻击了'驼背沟'[阑尾沟]南坡上的掩蔽部，但是他们在机枪火力和手榴弹打击下遭受一定损失，随即撤退。

"从2时25分到5时，步兵第241团对进攻'驼背沟'[阑尾沟]南坡的敌人步兵猛烈射击并投掷手榴弹，敌人在战斗中遭受一定损失后撤退。

"为了收复阵地，步兵第90团的两支突击队在纵火器、迫击炮和机枪支援下攻击了储油设施区以西被敌人攻占的掩蔽部。他们在战斗中夺回了一个掩蔽部，随后巩固防守并继续与敌人交火。

在12月17日夜到18日晨，步兵第138师接收了包括参谋军官在内的361名援兵，包括10名军官、49名士官和302名士兵。这些援兵被分配到各团，佩钦纽克团的兵力因此增至225人。从1时到3时，德军不断射击运送补给的渡口。

柳德尼科夫师的战争日记报告说："从6时到13时，不断有单个士兵从3号车间[6c号厂房]跑到9号房[57号楼]，再从那里跑到伏尔加河边。在我军用步枪和机枪开火后，敌人的这些动作就停止了。"

第305工兵营第3连连长施泰格中尉就是众多跑向前沿阵地的德军官兵之一："因为狙击手活动猖獗，我们只能利用壕沟在前线和后方来回移动，而这些壕沟有的地方很狭窄。有一次，我觉得这样实在太慢，就跳出壕沟，想在外面跑几步，然后回到前方的壕沟里，但是我的右手腕突然就

■ 德军第305工兵营第3连的贝特霍尔德·施泰格中尉。

被一颗子弹击中了，这是12月中旬的事。当时在我前面有几个人正在搬运病号，他们走得实在太慢了，我在后面等得不耐烦，就想绕到他们前头去。我要是没有这么做的话，也许就不会受伤了。不过我太心急了，结果子弹就找上了我。我受伤的地方离急救站不远，所以我就自己走到那里。我没觉得这伤有多严重，但是我们的营长特劳布上尉有不同看法，他对我说：'你还是搭上飞机离开这里吧。对我们来说，你既然受了这个伤，那就一点用场也派不上了。你只会成为又一个吃白饭的。'我很清楚，这话没有任何恶意，因为特劳布上尉是受到所有人尊敬和爱戴的好军官，他其实是想让我及时逃出包围圈。于是我回到来时降落的机场，搭乘Ju 52飞出了包围圈。"

几天以后，特劳布上尉在给妻子的信中提到了这件事："几天前，我们营里有个军官手上挨了一枪。当初一起在法国征战的老禁卫军现在只剩三

■ 这张摄于1943年2月的照片清楚地显示了德军壕沟的狭窄程度。照片中的这条战壕是德军在工厂南部的主壕沟。左边的钢架属于1号厂房［11/14号车间］，背景中是2号厂房［1号车间］，照片中的这几个人是原工厂的领导，回来检查工厂状况。

个人了：我自己、副官[1]和技监官[2]。好在大多数军官只是受伤而已，他们从国内的医院给我写了不少信。不管怎么说，我那曾经彪悍骄傲的营现在已经七零八落了。我们急需从前线撤下来，到后方花几个星期进行休整和补充，但是现在当然不是考虑这个的时候。"

* * *

在12月17日午夜，步兵第138师接到了以下命令："你师应攻占位于波罗的海沿岸街中部和南部、列宁大道以及红房子的敌军阵地，到达39、28、29和27号房一线，与步兵第95师会合。"

柳德尼科夫明白，在这次进攻中他必须找到更好的方法来对付那些棘手的德军据点。常规的进攻策略在"街垒"工厂是不管用的，需要采取新的战法来攻克那一座座楼房。后来柳德尼科夫在回忆录中写道："我们决定改变进攻战术，在每个连里组织突击队，每个突击队都要包含突击组、占领组和预备组。各组的人数由指挥员根据目标

情况自行决定。"

柳德尼科夫就这样对他的部队进行了重新编组。科诺瓦连科团和佩钦纽克团分别做好了进攻准备。此时在这两个团的战斗队列里已经没有班、排、连之分——只有一支支突击队，每支突击队都有明确的任务，这些突击队将以突然而迅猛的动作打击敌人。柳德尼科夫写道：

"每个团都配备了沙盘——地形和攻击目标的模型。我们还想出了一个主意，虽然没什么新鲜的，但是它成功地让敌人放松了警惕，给我们的突击队创造了有利条件，这个主意也是利用了心理因素。我们派了两个军官到扎伊采夫斯基岛上观察和联络，因为我们的大炮和迫击炮都在岛上。每当我们从师指挥所用手电筒打出信号（敌人看不见这个信号），岛上就会升起3发红色信号弹。然后我们的炮兵就对右岸进行十分钟的火力突袭。起初敌人还会用迫击炮还击，但是他们后来发现我们的红色信号弹并不是攻击的前兆，只

1. 副官是马克斯 · 弗里茨中尉（Max Fritz），第305工兵营第2连，1918年3月11日生于斯图加特，1942年12月22日阵亡于斯大林格勒。

2. 技监官是格奥尔格 · 策勒技监中尉（Georg Zeller），第305工兵营营部，1915年12月4日生于阿尔策瑙，2006年仍健在。

是给炮兵的信号，于是渐渐地就习以为常了，每次我们炮击时德军士兵就会躲到掩体里避免伤亡。后来俘虏的供词表明他们自认为已经摸透了我们的规律，有个俘虏后来说：'你们的信号弹一出现，我们就知道俄国人会打10分钟炮。等到炮击结束，我们就回到阵地上。'"

于是德军养成了完美的条件反射，他们甚至对苏军简单的战术感到庆幸。"来吧，伊万，开你的炮吧！"每当看到3发红色信号弹窜上天空时他们都会这样取笑。他们会在炮击时离开射击阵地，10分钟以后，当扎伊采夫斯基岛上的火炮停止射击，他们就回到阵地上各就各位，现在柳德尼科夫要做的就是利用这一点。

柳德尼科夫起草了战斗指示，和所有战斗命令一样，这些指示写得非常简洁，但非常透彻地阐明了战斗的目的。与此同时，柳德尼科夫给手下指挥员们提供了发挥主动性和勇敢精神的空间，他们可以改变出发阵地来利用火炮准备的效果。无论如何，攻击的目标从头到尾都是不变的，而且必须让每个战士都完全理解。

柳德尼科夫在袖珍笔记本的一页写下了他对这次战斗任务的规划：

"严格遵守伪装规定。为了出其不意地打击敌人，应继续按相同程序从扎伊采夫斯基岛进行炮击，直到进攻开始为止。

"突然和迅猛——这是突击组和占领组取胜的基础。

"进攻目的：攻击部队要向波罗的海沿岸街方向进攻，消灭敌人的据点。不光要彻底占领波罗的海沿岸街，还要占领列宁大道，然后是泰梅尔街。在攻击部队打开的突破口中投入预备队，坚决向西南方推进，与步兵第95师的右翼会合，从而恢复连续的战线。"

柳德尼科夫在最后几个字"恢复连续的战线"下面划了一道横线。

连续的战线。将近40天前，柳德尼科夫师与集团军主力和后方的联系被切断。然后这片被火堆标出的热土上空出现了关闭发动机后静音滑翔的波-2式飞机，飞行员们最先用师长的姓名称呼这个孤岛："喂，柳德尼科夫岛！灭掉篝火！"

接着就是饥荒和严重的损失，但是"街垒"工厂的保卫者从未失去恢复连续战线的信心。德国第6集团军一度有将他们完全包围的可能，而"街垒"工厂里的生死搏斗仍在继续。

* * *

下午，佩钦纽克的部下注意到几个女人向伏尔加河河岸移动，试图到河边打水。经过仔细观察，他们发现这些想靠近伏尔加河的人其实是男扮女装的德国人，显然德军的饮用水供应出了问题。于是步兵第650团选出了几个自告奋勇者来跟踪这些口渴的德军士兵。

在这一天下午，双方进行了激烈交火。德军一边继续加固工事，一边用机枪扫射柳德尼科夫师的战斗队列。在佩钦纽克的防区，从小变电站、未完工楼房和红房子射来的火力尤其猛烈。柳德尼科夫师也进行还击，摧毁了一些掩蔽部并杀伤了其中的德军人员。佩钦纽克的部下用小型武器、机枪和冲锋枪射击了小变电站以北和政委楼以南区域的火力点及交通壕。

苏军炮兵对德军火力点实施了弹幕射击，试图摧毁工事并消灭其中的人员。不幸的是，有几发炮弹落点过近，结果击中了佩钦纽克的指挥所，造成一定破坏并致使两人受伤。

柳德尼科夫师的士气很高，28名轻伤员决定不去后方的医院，而是留在阵地上坚持战斗，全师在这一天的损失是9人负伤。

* * *

约瑟夫·茨伦纳二等兵回忆说："在12月，各连已经到了不得不解散的地步。先是我们营的第1连，然后是第3连，最后是第2连，全都被并到了几支战斗队里。也就是说，虽然我们在11月得到了补充，到了12月中旬还是基本上打光了。在这段时间的战斗中损失非常大。"

* * *

德军的注意力还是集中在储油设施区周边的混战上。在17时，第51军报告："在储油设施区，敌人在长时间的炮火打击和各种武器的火力支援下发动进攻，在某些区域突入了前一天晚上被我收复的前沿阵地。我军正在准备反击。"

然后他们在20时50分报告："为了夺回储油设施区的原有阵地而发起的反击仍未得手。我军已停止继续进攻。现部队控制的战线：网格82a2的沟岔 - 最西面的两个储油罐（含） - 储油设施区北侧边缘的冲沟到伏尔加河的一段。此外，在今天下午，钢铁厂和储油设施区不断遭到猛烈的炮火袭扰。"

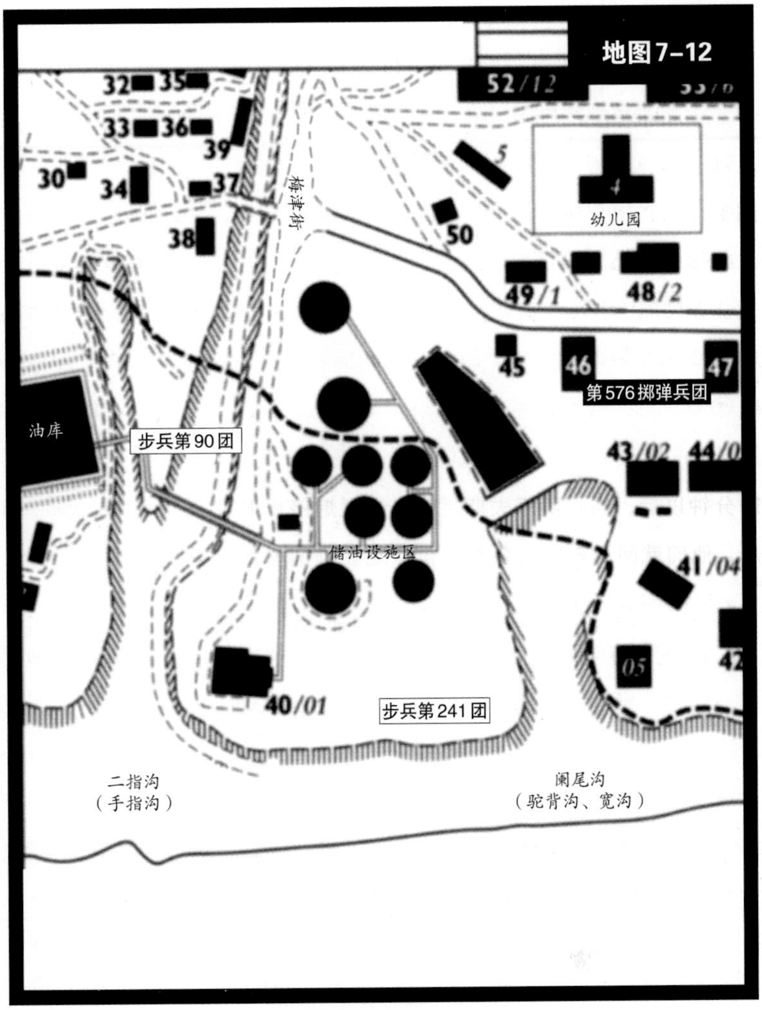

这些炮弹中有一发的落点离第578掷弹兵团第3连的保罗·莱纳二等兵[1]（Paul Reiner）不远，他是9月才加入该团的毛头小伙子。爆炸冲击波挟着弹片击中了他，有几块弹片就嵌在他的右大腿和肩膀里，让他备感痛楚。比他更不幸的是他的班长乌里希下士（Uhrig），被弹片击中了脖子和胸口，在莱纳记忆中是个"大好人"的乌里希没过多久就死了。莱纳则被送进急救站，经过紧急包扎后转到野战医院，在那里得到了撤离的许可，在次日搭乘飞机离开了包围圈。

地图 7-12

■ 1942年12月18日德军停止反击后在储油设施区的前线位置。

1942年12月18日双方的伤亡情况
苏军步兵第138师：9人受伤
德军第305步兵师：21名士兵阵亡，1名军官和99名士兵负伤，7名士兵失踪，后来总损失又被修正为155人（照此计算，该师在过去7天足足损失了741人）。

1942年12月19日

街角的那座三层楼房早就被一颗航空炸弹炸毁了，冲击波有效地给这座楼房做了开膛手术，房子内部的隔墙和走廊都被炸塌了。不过三面外墙仍然完好。于是这座房子就这样敞着裸露的楼梯和房间继续矗立。佩钦纽克的部下从步兵第650团的战壕里能看见装着穿衣镜的衣柜、窗户、

---

1. 保罗·莱纳二等兵，第578掷弹兵团第3连，1923年1月29日生于海尔布隆，其余情况不详。

盖着桌布的桌子和挂在墙上的全家福照片。在德军占领这座楼房以后，所有这一切都在一夜之间消失了，只有秋风呼啸着掠过它的断垣残壁。不久以后，冬雪填满了空空荡荡的房间。在白雪皑皑的废墟上可以看到一个个炮弹打出的黑洞，有时会透出亮光。总之，这座房子怎么看都不像还能住人的样子。

在炮兵观察员眼里，街角的这座楼房是个良好的参照点，因为它基本上就位于德军的楔形阵地的边沿。在佩钦纽克的地图上，这座楼房被标为一个德军据点。德军士兵住在它的地下室里，还设置了两个机枪火力点。

德军从街角的这座楼房挖了一条壕沟通向河边，这引起了侦察兵尼古拉·佩图霍夫的兴趣。每天清晨，都有一个身材特别高大、长相奇特的女人从壕沟里出现，提着一个水桶跑到伏尔加河边打水。侦察兵佩图霍夫和格里戈利耶夫都注意到了这个渴求伏尔加河水的奇怪女人。

这个男扮女装的德国人在两个侦察兵面前没有做任何抵抗，他刚转进壕沟里，就看见一支冲锋枪的枪口正对着自己，听到有人用德语小声说："Hande hoch（举起手来）！"之后，他就丢下水桶，乖乖举起了双手。

侦察兵们扯掉德国人头上的羊毛披肩，又让他脱下裙子，为的是让他跑起来方便点。然后他们在他的腰带上系了两根绳子，格里戈利耶夫攥着一根，佩图霍夫攥着另一根。"Schneller und stiller（快走，别出声）！"佩图霍夫用德语

命令道，"Verstehen（明白）？"

"Jawohl（是），Jawohl（是）……"被吓坏的德国人小声嘟哝着。佩图霍夫在他身后赶着他走，格里戈利耶夫则在前面带路。他们刚走近步兵第650团的第一道战壕，街角房子的地下室里就突然吐出了机枪的火舌，还有狙击手从同一座楼里向他们开火。格里戈利耶夫迅速跳进壕沟里，并把身后的"舌头"也拖了进去，佩图霍夫却被某个狙击手的一发子弹击中，他松开了手中的绳子，倒在壕沟边上，那个德国狙击手又在他身上补了两枪。格里戈利耶夫急忙把受伤的战友拉到安全的地方。

"别管我……"佩图霍夫小声说，他猛吸一口气，开始痛苦地扭动。

"把'舌头'带走！"他用沙哑的嗓子从牙缝里挤出这几个字。

"让这个'舌头'见鬼去吧！"格里戈利耶夫

■ 侦察兵尼古拉·佩图霍夫（左）向他的师长柳德尼科夫上校报告。

一边说着，一边撕开佩图霍夫被血染红的迷彩服，寻找伤口的位置。

"一会儿就好，兄弟……"那个被俘的德国人开始紧张地四处张望，但他没有逃跑。

"快带他走吧，瓦西里……"佩图霍夫央求格里戈利耶夫，显然最让他痛苦的是这个德国人的存在。

"别给我上绷带……没有必要……"佩图霍夫声音变得十分微弱，断断续续。

这个"舌头"是第578掷弹兵团第12连的海因里希·赫

■ 1942年12月19日，苏军步兵第650团的突击队攻击德军掩蔽部。

斯列兵[1]（Heinrich Hess），他在审讯中痛骂了元首和他的营长皮特曼上尉，后者曾要求他们"没有命令不得开火"，皮特曼上尉还削减了分配给重机枪的子弹数。赫斯还说，他们全师领到的补给数量都很有限，因为所有物资都要靠飞机空运。这是苏军第一次得到德军阵中缺粮的消息。

* * *

德军和往常一样，继续用零星的机枪和迫击炮火力打击步兵第650团的战斗部队。该团为了维持一切如常的假象，也对小变电站以北地区和未完工楼房的敌人火力点进行了还击。在11时这个相对平静的时间，由丘尔科夫中尉（Chulkov）和柳京中士（Lyutin）率领的两支突击队开始向泰梅尔街方向前进。这不是真正的进攻，只是一次战斗侦察，目的有两个：一是试探德军实力，二是检验突击队是否做好了进攻准备。进攻开始前没有进行炮火准备，但是在战士们开始前进时，反坦克歼击炮兵第397团对德军火力点进行了压制射击以支持这次作战。不过，突击队刚出

现在德军阵地前，就遭到了猛烈抵抗。德军在制高点的机枪火力掩护下试图从政委楼发起反击，但是被打了回去。在这次战斗中率先冲进德军战壕和掩蔽部的三个英雄是：科列特科夫斯基少尉（Koretkovsky）、伊万尼岑上士（Ivanitsyn）和斯维先斯基列兵（Svishchensky），其他人在他们的激励下也奋勇前进。苏军攻击部队迅速封锁了两个掩蔽部的出口，经过激烈的肉搏战后最终将困在里面的德国守军击毙，掩蔽部就此被拿下。

与柳德尼科夫对进攻作战的要求相反，不知为什么在这次战斗中苏军没有部署占领组和预备组。因此突击队缺少重武器，弹药消耗得很快。德军凶猛的反击立刻开始了，突击队坚守阵地，等待援军到来。截至日落时分，德军为了赶走苏军突击队并重夺掩蔽部，总共发动了四次反击，这些反击全都被击退。在挫败德军反击的过程中，下列指战员表现突出：斯文奇科夫斯基大尉（Svenchkovsky）用一支反坦克枪连打五枪，击毁一门37毫米炮并引爆了堆在旁边的弹药；内务

1. 海因里希·赫斯列兵，第578掷弹兵团第12连，1918年9月22日生于埃森，1942年12月失踪于斯大林格勒。

人民委员部特别处驻步兵第650团的高级代表格拉斯金 (Geraskin) 与他的督战队里残存的2名战士一起打退了20名德军发动的一次反击，并亲手击毙其中6人；克拉申 (Krashin) 在两个小时内击毙1名观察员、2名狙击手和1名普通士兵。但是突击队本身也有伤亡——共计12人。在其他部队接管新占领的掩蔽部和战壕的防御后，丘尔科夫中尉和柳京中士带着突击队回到了苏军的主防线。据步兵第650团记录，在大炮和迫击炮打击下，德军损失了1挺重机枪、1挺轻机枪及其射手、小变电站区域水塔以北的2个掩蔽部和3个加盖散兵坑。步兵第138师的记录是：击毙64名德军，摧毁3个掩蔽部和5米长的铁丝网，压制3挺机枪；在这次袭击中缴获的战利品是2挺轻机枪、18支步枪、2支冲锋枪、1挺重机枪、900颗手榴弹、1把铲子和1支信号手枪。

* * *

根据第51军的报告，德军真正关注的是戈里什内师的进攻，而不是柳德尼科夫师的：

"在第305步兵师右翼的储油设施区一带，我军击退了敌人的五次袭击。敌人部署在这里的部队离我们的前沿阵地非常近。"

夜里和上午，在储油设施区附近都发生了拼手榴弹的战斗，不过这是正常现象。步兵第241、90团的突击队在夜间忙着准备进攻，与此同时步兵第161团继续守卫阵地，他们甚至在"短沟"内和铁路沿线埋设了105枚反步兵地雷。

在11时，戈里什内师强大的突击队离开阵地，朝着西北方向前进。德军进行了顽强抵抗，主要依靠大口径机枪和大炮及迫击炮的强大火力阻击对手。苏军步兵毫不气馁地持续进攻，战斗最终演变为短兵相接的搏斗。步兵第241团左翼前进了30～40米，其突击队与德军激烈争夺位于"阑尾沟"南坡和西南坡上的掩蔽部及交通壕，个别掩蔽部多次易手。与此同时，在不远处的步兵第90团尝试了攻打储油设施区以西的一些掩蔽部。步兵第161团也有几支小队发扬进攻精神，前进了20～30米，占领了铁路路堤边上的一个碉堡和一个掩蔽部。中午时，德军的迫击炮弹落在戈里什内的指挥所附近和步兵第241团的迫击炮阵地上。

在这些进攻作战中，戈里什内部动用了17具纵火器——取得了良好的效果，燃烧弹爆炸时释放出浓密的烟雾，遮挡了德军的视线，使他们无法准确还击。根据报告，这些新式武器焚毁了3个掩蔽部，苏军后来在其中找到20具化为焦炭的德军尸体。

当烟雾终于散去时，苏军突击队已经占领了三条战壕和几个掩蔽部。成为这些阵地新主人的步兵第90团官兵站稳了脚跟，准备迎接德军必然

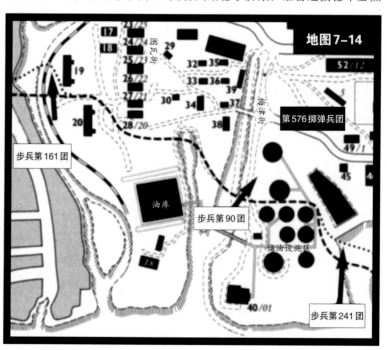

■ 1942年12月19日，苏军步兵第241团和第90团的突击队攻击德军掩蔽部。

发动的反扑。该团的工兵则发现，遗留在掩蔽部里的德军尸体以及一挺轻机枪和一挺重机枪上都设置了诡雷。第50装甲工兵营的工兵在撤退前有充足的时间准备这些机关。不过该营本身也丢下了许多战死的同袍，还有两人被俘，其中一人是第50装甲工兵营第1连的格哈德·霍尔茨上等列兵（Gerhard Holz），他在当晚就接受了审讯。可能出于安抚审讯者的动机，霍尔茨提到了德军士兵目睹的某些利用"战利品"的活动，而他的这些证词后来被"国家调查德国法西斯罪行特设委员会"作为证据引用：

"德国军官还掠夺当地人民。例如，今年8月我回国休假时我的前任营长埃梅勒中尉（Ermeler）就叫我把床单、布料之类的东西带回他在柏林的老家。我给他的妻子带去了装着纺织品的包裹和一封信，我还带去了20包茶叶，每包50克，另外还有2公斤肥皂和各种其他物品。"

小规模的袭扰一直持续到入夜以后。第51军后来报告：

"敌人下午在储油设施区附近发动两次试探进攻，遭受惨重伤亡后被击退。敌人还从火炮厂以东的桥头堡发动两次试探进攻，也被击退。他们的第三次袭击达成了局部突破，但我军已夺回部分失地。敌人的所有袭击都得到了猛烈的大炮和迫击炮火支援。"

夜里，苏军步兵注意到德军士兵三三两两地从05号房跑出，然后回到"街垒"工厂内。在21时，他们又看见一些伤员被从04号房［41号楼］搬进"街垒"工厂。

* * *

当"街垒"工厂一带的夜幕降临后，柳德尼科夫离开他的掩蔽部，开始视察各团的前沿阵地，他的第一站是科诺瓦连科的指挥所。

"你好，政委！"

"祝您健康，上校同志！"福明营政委接待了

柳德尼科夫。"要我带您去见科诺瓦连科大尉吗？他正在探访战士们。"

"没有必要，再说我也要去看看战士们，不过是另一个团的。政委，你要确保每个突击小组里都有共产党员和共青团员。和舒巴保持联络，因为我今天要很晚才会回指挥部去。"

"是，我就知道！"福明想也不想就回答。

"你已经知道了，政委？"听到福明出乎意料的回答，柳德尼科夫惊讶地抬起了眉毛：他想听听对方的解释。

"我们的勤务员兹雷德涅夫——您认识我们的兹雷德涅夫吧？——最近他去了友邻部队，带回来一些消息：他说，过不了多久，我们就会发动进攻。我问兹雷德涅夫：'你是怎么知道的？'他回答说：'靠着士兵的直觉，从一个明确的征兆上看出来的——上校将会巡查前线。我们这些老兵都知道，如果我们的上校来前线视察，那德国人就得当心了。'"

* * *

丘尔科夫中尉和柳京中士都说他们的突击队在掩蔽部里消灭了大约五十个德国人。但是佩钦纽克知道师长不喜欢报告里含有"相信"和"大约"之类的字眼，而且突击队的损失也会让他很不高兴。这就是为什么在柳德尼科夫到达前佩钦纽克把突击队的战利品尽量收拢到了一起：有2挺轻机枪、2支冲锋枪、7支步枪和3把手枪。德国人在掩蔽部被堵死之后就无路可逃，只能顽抗到底，这个解释将让师长相信这些战利品是经过与敌人激烈殊死的战斗缴获的。

柳德尼科夫听取了佩钦纽克的报告，并检查了这些武器。

"你的人打得很漂亮！"他对佩钦纽克说，"我们去见见他们，我要会会未来的勋章获得者。"

佩钦纽克被夸得有些飘飘然，便带着师长去了一个掩蔽部，两支突击队的冲锋枪手们正在里

面休息。丘尔科夫中尉见到柳德尼科夫上校，立刻以刚从军校毕业的军官所特有的作派向他汇报了战斗任务的执行情况。

接着上校就用一个问题把大家问懵了：

"我的突击英雄们，你们是怎么让敌人打败你们的？"

丘尔科夫中尉的情绪顿时低落下来，他带着疑问的神情看着他的团长，但是佩钦纽克也被上校的问题搞糊涂了，不知怎么回答才好。

"可是我们完成了任务呀，"丘尔科夫强压怒气说道。"我们在那些掩蔽部里干掉了五十个德国人。他们……"他指向冲锋枪手们，"他们可以作证……"

"你们打得很勇敢，士兵们是好样的，你们会得到勋章。还有你，丘尔科夫，和柳京中士，也少不了你们的份儿。但是，你们胸前戴着勋章的同时别忘了在肩膀上扛着脑袋。你们知道支援力量不够！你们知道！你们应该自己安排支援——比方说用一个机枪手提供掩护……那样一来，那些人就会得救。那是什么样的人啊！拿十二个勇敢的小伙子换五十个已经注定要被打死或俘虏的德国流氓？兄弟们，现在可不是1941年！对于闻名世界的街垒工厂的英雄们来说，这样的交换比现在是不可接受的。你们觉得我说得对吗？"

这番话让佩钦纽克受到了一些激励，丘尔科夫的情绪也重新高涨起来，战士们都露出了笑颜。

* * *

苏军持续不断的攻击使德军日渐疲惫，这些影响在雷滕迈尔几乎每天都写的信件中清晰可见：

"俄国人继续不断地朝我们猛攻，我们的情况一点没有改观。这种日子还要持续多久啊！每个人承受的压力都是巨大的。我们几乎收不到任何邮件，偶尔才有一封信传到我们中间的某个人手上。我已经三个星期没得到家里的消息了，要是我能确定你们还在定期收到我的信件，我也会高

兴的。在目前这种状况下，只要我还能掌握一切，那我就没事。当初我们的集团军司令在给我们的命令中写道：'我必须对你们提出更多要求……'那时我们还不知道这究竟意味着什么，我们想不到会是现在这样。要是我们有数量足够的能人和可靠的领导，也许情况会好一些，但我们还是逐渐陷入短缺了，所有已经把口粮减半的人还要加倍苦干。对我们来说这是经过艰难抉择做出的决定，在这些饥饿和短缺的日子里，我们希望有朝一日能重享快乐！"

自苏军发动反攻以来时间已经过了一个月，德军将士看不到一点解围的希望，只能蹲伏在凄凉、肮脏、冰天雪地的斯大林格勒废墟里，慢慢地沉溺在绝望中。在从斯大林格勒发出的信件中，无论是对元首的救援能力的信心，还是重新看到德国和亲人的希望，都流露得越来越少了，还是以雷滕迈尔的信为例：

"被包围后，我们注意到的第一个形势变化就是敌人的活动增强了。但是除此之外，还有另一些变化：士兵们发现所有物资的配给都变得严格了。突然之间，每个人都明白了被包围和被切断与祖国的联系意味着什么。掩蔽部里的大声交谈沉寂了，每个人都在想着自己的心事。大家一封接一封地写信，人人都想用某些方式倾诉衷肠。极其恐怖的命运预兆逐渐显露，大家都想在与亲人的对话中寻求解脱。从故乡寄来的信件少得可怜而且单调乏味，但是人们把它们反复地拿出来读了一遍又一遍，这些来自故乡的文字仿佛散发着神秘的力量。"

"街垒"火炮厂原本是繁忙的大型军工复合企业，有一座座高耸的烟囱喷吐浓烟，成千上万的工人在下面辛勤工作。但此时它已经变成一片完全异样的天地，是由扭曲的桁梁和冰封的炮管堆组成的怪诞的垃圾场。刺骨的寒风挟着雪花刮过冰冻的废墟，将细小的冰粒砸向人们暴露的脸

庞，吹得松动的波纹铁皮不断哐当作响。一切都失去了原有的色彩：深灰色的天空像打湿的毛毯一样沉沉地压在头顶，红砖映射着冰霜和污秽的光泽，就连人们的脸颊也显得苍白惨淡、毫无血色。每个德军士兵心里最大的念头就是：他们被切断了，不仅远离主力的防线，与故乡德国更是隔着千山万水。来自故乡的信件是他们与亲人唯一的联系……而此时他们比以往任何时候都更需要这些信件，因为他们能从中汲取力量，最重要的是感觉到自己与热爱的祖国，进而与亲人保持着某种关联。对饱受思乡之苦的德军士兵来说，任何一点德国的痕迹都能被当作希望的征兆，联系德国的纽带。在凄凉残破的"街垒"工厂里就存在着一个这样的征兆。在3c号厂房半毁的工具车间里，在众多机器中间有一台车床，上面用清晰的印刷体德文字母标注了制造商的名称：古斯塔夫·瓦格纳[1]，罗伊特林根 (Gustav Wagner, Reutlingen)。这些字母仿佛是来自故乡的问候，经常有人前来参观这台机器，其中甚至包括对机床一无所知的人。他们摆出一副对机器兴趣十足的样子，实际上，他们只想亲手抚摸这团冰冷的顽铁。还有一些人只会直勾勾地看着机器，似乎那是某种媒介，会在思绪中将他们带往故乡。"你们还能使用它吗？""要是我们不在这里了，俄国人还会让它重新工作吗？""罗伊特林根在哪？"非施瓦本籍的士兵问道。在孤寂的"博登湖"师士兵眼里，这台德国打造的机器成了一件圣物。

* * *

在12月19日夜到20日晨，按照柳德尼科夫的命令，三发红色信号弹从扎伊采夫斯基岛升上天空——这是让炮兵继续轰击德军的信号。

1942年12月19日双方的伤亡情况
苏军步兵第138师：8人阵亡，14人受伤，共计22人
德军第305步兵师：19人阵亡，44人受伤，共计63人

1942年12月20日

夜里，德军试图夺回丢失的掩蔽部和战壕以恢复阵地，但连续四次反击都被步兵第650团的部队打退。步兵第2营从2时到4时在战壕中与敌人进行了激烈的手榴弹对拼，虽然战斗很残酷，但步兵第650团牢牢控制着新的防线。有小股德军被发现从未完工楼房移动到水塔以北50米处的冲沟。苏军此时最需要的是让携带炸药包的工兵破坏掉德军的一个掩蔽部和一条长15米的壕沟，因为这些工事给他们防守新阵地造成了极大困难。从2时到16时，不时有零星的小型武器和机枪开火，还有人投掷手榴弹。步兵第650团的损失是2名军官和13名士兵战死，另有4名军官、5名士官和35名士兵负伤，共计59人。

在步兵第138师的其他地段，德军没有实施任何作战，但经常用步枪和机枪射击渡口。步兵第138师占领了更有利的阵地，并为下次突击做了准备。当夜幕降临后，德军用重机枪扫射渡口，苏军炮兵则系统地轰击了德军前线和后方。全天苏军的损失为16人死亡，33人负伤，另有14名轻伤员拒绝后撤，仍在阵地上战斗。总计63名伤亡人员中，只有4人不属于佩钦纽克团。

第51军报告说："从17时30分开始，敌军在火炮厂以东动用火焰喷射器实施了进攻。"然而在苏方记录中找不到对这次进攻的任何描述，更不用说什么火焰喷射器了，不过苏军很可能是发动了一次规模非常小的作战，火焰喷射器的使用往往会吸引不成比例的关注。

第305步兵师牢牢控制着自己的阵地，并建立了由障碍和大量火力点组成的防御体系。在步兵第344和650团的地段，德军防御的支柱是波罗的海沿岸街和列宁大道南侧的一组楼房，最主要的据点是政委楼。其他强大支撑点有38号房 [67号楼]、41号房 [75号楼]、37号房 [74号楼]、红

---

1. "古斯塔夫·瓦格纳机械制造厂"成立于1890年，已在1994年宣布破产。

房子[64号楼]和小变电站。这些坚固的堡垒内部配备了大量机枪、连属迫击炮和几门反坦克炮，并且通过交通壕、掩蔽部、碉堡和地堡连成一片。楼房和掩蔽部之间的空地都布了雷，并有铁丝网、鹿砦和绊索保护。德军防御前沿的堑壕四通八达，士兵在抗击苏军进攻时可以自由地在掩蔽部之间和楼房之间运动。

第305步兵师在前两个月争夺"街垒"工厂的攻防战斗中伤亡惨重，因而不得不在构建防线时着重设置大量障碍，精心修筑工事，建立巧妙组织的火力配系来保证火力密度达到最大。由于人员损失惨重，各掷弹兵团都配备了超量的自动火器，主要是轻重机枪和冲锋枪。城市地区战斗的特殊条件和苏军前沿阵地与德军阵地的极近距离导致了手榴弹的广泛使用，虽然德军因为弹药紧缺而严格限制用量，但他们的手榴弹却非常充裕，每座被当成据点的楼房内都储存着至少200颗手榴弹，每个掩蔽部里也都备有好几箱。为了守住既有阵地德军可以不惜一切代价，而他们的主要目标就是确保戈里什内的步兵第95师无法从南面突破。德军的策略是用自动武器弥补人员的不足，并充分利用工兵来修筑防御工事。但是第305步兵师在给主要防线配备了高密度火力、人工障碍和坚固工事的同时，却不得不放弃建立纵深防御的打算。他们无路可退，只能在掩蔽部、碉堡和地堡中顽强抵抗，直到被彻底消灭。

柳德尼科夫的部队据守着一块真正的弹丸之地，他们的处境也很艰难。德军火力本已严重饱和，狭小的战场又使其效果被进一步放大，使得苏军在白天根本不可能作战。12月15日的战斗已经让苏军得到了惨痛的教训，白天即使是孤零零的一个苏军士兵现身也会立即招来德军机枪手非常精准的射击，富河汉上用来与后方联系并输送粮弹

的唯一交通线也经常遭到大炮和迫击炮火覆盖。

步兵第138师的目标很简单：与步兵第95师会师。为了实现这个目标，他们需要降伏德军的部分据点（如果不是全部的话）。但是，要攻克这条守备严密的防线可不是那么简单。

步兵第344团接到的任务是向波罗的海沿岸街方向攻击，消灭德军在38、34、36、37号房一带的据点，进至39、28、29、31号房一线，并就地建立面向西方和西南方的牢固战线。

步兵第650团的任务是消灭敌人在红房子、未完工楼房和政委楼一带的据点，肃清这一区域的敌人，并与步兵第241团的部队会师。

古尼亚加的步兵第768团将坚守现有阵地。

两个奉命进攻的团发布的命令如下：

在步兵第344团指挥部12月19日15时下发的094号战斗令中，科诺瓦连科大尉要求"向波罗的海沿岸街方向发动奇袭，消灭敌人在38、35、34、37、36号房一带的据点和与其相连的掩蔽部。突击队应通过扫荡作战夺取28、29、31号房，然后在39、34、28、29、31号房一线巩固防守。"

为了实现这个目标，科诺瓦连科将动用两个营：托尔卡切夫上尉的步兵第1营和贝尔贝什金上尉[1]（Berbeshkin）的步兵第2营。给第1营的命令如下：

步兵第1营应向波罗的海沿岸街方向推进，任务是消灭敌人在38、35、34、37、36号房一带的据点，进至目标区域29、28号房，就地建立面向南方和西南方的巩固防线。部队的集结阵地在39、40和42号房一带。

a. 第1突击组配备51人，其中10人是冲锋枪手，并装备2挺轻机枪。

任务：从38号房西侧发动奇袭，歼灭35、34、33号房内的敌人。在绕过敌军个别火力点的

---

1. 亚历山大 · 安德烈耶维奇 · 贝尔贝什金少校（Aleksandr Andreyevich Berbeshkin），苏联英雄，步兵第344团第2营，1916年7月13日生于卡拉瓦伊诺，1944年4月17日阵亡。

情况下，快速夺占30、29、28号房，就地建立面向西方和西南方的巩固防线，然后协助步兵第2营的突击队消灭32和31号房内的敌人。

b. 占领组配备35人，装备2挺轻机枪。

任务：跟在突击组后面同时作战，消灭38号房及其西面掩蔽部内的敌人，肃清35、34和33号房内的敌人，沿34、28、30号房一线建立面向西方的巩固防线。

c. 预备组：25人，装备1挺轻机枪、1挺重机枪、1支反坦克枪和2门连属迫击炮。

任务：保护突击组和占领组在39和34号房方向的侧翼，随时准备击退敌人从14/15号车间和工厂大门方向发动的反击。

给贝尔贝什金营的命令是：

a. 突击组配备30人，其中15人为冲锋枪手，装备1挺轻机枪。

任务：从45号房向泰梅尔街方向进攻，迅速消灭36、32号房内的敌人，封锁37号房附近的掩蔽部，夺占31号房，并在31和32号房建立面向南方和东南方的巩固防线。

b. 占领组配备20人，装备1挺轻机枪。

任务：歼灭37号房以东掩蔽部中的敌人，在37号房中留下部分兵力警戒41号房方向，肃清37和36号房中的敌人并巩固防守。

c. 45号房中的预备组：15人，装备1挺轻机枪、1支反坦克枪、1门连属迫击炮。

任务：

1. 用火力支援步兵第1营和第2营占领组的作战；

2. 随时准备击退敌人从Π形房发动的反击；

3. 与步兵第1营和第2营的占领组协同歼灭41号房中的敌人。

在攻击开始时，直射火炮将摧毁敌人的射击孔，压制火力点，并在目标楼房上炸开缺口，以便部队将手榴弹投入楼内和通过缺口突入。

请求炮兵打击：

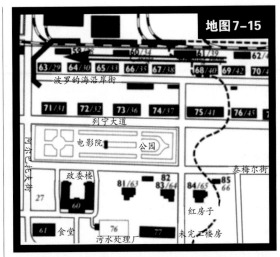

■ 1942年12月20日苏军步兵第344团第1营的进攻任务。

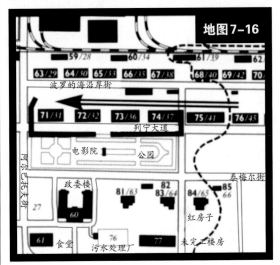

■ 1942年12月20日苏军步兵第344团第2营的进攻任务。

1. 38、37号房，37、41号房以东和38号房以西的掩蔽部；

2. 从42年12月19日起，步兵第768团的迫击炮应转移阵地，以射击红房子、Π形建筑和41、37号房中的敌军火力点；

3. 步兵第768团的冲锋枪手组成的预备组应在43号房［70号楼］中集结，随时准备击退敌人从主机械车间发动的反击。

佩钦纽克少校也对自己的团发出了指示：

"我命令，对红房子、泰梅尔街沿街阵地和Π形建筑方向发动突袭，消灭敌人在红房子、未完工楼房和Π形建筑中的火力点。各营应组建突击组、占领组和预备组。

"步兵第1营配备1门45毫米炮，以迅猛的动作消灭红房子、未完工楼房和Π形建筑一带的火力点，然后进至从31号房延伸到Π形建筑的防线并巩固防守。"

为了这次进攻作战，他将部署三个突击组、两个占领组和一个预备组，其中预备组的主要任务是运送手榴弹。这个预备组的人数占了该团士兵的三分之一，体现了佩钦纽克对这次战斗中手榴弹所起作用的高度重视：

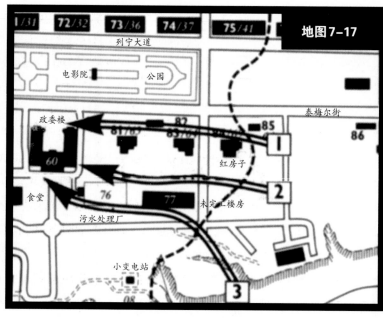

■ 1942年12月20日，苏军步兵第650团的突击队进攻政委楼的计划。

"第1突击组应以迅猛的突然袭击解决红房子西北15米处的火力点，大胆前插至泰梅尔街，在Π形建筑西侧巩固防守，坚持到占领组到达，防线面向西北方。

"第2突击组应以迅猛攻击解决红房子西南10米外的火力点，从未完工楼房西侧与第1组协同突入Π形建筑，并与第1组的指挥员一起协调防守，坚持到占领组到达。

"第3突击组应解决未完工楼房南侧的火力点，并进至Π形建筑南侧角落。"

命令要求各突击组不理会任何未被压制的火力点，持续推进直至完成预定任务为止。第一个占领组将歼灭泰梅尔街上的红房子和政委楼中的敌人，并肃清这片区域的残敌。在这一天行将结束时，柳德尼科夫又得到79名援兵（2名军官和77名士官及士兵），他把其中的大部分人分到了步兵第650团：计有1名军官、2名士官和47名士兵，共50人。随后该团报告自身实力为49名军官、28名士官和126名士兵，共计203人。

在步兵第138师准备大举进攻之时，步兵第95师实施了一次预备作战。大炮和迫击炮对德军在"阑尾沟"以北的火力点轰击了一整天，到了16时，布达林少校的步兵第241团开始突击这条冲沟的北坡。二十分钟过后，他们依靠密集投掷的手榴弹拿下了05号房，也就是让他们头疼了一个多月的变电站。这座建筑刚一失守，德军就立即派35人发起反击，这次反击失败了。随后德军又在17时20分和21时各以一个排的兵力进攻，但均被击退。苏方资料声称德军在战斗中损失惨重，战场遗尸超过60具。苏军的损失在12人左右，苏军突击队还夺取了5个掩蔽部和2个碉堡，布达林的步兵整夜都在坚守这座至关重要的建筑。

经过一个月的僵持，攻防双方的角色发生了缓慢但决定性的互换，战线即将发生重大变动。进攻主动权已经被苏军牢牢掌握，德军能做的只有等待，猎手即将成为被猎杀的对象。

1942年12月20日双方的伤亡情况

苏军步兵第138师：16人阵亡，33人负伤，另有14名轻伤员坚持战斗，不愿后撤，共计63人

德军第305步兵师：18人阵亡，1名军官和77名士兵受伤，2人失踪，共计98人

苏军复仇

1942年12月21日

夜暗和寂静笼罩着"街垒"工厂，德军的机枪偶尔发出有节奏的哒哒声响，并夹杂着步枪射击的回响。随后战场又重归沉寂。苏军观察员借着时不时闪现的火光，观察着德军士兵的一些动向。在更北面的某个地方，德军的机枪和迫击炮从51、50号房和东北冲沟方向集中射击富河汉的河道，没有任何异常迹象。扎伊采夫斯基岛上的炮手们在午夜时演奏了持续15分钟的"序曲"，然后停了手。德军在这阵炮击过后纷纷回到他们的射击阵地，因为他们知道在随后的近三个小时里可以舒心地睡个好觉。

黎明前，整个前沿阵地一片寂静，但是柳德尼科夫和他的参谋们都没有睡觉，各团的团部人员也没有合眼。突击组和占领组已经进入各自的出发阵地，参战人员的手表都已经预先对好，表上的指针正在渐渐指向2时40分。柳德尼科夫离开掩蔽部，冬日的天空洒下细小的雪花，因为太小，肉眼其实看不见，只有仰面望天时，脸颊上才能感到雪花飘落时那惬意的触感。柳德尼科夫手表上带荧光的秒针终于指向了他期待已久的时刻，已经过了2小时40分钟。1发蓝色信号弹带着嘶嘶声从古尼亚加防区的冲沟里冲天而起，3发从扎伊采夫斯基岛升起的红色信号弹回应了它。然后，一如既往，一门火炮发出怒吼，其他火炮纷纷响应，接着榴弹炮和迫击炮也加入了合唱。

德军在前几个晚上早已习惯了这样的炮击，因此在看到红色信号火箭以后，他们就从前沿阵地后撤到防炮掩体里。对他们来说一切如常，但是这个晚上对苏军来说却不同寻常，因为他们知道再过两分钟，扎伊采夫斯基岛上的炮手就会准时将火力向德军防线纵深延伸。一分钟以后，将有第二发信号火箭越过伏尔加河飞向扎伊采夫斯基岛上空。炮手们将会看到它，然后就会像看到乐队指挥的小棒挥动一样立刻停止射击。德军将会大吃一惊，然后狂奔回自己的据点，但那时已经太晚了。

一分钟过去，又一分钟过去，然后是第三分钟……师长已经对每个突击队的战斗做了精心策划，连最小的细节都没有放过。部队为了这次进攻进行了长时间的秘密准备，从后方向扎伊采夫斯基岛和伏尔加河西岸不辞辛苦地运输了各种武器、炮弹和子弹——万事俱备，就等这三分钟了。在第三分钟，大炮和迫击炮将停止射击，而那些一马当先、一心争胜的人已经在悄无声息地冲向德军的据点。

炮声像被利斧砍断一般戛然而止，而在战壕、掩蔽部和地下室里，冲锋枪和手榴弹开始热烈地发言，刺刀和匕首也开始闪出寒光……

步兵第138师的几个突击组突入了德军的前沿阵地，他们迅速消灭了火力点和岗哨，然后继续向前推进。第一批报告传到了指挥部，科诺瓦连科的突击组朝着波罗的海沿岸街方向挺进，已经突破多道带刺铁丝网，兵不血刃地占领了36号房[73号楼]和37号房[74号楼]旁边的一道战壕和几个掩蔽部。接着38号房[67号楼]和35号房[66号楼]也被迅速占领，突击组成功地推进到34号房[60号楼]、33号房[65号楼]和36号房[73号楼]，有些人甚至趁着天色尚暗冲到了"街垒"工厂的中央大门边，41号房[75号楼]和37号房

[74号楼]（一座有两个射击孔的碉堡）则被占领组封锁。

"我还没看见德国人。"科诺瓦连科用电话报告说，话音刚落，迟迟未出现的敌人就来了。在3时，德军终于意识到苏军发起了进攻，于是开始激烈抵抗。他们试图通过反击和火力阻止苏军突击队的运动。第51军后来向第6集团军报告说："从3时开始，敌人从火炮厂以东的桥头堡实施进攻。"

德军部队从14/15号车间[3号厂房]方向射来炽烈的侧射火力，并从9号房[57号楼]和10号房[55号楼/2号校舍]进行正面火力拦截，有效地切断了科诺瓦连科的突击组和占领组的联系。尽管如此，突击组还是继续前进，与顽强的德国守军进行了短兵相接的搏

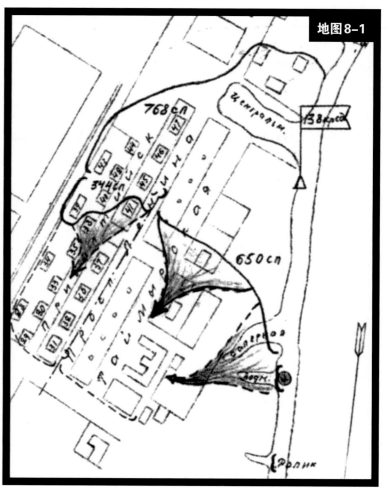

■ 苏军步兵第138师绘制的一张战斗草图显示了该师在1942年12月21日上午的进攻行动。

斗。36、34、33和32号房内杀声响成一片。战士们在黑暗的厂房地下室和工厂地道里与德国人打得不可开交，甚至没有注意到晨曦出现。

一个在35号房里受伤并被送到营救护站的士兵最早带来了前线战斗的消息：突击组已经前进得相当远，把从前沿阵地到"街垒"工厂中央大门一带的德军都压制住了。

德军开始从各个方向发起一波又一波的猛烈反击。他们以25～30名冲锋枪手为一队，在迫击炮和大量轻重机枪支援下杀向苏军。从14/15号车间和8、9、10号房射来的火力以及发动的反击尤其猛烈，但是德军的所有进攻都在遭到惨重损失后被击退。

在5时，当灰白色的暗淡晨光照亮战场时，

德军观察员呼叫来暴风骤雨般的迫击炮火，以阻止占领组前进。由于这些炮火，再加上越来越准确的机枪火力，突击组的后路被完全切断，后方与他们的通信联系也中断了。在5时30分，36、34、33和32号房内得不到占领组增援的突击组开始在战壕和掩蔽部里与敌人展开肉搏。

* * *

在2时40分以后，当炮火刚开始延伸，步兵第650团的三个突击组就向着政委楼挺进。每个组各有一个初始目标，但它们的最终目标都是占领这座坚固的据点。

第一个突击组跃出战壕，悄无声息地突入也被苏军称作"红房子"的65号房[84号楼]。和柳德尼科夫预料的一样，德国守军已经离开他们的

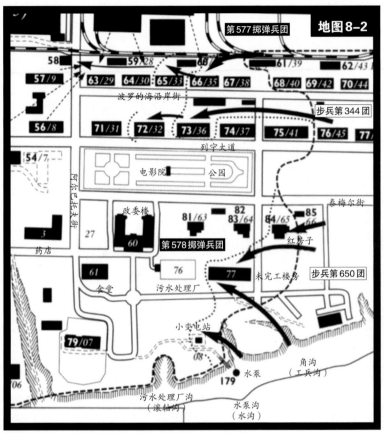

地图8-2

第577掷弹兵团

第578掷弹兵团

步兵第344团

步兵第650团

波罗的海沿岸街

列宁大道

电影院　公园

政委楼

红房子

未完工楼房

污水处理厂

食堂

药店

小变电站

水泵

污水处理厂沟
（滚轴沟）

水泵沟
（水沟）

角沟
（工兵沟）

阿尔巴托夫街

泰梅尔街

■ 1942年12月21日，苏军步兵第344团和650团的攻击行动。

射击阵地，正在地下室里躲避炮火。他们在意识到苏军进入楼房后立即做出反应，但是为时已晚，双方在地下室楼梯井里互掷手榴弹。64号房［83号楼］的德国守军试图援助战友，但是黎明前的昏暗加上爆炸产生的烟雾意味着对84号楼内外模糊的人影射击有很大的误击风险，沿着通向84号楼的壕沟前去增援的德军士兵则被占据有利地形的苏军用成排投掷的手榴弹打了回去。84号楼的德国守军明白自己已经无力回天，于是他们冲出地下室，沿着壕沟逃进83号楼，沿途不断遭到苏军火力袭扰。佩钦纽克的部下就此成为84号楼的新主人，附近的几个掩蔽部也被他们一举拿下。

第二个突击组绕过84号楼，轻松占领了在其东南方的一座地堡，因为那里的德国守军都在楼内躲避炮火。当德军士兵想通过壕沟回到自己的地堡时，被步枪和机枪筑起的火墙无情地挡了回

去。幸存的德军士兵退进83号楼，与那里的守军会合。随后苏军突击组利用德军的壕沟向未完工楼房渗透，以支援第三个突击组的进攻。他们乘势冲进地下室，与德军展开激烈的手榴弹对决，双方都用掉了一箱又一箱，苏军的预备组保证了突击组有源源不断的手榴弹补充，最终未完工楼房里的德国守军只能后撤到81号楼和政委楼。佩钦纽克的占领组将落入己方控制的三个据点中的残敌彻底肃清，然后开始冒着巨大危险慢慢攻打沿交通壕分布的无数地堡和掩蔽部，并准备应对德军即将发动的反击。

第三个突击组从"水泵沟"和"角沟"出击，杀向小变电站和未完工楼房。德军的机枪像镰刀一样撂倒了其中的许多人，但余下的人还是跳进了德军前沿阵地的战壕。这一带没有什么地下室，德军都是在地堡里躲避炮击，因此他们的反应比其他地方要快得多。苏军突击组必须沿着每条战壕杀开血路，在黑暗中通过凶险的扭打占领一个个掩蔽部。苏军士兵通过密如蛛网的壕沟缓慢而坚定地推进，但是越接近政委楼，他们前进的代价就越大，架在楼上的机枪能够扫射某几段壕沟。在河边悬崖上，针对小变电站发起的突击很成功，这座讨厌的碉堡很快就落入苏军之手，苏军同时还缴获了两门在11月曾让"滚轴"小分队和装甲汽艇吃尽苦头的反坦克炮。

新来的增援部队虽然有不少是一两天前才踏上斯大林格勒的土地的，却打得极为出色。他们中间有些人是"штрафников"，也就是来自惩戒

■ 本页的两幅照片反映了苏军突击队在建筑物内与德军展开战斗的场面。在1942年12月21日，苏军对德军第305步兵师据守的"街垒"火炮工厂一带的阵地再次实施大规模反攻，通过精心组织的突击队作战收复了部分阵地，但德军反应迅速，以密集火力和频繁的反击遏制苏军的进攻，力图据守现有阵地。

■ 为了和自己的突击队保持密切联系，步兵第138师师长柳德尼科夫上校坐镇61号房［87号楼］的观察所进行指挥，报告突击队攻击进展的电话不断传来，照片中的女话务员是 G.A. 沙罗娃（G.A. Sharova）。

■ 1942年12月21日,苏军步兵第138师师长柳德尼科夫(叼烟斗者)从观察所观察部队的进攻。

去。"

佩列皮奇在斯大林格勒英勇战斗,尤其是在攻占德军据点的最初几次战斗中表现出色,从而完成了赎罪,后来他还被授予红星勋章和其他勋章。在1943年的库尔斯克之战中,他用反坦克枪击毁了几辆虎式坦克和自行火炮,但是同年在一次炮击中身亡。

步兵第138师在15时提交的战斗报告中叙述了佩钦纽克团的活动:

"他们消灭了80多个希特勒分子,俘虏了第578掷弹兵团的两个士兵,占领了Π形房北面的几座建筑、小变电站和Π形房东面100米外的几个掩蔽部,还推进到'滚轴'小分队的左翼。"

佩钦纽克的突击组摧毁和缴获的武器数量清楚地证明了德军据点的守备兵力,虽然他们只摧毁了3挺轻机枪和1门37毫米炮,但是缴获的战利品可不少:1门75毫米反坦克炮和60发炮弹、17挺轻机枪、2门迫击炮、50多支步枪和250多颗手榴弹。

* * *

在步兵第138师的右翼,步兵第768团的主要任务是守住现有阵地,但是他们也发起了自己的突击队作战。当突击队在2时40分出击时,4号车间[6a号厂房]的德军迫击炮开了火,炮火顿时笼罩了攻击部队。当他们接近德军战壕时,还受到了雨点般的手榴弹攻击。虽然他们强行突破了一小段阵地,但是德军立刻用反击把他们赶了

营的官兵。戈尔巴坚科上士记得其中的某个人:

"我们团在12月开始接收增援,前来报到的人都特别强壮,勇敢的佩列皮奇大士(Perepich)就是其中之一,他曾经端着自己的反坦克枪冲进德国人的战壕和地窖。和他一起来的许多人都牺牲了,但是他的勇敢让所有人都感到惊讶。敌人在最近的距离上都找不出他的破绽,他用拳头和枪托杀了好多德国人。在斯大林格勒,他以前受到的判决被撤销了,在一次坦诚的对话中他告诉我,当初他的罪名是'驾驶汽车撞倒一名儿童并致其死亡',那个孩子老是喜欢在汽车边上跑来跑

回去。这次作战没有成功，突击队在撤回出发阵地防守的过程中又有一些损失。伤亡很严重：6人死亡，27人负伤。在这一天日落时，古尼亚加的兵力是112人，其中80人部署在前沿阵地上。

* * *

在这些部队进攻的同时，步兵第95师也在向北推进，前一天晚上攻克05号房（变电站）使该师的任务大为简化。在3时，突击队从这座建筑出发，攻打一些分布在悬崖顶上的德军工事，具体说来就是与06号房[42号楼]有狭窄壕沟相连的两个碉堡。他们遇到了顽强的抵抗，不得不就地寻找掩护。在随后的几个小时里，他们且战且进，拿下了德军的几个掩蔽部和散兵坑。在6时，一队20人左右的德军向变电站前进时被发现，随后被猛烈的火力逼退。到了10时，苏军突击队已经攻克05号房西北方的几个掩蔽部。

在其他各团的地段，苏军的进展也很缓慢。步兵第90团的突击队被来自药店和12号房[52号楼]的凶猛火力所阻，因此未能取得战果。在11时，苏军观察到大约40名德军士兵从"街垒"工厂分散转移到储油设施区一带，企图加强那里的防御。步兵第161团的突击队对铁路路堤上的一个德军碉堡投掷手榴弹，并缴获了一挺重机枪。

师属炮兵轰击了"街垒"工厂东面和东南面的德军火力点，但事实证明较小的武器在近距离战斗中更有效：截至10时，迫击炮、纵火器和45毫米炮已经摧毁了04号房[41号楼]附近的4个碉堡和10个掩蔽部，并端掉了3挺机枪。

现存的少数德军官方记录很好地反映了苏军的这些攻势

以及它们给德军造成的困境，首先是第51军在16时40分发给第6集团军的报告：

"从凌晨开始，敌人集中重兵进攻第305步兵师在火炮厂以东的阵地。在南北两翼，进攻都被挫败，敌人伤亡惨重（在一个地点，我军统计敌人被击毙45人）。在中央阵地（网格83b4），有3座楼房在不同时间失守，而且我军自身损失也很严重。"

后来顿河集团军群又接到报告称："通过调用当地最后的预备队，已将突入第305步兵师防区的敌人遏制住。敌人的进攻仍在继续。"在18时20分，第6集团军又发送了更详细的战况评估：

"在12月21日，敌人在斯大林格勒的火炮厂以东发起猛烈攻势。敌人使用强大的大炮和迫击炮火力重创了我军部署在那里的部队，然后占领了3座楼房。我军没有反击所需的兵力，遭突破的阵地现已被封锁，我军的伤亡也很严重。部署在那里的各营只有代理营长和副官带队，后者还要兼任下属一个连的连长，有两个营只有代理营长，没有副官。"

■ 1942年12月21日，苏军步兵第95师的攻击行动。

1942年12月21日双方的伤亡情况
苏军步兵第138师：40人阵亡，171人受伤，共计211人（初步估计数字）
德军第305步兵师：16人阵亡，3名军官和126名士兵受伤，6人失踪，共计151人
德军第389步兵师：1名军官和5名士兵阵亡，5人受伤，1人失踪，共计12人

最后，在20时45分，第51军向第6集团军发送了晚间报告：

"敌人在下午反复以重兵猛攻火炮厂以东地区，但均被击退。钢铁厂和火炮厂遭到重炮、迫击炮和火箭炮轰击，炮火从15时才开始减弱。俄国人在其火炮厂桥头堡以东用木材和冰雪构筑了一道横跨伏尔加河河汊的屏障，显然是为了保护他们的过河人员。"

步兵第344团和650团通过凌晨的这次进攻，终于突破了德军的前沿防线，在某些地段将德军逼退达200米，并彻底歼灭了已占领的楼房和掩蔽部中的守军。但是，此后的所有进攻都遭到了激烈抵抗。德军通过快速调动预备队和发动强大反击，挫败了苏军发展初期胜利的所有企图。尽管如此，攻克4座配备大量自动武器和手榴弹的坚固堡垒还是被看作了不起的成就。除此之外，苏军还占领了14个碉堡和10个掩蔽部，彻底摧毁另外18个掩蔽部。根据步兵第138师的统计，他们通过步兵火力、炮火和肉搏战使敌人损失了250多人、9挺轻重机枪和1门37毫米反坦克炮。此外还缴获1门75毫米反坦克炮、3门迫击炮、21挺轻机枪、50多支步枪、300颗手榴弹、多达100发炮弹和近5000发子弹。第578掷弹兵团的2名士兵被俘。

第62集团军的战争日记很好地总结了这一天的战斗，包括戈里什内师的北上攻势：

"12月21日。从3时开始，柳德尼科夫师继续向西南方进攻。虽然敌人猛烈抵抗，我军还是占领了4座建筑，在右翼推进了100～120米。敌人的3次反击均被击退。我军缴获5挺重机枪，并俘虏第305步兵师第578掷弹兵团的2名士兵。"

"从3时开始，戈里什内师向西北方持续发动攻势。他们克服敌人的顽强抵抗，包围并歼灭了敌人的个别守备分队。部队经过肉搏战（其中大量使用了手榴弹），占领了一座被敌人改造成碉堡的变电站。我军共拿下一座楼房、6个掩蔽部和2个地堡。战斗还在继续。敌人发动反击，试图收复阵地，但是被我军成功击退。

"缴获的装备：3挺机枪、6支冲锋枪、35支步枪、380颗手榴弹。我军还摧毁了4个地堡。在被占领的掩蔽部中，敌人遗尸40具……"

步兵第95师缴获的装备数量后来被修正为12挺机枪、80多支步枪、15支冲锋枪、400颗手榴弹和10000发子弹。该师的伤亡如下：步兵第241团——14人，步兵第90团——12人，步兵第161团——7人。

1942年12月22日

残酷的战斗在入夜后也没有停息。全城都回荡着因为建筑物墙壁阻挡而显得沉闷的枪声和爆炸声。照明弹时不时带着咝咝声窜上烟雾弥漫的夜空，机枪朝着闪现的人影喷吐火舌，双方的士兵都以充满恐惧的目光死死盯着敌人。在22时30分，步兵第344团的几个突击组继续积极进攻，试图彻底控制41、37、36和35号房。在23时，贝尔贝什金上尉和他的突击组完全控制了41号房，并抓到2名属于第577掷弹兵团的俘虏。贝尔贝什金上尉在这次战斗中表现特别突出。几分钟以后，37号房和3个掩蔽部也被拿下，第305工兵营的2个士兵成了俘虏。35号房和36号房则仍在血战中。

在23时30分，德军从14/15号车间发起反击，试图收复原有阵地，苏军新占的41号房首当其冲。一心想夺回这座楼房的德军来势汹汹，将贝尔贝什金的小队团团包围，但是科诺瓦连科立刻调动预备队，加强了与贝尔贝什金小队断了联系的占领组，然后亲自带着它投入战斗。德军见势不妙，想撤回工厂车间，但是他们的后路被切断了。科诺瓦连科和贝尔贝什金的两队人马用火力将这股德军逼到墙根下。这些德国人只得就地卧倒，然后化整为零，分散爬回其他据点。随后科诺瓦连科带着部

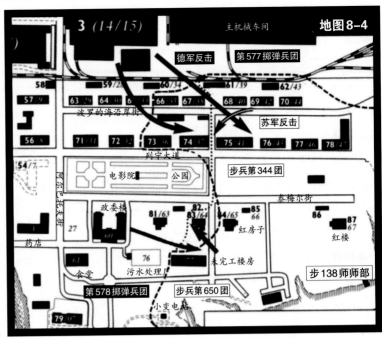

■ 1942年12月22日苏军步兵第138师的前线态势，德军连续发起反击。

下进入41号房的地下室，他自己冲在最前面。虽然德军的这次反击没能收复41号房，但他们成功地把苏军突击组赶出了35、36、37、38号房和几分钟前才被占领的3个掩蔽部。

也在这天夜里，步兵第650团的一个突击组成功突入他们原来的团指挥所——64号房[83号楼]，激烈的肉搏战随即展开。在23时，德军以多达30名士兵从政委楼向未完工楼房和83号楼发起反击，他们还从政委楼射出猛烈的掩护火力。但是这股德军在苏军打击下死的死、伤的伤，不得不撤回出发阵地。步兵第650团的突击队在占领的掩蔽部里站稳了脚跟，一连击退了德军从该方向发动的4次反击。

在6时10分，第51军向第6集团军报告说："敌人在夜间继续攻击火炮厂以东第305步兵师的防线中央，但均被击退。"

＊　＊　＊

这天晚上，步兵第95师地段也不平静。从0时30分到3时，德军在储油设施区附近的步兵第90团地段发起3次攻击，每次使用的兵力为

15～20人，他们都被苏军击退了。

苏军将所有发射燃烧弹的纵火器和师属火炮集中在步兵第241团地段，并于3时出动突击队向西北方向攻击。在04号房、06号房和储油设施区以西区域，德军组织了绵密的步枪和机枪火力。步兵第241团的9个突击队冒着弹雨奋勇前进。三个突击队沿着河岸前进，其中一个向着步兵第138师方向发起正面强攻，另两个的任务则是从后方包抄攻取06号房。在悬崖顶上，另三个突击队击破德军防守，到4时为止已经占领了05号房西北的多个掩蔽部和碉堡。与此同时，那两个沿河岸运动的突击队顺"食指沟"而上，从后方出其不意地攻击06号房的守军，经过激烈的手榴弹对决后占领了这座楼房。其余的三个突击队在左翼向04号房发动突击，到4时已经占领了05号房以西的几个掩蔽部，并就地巩固防守。在战斗中，德军2次对步兵第241团左翼发动反击，试图收复失地，但均未得手，他们在遭到惨重损失后不得不转入防御。其中有一次反击是在马克斯·弗里茨中尉（Max Fritz）率领下由第305工兵营第2

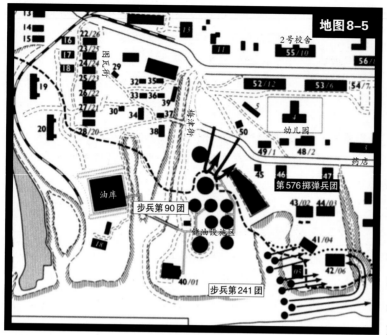

■ 1942年12月22日，苏军步兵第241团突击队的进攻行动。

且在线路完好的情况下尽可能与师部保持通信联络。

一阵重炮轰击，线路被炸断了，韦托什金爬出坑洞，顺着电话线寻找断裂的地方。在他头顶上，一条德军战壕的上空忽然亮起一串红色信号弹。德军的火箭炮立刻停止了射击，霎时间，所有声音都沉寂了。韦托什金回头望去，只见峭壁顶上隐约现出一些德国人的身影。有人用德语喊叫，但是随即被低沉的俄语"乌拉"声淹没，然后那些身影就消失了。韦托什金根据枪声判断战斗就发生在"滚轴"上方的战壕里。他很想回头，但是又记起库兹明斯基下士的命令，便继续笔直地朝前方奔跑。韦托什金在奔跑时左手始终没有放开电话线，跑了一阵以后，断开的线头终于滑过了他的手心。然后他就开始寻找另一端的线头，想把两者连接起来。

由于噼噼啪啪的步枪射击声响个不停，韦托什金没发觉有人从背后摸了上来。"啊，你这老鼠！"被人一把掐住按倒在地的韦托什金哑着嗓子喊道。他被一个五大三粗的汉子压在身下，虽然奋力挣扎也无济于事。情急之下，他想张嘴咬那双紧紧抓着自己的手，但是那双手却意外地松开了。

"不会吧，是自己人！"大个子士兵把身材矮小的韦托什金从地上拉起来，让他转过来面朝着自己。"我本来想用冲锋枪砸你脑袋的……你从哪儿来？地里冒出来的吗？"

"哪儿来？"韦托什金想起刚才的事就后怕得直哆嗦：他奇迹般地在德军手下死里逃生，眼看就要等来自己人，却差点被一个自己人杀掉。"你

连实施的。弗里茨原是该营的副官，此时担任连长，他的连是该营原来的全部三个连合并而成的。据担任机枪手的弗朗茨·米勒一等兵称，他们这次向着伏尔加河突进的反击取得了成功。由于作战有功，弗里茨承诺会让米勒获得一级铁十字勋章。无论如何，这次"成功"的反击应该没有造成多少影响，因为苏方记录说它被击退了。

在3时，步兵第90团的一些小队也向德军在"阑尾沟"[驼背沟]和储油设施区附近的火力点发起进攻。他们遭到了重机枪扫射和手榴弹攻击，步兵第161团在他们左翼提供了火力支援并实施了佯动。

* * *

德军的火箭炮整晚都在轰击河岸和"滚轴"小分队周边的地区。库兹明斯基下士和手下的通信兵还守在伏尔加河岸边一条冲沟陡坡上的坑洞里。在他们头顶上，德国人躲在战壕里朝四面八方开火。佩钦纽克的突击组已经冲到离"滚轴"不远处，戈里什内的士兵则在他们左边推进。库兹明斯基全神贯注地倾听着越来越近的厮杀声，并

真是太厉害了，大个子，可你也是头大笨牛……我是'滚轴'小分队的通信兵……"

"'滚轴'的！"那个士兵高兴得什么似的。"咱们走！去见丘尔科夫中尉！"

"等一下，我得接好电话线……"

当丘尔科夫中尉带领的一队人接近"滚轴"时，布达林的步兵第241团突击队已经在3时40分抢先一步到了那里。布达林麾下的冲锋枪手们仍然沉浸在战斗的兴奋中，他们下到冲沟里，在两个坑洞前久久伫立，不敢相信眼前就是步兵第138师代号"滚轴"的4名战士连续运转了四十个日日夜夜的通信站。

"我是'滚轴'！我是'滚轴'！能听见吗？收到……你们这些混蛋别吵！"库兹明斯基下士扯下耳朵上的听筒，冲着这些战士大喊。"我要和'一号'说话呢……"

战士们安静下来，库兹明斯基下士又开始对着话筒说话。他向柳德尼科夫报告了先前离开"滚轴"去接线的人是谁，又报告了来自两个师的战士在这里会师的时间和经过，接着库兹明斯基高兴地说了几次"是，首长"——也许是在和师长心心相印的交谈中接受命令——最后他以一句利落的回答结束了对话："是，首长，'一号'同志！"库兹明斯基小心翼翼、神情肃穆地挂好话筒，然后转身面对战士们，像是自言自语一样平静地复述了师长最后的话语："我们预想的情况成真了。这里再也不是'孤岛'了……我命令你们建立双向的通信联络！"

直到此时战士们才明白他们在这天晚上取得了多大的成就。步兵第241团的人员在和"滚轴"小分队相聚半小时后，拖着一根电话线回到了自己的主阵地。在此之后，戈里什内师没有派人和柳德尼科夫师直接联系，但是两个师之间至少有了电台和有线电话通信。克雷洛夫将军后来写道：

"'柳德尼科夫岛'的40天历史就此结束了。这个'岛'的保卫者大体上重创了德国人的两个师：

■ 1978年，步兵第138师老兵们的一次聚会。自左向右分别是 L. M. 克柳金（民兵）、G. A. 沙罗娃（师部）、I. I. 斯维德洛夫（步兵第650团）、N. I. 克拉夫丘克和 S. K. 哈拉济亚（"滚轴"小分队）。虽然"滚轴"纪念碑上刻着金星，哈拉济亚却不是"苏联英雄"，对此耿耿于怀的他曾拒绝出席伏尔加格勒（斯大林格勒现在的名称）的纪念活动。

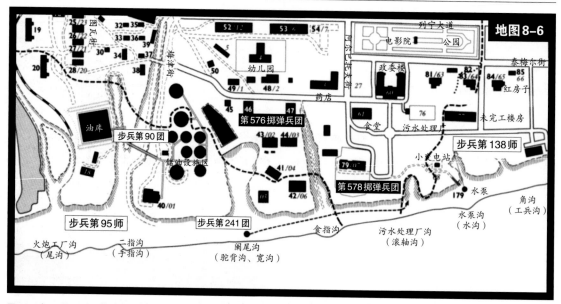

地图8-6

列宁大道
电影院 公园
幼儿园
药店
政委楼
泰梅尔街
红房子
未完工楼房
油库
步兵第90团
第576掷弹兵团
步兵第138师
食堂
污水处理厂
储油设施区
小发电站
第578掷弹兵团
水泵
步兵第95师
步兵第241团
水泵沟
角沟
(水沟)
(工兵沟)
火炮工厂沟
二指沟
食指沟
污水处理厂沟
(尾沟)
(手指沟)
阑尾沟
(滚轴沟)
(驼背沟、宽沟)

■ 1942年12月22日,苏军步兵第95师与步兵第138师的部队成功会合,从而打破了"柳德尼科夫岛"的包围状态。

第305步兵师和第389步兵师。这两个师曾一次又一次地尝试把他们赶下伏尔加河,但是全都白费力气。我们第62集团军又有了从街垒工厂到市中心的连续战线……"

* * *

第578掷弹兵团第12连的机枪手保罗·施密特二等兵(Paul Schmidt)就是驻守在"滚轴"上方区域的德国士兵之一,他从一开始就在这个部队服役,而且几乎肯定是活过这场战役的少数老兵之一。在一封家书中,他曾写道:

"这里很残酷。昨天,我是全排唯一回到营地的人。只要战争还在继续,我就不能告诉你们更多实情。因为我要是说出来,你们会睡不着觉的。"

在12月22日的战斗中,一发"斯大林管风琴"的火箭弹呼啸而至,施密特的下巴被严重炸伤,背上也挨了好几块弹片,他在战场上接受了临时医治,几天后幸运地搭上飞机离开。

* * *

柳德尼科夫对截至此时取得的战果并无不满,他当然希望能拿下所有目标建筑,但已经取得的小进展也将在未来显现出重大意义。第一,他与戈里什内的部队建立了实际联系,也就是说

和第62集团军的主力连成了一片;第二,可能也更重要的,德国人对他的"岛"的包围被打破了。德军曾把能够互相支援的据点用密如蛛网的壕沟连接起来形成锁链,对苏军的任何进攻部队都可以投射出排山倒海的火力,几乎坚不可摧。苏军

■ 第578掷弹兵团第12连的保罗·施密特二等兵,1911年6月13日生于埃宁根,1945年1月6日阵亡于意大利。

要打破这套防御体系，首先必须在某个地方打入一个楔子，而这第一步总是最难的。现在德军遭到痛击后不得不撤退到一些后备据点中，尽管这些据点也非常坚固，但柳德尼科夫和他的部下全都充满信心。他们决心再接再厉，通过爆破、封锁和突击的方式一个一个地压制和占领德军据点。当然，在准备下一阶段进攻的同时，步兵第138师还要确保守住旧防线，并在新收复的阵地上站稳脚跟。

在两个兄弟团流血牺牲并取得辉煌战果之时，步兵第768团仍在原地防守，观察敌情，并与第546掷弹兵团及其配属部队交火。德军偶尔从主机械车间 [4号厂房] 和4号车间 [6a号厂房] 的方向用迫击炮射击古尼亚加的部队，并从前沿战壕和掩蔽部用自动武器和机枪零星开火。在9时，古尼亚加的迫击炮手们摧毁了德军布置在机械车间阁楼里的1挺大口径机枪。曾在惩戒部队呆过的波纳马廖夫中士 (Ponamarev) 用1支步枪击毙了1名在机械车间右侧角落开火的德国机枪手，消灭了1挺轻机枪的射手组，还打哑了1挺从机械车间和4号车间之间的壕沟里射击的机枪。

该团在这一天的伤亡是3死6伤。它的兵力是105人，其中78人是活跃战兵，武器装备包括1门82毫米迫击炮、2门50毫米迫击炮、1挺高射机枪、7挺轻机枪、12支冲锋枪、1门45毫米坦克炮、112支步枪和2支反坦克枪。弹药储备是40发82毫米迫击炮弹、60发50毫米迫击炮弹、9000发冲锋枪子弹、14000发步枪弹、480发高射机枪子弹、320发反坦克枪弹和320颗手榴弹。

* * *

第6集团军的官方报告中很少提到"街垒"地区的激战，通常都是一笔带过。在16时15分，第51军报告说："在夜间和早上，敌人反复攻击第305步兵师东南和火炮厂以东的阵地，但都被击退。"在20时30分则说："在第305步兵师附近，

■ 苏军步兵第768团的 A.V. 波纳马廖夫中士。

敌人自17时30分起攻击火炮厂以东，战斗仍在持续。"既然整个集团军都到了生死存亡的关头，那么这些战略意义不大的战斗被写得如此简略也是可以理解的，只不过这些简练的语句丝毫不能反映第305步兵师的掷弹兵和工兵所经受的苦难，仅举两例便足以说明，首先是雷滕迈尔上尉对某座楼房的残酷争夺战所做的描述：

"在83号楼，一个房间的争夺战持续了两天，双方的手榴弹不断飞进这个无人能控制的房间，浓烟充斥着所有房间。有一个人从那里来到指挥所，他想来领一些手榴弹。他的行为举止还完全受着战斗过程的支配，看上去就像是刚刚和死神打了个照面。'给我手榴弹，我要拿去83号楼，弟兄们都在等着呢，'他急急忙忙地说道。但是，当时医生正好在场，他仔细地观察了这个人，然后说：'你的眼睛完全充血了，可能会瞎掉。我不能放你走，你必须留在这里。'这人回答：'那边

■ 德军第305工兵营营部副官马克斯 · 弗里茨中尉（中央戴大檐帽者）与营部的士兵们合影留念。摄于1941年法国。

的其他人都快看不见东西了，可是我们非拿到手榴弹不可。'幸亏有个通信班的士兵自告奋勇，替他把手榴弹送了上去，这人才平静下来。"

第二个例子是和克吕格少校的第305工兵营有关的几个伤亡事件。在这天夜里，格林的"问题儿童"——参加了上午"成功"反击的弗朗茨 · 米勒一等兵负伤了。这是他在斯大林格勒的第三次负伤，不过这一次伤势比较严重，让他获得了离开包围圈的机会。他的连长马克斯 · 弗里茨中尉则要倒霉得多，因为他跳进了一条满是苏军士兵的战壕，有人说他的脑袋被砸开了花，还有人说他是中了枪，但无论如何他确实阵亡了，他的死是第305工兵营的严重损失。马克斯 · 弗里茨是第305工兵营最早的成员之一，也是经验丰富的军官，在副官职位上的表现无人能及，受到所有人的尊重。在12月27日，前任营长特劳布上尉在给妻子的信中写道：

"令人伤心的是，过去几天我们营失去了一些人，其中有两名军官：一个是在住处被炸弹直接命中，另一个是我的前任副官，第2连的连长，在俄国人进攻时战死在前线。我已经给第一个死者的妻子写了信，现在我又不得不给我的前任副官弗里茨中尉的父母写信。这些信总是很难写，

但是我不能逃避这个责任。"

被航空炸弹炸死的军官是胡贝特 · 洪布格尔少尉，他既是第305工兵营轻装工兵分队的队长，也是用苏联战俘组建的一个连的连长。据第305工兵营的技术监察官格奥尔格 · 策勒回忆，炸弹径直穿透掩蔽部的顶盖后在其内部爆炸，洪布格尔和他的连部全体成员都被炸死了。虽然特劳布上尉还有其他事务缠身，已经不再率领该营作战，但他还是不得不执行某些人眼里指挥官所担负的最艰巨职责：撰写以"我遗憾地通知你……"开头的报丧信。

苏军出人意料的猛攻导致德军作战人员出现缺口，这意味着所有体格健全的人都必须上前线，其中一人就是第305工兵营第1连辎重队的维利 · 菲辛格二等兵，他在一封家信中记录了自己作为一线士兵的短暂经历：

"在12月21日，我被投入斯大林格勒的战斗，到12月22日，我的右手就受了伤。在那以后，我又被送回辎重队养伤，至少我不用在战壕里过圣诞节了。"

第305步兵师在这一天有57人负伤，其中相当一部分来自工兵营。我们能知道的是那些后来乘飞机离开包围圈者的命运：第1连的克莱门

斯·巴斯蒂安一等兵[1](Klemens Bastian)右肘被炮弹破片击中，他在1943年1月3日飞离包围圈；第2连的赫尔曼·加姆斯耶格尔二等兵[2](Hermann Gamsjäger)左手上臂和两条大腿都挨了弹片，在圣诞节乘飞机逃离；第2连的奥古斯特·格拉姆林二等兵[3](August Gramling)右大腿中了一发子弹，也在圣诞节飞离包围圈；第1连的卡尔·科恩胡贝尔列兵[4](Karl Kornhuber)在近战中左半边脸被磷弹烧伤，于1943年1月4日飞离包围圈；第1连的埃里希·齐默尔曼列兵[5](Erich Zimmermann)左半边身子被弹片击伤，也在1943年1月4日搭乘飞机逃离。还有一个伤病员是轻装工兵分队的保罗·博塔军士长[6](Paul Botta)，他在忍受了几个星期的痛苦煎熬后终于病倒了，他本来一直患有疝气，不过在这一天他发了急性阑尾炎，急需做手术，而在包围圈内的简陋条件下又不可能实现，因此他在次日被送上飞机离开。虽然博塔没有直接参战，但他一直在为前线将士运送弹药和工兵专用器材（炸药、雷管等），还负责保养火焰喷射器，为战斗出了大力。

以上种种伤患都是第305工兵营和戈里什内部战斗的结果，工兵们被作为救火队使用，经常出现在战斗最激烈的地方。白磷燃烧弹爆炸的可怕效果令工兵们大为震惊，尤其是在看到第一批受害者的惨状之后。苏军当然也对这种武器留下了深刻印象："在战斗中，纵火器排和他们发射的纵火弹展现了良好的效果。我们通过使用这种武器，得以将敌人从掩蔽部和战壕中赶出来。据估计，这种武器烧毁了5个掩蔽部和4个碉堡，烧死敌军

多达40人。因为这些应用，纵火器和纵火弹在指战员中间赢得了非同凡响的声誉。步兵第241团某排的诺斯科夫列兵（Noskov）在战斗中表现突出，使用纵火器摧毁2个掩蔽部并歼敌4人。"

第62集团军的战争日记总结了戈里什内师地段的战斗："部队经过短兵相接的战斗后，占领了1座楼房和4个碉堡，右翼沿伏尔加河河岸向北前进了150米。敌人四次向该师右翼发动反击，企图夺回丢失的阵地。战斗还在持续。敌人损失了100名官兵，我军用纵火器烧毁了5个掩蔽部和4个碉堡。"

步兵第95师的第119号战斗报告则提供了更多细节："经过持续近9个小时的激战，步兵第241团缴获了下列战利品：12挺轻重机枪、120支步枪、15支冲锋枪、400颗手榴弹和大约10000发弹药。该团占领了6个碉堡和16个掩蔽部。"

苏方记录称，德军在步兵第241团的作战地段有150人被击毙，在步兵第90团的地段有30人被击毙。步兵第95师的损失如下：步兵第241团——39人；步兵第90团——14人；步兵第161团——2人。步兵第161团的狙击手宣称歼灭德军13人。

夜幕降临后战斗仍未停止。第305步兵师决心收复失地，因此第305工兵营的残部又一次投入了战斗。苏方记录称："在17时，多达一个排的敌军步兵在醉酒状态下攻击了步兵第241团在06号房一带的分队。"就是在这次进攻中，米勒一等兵挂了彩，而弗里茨中尉跳进了满是苏军士兵的战壕，虽然有报告称他被枪杀或砸死，但此事是否属实尚有疑问，因为我们在步兵第95师的第121号战斗记录中找到了下列文字：

---

1. 克莱门斯·巴斯蒂安一等兵，第305工兵营第1连，1918年9月9日生于拉施塔特的伊林根，1995年1月24日卒于拉施塔特的施泰因毛尔恩。

2. 赫尔曼·加姆斯耶格尔二等兵，第305工兵营第2连，1923年6月5日生于霍尔茨许滕博登，其余信息不详。

3. 奥古斯特·格拉姆林二等兵，第305工兵营第2连，1912年9月23日生于门希贝格，1994年1月28日卒于门希贝格。

4. 卡尔·科恩胡贝尔列兵，第305工兵营第1连，1921年5月25日生于克雷姆斯河畔克马滕，其余信息不详。

5. 埃里希·齐默尔曼列兵，第305工兵营第1连，1911年3月29日生于斯图加特，其余信息不详。

6. 保罗·博塔军士长，第305工兵营轻装工兵分队，1913年5月27日生于上格洛高（今波兰格洛古韦克），其余信息不详。

1942年12月22日双方的伤亡情况
苏军步兵第138师：23人阵亡，62人受伤，共计85人
德军第305步兵师：1名军官和8名士兵阵亡，57人受伤，5人失踪，共计71人

"12月22日17时30分，在步兵第241团的地段，我军俘虏一名军官（第305步兵师的一名工兵尉官），并将其押送到了集团军的政治部。[1]"

在21时10分，德军一支排级部队又在同一区域发动进攻，但遭到严重损失后退回其出发阵地，布达林的步兵们坚守在新占领的阵地上。

* * *

步兵第344团的突击组借着黑暗掩护，在41号房苏军的火力支援下，冲进了37号房。他们在上午曾短暂地控制了这座楼房，但被德军反击逐出。这一次他们在伸手不见五指的黑暗中与敌人展开惨烈的搏斗，直到21时30分，经过苏军工兵的一次爆破，这座楼房才终于被攻克。苏军还攻占了这座楼房旁边的3个掩蔽部，并俘虏了第577掷弹兵团的2名士兵（其中有个一等兵）。

* * *

苏方记录宣称，在步兵第138师地段，有100多名德军被消灭，下列战利品被缴获：1挺重机枪、7挺轻机枪、3门迫击炮、9支冲锋枪、35支步枪、300颗手榴弹、3支反坦克枪、2000多发步枪弹和3部电话机。战利品数量也许是准确的，但从德军官方的伤亡数字（其中还包括了与戈里什内部作战的损失）来看，战果人数被夸大了。

1942年12月23日

第51军在上午提交的报告里记录了夜间的战斗："从2时开始，敌人在大炮、迫击炮和反坦克炮的强大火力支援下，攻击了火炮厂以东的许多阵地。敌人在网格82a1储油设施区以北和火炮厂

以东的伏尔加河沿岸地区取得了局部突破。防御战斗仍在继续。"

苏军在网格82a1附近的突破是戈里什内师的步兵第161团取得的，同时步兵第241团也沿储油设施区以北的河岸发动了进攻。戈里什内竭力想扩大突破口，但是坚固的德军据点和顽强的德国守军挫败了他的所有尝试。

苏军从柳德尼科夫岛发动的进攻被德军的反击所阻。步兵第138师指挥部发出的第240号战斗报告称："敌人从60号房［政委楼］、35号房［66号楼］和14/15号车间［3号厂房］以20～70人为一队发起了六次反击。所有反击都被击退，他们受到了严重损失。"这些反击有三次矛头直指37号房［74号楼］，其中一次是从政委楼发起的，德军在穿越满目疮痍的公园时被苏军以密集的机枪火力击退。

* * *

83号楼里还在恶战不休。战斗已经完全变为肉搏，两军的大炮和迫击炮都不敢朝这片混乱的战场开火。这座楼房成了一个死亡陷阱，双方都在不停地往里面填人。83号楼坐落在德军控制的81号楼和苏军控制的84号楼之间，有很深的壕沟与这两座楼房相连，因此两军都能很方便地向楼内输送新鲜血液。这座楼房里的走廊是L形的，有面向81号楼和伏尔加河的入口，每个楼层各有五六个房间。由于楼梯井已经被炸毁，上楼并不容易，因此战斗都是在地下室和一楼展开。高出地面的地下室窗口浓烟滚滚，手榴弹爆炸的火光在漆黑的房间里不时闪现。撒满碎砖烂瓦的地板

1. 后来的研究者们在做了大量研究后发现，第305工兵营在当天没有其他军官阵亡、负伤或失踪，而德方资料很明确地指出弗里茨战死了，幸存的老兵也持同样意见。但是，弗里茨"战死"的时间地点与一名德国工兵军官被俘的时间地点完全吻合，这不能不让人有所怀疑。事实上，弗里茨的家人始终不相信他战死：有个老兵在战后写的一封信中提到，"他的家属并不完全相信此事，还去找了算命的"。为什么他们会怀疑？弗里茨的死亡于1943年6月22日被记录在斯图加特户籍登记处，编号为3207/1943。

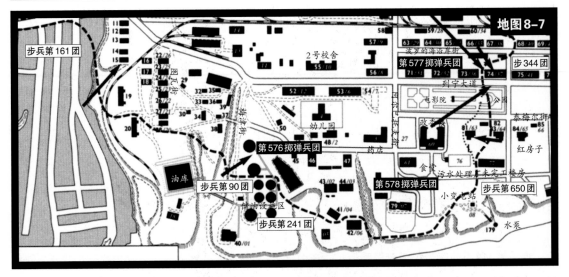

■ 1942年12月23日苏军的进攻与德军的反击，苏军开始从两翼不断压缩德军第305步兵师的阵地。

上横陈着一具具扭曲变形的尸体。一方猛砸几十颗手榴弹后拿下一个房间，转眼就被对手用同样的手法夺回去。佩钦纽克的部下以托波尔科夫的步兵第1营为主，他们下定决心要夺回原来的团指挥所。

漫长的战斗逐渐接近尾声，雷滕迈尔上尉一批批地派出自己的部下，每次让年轻的士兵去增援前线时他的内心都在激烈冲突，但是上级给他的命令很明确：每一个阵地都必须坚守到底。于是这位慈爱的父亲和虔诚的天主教徒只能眼含热泪派出更多援兵，他明白这些人只会变成尸体回来，运气最好的也会身负重伤：

"用来增援的年轻人（奥地利人）很快就耗尽了，辎重队和后方机关也被搜刮一空，每一个能抽调的人都上了前线。由于再也没有军官可用，只能用军士长来替代他们。我不得不说每一个人都是值得表扬的，他们在战斗中的英勇表现堪称楷模，其中许多人在几天后获得了一级铁十字勋章。炮兵部队的观察员和炮手经过施瓦茨上尉训练后，也纷纷在火炮厂的前沿阵地上流血牺牲。"

但是，最终德方指挥官还是认清现实，做出了放弃83号楼的决定。工兵们在离开前为未来的住户准备了一个恶毒的意外。他们把剩下的几百公斤炸药藏在地下室墙壁的凹陷处，并装上了J—Feder 504型长延时引信。延时被设定为两星期整，整个爆炸装置都经过精心伪装以防被发现。起爆时间定在十四天后，也就是1月6日13时整。在完成这个最后的抵抗行动后，第578掷弹兵团的掷弹兵们永远地离开了83号楼，还丢下了大部分尸体——对这些笃信神灵的施瓦本人和奥地利人来说，这是个艰难的决定。较小的82号楼也被同时让给了苏军。

随着"街垒"工厂以东的战斗持续进行，上级指挥机关也更多地关心起个别楼房的得失。第51军在下午的报告中说：

"敌人继续进攻我军在火炮厂以东的阵地……从5时开始，敌人从南北两面反复攻击我军在网格83d3突出至伏尔加河边的阵地（雷滕迈尔上尉的79号楼），以及位于网格83d2的楼房（83号楼和81号楼）。所有进攻都得到了猛烈的大炮和迫击炮火力支援，但均被我军击退。"

退回81号楼之后，德军几乎没有时间做好防御准备。苏军托波尔科夫营的突击组在黄昏后再度挺进，试图卷击德军阵地。这座楼房的建筑风格和布局与83号楼完全相同，可以说就是后者的翻版。和在83号楼一样，这里的战斗基本上也都

■ 第305炮兵团第2营的卡尔－奥古斯特·罗姆巴赫下士，1919年5月23日生于蒂蒂湖/诺伊施塔特，其余情况不详。

是靠手榴弹打的，双方围绕一个个房间的控制权再度展开生死搏杀，政委楼里的狙击手则无情地射杀任何愚蠢地跑到楼外的苏军士兵。81号楼的争夺战持续了一整夜。

可以想见，光是施瓦茨上尉的工作性质就足以使他不讨某些人的喜欢。第305炮兵团第2营通信排的后备军官卡尔－奥古斯特·罗姆巴赫下士（Karl-August Rombach）就是其中之一，他在夏季攻势期间就与施瓦茨有过冲突：

"因为步兵的伤亡率高于部队的平均水平，所以炮兵不得不抽调一些人员给他们。我接到命令，带着50来个我们营的炮兵去交给步兵。等我到了那里，接待我的是一个'老相识'，也就是施瓦茨上尉……他对我们的意外重逢很高兴，立刻命令我在他的手下当排长。于是我给师部打了电话，要求和我很熟的副官黑默勒少尉[1]（Hämmerle）

接听。我告诉他，施瓦茨上尉违背我的上级的命令，拿我当排长用，最后黑默勒少尉命令施瓦茨上尉放我走。"

步兵第768团仍在原来的阵地上防守，提供火力支援并保护科诺瓦连科团的右翼，而步兵第344团和650团则继续对德军阵地进行试探性进攻。但是，对手早已严阵以待。他们依靠深沟高垒的据点，用机枪和迫击炮进行了顽强抵抗，来自3、4号厂房，67、66、71号楼和政委楼的火力尤其猛烈，他们的意图是限制苏军突击组的运动。为了应对苏军实际发动和可能发动的攻击，德军的预备队四处奔波：在中午，苏军发现有30名德军从9号房[57号楼]跑进3号车间[6c号厂房]。整条战线都在不断交火，苏军在这一天几乎无法取得进展。除了前一天晚上被步兵第344团占领的37号房[74号楼]和3个掩蔽部，以及下午终于被德军放弃的64号房[83号楼]外，这一天新占领的阵地就只有步兵第650团地段上一个孤零零的碉堡。虽然部队已经突入63号房[81号楼]，步兵第138师当天的报告甚至说占领了该楼，但苏军还远没有完全控制它。战斗是惨烈的：步兵第138师在这一天的损失是31死46伤，共计77人。

在占领政委楼以北的几座建筑后，步兵第650团的部署如下：托波尔科夫上尉的步兵第1营以米洛马伊连科（Milomailenko）小分队的27名战士守卫3座楼房，确保与步兵第344团接合部的安全。该营有11名轻伤员，总强力是48人。步兵第2营以29名战士守卫2座楼房，另以12名战士控制未完工楼房到"滚轴"小分队一带。该营有7名轻伤员，总人数也是48人。"滚轴"小分队共有9人。内务人民委员部督战队剩余的24人虽然自11月初以来一直作为步兵第650团的一部分战斗，但此时由于"转换为新的部署"[2]，已经奉师部命

---

1. 汉斯－马丁·黑默勒少尉（Hans-Martin Hämmerle），第305步兵师，1921年11月3日生于米尔海姆，1943年1月4日阵亡于斯大林格勒。
2. 这其实是委婉地表示由于部队由守转攻，已经不需要专用于防守的督战队了。

令调离,这大大减少了该团左翼的可用兵力,因此各突击队不得不拉长战线来填补缺口。佩钦纽克提醒柳德尼科夫:他已经不可能再调派突击队占领政委楼,因此他请求立即给他手下各营补充战斗兵员。

经过一整天的战斗,步兵第138师俘虏了德军1名一等兵和2名普通士兵,击毁了德军的7挺机枪和3个掩蔽部,缴获了9挺轻机枪、16支步枪、2000发子弹和15箱手榴弹,从供应短缺的德军手中缴获的武器弹药数量之多令人惊讶。步兵第344团仅占领了两座楼房(37号房[74号楼]和41号房[75号楼])就得到了下列丰富的战利品:9挺轻机枪、1挺重机枪、9支冲锋枪、30支步枪、1门迫击炮、400颗手榴弹和近20000发步枪弹。自从12月21日开始进攻以来,苏军从他们占领的掩蔽部、碉堡和楼房内总共找到了大约140箱手榴弹。当然了,这里面还没有算上被苏军士兵在战斗中当场用掉的。

* * *

从第62集团军报告的摘录中我们可以一窥整体战局:

"柳德尼科夫师继续向西南方进攻。敌人进行了顽强抵抗,两次以超过两个连的兵力实施反击。这些敌人损失惨重,他们的进攻都被击退。

"我军占领了两座楼房(37号房和64号房),在其中一座楼房里敌人留下了30具尸体。其他突击队还在继续进攻,以求占领伏尔加河岸边的长方形大楼(07号房[79号楼])。

"戈里什内师继续向西北方进攻,我军克服敌人猛烈抵抗缓慢推进,该师现在已经与

柳德尼科夫师建立了直接联系。"

除了巩固现有阵地外,戈里什内师集中兵力攻打06号房[42号楼]和储油设施区以西的火力点。他们的大炮和迫击炮轰击了药店,而直瞄射击的45毫米炮将03号房[44号楼]附近一辆半埋的德国坦克打着了火。该师这一天的损失很小:步兵第241团——6人,步兵第161团——7人,步兵第90团——无。

第62集团军报告中提到的"长方形大楼"是79号楼,这个据点现在恰好卡在戈里什内师和柳德尼科夫师中间,使两者的阵地无法稳固地接合。第51军在20时40分提交的夜间报告谈到了79号楼,将其称作"被围楼房":

"在火炮厂以东,敌人自13时起从东北方屡次攻击我军仍突出至伏尔加河岸边的阵地,部署在伏尔加河悬崖边的警戒部队不得不后撤至位于网格83d3/4的被围楼房一线。"

■ 1942年12月23日下工人村地区的战线位置,经过反击苏军收复了部分楼房。

虽然还没有搬掉这个防御严密的绊脚石，但柳德尼科夫和他的参谋们对这次攻势的头三天战斗评价很高。他们把攻击成果和吸取的教训写进了长篇的"总结报告"，报告的开头首先总结了敌人的情况：

"在我师当面战线上，敌第305步兵师的残部在第45、50、80和336工兵营的工兵支援下，仍维持着防线。

"陷入全面合围的敌人实施了一些必要的举措来加强防守，用数量不多的防御兵力对抗我师的进攻部队。

"根据观察、侦察、战斗和俘虏口供判明：

"我师当面之敌是第305步兵师的第577、578步兵团和第576步兵团之一部，他们先前在该师1942年11月11日到23日的作战中已遭重创，后通过从师属机关和工兵部队抽调炮兵和专业人员得到了补充。这几个团各有350～400名官兵，其中超过四分之三的人员是活跃战兵。"

接着报告讲述了这次进攻的策划和准备：

"步兵第95师为了与我师部队会合曾多次尝试实施进攻作战，但未见成效。我师为了执行与步兵第95师打通联系的命令，进行了攻击准备。

"我师决定主要依靠突袭的手段攻击敌据点，以求彻底消灭其中的守军，并肃清被我攻占的区域内的敌人。

"各部队的战斗人员分为两个梯队：第一梯队——突击组——50%兵力；第二梯队——清扫组——25%兵力；预备队——25%兵力。

"突击组的任务如下：在黎明前一个半小时，以突然而迅猛的动作突至敌军防御纵深，以包括白刃战在内的手段大胆地痛击敌人，确保清扫组占领进攻目标。

"清扫组跟在突击组后面前进，始终与其保持目视接触，任务是彻底消灭敌军人员和火器，并立即巩固占领的区域。

"预备队的任务是消灭敌军反击部队。

"部队在为实施战斗计划而准备的过程中，重点解决3个问题：1. 获取并整合增援人员；2. 准备一线军官；3. 供应部队作战所需的弹药和食品。

"在12月18至20日期间，我师将增援人员分配到各部队，并让他们熟悉了地形。

"师部召集各团的正副团长、参谋长和营长开了4次作战指示会。

"与此同时，连长、排长和下级军官均实地勘察了地形。

"部队在此期间补足了弹药，主要是手榴弹。"

报告对进攻的结果总结如下：

"12月21日至23日的战斗证明，以夜间奇袭的方式攻克敌人坚固堡垒的战法是完全合理的。通过12月21日的战斗，步兵第344团和650团得以在500米宽的正面突破敌军的主要防线，全歼了被攻占的掩蔽部、碉堡和地堡中的守军，并缴获了相当数量的战利品。

"从12月21日到23日，我师各部消灭了400多名希特勒分子，彻底摧毁18个掩蔽部、击毁3门37毫米炮、2挺重机枪、9挺轻机枪、5门迫击炮、4支反坦克枪和1个临时弹药库。

"在此期间，还缴获下列战利品：1门37毫米炮、1门75毫米炮、5门迫击炮、2挺重机枪、38挺轻机枪、18支冲锋枪、130支步枪、14支手枪、3000多颗手榴弹、480发迫击炮弹、大约300发炮弹、30000多发枪弹、6部电话机和其他物资。

"我师俘虏了9名普通士兵和1名一等兵。"

接着报告讨论了获得的经验教训：

"通过三天的战斗，我师各部击破敌军防御，占领了他们防线中一些最坚固的据点。经过适当准备以后，即便敌人激烈抵抗，此区域剩下的一个未被拔除的坚固据点——60号房[政委楼]也将被我攻克。

"我师目前只完成了第一阶段的战斗任务。最主要的原因是，在城市环境中进攻敌军的坚固阵地与进攻筑垒地域的条件非常相似，我方人员对这类进攻作战的准备尚有不足。

"如果我师能进行更长时间的准备，即使只有5天时间，也能把各个战斗小组捏合在一起，让连排长们更细致地准备各次战斗，并学会在城市地区出其不意消灭敌人的技巧。"

报告最后用下面这段文字结尾：

"恢复以突破敌人主防线为前提的积极作战在近期极有必要。但是，我师需要获得人员补充，这些援兵最好在两天内抵达。"

* * *

大批伤员涌入德军的急救站和医院，把医护人员都累垮了。绷带和药品都严重短缺，为伤员提供适当的手术和护理更是白日做梦。有些医院离第305步兵师的指挥所不远，就在447号参照点西南500米外的一条冲沟里。施泰因梅茨上校走访了其中一个医院：

"在第305师的防区里有几座脏得不像话的俄国农舍，有好几个师的救护站就设在里面，其中包括第305步兵师的救护站。我曾去这些悲惨的地方看过几次，其中一次我遇到了集团军的顾问医生，他是来自斯图加特的格罗斯医务上校（Gross），他也被那里的条件惊呆了：医生、药品和所有必要的资源全都短缺。我问他是愿意在集团军司令部工作，还是愿意来野战医院帮一点小忙，他回答说自己不能从集团军司令部开小差。我听了这话以后就力劝他来，我还说只要他点个头，我就能在保卢斯大将那里把其他所有事摆平，于是几天以后他就来了。

"伤病员中间有个士兵失去了一只眼睛，但是却被禁止登上疏散伤员的飞机。想拿到逃离苦海的机票就是这么难！后来我再次去医院视察时，看见他还是可怜巴巴地躺在稻草铺上。我出于同情，便和师里的军医们商量给他做个假，把他的两只眼睛都包扎起来。靠着这个办法，他终于回到了祖国。"

1942年12月24日

夜里，前线照例回荡着机枪和步枪交火的声音。弹药和口粮继续通过冰面运到柳德尼科夫师，但是运输队遭到了德军的机枪和冲锋枪骚扰，这些火力来自步兵第768团右翼"荆棘沟"（苏军称其为"小沟"）附近的德军阵地。戈罗季谢方向的重炮系统地轰击了扎伊采夫斯基岛、富河汊上的渡口和师指挥所，柳德尼科夫的指挥所还多次被六管火箭炮击中。苏军炮兵为了报复，用火力覆盖了戈罗季谢地区和"街垒"工厂的德军大炮及迫击炮阵地。

在步兵第650团地段，有来自政委楼的重机枪火力和来自14/15号车间的零星迫击炮火骚扰，该团前沿阵地还遭到了集中投掷的手榴弹攻击。

在这天夜里，步兵第138师损失了2名士兵和步兵第768团的参谋长西利琴科上尉（Silchenko），他的继任者是杰姆科夫上尉（Demkov）。

* * *

德军在这天晚上试图在储油设施区附近步兵第90团的地段收复失地。从前一天夜里20时到凌晨2时，他们以15~20人为一队三次进攻苏军在储油设施区西北的掩蔽部。这些进攻都被击退，德军损失惨重。早上，步兵第90团出动小规模突击队攻打储油设施区附近的个别据点。在11时，苏军的纵火器使储油设施区西北的一个德军掩蔽

1942年12月23日双方的伤亡情况
苏军步兵第138师：31人阵亡，46人受伤，共计77人
德军第305步兵师：16人阵亡，92人受伤，1名军官和27名士兵失踪，共计136人

部燃起大火。突击队拿下几处阵地后带着缴获的2挺德制轻机枪和1挺苏制DP轻机枪返回。在步兵第161团地段，120毫米迫击炮摧毁了德军在21号房附近的1个掩蔽部，并压制了1挺重机枪。

步兵第95师在这一天的损失：步兵第241团——9人，步兵第90团——10人，步兵第161团——1人。

* * *

双方的步机枪对射整整持续了一天，任何一方的运动都会被准确的火力阻止。德军占了地利，他们隐藏在砖砌的堡垒里面，通过射击孔和观察缝警觉地观察外面一片狼藉的地面，寻找任何表明苏军即将发动攻击的迹象，他们尤其注意邻近的建筑，而在硝烟弥漫的地下室里，不值班的士兵都在抓紧时间休息，其他人则保持警惕，随时准备投入反击。

柳德尼科夫的指挥部撰写的第241号战斗报告很好地描述了仍然挡在该师面前的错综复杂的德军防御体系：

"在我师当面，敌人继续以第546、577和578步兵团的残部顽强抵抗，这几个团各有350～400人。敌人在1500米长的防线上，利用大量楼房和车间的地下室、碉堡、掩蔽部和战壕构建了许多防御支撑点，它们全部通过密集的壕沟和交通沟网络相连，大部分具有互相重叠的有组织火力配系，通过自动武器的火力削弱我军的人数优势，负隅顽抗。戈罗季谢方向的重炮以及主机械车间[4号厂房]和14/15号车间[3号厂房]方向的重迫击

炮过去三天一直在系统地射击我师战斗队列、扎伊采夫斯基岛以及师指挥所一带的富河汊渡口。

"当我战斗部队发起进攻时，敌人就会利用布置在38号房[67号楼]、36号房[73号楼]、35号房[66号楼]、60号房[政委楼]和14/15号车间[3号厂房]的机枪和迫击炮投射猛烈火力，进行顽强抵抗。

"我军部队一边巩固已占领的阵地，一边准备未来的作战，目标是将敌人清除出被占领土，与步兵第95师连成一片。

"步兵第768团：防守原有阵地，准备以一支突击队夺取敌人的若干个碉堡。

"步兵第344团：巩固新占阵地，将交通壕延伸到新占领的41号房[75号楼]和37号房[74号楼]。准备爆破并攻克36号房[73号楼]。

"步兵第650团：巩固已占领的阵地，准备爆

■ 一名德军哨兵从一座坚固楼房的地下室进行了望，他身前放着子弹上膛的MP 40冲锋枪。

破并攻克60号房［政委楼］。"

战斗在下午再趋激烈，苏军抱着极大的决心继续在81号楼［63号房］中与敌人展开断断续续的厮杀。佩钦纽克的主要目标是占领政委楼，但是若没有消灭81号楼中的所有抵抗就不可能做到这一点。德国守军实际上已被托波尔科夫的步兵第1营分割包围，他们唯一的生命线是一条如同脐带般连接着政委楼的狭窄壕沟，但就连这条壕沟也在苏军的手榴弹投掷范围内。战斗是无情的，据步兵第138师的战争日记称，苏军的战术是"重点夺取目标建筑的楼梯井"。

在步兵第1营发起进攻以歼灭被围守军时，步兵第2营把守着延伸到河边的既有阵地。他们修筑起防御工事，利用自己掌握的各种火力消灭德军火力点。来自政委楼的密集步机枪火力给他们造成了很大麻烦，因此他们引导重迫击炮轰击了政委楼，据观察员报告说，楼内的部分火力点被歼灭，他们还通过狭小的射击孔用反坦克枪干掉了一些德军士兵。

与此同时，在81号楼，苏军试图用新的方法来结束战斗。工兵运来上百公斤的炸药，安放在这座大楼的德军控制部分附近。然后苏军撤出楼外，退回到83号楼，德国守军当时肯定以为自己获胜了。随后炸药起爆，但是我们不知道有多少德国人被炸死（如果有的话），我们只知道第51军的夜间报告记录了爆破结果：

"在火炮厂以东，经过两个小时激烈的肉搏战，敌人成功地将网格83d2的一座楼房爆破了一部分，因此我军不得不放弃该楼房。"

据雷滕迈尔上尉回忆："鉴于我军在当前形势下不会再实施进攻行动，83号楼和81号楼被放弃了。"步兵第650团的战斗日志则说："托波尔科夫

突击队占领了位于Ⅱ形建筑［政委楼］前方的楼房，并在其中站稳了脚跟。"鉴于缴获的战利品不多（1挺机枪、1支冲锋枪和几支步枪），也没找到什么尸体，可以判断大部分德国守军应该是安全地撤到了政委楼。在占领81号楼之后，托波尔科夫的部下又在从这座楼房通到政委楼的壕沟里炸毁了一个弹药库。

在这一天结束时，步兵第650团的兵力为：44名军官、28名士官和99名士兵，共计171人，其中有11人是轻伤员。

* * *

德军在这一天的部分伤亡属于第305工兵营。伤员受的都是近距离战斗中的典型伤。第3连的伊格纳茨·凯因茨上等兵[1]（Ignaz Kainz）右肩被弹片击中，还被子弹射穿了右前臂，他在1943年1月4日乘飞机离开包围圈。第3连的马克斯·拉特纳二等兵[2]（Max Lattner）在近战中被磷弹烧伤，于1942年12月30日飞离包围圈。第3连的戈特弗里德·里格勒尔二等兵[3]（Gottfried Riegler）左上臂、左肩和面部都被弹片击伤，于1943年1月4日飞离包围圈。这三人都是在11月19日苏军发起反攻前刚刚抵达前线的补充兵，不过拉特纳和里格勒尔都是年轻稚嫩的奥地利人，30岁的凯因茨则是个"老家伙"。

* * *

无论有没有战争，德国人庆祝日历上最神圣节日的决心是不变的……只不过不一定能如愿。第577掷弹兵团第3营的副官汉斯·B少尉（隐去真名）回忆了苏军在平安夜的一次进攻：

"那是1942年的平安夜。我清楚地听见外面的雪地里有人说话，他们正奔向我们的房子，并且高喊着'乌拉'。

---

1. 伊格纳茨·凯因茨上等兵，第305工兵营第3连，1912年1月29日生于大拉迪申，其余信息不详。

2. 马克斯·拉特纳二等兵，第305工兵营第3连，1923年4月10日生于艾根，1944年11月18日阵亡于意大利。

3. 戈特弗里德·里格勒尔二等兵，第305工兵营第3连，1922年6月17日生于圣托马斯，其余信息不详。

■ 第577掷弹兵团第6连的马丁·许斯尔鲍尔参谋军士，1904年1月27日生于盖本巴赫，1942年12月失踪于斯大林格勒。

"他们不知道，我们在铁路路堤上的一个小房子里布置了一挺机枪，由一个罗马尼亚下士指挥，他把他们像割麦子一样统统撂倒了。

"第二天，我们看见他们躺在我们的房子前面，有几十个人，全都被机枪打死，而且在雪地里冻硬了，俄国人在那里遭受了可怕的伤亡。"

第577掷弹兵团第6连的排长马丁·许斯尔鲍尔参谋军士（Martin Schüsslbauer）是个职业军人，他在圣诞节写给妻子的信充满了悲观的想法，其中描述了一些可怕的事件：

"今天，在这圣诞节前夕，我的中尉被打死了，我不得不临时代理他的职务，直到继任者到来为止。他们还想提拔我，但是我拒绝了。我现在是全连从法国一路来到俄国的最后一个人，其他人不是死了就是伤了。我手下有四五个人想开小差，我好说歹说才把他们劝住。但是后来，在我不知道的时候，他们当了俘虏。今天，在这圣诞节的前一天，我们找到了他们，他们的眼睛被挖掉，耳朵和舌头被割掉，生殖器也是，其中有几个还

有一口气[1]。亲爱的范妮，我可不会让自己用这种方式死掉。我留了一颗子弹，万一斯大林格勒陷落，我就自杀。亲爱的范妮，到那时我肯定死了，你就不用等我了……"

这是许斯尔鲍尔参谋军士的家人从他那里收到的最后音信。

对德国人来说，圣诞节的意义怎么强调都不为过，在战争期间就更是如此。这是一年中最重要的聚餐日，几乎每个人都开始想起家中少了自己的圣诞大餐。这个宗教性节日的庄严纯净与战争的残酷本质以及这些德国人身处的悲惨境地形成了鲜明的对比，对斯大林格勒的大多数士兵来说，圣诞节成了反思和内省的时刻，各人的体会大同小异。在节前的几天，斯大林格勒被围部队的士气无疑经历了一番起伏。在12月27日写给家人的信中，第578掷弹兵团第2营的欧根·雷滕迈尔上尉描述了自己在圣诞节的经历：

"我们的圣诞节完全泡汤了，但是我们还是得到了一点礼物：连续三天，每个人都领到了一块巧克力，有一次还发了一点杜松子酒，但是我们的圣诞节包裹连影子都看不见，也没有任何邮件。现实是很残酷的，我们只好尽量不去想。"

第336工兵营的埃里希·鲍赫施皮斯会计中尉写道：

"今天是圣诞节。虽然我们只能用最简陋的方式庆祝，但这个节日还是很温馨的。最糟糕的是我们收不到任何圣诞节邮包，距离我们上次收到邮件已经过了7个多星期，希望你收到了我写的短信。我们用细枝做了一棵小圣诞树，在上面装点了棉绒、锡纸和几支蜡烛。昨天晚上它照亮了我们的小房间，漂亮极了。在庄严的气氛中我们的思绪飞向了故乡，我希望你和所有的亲人都在快乐祥和的气氛下过节。我们只能靠一点杜松子酒和一杯咖啡来过平安夜。外面的寒风卷着碎冰

1. 没有办法核实这些关于苏军暴行的说法。

砸在窗户上，我们周围的前线相当安静……"

第305工兵营的威廉·特劳布上尉在信中告诉妻子：

"我请了我们的军医来过平安夜，他现在已经调到一个步兵团去了。我搜集了一些酒，而他的陪伴帮我排解了一些寂寞感。我们谈了故乡的事，军医在东普鲁士有一家诊所，还有两个孩子，我们在很多方面有着共同的爱好。

"当然，我们没收到邮件。天晓得这些东西被扣在哪里，我连一封信都收不到。好吧，也许下回能收到，但愿我的信你至少能收到一封。你的平安夜过得怎样？我希望孩子们对圣诞节的大餐满意。今天听说我们的邮局里有大量包裹根本没送出去，我简直不敢奢望我的可可利口酒能寄到你手里了。

"虽然你的包裹没送到，但我在这里还是收到了一点小礼品。我从第1连收到一根香肠和两块炸猪排，从其他人那里收到一包白糖、一片煎肉和一瓶干邑白兰地，我对这些礼物非常满意，从这件事可以看出我们这些老战友之间的情谊。另外我还有种感觉：各连都觉得必须让我一直吃得饱饱的，他们也许害怕我哪天因为营养不良进医院。我有时听到各种人议论说，我现在瘦得让人担心。不过我虽然瘦得很厉害，自我感觉却非常好，除此之外没什么新鲜事可说。我们还在和俄国人苦战，伤亡也还是很大。天晓得这艰难的日子什么时候是个头……"

施泰因梅茨上校在战后的文章中回忆了他的圣诞节经历：

"在节日前几天我走访了装甲歼击营的指挥所，看见掩体前面有几棵松树。这可是很稀罕的事，因为这一带的树木很难逃过变成柴火的下场。我向营长问起这几棵树的事，他告诉我指挥所的哨

兵一直看着它们，为的是像在家乡一样庆祝圣诞节[1]。在平安夜的前一天，那个营派出一个通信员，把几根松枝送到师部作为圣诞礼物。我们在一个俄国农舍的房间里，挤在野战厨房边上庆祝了平安夜。起初收音机里传来一些圣诞乐曲，但是在那之后……天哪！……竟然是戈培尔的讲话。有人给操作员递了个眼色，他立刻知趣地关掉了收音机，于是气氛又恢复了。接着来了一个大惊喜：有人从门口送进来一大碗甜甜圈。原来有几个机灵的士兵掀开一座房子的地板，发现了一袋谷子。他们用咖啡豆研磨机把谷子磨成粉，然后掺上剩下的砂糖和猪油做成了甜甜圈。这个礼物给我们带来了莫大的快乐，虽然需要一副好牙齿（而且还要蘸一点茶）才能把这些甜甜圈咬碎。"

第305装甲歼击营自行车连的连长乌多·朱利尼骑兵上尉也收获了一份惊喜：

"一直到最后都有杜松子酒喝，我们喝的是君度甜酒掺杜松子酒的混合酒。我们还在一次夜间搜寻中成功地找到了面粉，在一个面包师和他的自制面包炉的帮助下，我们做出了足够我连里每

■ 第305装甲歼击营自行车连连长乌多·朱利尼骑兵上尉。

1. 负责看管这些树的是乌多·朱利尼骑兵上尉，他后来回忆说："我的地堡位于戈罗季谢附近的一个小丘上，是那一带唯一有林木覆盖的高地，长着一些松树。在圣诞节前的一段时间，我一直小心翼翼地看守着这些树，防范那些寻找圣诞树的人。"

人分一个的小面包，连同杜松子酒和香烟一起作为圣诞礼物分发下去，营造圣诞气氛，那种温馨的感觉是我一辈子都没体验过的。

"夜里星光璀璨，寒风刺骨，地堡的门敞开着，好让烛光照到外面。然后通向掩体的门又被关上，圣诞颂歌回荡在夜空，一起出生入死的兄弟个个都为亲密的战友准备了一点小惊喜，因此我的弟兄们也请我喝了一回酒，他们把杜松子酒装在用炮弹壳做的小酒杯里，酒杯上还刻着对我和其他所有人都有重要意义的战斗日期。"

第305炮兵团第2营的军医卡尔·舍普夫（Karl Schöpf）为圣诞节准备了一顿名副其实的节日大餐：

"很多冻得硬梆梆的死马躺在雪地里，就像一个个小土包，我们已经有很长一段时间就靠它们的肉来填肚子。我们第305步兵师的炮兵有两头骆驼，也已经被我们吃干净了。骆驼本来驮着两

■ 德军第305炮兵团第2营的军医卡尔·舍普夫。

1942年12月24日双方的伤亡情况

苏军步兵第138师：7人阵亡，23人受伤，共计30人	
德军第305步兵师：9人阵亡，24人受伤，共计33人	

袋麦子，我们把它们藏在石头缝里。后来我想起了麦子，又叫人把它们取了出来。士兵们在一座被打坏的房子里看见一副小型的手磨，于是不顾零下30度的严寒，把它连夜带了回来，他们还带回来一条死狗。在斯大林格勒市区边缘的一个铸造厂里，我发现一种装在敞口大缸里的液体，味道很甜。我找人取样化验了一下，确认那是某种糖汁，但是也含有柴油成分，里面还漂浮着细小的金属屑。为了让这些糖汁变成能食用的美味，我把它们加热，舀出上面的胶状物，用一些纱布过滤。除此之外，我们还有一些麦片，因此我们在平安夜有了一些'特别'的美食。

"在前一天，我们用马肉做了很多肉丸，把它们存放在外头一个被掏空的大雪堆里（我们叫它'冰箱'）。我们还用一根树枝充当圣诞树，在上面装饰了一些从急救包里找到的棉絮和丝线。因为剩下的蜡烛很少，所以我在一个盒子里装上凡士林，把一卷绷带插在里面充当蜡烛的替代品。我们吃完前面提到的圣诞大餐以后，又唱起了颂歌。唱着唱着我们听见炮弹爆炸的声音，往外面一看，我们那个装着肉丸的'冰箱'被击中了，所有的肉丸都不见了。"

不知是纪实还是虚构，作家海因茨·施勒特尔（Heinz Schröter）在他的书里给"街垒"工厂的圣诞节描绘了一幅令人抑郁的景象：

"在'红色街垒'厂一带长眠着许多死去的士兵，其中有四个人被他们的朋友埋在一辆坦克底下，那辆坦克是在圣诞节前夕被炸毁的。他们之所以被埋在那里是因为坦克底下没有雪。一支孤零零的蜡烛在坦克残骸上燃烧了几个小时。虽然周围有许多坟墓，但墓中人度过的是全世界最孤寂的圣诞节。"

1942年12月25日

对第51军来说，储油设施区一带的麻烦还在扩大。该军在上午的报告中称："2时在火炮厂以东，一次针对储油设施区的进攻被击退，我军使用大炮和重型步兵武器打击了在网格82a3移动和集结的敌人。"这次进攻是步兵第241团发动的，步兵第95师第125号战斗报告描述了这场战斗：

"在凌晨1时，步兵第241团经过准备以后，在炮兵第57团的大炮支援下，使用多支突击队占领了04号房［41号楼］，还夺取了1个掩蔽部和1个碉堡。在这场战斗中表现突出的有巴巴耶夫列兵（Babayev）、雷库林中尉（Rykulin）和穆拉韦夫中尉衔政治指导员（Muravev），他们最先冲进敌人的堡垒投掷手榴弹。"

苏军在这次战斗中缴获了下列战利品：1挺重机枪、1挺轻机枪、15支步枪、大约2000发步枪弹和1部电话机，他们还俘房了第305工兵营的一名奥地利籍一等兵。步兵第241团的损失是3死7伤，全团还有144名活跃战兵。步兵第95师的另两个团在各自的阵地上按兵不动。在0时20分，步兵第90团地段的迫击炮对在绿色储油罐以西发现的一股德军（约有10人左右）开了火。除此之外，没有值得一提的情况。

* * *

"柳德尼科夫岛"周围照例响起夜间大合唱。冰封一般的寂静不时被零星的步枪射击声打破，然后很快接上一阵急促的机枪射击声，持续几分钟以后，又重归冰封一般的寂静。片刻之后，同样的焰火表演又会重复，偶尔还有炮弹呼啸而至。德国人从工厂车间发射迫击炮的巨响会清晰地回荡几秒钟，然后炮弹就拖着哨音飞过悬崖顶部，在河岸上爆炸。

步兵第138师在3时发出第259号战情报告，声称其下属的某支部队在夜里缴获了一辆被打坏的德国坦克。

圣诞节的黎明就这样到来了，天寒地冻，白露为霜，煤烟和砖屑将皑皑白雪染上异色。双方在这天都网开一面，没有发起什么战斗。第51军报告说："火炮厂以东的敌人没有发动进攻。"

苏德两军都仅仅满足于用大炮、迫击炮和机枪互射：在8时30分，炮兵第295团第3连朝4号车间［6a号厂房］的一门德军火炮发射了18发炮弹；从9时30分到10时30分，炮兵第295团第2连用83发炮弹轰击了33号房［65号楼］和35号房［66号楼］，观察员报告有5名德国人被炸死；在13时50分，炮兵第295团第1连和第2连又朝德军前沿阵地的一条战壕射弹24发，并报告击毙10名士兵。

政委楼在这一天是被重点关照的目标——独立迫击炮第292团的120毫米迫击炮朝它丢去78发炮弹，而反坦克炮兵第230营的45毫米炮朝楼内清晰可见的机枪枪口焰火打了47发炮弹。

在14时26分和15时，德军一个布置在拖拉机厂附近的六管火箭炮连轰击了扎伊采夫斯基岛上的苏军阵地。

苏军的大炮和120毫米迫击炮在这一天还用火力覆盖了60号房［政委楼］、38号房［67号楼］、35号房［66号楼］、36号房［73号楼］、32号房［72号楼］、14/15号车间［3号厂房］和主机械车间［4号厂房］一带，目的是摧毁前沿及纵深地带的德军火力点和杀伤人员。

* * *

在炮兵发威的同时，柳德尼科夫师的各部为预定在当天夜里发动的进攻作战进行了准备。在13时，师部下发第096号战斗令，对未来几天各团的行动做出了指示，命令的开头总结了德国守军的情况：

"敌情：第305步兵师的残部在工兵加强下，正在激烈地抵抗我军的进攻行动。他们奉命建立由精心布置的射界和工程障碍组成的防御体系，

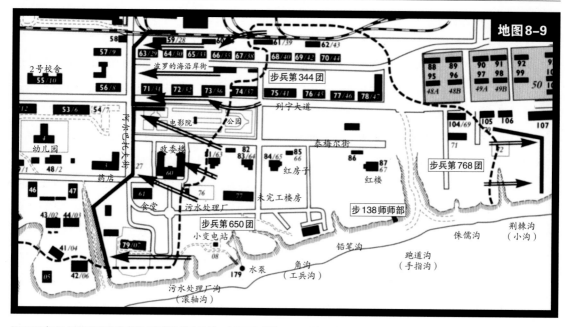

地图8-9

■ 1942年12月25日苏军步兵第138师的进攻计划，主要目标是夺回79号楼－政委楼－59号楼一线的阵地。

企图不惜一切代价守住他们的阵地。"

步兵第768团的任务是摧毁49号房以东100米区域的火力点，并夺取50号房以东100米处一条小冲沟上的阵地。

步兵第344团的任务是不晚于12月26日夜间占领35号房[66号楼]和36号房[73号楼]，不晚于12月28日到达28号房[59号楼]、29号房[63号楼]、31号房[71号楼]和列宁大道。

步兵第650团的任务是不晚于12月26日夜间占领60号房[政委楼]，不晚于12月28日到达列宁大道、27号房和07号房东南的冲沟。

炮兵将全天投射密集弹幕，以压制和摧毁50号房以东地堡群一带以及51、50、49、48号房、机械车间、14/15号车间和3号车间中的德军射击阵地。在步兵发起进攻后，炮兵将针对机械车间、14/15号车间、3号车间及9、8、7、3号房的周边提供火力支援。

命令宣称："我军各部必须以极快的速度机动灵活地作战，以求用决定性的打击压制和歼灭敌人。"步兵预定在16时开始进攻，但是只有步兵第768团会准时行动。

佩钦纽克少校和他的部下面临艰巨的任务。政委楼是个不折不扣的要塞，它不仅拥有坚固的墙壁、狭小的窗口、密布隔间的地下室和易守难攻的地势，而且带刺铁丝网、地雷、绊索和机枪等各种阵地战必需的装备也应有尽有。这意味着即使靠大批勇士按特别周密的计划发起进攻，成功机会也极为渺茫。德军完全清楚这座建筑的战略意义：它是防线上的中流砥柱。若是这里失守，火炮厂以东的阵地就很难保住了。按照雷藤迈尔的说法，"我们依靠施瓦本人特有的坚忍不拔防守政委楼"。为了守住这里，德军决不会吝惜人员、武器和弹药。

为了准备攻打政委楼[Π形房]，佩钦纽克少校下发了一道命令：

"敌人在Π形房负隅顽抗，把它变成了一座要塞。他们组织了密集的火力，企图不惜一切代价守住它。

"我团已经夺取紧邻Π形房的几个坚固据点，逼近了这座建筑，因此我命令：

1. 全力压制Π形房中敌人的防御火力配系，歼灭其人员；

2. 在这座楼房的东南角和西北角两处实施爆破，两个突击组（第一个从63号房出发，第二个从未完工楼房西南的蓄水池出发）在爆破后迅速突入Π形房，使用手榴弹、刺刀和轻武器射击消灭敌人，然后在楼内巩固防守。

"攻击信号——对Π形房的爆破。各营营长应该为每个突击组分配9人，他们应该装备手榴弹和自动武器。"

步兵第650团的兵力是45名军官、25名士官和90名普通士兵，共计160人。从佩钦纽克的命令可以看出，被指定用于进攻的突击组规模非常小。先前的几次攻击已经证明投入大批人员突击这座楼房是愚蠢之举，更好的做法是先用少数人员突破目标，然后再让大队人马跟进肃清敌人并巩固阵地。

步兵第650团的战斗日志报告了这一天在该团地段发生的事件：

"敌人在Π形房中负隅顽抗，将它变成了坚固的防御支撑点。今天日间，他们用小型武器、机枪和冲锋枪猛烈射击，并周期性地以重迫击炮和大炮开火。

"我团已占领一些敌人重兵把守的据点，逼近了Π形房。今天我团继续防守已占领的阵地，组织小型武器、机枪和迫击炮射击了敌人的火力点。"

由于任务艰巨，佩钦纽克不得不把进攻时间推迟到所有准备工作完成为止，科诺瓦连科的步兵第344团也出于同样考虑推迟了进攻。

* * *

第62集团军的战争日记对这一天的战事做了简要总结：

"步兵第138和第95师击退了敌人个别步兵群的进攻，继续以小规模突击队战斗，攻打敌人的个别据点。

"步兵第95师的一些部队占领了04号房，并夺取3个掩蔽部和1个碉堡。战利品：1挺重机枪、1挺轻机枪、15支步枪和20000发步枪弹。抓获俘虏：一名第305步兵师的奥地利籍一等兵和一名第305步兵师的德国籍士兵。"

在18时30分，苏军又一次进攻这一区域。步兵第90团的一支突击队攻击了"阑尾沟"突出端的一条德军战壕，但是遇到了劈头盖脑的手榴弹雨。他们攻击不利后退回出发阵地，继续用机枪和小型武器火力打击德军火力点。伤亡：1人死亡，8人负伤。在步兵第95师的突击下，德军的防线渐渐发生着变化。时不时地有一处楼房、掩蔽部或战壕被占领，然后被并入苏军的地盘。在这个一年中最神圣的日子里，第50装甲工兵营第1连的排长鲁道夫·戈特瓦尔德少尉[1]（Rudolf Gottwald）在这一带的战斗中身负重伤，当天晚些时候死在一个救护站里。

第305步兵师得到了一些新的增援：布鲁诺·卡纳特上尉[2]（Bruno Kahnert）的第16要塞工程营的一个连，他们此前隶属于南边的友邻部队第79步兵师。

* * *

第576掷弹兵团团部连的连长汉斯·肯普特上尉此时幸运地驻扎在城外，他已经在这座城市的废墟中战斗过：在10月22日，他接过了第3营的指挥权，因为该营的营长埃门德费尔少校（Emendörfer）病倒了。肯普特率领该营在"街垒"工厂苦战了两个星期，直到他自己在11月2日被弹片击伤头部左侧。虽然伤势并不严重，但上级还是将这位参加过第一次世界大战的老战士召回团部休养。他本来早该轮到休假，但因为种种原因推迟成行，因此他没有和自己的妻女共度圣诞节，而是和部下一起庆祝了节日：

1. 鲁道夫·戈特瓦尔德少尉，第50装甲工兵营第1连，1915年6月30日生于汉堡，1942年12月25日阵亡于斯大林格勒。

2. 布鲁诺·卡纳特上尉，第16要塞工程营，1903年10月6日生，1943年2月失踪。

"在下午，我拜访了团里一位在附近养病的上尉。在15时（这时天已经黑了），我在一间为我们空出来的马房里召集起我的连里所剩无几的人员（大约20来人）。屋里有一张盖着白布的长木桌和一个炉子，墙上挂着毯子，遮住了光秃秃的土质墙面。桌上摆着迎圣烛冠和两盏电石灯。经过这番布置，这个房间很符合伯利恒[1]的风格。至于那头小毛驴[2]（其实是我们的一匹马），先前已经被拉了出去，此时通过野战厨房重新和我们见面。我们在这个房间里享受了一顿美餐，每人吃了三块小肉饼和满满一饭盒美味的面汤。我作了简短的致辞，然后大家开始喝茶和杜松子酒，好在没有人喝醉。每个人还得到2小包饼干、20支香烟和2支雪茄作为圣诞礼物。我们就是这样过节的……后来我和中尉一起回到我住的地堡，通过野战电话听了一大段在另一个地堡里广播的"前线后方心连心"[3]（Ringsendung Front-Heimat）和戈培尔的讲话。你们肯定听到了从斯大林格勒传出的声音，人人都在挂念着我们，这里是整条战线的焦点。"

冰天雪地的气候妨碍了人们的正常活动，即便是最简单的任务也颇费力气。据特劳布上尉记载："我不得不马上赶到办公室去。它离我的宿舍不过50来米，但是走这么一小段路我的手就会冻僵。我们这里又刮起了冰冷刺骨的东风，月亮非常明亮，今晚肯定很冷。我的宿舍里倒是温暖宜人，砖砌的壁炉供暖效果非常好。虽然我在入睡前会让火熄掉，但是到了早上仍然很暖和。"

在黑夜降临时，步兵第768团以小规模战斗

■ 德军第576掷弹兵团团部连连长肯普特上尉。摄于1942年10月。

队发起对德军火力点的进攻，突击组遇到猛烈抵抗，他们投了几颗手榴弹后就返回了出发阵地。在21时，有人用反坦克枪引爆了一处弹药库。

1942 年 12 月 26 日

德军的机枪和迫击炮在夜间时不时地开火。午夜时分，在戈里什内师的地段，步兵第161团左翼遭到德军迫击炮和工厂东南角一门反坦克炮的曳光弹射击，还有一些炮弹落在柳德尼科夫的指挥所、扎伊采夫斯基岛和富河汉渡口。步兵第768团的一支侦察分队在向北试探前行时遭到49号房和50号房一带机枪手的扫射。

步兵第344团和第768团当面的德军没有主

1942 年 12 月 25 日双方的伤亡情况
苏军步兵第138师：2人阵亡，14人受伤，共计16人
德军第305步兵师：1名军官和5名士兵阵亡，25人受伤

1. 据《圣经》记载，耶稣降生于伯利恒的马厩中。

2. 据《圣经》记载，耶稣曾骑驴进入耶路撒冷城。

3. 这档著名的广播节目在圣诞之夜的19时到20时播出，各条战线上的军人在节目中通过实况直播向德国国内发去节日祝福，在听过驻纳尔维克和非洲部队的问候后，许多身在斯大林格勒的士兵惊讶地听到了："这里是斯大林格勒，伏尔加河前线。"

动进攻，但是一支来自政委楼的排级分队两次试图反击步兵第650团的阵地。苏军用小型武器及机枪火力加上手榴弹打退了这些反击，双方的伤亡都非常小。到了凌晨1时，有4门1927型76毫米炮通过冰面被拉到伏尔加河的斯大林格勒一侧，它们属于伊万诺夫大尉(Ivanov)的炮兵第295团第4连和第5连。

* * *

整个白天在波澜不惊中过去了，德军只有零星开火。另一方面，苏军的武器一直在不断打击德军防线。为了给夜间的攻击行动做准备，大炮和120毫米迫击炮以系统性的炮击摧毁了若干德军火力点和装备，并杀伤了一些人员。柳德尼科夫师的战争日记记载："我军用步机枪与躲在被毁楼房地下室里的敌人交火，又给他们造成了很大伤亡。"德军零星的炮火袭扰也使苏军各部不敢大意。在11时40分，两门德军火箭炮从机场方向朝扎伊采夫斯基岛打了一次齐射。在13时40分，德军的迫击炮又对柳德尼科夫的指挥所一带进行了火力急袭。

步兵第138师的战斗总结如下：

"步兵第768团用迫击炮摧毁了3个掩蔽部。

"步兵第344团摧毁了1个掩蔽部，压制了1个火力点，并射塌了38号房[67号楼]的3个射击孔。此后该团继续组织火力射击，为夜间的进攻行动创造条件。

"步兵第650团除了在夜间击退德军从政委楼发动的两次反击外，还轰塌了这座大楼的两个射击孔，并用火力覆盖了德军射击阵地。据该团的战斗日志称，它还'消灭了两名敌逃兵'。该团此后继续摧毁敌军火力点，消灭敌军人员和装备，并为突击队的夜间行动做了准备。全天该团损失4名士兵，均为负伤。此后其兵力为48名军官、25名士官和91名普通士兵，共计164人。步兵第138

1942年12月26日双方的伤亡情况
苏军步兵第138师：2人阵亡，18人受伤，共计20人
德军第305步兵师：1人阵亡，16人受伤，共计17人

师在右岸共有840人，外加51名不属于该师的人员，总计891人，其中550人是活跃战兵。全师装备有657支步枪、126支冲锋枪、23挺轻机枪、1挺重机枪、1挺高射机枪、17门迫击炮、8支反坦克枪、3门反坦克炮、4门76毫米炮和4具纵火器。"

* * *

储油设施区一带在这一天保持着令人胆寒的平静。戈里什内师的3个团控制着既有阵地，一边加固战壕和掩蔽部，一边实施侦察，并与德军进行了零星交火。在11时40分，步兵第161团的三名士兵被己方的120毫米迫击炮误伤。

* * *

据第51军的夜间报告记载，"火炮厂以东无战事。"苏军猛烈的大炮轰击和机枪扫射只是虚张声势。德军部队躲在墙壁坚实的地下室里相当安全，伤亡很小。这一天负伤的16名士兵中包括第305工兵营第2连的约翰·布莱姆施密特二等兵[1](Johann Breimschmidt)，他的右腿膝盖被弹片击中，后在1942年12月30日乘飞机离开包围圈。

1942年12月27日

据步兵第650团的战斗日志记载："整个晚上，敌人不断用重机枪、迫击炮和大炮射击我团战斗队列和富河汊的渡口。"在早晨，德军又用六管火箭炮猛轰柳德尼科夫的指挥所和扎伊采夫斯基岛上的炮兵阵地。他们还不时以小型武器、机枪、迫击炮和大炮射击富河汊渡口和扎伊采夫斯基岛上的苏军部队。但是，他们没有发动任何反击，甚至很少离开地下室和掩蔽部的保护。

步兵第344团的部队向政委楼方向实施侦察，并在此过程中占领了德军的一个掩蔽部和一条交

---

1. 约翰·布莱姆施密特二等兵，第305工兵营第2连，1908年5月6日生于维也纳附近巴登，其余信息不详。

■ 在这张战地照片中，波罗的海沿岸街的房屋和铁路路堤清晰可辨，厂房的制高点优势也显而易见——屋顶上的德军狙击手和机枪手可以轻松用火力覆盖苏军阵地。注意从4号车间通出，穿过铁路路堤连到66号楼[35号房]的德军壕沟。

通壕。步兵第650团的侦察分队为了发现和摧毁德军火力点实施了佯攻，该分队有2人受伤。

从7时开始，苏军的一些侦察小组实施抵近观察，目的是探明德军前线和防御纵深的集结地、火力点和火力配系。炮兵和步兵武器的火力摧毁了一个掩蔽部和一个火力点。步兵第768团继续巩固阵地并用机枪和迫击炮杀伤德军人员，与此同时步兵第344团使用步兵武器和76毫米炮及45毫米炮的直瞄射击逐个摧毁60号房[政委楼]、35号房[66号楼]和38号房[67号楼]的射击孔。政委楼受到了无情的打击：从8时到11时，炮兵第295团第4连和第5连的76毫米炮向这座楼房发射了300发炮弹，3名炮兵因为德军的还击而负伤。政委楼北侧墙面有多处坍塌，苏军观察员声称有12个德国人被击毙，还有1挺机枪被摧毁。第578掷弹兵团的连长瓦尔特·比克曼少尉[1]（Walter Birkmann）受了重伤，当天晚些时候不治身亡。

被炮火部分毁伤后，政委楼又在12时30分遭到步兵第650团的两个突击组攻击，德国守军立即猛烈开火。政委楼的周围被带刺铁丝网环绕，

通向它的道路都埋设了地雷，苏军突击组的一个排长和一名士兵触雷。突击组攻击无果，只得返回本方阵地。在16时30分，第51军向第6集团军报告：

"在13时05分，敌人经过大炮和迫击炮的猛烈火力准备后，向第305步兵师的防御核心（政委楼）进攻，但被我军击退。从14时开始敌人又开始进攻，战斗仍在持续。"

双方在13时30分迎来一群不速之客：三架德国Ju 52运输机朝西南方向笔直穿过战场上空。戈里什内师报告说，他们用降落伞空投了一些物资。在15时30分，又来了三架运输机，在工厂上空盘旋了一阵，然后朝西北方向离开。

在攻击受挫后，佩钦纽克团的工兵想到了一个新方法来爆破政委楼：他们准备把两个装了600公斤炸药的油桶滚进楼里。一旦爆破成功，突击组就会立即进攻大楼。

第51军在夜间报告中写道：

"敌人对第305步兵师地段的政委楼发起进攻，被守军以火力粉碎。已确认敌人在继续筹备

1. 瓦尔特·比克曼少尉，第578掷弹兵团，1917年2月22日生于纽伦堡，1942年12月27日因伤死于斯大林格勒。

编号	姓名	所属部队	出生年份	入伍年份	惯用武器	毙敌数
	**苏军步兵第95师在1942年12月27日提交的狙击手名单**					
1	阿列克谢·彼得罗维奇·费季谢夫（Alexei Petrovich Fetisev）	步兵第241团	1908	1942	步枪	4
2	切伊博克南·谢尔加济诺夫（Cheyboknan Sergazinov）	步兵第161团	1918	1942	狙击步枪	5
3	格里戈利·达维多维奇·库科尔斯基（Grigori Davidovich Kukorsky）	步兵第161团	1918	1939	冲锋枪	2
4	尼古拉·格里戈利耶维奇·格拉济林少尉（Nikolai Grigoryevich Glazyrin）	步兵第161团	1923	1942	冲锋枪	4
5	雅各布·安德烈耶维奇·库德里亚夫采夫（Yakob Andreyevich Kudryavtsev）	步兵第161团	1920	1942	冲锋枪	2
6	P.P.阿加波夫（P.P.Agapov）	步兵第161团	1921	1942	步枪	3

进攻。敌人的大炮、迫击炮和反坦克炮还在猛烈射击，但强度有所减弱。"

步兵第95师地段在这天上午相当平静，但到了下午就风云突变。药店和55号楼[1]的德国守军用小型武器和机枪火力覆盖了步兵第241团和第90团的战斗队列。在14时30分，苏军发现有18名德军士兵从工厂西南角向贴近前沿阵地的据点——1号房和2号房[48号楼]移动，苏军的机枪扫射了他们。步兵第241团还报告说，该团的纵火器和迫击炮把1座碉堡和3名士兵烧成了灰烬。取得更大战果的是该团的狙击手，他们宣称在这一天共击毙12名德军。狙击手瓦拉帕耶夫（Varapayev）击毙6人，狙击手克拉索夫（Krasov）击毙4人，狙击手叶夫多米柯夫（Evdomikov）和

尤洛夫斯基（Yurovsky）各击毙1人。友邻的步兵第90团的狙击手也对碉堡射击孔和落单的士兵连放冷枪，宣称击毙了5个德国人。

戈里什内的步兵第95师最近才开始广泛使用狙击手。该师的参谋长克利缅科中校（Klimenko）应第62集团军的要求编写了一份报告，他在报告中说："我师各部现在已经有一些狙击手，但是还不够。话虽这么说，我还是要列出狙击手的名单和他们自12月1日以来的个人战绩。"

克利缅科在总结中说，在这次战役开始前，该师没有狙击手骨干队伍，但是"现在已经采取措施培养狙击手"。到月底时，该师的狙击手已经大量涌现，在战场上空间狭窄的地段尤为活跃。

他们的枪下亡魂中包括了第576掷弹兵团

---

1. 苏军对这座楼房有多种称呼：10号房、E形房或2号校舍。这座建筑留存至今，仍然作为校舍使用。这里方格图案的地砖能勾起苏军老兵鲜明的回忆，楼内还设了一个小博物馆来纪念当地的战斗。

■ 在斯大林格勒战役中,苏德两军的狙击手都获得了传奇般的声誉,特别是苏军狙击手充分利用城市废墟的地形条件,展开广泛的狙击作战,在遏制德军行动、杀伤高价值目标方面发挥了极为重要的作用。上图为来自苏军第1077防空团的两名苏军女狙击手。

■ 下图是一名卧伏在瓦砾堆中的苏军狙击手正在瞄准目标,他使用的是一支加装瞄准镜的 SVT-40 型 7.62 毫米半自动步枪。

■ 本页的两幅照片是一个苏军狙击小组的战地留影，上图是狙击手们在前线附近观察地形，选择阵地，下图是狙击小组在建筑废墟中穿行，前往合适的狙杀地点，他们都身穿白色伪装服，使用莫辛－纳甘 M1930 型 7.62 毫米狙击步枪。

第11连的连长格哈德·博芬格少尉[1] (Gerhard Bofinger)，他在这一天中枪，次日不治身亡。

第336工兵营第3连的连长伯恩哈德·齐施中尉给家里寄了一封信，透露了斯大林格勒的残酷无情："今天你们应该在庆祝圣诞假期的第三天，我们今年没能庆祝圣诞节。大家确实领到了一些零碎玩意作为圣诞礼物，但是除此之外，没人想到圣诞节。等我回家休假时会告诉你更多。

"至于健康方面，现在又恶化了。不过这也不奇怪，我已经在四面漏风的地下室里连续住了好几天。外面的温度是零下25～30度，我的鼻子像溶化了一样不停地流鼻涕，我咳嗽的毛病又犯了，至于发烧么，感谢上帝，还不是特别厉害。希望我们的情况能早点改善……"

雷滕迈尔上尉则描述了另一种烦恼，它让枯坐在弥漫恶臭的地下室里的德军士兵颇有屋漏偏逢连夜雨之感：

"害虫把我们折磨得够呛。我只要在地堡里一躺下，虱子就会在我全身乱爬，从脖子到脚都不放过。我对这些东西非常敏感，简直无法入睡。在我们现在的环境下，要'消灭'它们是不可能的，至少在掩蔽部里办不到。我们要是走到室外当然可以抓虱子，但是外面是零下20摄氏度，这么做当然也有困难。我已经换过衣服，但是只过了很短的时间虱子就卷土重来，这些怪物闹得人不得安宁。"

他在战后的记述中又更详细地描述了他们悲惨到极点的境况：

"个人卫生问题已经不在考虑范围内，一刻不停的战斗让人根本顾不上这个。胡子长疯了。在地下室里，我们把从工厂建筑里撬来的木地板浸上油，丢进圆柱形的铁皮炉里当柴烧。这会产生非常浓密的烟雾，让屋里所有东西都蒙上一层黑色的烟灰[2]。整支部队里人人都是一副惨样，不仅

■ 德军第336工兵营第3连连长伯恩哈德·齐施中尉。

如此，每个人的脸都因为饥饿而变得越来越扭曲。大家的眼窝越来越深，眼睛里都带着一种异样的神色。虱子猖獗一时，让我们疲惫的身躯无法休息。唯一的解决办法就是到屋外找个安全的角落，然后冒着刺骨的严寒脱掉衣服，徒手把这些害虫撸下来，用这种办法至少能得到一个小时的安宁。"

即使在这样恶劣的条件下，这些德国人还是熬了下来，而且还会继续熬下去，原因可以在特劳布上尉给妻子的信中找到：

"我们必须坚持下去，否则德国就会遭受可怕的灾难。但愿我们的孩子能过上比我们好的日子，一生中不会再遇到战争。"

1942年12月27日双方的伤亡情况
苏军步兵第138师：1人阵亡，9人受伤，共计10人
德军第305步兵师：3人阵亡，1名军官和22名士兵受伤

1. 格哈德·博芬格少尉，第576掷弹兵团第11连，1919年12月19日生，1942年12月28日因伤死于斯大林格勒。

2. 军医舍普夫注意到这种做法带来了意外的后果："许多士兵使用会产生很多烟雾的简易小火炉，他们的眼睛因此得了结膜炎。"

1942年12月28日

德军在这天夜里没有什么特别的举动，他们的小型武器、机枪和迫击炮间歇性地射击，目标主要是富河汊渡口和扎伊采夫斯基岛，最密集的火力来自主机械车间［4号厂房］、14/15号车间［3号厂房］和27号房、60号房［政委楼］、35号房［66号楼］、36号房［73号楼］。苏军的侦察小分队在德军曳光弹编织的火网下进行侦察，探明德军前沿阵地和防御纵深的火力点、部队集结地、火力配系和防御工事。第101号侦察报告中描述的结果反映了从12月27日黄昏开始的夜间交火情况：

"我军通过战斗、侦察和观察，确定了以下情况：在17时30分和20时，机械车间的一门81毫米迫击炮向步兵第650团开火。在22时20分，14/15号车间的重机枪射击了步兵第344团右翼。在22时30分，一门75毫米加农炮从机械车间［4号厂房］西南角对步兵第344团的战斗队列零星开火。在2时，机械车间里的一门81毫米迫击炮射击了富河汊渡口。"

对侦察兵和师领导来说更重要的是，他们判明了当面德军部队的番号：

"在19时10分，一支侦察小分队通过交通壕在36号房［73号楼］和35号房［66号楼］之间的一个哨位上抓获并击毙了一名士兵。从尸体上找到的证件证实与步兵第650团对峙的是第305步兵师的第578步兵团。"

这份报告还描绘了德军防线的情况：

"在我师各部当面驻守的敌人没有任何活动，但是他们用迫击炮系统地射击了我师战斗队列和师指挥所一带。他们不断用机枪扫射我师的主防线，在夜间还用个别机枪射击了富河汊的渡口，并用照明弹照亮街区。他们在60号房［政委楼］中负隅顽抗，并部分地重建了60号房西边被摧毁的碉堡和交通壕。"

苏军在夜里听到一些型号不明的德军飞机在头顶发出轰鸣声。5时，苏军观察到在雕塑公园一带有一个排的德军步兵和6辆机动车，还观察到德军在38号房［67号楼］一带构筑工事。

在步兵第138师的右翼，步兵第768团一支侦察分队里的阿尔多希宁列兵（Aldoshinim）缴获了一挺德制轻机枪和两箱子弹。

在这个晚上，步兵第138师共有4人死亡，1人负伤。这就是火炮厂以东杀戮之地的一个普通的夜晚。

戈里什内师的地段风平浪静，双方都据守着各自的阵地，用步枪和机枪交火。步兵第241团使用45毫米反坦克炮、迫击炮和机枪压制了已知的德军火力点，宣称摧毁3个掩蔽部并消灭了大约20名士兵。该团无人伤亡，其活跃战兵为141人。步兵第90团的狙击手又宣称击毙了7个德军士兵，其中一人是第50装甲工兵营第2连的马克斯·阿尔贝特一等兵[1]（Max Albert）。步兵第161团用45毫米炮、迫击炮和机枪压制了步兵第61团（属于索科洛夫上校的步兵第45师）阵地前方学校附近已被判明的德军火力点，支援了后者的进攻行动。该团摧毁了1个碉堡和3个掩蔽部，击毙德军约15人，其中7人是狙击手的战果。该团有3人负伤，尚有活跃战兵79人。

* * *

整个白天，双方的步机枪激烈对射，苏军观察员注意到多队德军从楼房转移到"街垒"工厂的车间里。他们猜测德军正在利用从后方赶来的援兵重新编组，替下一些前线部队。德军的重武器在白天很少射击：在11时10分，一门六管火箭炮从雕塑公园方向朝扎伊采夫斯基岛打了两次齐射；在15时，14/15号车间［3号厂房］里的一门81毫米迫击炮轰击了柳德尼科夫的指挥所一带。

柳德尼科夫的部下继续巩固新占领的阵地，

---

1. 马克斯·阿尔贝特一等兵，第50装甲工兵营第2连，1911年8月24日生于基兴拉米茨，1942年12月28日阵亡于斯大林格勒。

并使用小型武器、机枪、迫击炮和76毫米炮及45毫米炮的直瞄射击打击60号房[政委楼]、36号房[73号楼]、35号房[66号楼]和38号房[67号楼],以及各种火力点和掩蔽部。此外,扎伊采夫斯基岛上的120毫米迫击炮轰击了政委楼及其周边的胸墙。为了给新的进攻做准备,苏军已经把这一带的防御工事彻底打击了一遍,但是从佩钦纽克团的战斗日志可以清楚地看出,他们知道要拿下这里并非易事:

"步兵第650团指挥员决定:突击 Π 形建筑。

"敌人已经把 Π 形建筑改造成坚固的堡垒,他们在这座堡垒里集结重兵,进行激烈抵抗。虽然炮兵反复轰击, Π 形建筑北侧的半地下室层仍然有大量火力点。在二楼有3挺轻机枪和1挺重机枪,还有冲锋枪手和专门投掷手榴弹的人员。从防守哨位和敌军火力来判断,敌人在楼内的兵力超过50人。

"为了完成夺取 Π 形建筑的战斗任务我命令:

"利用步兵第1营和第2营的人员组成小规模突击队来攻击 Π 形建筑。

"步兵第1营应组建3个小组:

a. 掩护组——掩护 Π 形建筑西面;

b. 突击组;

c. 占领组——利用从我方控制的楼房通出的壕沟,攻击 Π 形建筑右翼的西侧部分,并肃清右翼的敌人。

"步兵第2营应支援步兵第1营的突击队,压制住 Π 形建筑东北角的敌人,并随时准备击退来自公园的反击。

"应以装备轻机枪的分队掩护突击队作战。要为所有士兵提供数量充足的手榴弹、反坦克手榴弹和燃烧瓶。

"为了压制敌军火力点,希望后方重炮提供有力支援。"

第51军在20时50分的夜间报告提到了当晚

1942 年 12 月 28 日双方的伤亡情况
苏军步兵第138师:3人阵亡,16人受伤,共计19人
德军第305步兵师:7人阵亡,27人受伤,共计34人

政委楼遭到的攻击:

"在火炮厂以东,敌人用重炮和反坦克炮轰击后,对我军位于网格83d中央的阵地(政委楼)发起进攻,战斗仍在继续。在整个白天以及入夜以后,敌人的飞机都很活跃,一直使用投弹和以机载武器扫射的方式骚扰我前线和后方。"

这次战斗将在次日持续很长时间。

1942 年 12 月 29 日

步兵第138师指挥部发出的第267号战情报告简要地叙述了对政委楼的突击:

"步兵第344团提供了一支突击队,并用强大火力掩护了步兵第650团的作战。佩钦纽克的突击队发起了攻打60号房[政委楼]的战斗,这座楼房是敌人重兵把守的据点。战斗仍在继续。"

截至报告发出时,记录的损失是4死7伤。

苏方记录中没有提到他们如何实施把两桶炸药滚进政委楼的计划。炮兵第295团的第4连和第5连对政委楼和周边火力点总共打了76发炮弹,他们宣称歼灭德军16人,摧毁1挺重机枪,炸毁1堆物资并压制了2挺重机枪的火力。

在6时10分,第51军向第6集团军报告:"在夜里,敌人两次攻击火炮厂以东的政委楼,均被击退。"步兵第650团的战斗日志称:"敌人以重机枪和迫击炮射击我团,在 Π 形建筑一带进行了猛烈抵抗。"而步兵第138师的第246号战斗报告则记载:"在步兵第650团突击队作战的地区观察到敌人的火力极其猛烈。"在夜幕掩护下突入政委楼的第一次尝试失败了,但突击队毫不气馁,又做好了再次攻击的准备。

德军在夜间继续大兴土木,加固工事。和往常一样,断断续续的步机枪交火持续了整个晚上。

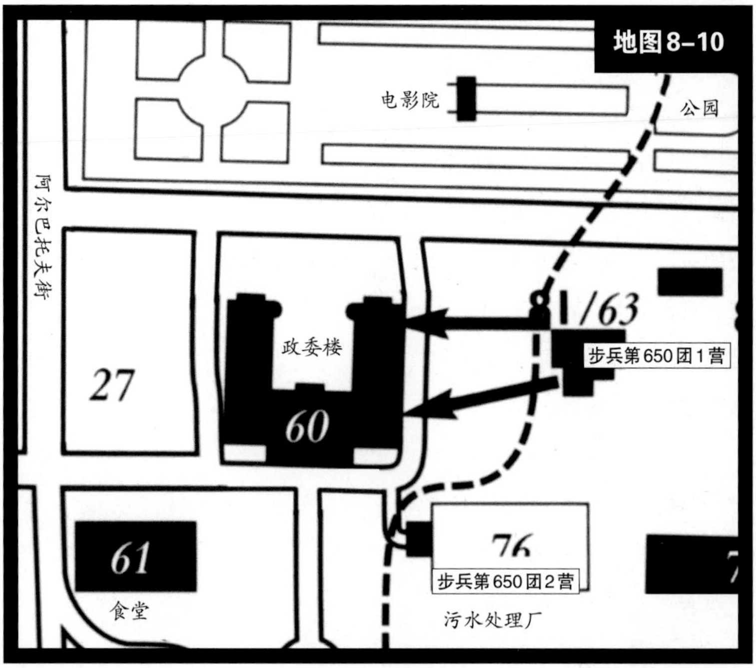

在79号楼内前进观察员的引导下，德军的大炮和迫击炮不断射击富河汊的渡口，阻挠苏军的补给行动，冰面上的任何活动只有在夜间才可能进行。苏军的大炮和120毫米迫击炮为了压制和摧毁德军火力点也不甘寂寞。"街垒"地区的其他地段仍然比较平静，这一天的战斗主要围绕政委楼进行。

戈里什内的部下注意到德国人都在夜暗笼罩下活动，这无疑是为了避免致命的冷枪。凌晨1时，在步兵第161团地段，有五六个德国人企图接近

地图8-10

电影院　公园

阿尔巴托夫街

27

政委楼

60

1/63

步兵第650团1营

61

食堂

76

污水处理厂

步兵第650团2营

■ 1942年12月29日，苏军步兵第650团对政委楼的攻击。

苏军前沿阵地，但是被机枪火力击退。在12号房一带，苏军经常发现有个别德军士兵从工厂向"阑尾沟"[驼背沟]运动。在日间，苏军各部继续用消耗性火力削弱德军据点。在步兵第241团与02号房[43号楼]、03号房[44号楼]和07号房[79号楼]守军交火过程中，他们的大炮和迫击炮摧毁了07号房附近的2个碉堡。步兵第90团的迫击炮摧毁了绿色储油罐附近的1个掩蔽部，但他们有2名士兵被德军火力击伤，还有1门迫击炮受损。德军的伤亡人员中包括第50装甲工兵营第2连的莱昂哈德·迈斯纳一等兵[1]（Leonhard Meissner），他在这一天战死。

* * *

佩钦纽克的"团"在这天上午冲击了政委楼。突击队得到了西边步兵第344团和位于蓄水池附近的步兵第2营部队的火力支援。步兵第1营的突击组冲出63号房[81号楼]，成功地穿越了政委楼前被火网覆盖的空地。政委楼的北面是一大堆碎石和剥落的混凝土楼板。从断垣残壁之间可以

瞥见大楼的内部构造，但地下室的入口全被瓦砾堵死了。突击组快速攀上碎石堆，跳进楼内。他们以手榴弹作为主要武器，在这片恐怖的废墟中与德军展开残酷的搏杀。德国守军也打得很勇敢，他们沿着走廊发起反冲击，但是被连串手榴弹炸了回去。德军的预备队通过连接大楼的壕沟紧急驰援，仍在楼外的步兵第2营部队则竭尽全力阻击他们，掩护公园方向的小组成功地阻止了那个方向的德军援兵。苏军炮兵也为切断政委楼的外援出了大力：在9时40分，仍位于伏尔加河对岸的炮兵第295团第3连向药店[3号房]附近准备增援政委楼的一队德军打了12发炮弹。他们上报称击毙德军5人。不过，尽管苏军采取了种种措施，还是有不少援兵进入楼内。

完成最初的突破后，苏军占领组随即跟进。兵力大增的苏军突击队成功占领了大楼北翼一楼和二楼的大部分区域，但是德军的抵抗也变得越来越激烈。他们在坚固的地下室里死战不退，苏军发现要把他们赶出去极为困难。当然，地下室里的德

1. 莱昂哈德·迈斯纳一等兵，第50装甲工兵营第2连，1916年4月22日生于霍恩易北（今捷克弗尔赫拉比），1942年12月29日阵亡。

■ 上图是从政委楼内眺望公园对面的 72 号楼 [32 号房] 和更远处的"街垒"工厂。几乎可以肯定，这个穿透厚墙的大洞是德军在 1942 年 11 月攻击的结果。下图是从政委楼拍摄的另一张照片，这一次是眺望 53 号楼（雷滕迈尔的指挥所），右边是 2 号校舍，背景中是 6e 号厂房。注意在公园里靠右侧的地方是第 245 突击炮营在 11 月 11 日被击毁的长炮管型三号突击炮，53 号楼旁边还有另一台装甲车辆。

军也不是无懈可击，据戈尔巴坚科上士回忆：

"恰雷赫（Chalykh）和科诺普托夫（Konoputov）在12月底参加了对街垒工厂Π形房的突击，科诺普托夫在地板上开了一个通到地下室的洞，劈头盖脑地朝里面的德国人砸手榴弹，还用火焰喷射器烧他们。"

不过，德国人对这座大楼布局的了解使他们占了地利。他们在混战中始终控制着地下室，并利用地下室从两个方向夹击苏军。一些人沿着走廊反击，与苏军逐个争夺房间；另一些人则迅速穿过地下室，从大楼北翼西端的楼梯井爬上来——正好出现在苏军后方。腹背受敌的苏军在楼内没有稳固的立足点，但他们还是坚持战斗。

激烈的逐屋争夺战持续了几个小时，苏军占领的房间受到几十颗德军手榴弹的洗礼。步兵第138师在14时发出的第268号战情报告称：

"在我师左翼，步兵第650团的突击队为了占领60号房正在激战，战斗在该楼的北翼进行，敌人用机枪、冲锋枪和迫击炮对我突击队作战区域猛烈扫射。"

该师当天的报告则说："楼内拼手榴弹的战斗还在继续。"报告发出时的伤亡统计是8人死亡，40人负伤。

在戈尔巴坚科的叙述中提到了一个在政委楼作战的苏军军官——伊万·加夫里洛维奇·恰雷赫上尉 (Ivan Gavrilovich Chalykh)，他对这次攻击记忆犹新：

"我曾有幸成为斯大林格勒城的保卫者之一。我主要在红旗步兵第138师编成内战斗在街垒工厂一带，担任步兵第650团的宣传干事……作为团宣传干事，我自始至终都在连队里和战士们待在一起。我们的所有指战员都英勇奋战，宁死不屈。

"街垒工厂的Π形房经历了长时间的争夺，1942年12月29日我就在那里受了重伤——18块

■ 苏军步兵第650团宣传干事伊万·加夫里洛维奇·恰雷赫上尉在战后拍摄的照片，他在12月29日政委楼的战斗中负重伤。

弹片嵌进了颅骨，我只在卫生营治了12天就回到了部队里……"

政委楼里的战局最终发生逆转。德军占了上风，把佩钦纽克的部下赶了回去。在步兵第650团的战斗日志里记载了此战的最终结果：

"托波尔科夫分队占领了大楼北半部分的一楼和二楼，但是在日落时，由于伤亡严重，他们被迫离开大楼，在这座大楼北面的废墟里固守。为了恢复失地该分队又做了多次尝试，但是由于他们的人数非常少，每一次都被击退。他们的手榴弹也快用完了。"

这是苏军第一次成功突入政委楼，但功亏一篑。在16时30分，第51军向第6集团军报告说：

1942年12月29日双方的伤亡情况
苏军步兵第138师：8人阵亡，49人受伤，共计57人
德军第305步兵师：9人阵亡，35人受伤，共计44人

"在火炮厂以东，敌人在上午对政委楼的反复攻击全被击退。"双方的伤亡几乎相等。

这一天最后的战斗行动是德军实施的，从19时到21时，他们的迫击炮对佩钦纽克团实施了两次火力急袭。

1942年12月30日

在夜晚的严寒中，第305步兵师的南侧防区受到苏军的严重威胁。1时30分，步兵第61团第2连（属于步兵第45师）突破了德军在网格82a3的前沿阵地，向西北推进到"刺刀沟"和"绦虫沟"之间，并夺取了"飞机楼"（位于面包厂南端的一座大型教学楼）。虽然这个据点属于友邻第79步兵师第226掷弹兵团的防区，但它的失守使"街垒"工厂一带德军的整条防线面临被割裂的严重危险。德军在"街垒"工厂以东浸透鲜血的阵地是以79号楼和政委楼为防御基点的，而现在这里形成了一个不稳固的突出部，极易被苏军从南面加以包抄乃至切断。

第226掷弹兵团上午的报告描述了飞机楼失守的经过："我部通过反击两次扫清了飞机楼以东的阵地，但是敌人以重迫击炮实施全面火力准备后，向飞机楼内的阵地推进并占领了该楼。我部

左翼后撤至刺刀沟，面向飞机楼防守，右翼固守原阵地。计划以突击炮和第179工兵营第3连发起反击夺回飞机楼，并与刺刀沟内的部队建立联系。"

这次反击在7时05分发起，德军动用了保罗·菲德勒中尉（Paul Fiedler）的第179工兵营第3连和第245突击炮营第2连的三辆长炮管型突击炮，后者是作为"救火队"配属给第79步兵师的。德军在开始取得了一些进展，但是随即在苏军猛烈的弹幕拦截下止步不前。接着一队40人左右的苏军士兵从飞机楼发起反冲击，将德军赶回了出发阵地。菲德勒的部下有1名士兵死亡，1名士官和8名士兵负伤。随后德军只能通过在面包厂南侧边缘和"刺刀沟"出口占领阵地来封堵苏军的突破。突击炮悄悄移动到面包厂南半部分监控战局，随时准备击退继续突进的苏军。这里的战斗仅仅是热身而已。

* * *

夜幕下，步兵第650团的一个突击组和工兵营的一个爆破班做好了占领政委楼的准备。为了支援工兵行动，苏军组织了小型武器、机枪以及迫击炮射击德军火力点。德军在这天夜里也以小型武器和机枪拼命扫射，企图阻止工兵靠近，他们没有成功。经验丰富的苏军工兵神不知鬼不觉

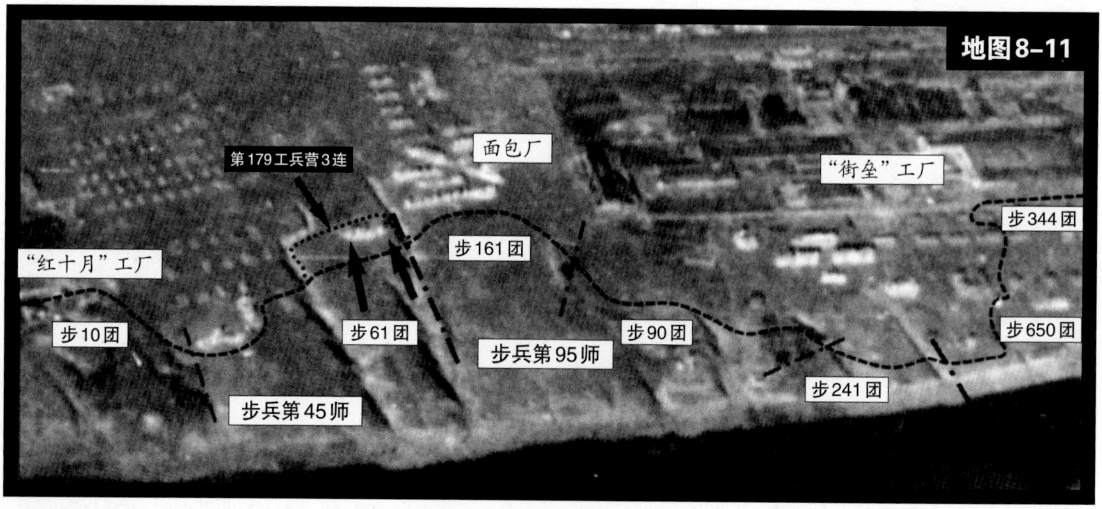

地图8-11

■ 1942年12月30日，苏军对"飞机楼"的攻击和德军的反击，这座建筑的重要性显而易见，如果面包厂也失守，在"街垒"工厂的德军阵地将受到严重威胁。

到1942年12月底，斯大林格勒城内苏军第62集团军各部队均投入到对德军的反击中，并逐步收复失地，压缩德军阵地，为最后全歼德军创造条件。本页的两幅照片就是苏军士兵穿过城市废墟向德军阵地发起进攻的情景。

地爬到政委楼下安放好炸药,然后回到了自己的阵地,其他苏军部队则保持着准备出击的状态。在10时,工兵炸开了政委楼的西北角,但是苏军攻击部队没有跟进。

同样借着夜幕掩护行动的还有一些侦察小分队,他们还在继续对德军部队和阵地进行侦察。师侦察连的一对侦察兵在拂晓时攻击了德军的一个火力点,击毙一名德军,在自身无一人损失的情况下带着一挺机枪、一条弹链、一支步枪、一把信号手枪和一袋信号弹回到了己方阵地。

这一夜的行动让步兵第138师付出了2死4伤的代价。

* * *

在8时20分,步兵第161团的一个突击队试图夺取机器街上的一个碉堡(它就在刚被占领的飞机楼右边)。德军立即发动反击,但却铩羽而归。十分钟后,又有大约30名德军士兵发起进攻,试图夺回校舍[飞机楼],他们的攻击矛头直指步兵第161团(步兵第95师)和步兵第61团(步兵第45师)的接合部。苏军用45毫米炮、迫击炮和机枪火力击退了这次反击,在此过程中他们俘虏1名罗马尼亚士兵,并把他送到后方审问。步兵第161团的损失是7人负伤,它的活跃战兵还剩67人。

* * *

当天余下的时间一切如常。德军以小型武器、机枪和迫击炮零星开火,苏军以更猛烈的火力还以颜色。他们利用直瞄射击的火炮和步兵武器摧毁德军占据的楼房、火力点、掩蔽部,不过主要的目的还是杀伤前沿阵地和防御纵深的德军人员。第51军报告说:"火炮厂以东阵地时而遭到猛烈火力袭击,但没有步兵进攻。"

苏军观察员发现德军又在挖地三尺,在4号车间[6a号厂房]一带和"街垒"工厂以北约500米处还实施了多达10次爆破,这些情况发生在第

389步兵师的地段。德军的特长还是修筑更好更深的防御工事,由于弹药日渐稀少,要守住阵地,最简单最有效的办法还是让士兵在安全的地方躲过苏军的子弹和炮弹,并让他们以最有效率的方式使用弹药。空运来的弹药数量有限,远远不能满足部队的日常需求,因此官兵们不得不竭尽所能四处搜寻,据雷滕迈尔上尉记述:

"我们的弹药供应情况非常严重。在10月的战斗中,有许多弹药被丢弃在民房和工厂车间周围。现在大家开始急切地收集这些弹药,任何一支部队如果找到一些迫击炮弹、手榴弹或步枪子弹都会很高兴。在1943年1月1日,上面传来一道命令:'从现在起,每门重步兵炮每两天配给一发炮弹,每门轻步兵炮每天一发。'而俄国人正在大手大脚地挥霍炮弹:他们的大炮和'斯大林管风琴'几乎用炮弹把我们的阵地完全翻了一遍。每过一天,包围圈都在收紧,我们不得不耐心地熬过去。"

* * *

为了加强第226掷弹兵团在面包厂附近和飞机楼周边的防御,原属第71步兵师的第191掷弹兵团第3营在下午被划给了第79步兵师。对这个地段的守军来说,哪怕只多一个人也好,因为整个下午苏军都在向飞机楼一带增兵。在当天晚上,一个连(第191团第9连)将替换第226掷弹兵团左翼的连,另一个连(第191团第10连)将在元旦前夜替下该团右翼的连,还有一个由马丁·克鲁修斯中尉[1](Martin Crusius)率领的连(第191团第11连)将留作团预备队。

步兵第138师在这一天提交了一份报告,详细统计了该师从1942年10月15日到12月30日给德军造成的损失。虽然有些数字(尤其是击毙德军人数和摧毁装备数量)似乎略显不可信,但其他数字看来十分准确。

---

1. 马丁·克鲁修斯中尉,金质德意志十字奖章,第191掷弹兵团第11连,1919年8月30日生于布赖纳姆,1943年1月失踪于斯大林格勒。

1942年12月30日双方的伤亡情况
苏军步兵第138师：2人阵亡，7人受伤，共计9人
德军第305步兵师：6人阵亡，23人受伤，共计29人

"消灭：9460名军官和士兵、24辆坦克（包括击破和彻底击毁）、3辆装甲汽车、24门各种口径的大炮、32辆汽车（包括小汽车和卡车）、54门迫击炮、164挺机枪、4支反坦克枪和1000多支步枪。摧毁德军工事：29个碉堡、62个掩蔽部、1个防御支撑点（由地堡、碉堡和掩蔽部组成的防御体系），并炸毁6个弹药库。战利品：2门75毫米炮、1门45毫米炮、1门37毫米炮、6门迫击炮、91挺机枪、3支反坦克枪、97支自动步枪、468支步枪、112支冲锋枪、300多发火炮炮弹、400发迫击炮弹、3000颗手榴弹和96200发步枪弹。停房：8名军官、27名士官和54名士兵，共89人。"

这些统计数字预示着已经饱受折磨的德军前景不妙，但对苏军来说这些只不过是开胃小菜。当苏军最终大快朵颐之后，这些数字与第6集团军遭受的惊天浩劫相比只是小巫见大巫。

1942年12月31日

步兵第138师工兵营的一个爆破班为消灭政委楼的守军又实施了一次行动。夜里，他们在政委楼北翼实施爆破，宣称炸死了10名德军并炸毁1挺轻机枪，工兵以及掩护他们的来自步兵第650团的步兵没有损失。该团的主要目标和六天前一样，仍然是占领这座坚固的建筑。全团指战员在夜间加固了防御工事，并用小型武器、机枪和迫击炮射击了德军火力点。该团战斗日志当天的记录还提到了德军一个新据点的亮相：

"在夜间，敌人从 Π 形房、电影院和07号房组织小型武器和机枪射击，还从14/15号车间一带用迫击炮射击我团战斗队列。"

"电影院"（按德军的叫法是"剧院"）是位于公园中央的一座砖楼，这座两层楼的大型建筑原是供工厂高级管理人员使用的剧院。值得注意的是，它的铁皮屋顶此时仍然完整保留着。也许德军早就驻扎在里面，但是苏军直到此时才注意到——至少直到此时才在记录中提及。它的地位

■ 在这幅战地照片中左边的建筑是电影院，但照片中更值得注意的是在1942年11月11日的战斗中被击毁的33B型突击步兵炮残骸。由于这一带的战斗没有停歇过，遭毁伤的车辆无法被回收。

非常重要，虽然它的射界被其前方的一片桦树林所阻挡，但它构成了德军面向北方的防线上的又一支撑点。

在12时40分，苏军观察员发现一支27人的德军部队从3号车间[6c号厂房]穿过空地跑向60号房[政委楼]，苏军的炮火弹幕将这股德军歼灭了一部分。

柳德尼科夫师报告说："我部一边继续用火力打击敌人，一边设法巩固在某些建筑中的阵地。敌人继续在我师正面修筑工事，并继续朝富河汊上的渡口射击。"

* * *

第51军向第6集团军报告了面包厂附近的战况："敌人在黎明时分以多支突击队两次进攻第305步兵师的右翼地段，我军经过肉搏战击退了进攻，这一地段还遭到重炮和迫击炮火力袭击。"

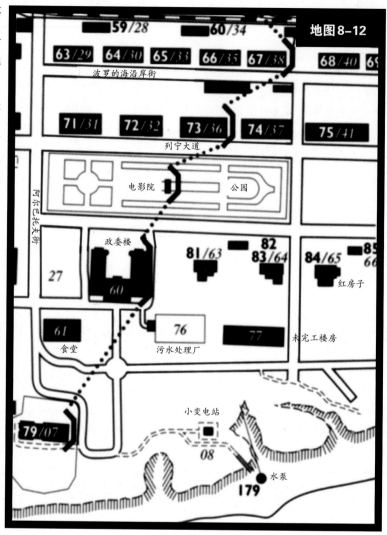

■ 1942年12月底德军在下工人村正面防线上各防御据点的位置。

步兵第95师的第137号战斗报告描述了这次进攻："在4时30分，步兵第161团的两支突击队在一个反坦克炮连以及若干迫击炮和纵火器的支援下，封锁了敌人在机器街上的一处火力点。到4时35分，突击队推进了10～15米，但遭到小型武器、冲锋枪和机枪火力拦截。敌人利用交通壕绕到突击队左侧，用密集投掷的手榴弹攻击他们。突击队遭受一定伤亡后退回出发阵地，并继续与敌人交火。损失：7人死亡，9人负伤，1挺重机枪受损。活跃战兵：47名。"

由于飞机楼失守，再加上接到了加强戒备的命令，这一地段的德国守军显得非常焦躁。他们使用小型武器、机枪和迫击炮从43号楼、44号楼、79号楼、药店和绿色储油罐射击戈里什内师的前沿阵地，偶尔还朝储油设施区一带投掷手榴弹，并时不时地用D-40式迫击炮轰击河岸。苏军还发现了德军援兵的调动，在14时45分，他们观察到大约25个德国人带着一挺轻机枪跑向绿色储油罐，在15时又有一队10～15人的德军士兵从同一区域向飞机楼运动，但遭到了机枪和迫击炮的打击。步兵第241团的步兵们使用包括纵火器在内的各种武器猛烈打击了德军在02号房[43号楼]、03号房[44号楼]和07号房[79号楼]附近

■ 上图是1942年底斯大林格勒北部工厂区的厂房废墟内景，白雪从坍塌的屋顶飘落，覆盖了地面上的车床和零件残骸。在陷入包围后，德军第305步兵师将"街垒"工厂附近的建筑物都改造成坚固的防御枢纽部，力图固守待援。

■ 右图和下图是在同一处德军掩体内拍摄的，德军士兵用碎砖在建筑物窗口搭建了射击工事，抵御苏军的进攻。右中图是德军机枪手操纵 MG 34型机枪从射孔向外射击，下图可见在右侧步枪手旁边放置着数枚手榴弹。

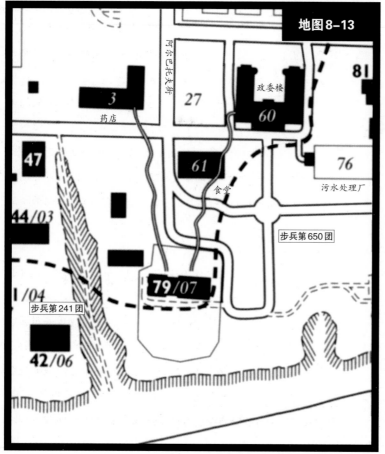

■ 1942年12月底79号楼[07号房]周边的态势，这座建筑仅有两条壕沟与后方相连。

熊熊大火。我军与敌人的战斗经常是捉对肉搏，互相揪着领子、扯着衣服，用手榴弹敲碎对方的脑壳。每天的伤亡都很严重，对部队来说那里是一个可怕的熔炉。我们必须在那里保持30到35人的守卫力量，但是每到夜里，往往只剩下10到15人。派到那里去的军官平均只能战斗两到三天，然后就非死即伤。我记得特别清楚的是第576掷弹兵团的罗明格尔中尉和第577掷弹兵团的鲍迈斯特少尉（Baumeister），他两人都是在近战中被俄国人的手榴弹炸伤的。"

由于军官短缺，德军不得不提拔可靠的士官和士兵。第578掷弹兵团第1连的汉斯·伯恩哈特上等兵就是一例。他因为没有上过中学，虽然聪明过人而且在军中历练多年，却只能止步于上等兵的军衔，无法继续晋升。但是，斯大林格勒的局势导致正规程序全部作废，军人可以仅凭功勋得到提拔。于是伯恩哈特成了下士，并且同时被任命为连长。

雷滕迈尔的处境肯定没有人会羡慕：他现在被三面包围，南边储油设施区一带、"食指沟"和"阑尾沟"里的苏军甚至能顺着79号楼的后墙扫射。更糟的是，来自83号楼和污水处理厂的苏军火力几乎可以（不过比较勉强）穿过后墙的窗户打进楼里。因此这座大楼被这些火力有效地切断了后路，雷滕迈尔手下那些年轻的施瓦本籍和奥地利籍士兵等于是在里面坐牢。他们与师主力唯一的联系通道是两条曲折通向药店和政委楼的壕沟，但它们充其量只是两条脆弱的纽带。苏军的迫击炮一

的德军火力点。该团的损失为2人负伤，活跃战兵有122人。其友邻的步兵第90团也有2人负伤，剩余的活跃战兵为68人。

步兵第95师和第138师在12月22日早晨会师的地方仍然进行着白热化的争夺。苏军已经完全收复河岸，并占领了悬崖顶上一道几十米长的地带，但是雷滕迈尔上尉和他的部下还顽强地守着79号楼。他们这座弹痕累累的两层楼堡垒有着厚实的石墙和坚固的地下室，在迫击炮、大炮和机枪无休无止的打击下仍屹立不倒。雷滕迈尔清楚地记得围绕这座伏尔加河悬崖上的孤立要塞进行的残酷战斗：

"进攻接二连三，日夜不停，有时是奇袭，有时是在猛烈的炮火准备后发动。俄国人借助一种弹弓式的设备发射白磷弹，像施展魔法一样点起

直盯着这两条壕沟，而靠北的那条通到政委楼的壕沟更是在苏军阵地的手榴弹投掷范围内。尽管如此，对戈里什内和柳德尼科夫来说，79号楼仍然是妨碍他们继续前进的拦路虎，是一根典型的"肉中刺"。有这个讨厌的钉子在，连接这两个师的走廊就无法拓宽。如果能拔掉它，德军的前线就会被迫后退百来米，回到药店和政委楼一带，而这可以给苏军创造急需的回旋余地。步兵第95师和第138师都把占领这个据点（或者干脆把它从地图上抹掉）视作重中之重。

无论如何，德军已经再也不能饮马伏尔加河了，"滚轴"的通信兵们拉了一条连通戈里什内师的电话线。除此之外，直通集团军的电话线也已经布设完毕。

步兵第138师通过这条电话线接到了集团军司令部的以下命令：

"师长柳德尼科夫上校应在伏尔加河沿岸路径变得安全时来集团军指挥所一趟。"

柳德尼科夫此时正在佩钦纽克的团里。佩钦纽克的预备队成功击退了德军的所有反击，在新占领的阵地上站稳了脚跟。入夜后，柳德尼科夫回到自己的指挥所，得知了崔可夫的命令。

德军仍然在系统地炮击河岸，大家早就对这样的炮击习以为常了，因此柳德尼科夫立刻开始为司令部之旅做准备。他披上一件棉袄，又穿上了大衣。他的大衣胸口处曾经被手榴弹破片击穿的地方打着显眼的补丁，肯定会引起司令员的注意，这让柳德尼科夫感到尴尬。

"没必要为这些补丁害臊，你应该以它们为荣！"库洛夫说，但是这些合理的意见却起了反效果。柳德尼科夫脱下大衣，递给库洛夫："这些补丁让我看上去像个难民。拜托了，把你的大衣给我吧。"

他们俩的军衔和身材都一样，因此他们交换了大衣。

伏尔加河上暮色渐浓，柳德尼科夫和师政委蒂托夫（Titov）、炮兵主任特钦斯基一起上了路。在"工兵沟"南面，河岸有一个急转弯。转过去以后就是"滚轴"小分队所在的半圆形缺口。在缺口上方——双方为了争夺堑壕曾经多次激战的地方——又有一些人影在晃动，他们是一支负责埋葬尸体的小分队。师长和政委想去拜访一下"滚轴"小分队的战士们，但特钦斯基劝他们等到返回时再去。此时天色已暗，他们必须沿着满地狼藉的河岸再走两公里路，而崔可夫和他的参谋人员已经等候多时了。

在戈里什内师的防区，哨兵们向步兵第138师的三位指挥员问了口令。得到正确回答后，哨兵们护送着指挥员到了索科洛夫上校的步兵第45师防区。就这样，经过哨兵们的接力，柳德尼科夫和他的同伴到达了集团军司令部所在的掩蔽部。这里和他们自己在"街垒"工厂的掩蔽部一样，构造类似于矿井的横坑道，有两个面向伏尔加河的入口。

哨兵带着他们进入一个宽敞的房间，那里已经聚集了集团军军事委员会成员和各师的师长：罗季姆采夫少将（Rodimtsev）、巴秋克上校、索科洛夫上校和戈里什内上校。柳德尼科夫抑制住激动的心情走向司令员，准备向他正式报告步兵第138师师长已奉命抵达……但是军衔高于他的崔可夫却打破了通常的礼仪。他快步迎向柳德尼科夫，把他紧紧抱住，然后亲吻了他。在如此欢乐的气氛鼓舞下，每个人都不再拘束，他们自由自在地表达着各自的情感。在汇报、澄清并探究了所有关于作战的问题以后，闲聊开始了。"街垒"工厂的来客成了大家关注的焦点，毕竟他们已经让大家等待了太久，而他们的命运更是让第62集团军上上下下都兴奋不已。

"一个司令员和手下的师长虽然一直在并肩作战，却有整整七十天没法见面，这样的仗哪里有过？"崔可夫说话时始终没有把赞赏的目光从柳德尼科夫身上移开。"这种奇事只能发生在这里，在斯大林格勒。你为啥不说话？快告诉我们你们是怎么生存和战斗的。"

"说得好像您不知道一样……"众人的目光让柳德尼科夫感到很不好意思，他真的不知道该说什么好。在他周围全是英勇无畏、身经百战的指挥员。他们什么恶仗没见过？"我们在你死我活的战斗中打败了德国人，连喘息的机会都没有，我们甚至没有注意到秋去冬来……当然啦，我们也挨了打……"

"挨了打！"崔可夫很惊讶，主要是因为柳德尼科夫那像是聊家常的口气。"不，想想看！两个德国师，外加配属的其他部队，被一个苏联师死死挡住，两个经验丰富的德国将军奈何不了一个苏联上校……"

参谋长克雷洛夫对司令员小声嘀咕了几句，但是崔可夫认为没必要透露尚未成为正式命令的消息。他摇了摇头，带着满意的神情，故意加重了语气重复道："是的，就凭一个上校！还有他那普普通通、平淡无奇的步兵师……"

柳德尼科夫用手遮住脸微笑了一下。要不是在这样喜庆的场合，他肯定会为了他的师的荣誉和司令员争辩一下。这里只有包括崔可夫在内的少数人熟悉这个"普普通通、平淡无奇的步兵师"，崔可夫曾经在阿克塞和顿河草原上的其他地方见识过这个师的战斗作风，认识了它的指挥员和优秀的士兵。在10月，当斯大林格勒战役中的第二次危机达到顶点时，崔可夫特意请求方面军军事委员会将这个"普普通通"的师从预备队调来。柳德尼科夫知道，为了让这个"平淡无奇"的师在"街垒"工厂的烈火地狱中作战，崔可夫和斯大林格勒方面军司令员叶廖缅科做了很多，斯大林格勒方面军军事委员会的成员赫鲁晓夫更是亲自抓了有关工作。而他——柳德尼科夫，以及交给他

指挥的下级指战员，以自我牺牲的精神履行了使命，在那片土地上坚持下来并赢得了胜利。柳德尼科夫现在只感到一点遗憾：在这个欢乐的时刻，他真希望自己师里的老兵，"街垒"工厂的英雄们能知道司令员对他们功绩的高度评价。

这时餐桌已经摆好，煤油灯的暗淡光芒在酒杯和刀叉上闪动。在柳德尼科夫眼里，这一切显得异乎寻常的奢华和喜庆。新年马上就要到了，为了迎接它，步兵第138师的师部和团部人员也将摆下餐桌……现在他们已经能够这样做了……事实上，他直到最近才取消了所有作战人员每日100克食物的限额。不，在这个夜晚不应该让关于过去的痛苦记忆来搅乱好心情。不管怎么说，这些指挥员都不可能在这里坐太久。各师的师长都明白自己在第二天的作战任务，他们要急着赶回部队里。

"你需要什么吗，亲爱的伊万·伊里奇？"崔可夫问最后一个离开集团军司令部的柳德尼科夫。"我是问你有什么个人要求。实际上我全都知道了，我知道你的掩蔽部曾经被渗透部队突袭，知道你的党员证被弹片划破，甚至知道你的胃溃疡……也许你需要休个短假？"

"短假？"柳德尼科夫抓住了这个字眼。"要是有空的话，我想到我们师的后方梯队去一趟。我们在左岸还有一个浴室。那个浴室棒极了！有热腾腾的蒸汽和白桦树枝。然后等明天天黑的时候，我就会回到这边的河岸，和部队在一起。"

"你要的太少了，伊万·伊里奇……"崔可夫叹了口气，又一次拥抱了柳德尼科夫，把后者送到掩蔽部门口时他又叮嘱道："我们如今已经在斯大林格勒取得了胜利，把这话告诉你的士兵。"

* * *

德国人这边也在迎接新年，只不过要寒酸和内敛得多。特劳布上尉在给妻子的信中写道：

"我请营部的朋友们喝了一杯杜松子酒，他们

在晚上10点左右离开。然后我看了会儿书，到晚上12点平静地上了床。在1点左右，外面枪声大作。俄国人发动了进攻，但是被我们杀得一败涂地，伤亡惨重。"

第336工兵营的鲍赫施皮斯会计中尉也向妻子吐露了自己的思绪：

"贝恩德[1]和我又一次点亮了圣诞树，让蜡烛的残段漫漫燃尽。我们喝了几杯杜松子酒，收听了戈培尔的演讲。后来因为酒喝完了，我们也没心情过新年，所以我们俩都上床躺下。贝恩德很快就睡着了，因为他已经很累了，但是我醒着躺了很久，渴望回家的念头老是在脑子里打转。"

在前线，该营又有一名士兵阵亡：第336工兵营第1连的连军士长库尔特·温克[2]（Kurt Wenk）在"街垒"工厂被一颗子弹打死。

施泰因梅茨师长回忆了这一天：

"我对1943年的元旦记得很清楚。那天天气很好，地上一片积雪，天上阳光明媚。我给师里的指挥官们留出了几瓶酒和一些雪茄，这些都是极其稀罕的珍品。这是我从一个表兄那里得到的，他已经在12月搭乘飞机离开包围圈，到别的地方上任了。然后我去下级部队的指挥所做了一番视察，给他们送去新年祝福，路上我毫不怀疑自己会因为受重伤而提前退出这次视察。"

在火炮厂以东，有一场小规模的焰火表演正等着德军，尤其是政委楼的守军。

第51军报告说："在火炮厂东南，经过从20时30分到22时的猛烈炮火准备，敌人以100人的兵力发动进攻。政委楼在22时30分遭到进攻。所有进攻都已被击退。"可惜在苏方记录中我们找

1942年12月31日双方的伤亡情况
苏军步兵第138师：4人受伤
德军第305步兵师：5人阵亡，17人受伤，共计22人

1. 即第336工兵营第1连的贝恩德·艾林豪斯中尉。

2. 库尔特·温克连军士长，第336工兵营第1连，1914年6月24日生于塞费尔德，1942年12月31日阵亡于斯大林格勒。

不到关于这些失败进攻的任何细节。不过，对于1943年1月1日上午的另一次进攻，我们找到了一位目击者的证言。

1943年1月1日

步兵第344团的一个连长——费奥多尔·阿尼西莫维奇·列辛上尉参加了对政委楼的攻击：

"我被团长科诺瓦连科叫去，他命令我参加一个由七人组成的突击组。这个突击组里还有一个炮兵中尉，他和我一起被调到保卫街垒工厂的步兵第344团第1营里参加战斗。

"在新年的前夜，我们冒着敌人的炮火匍匐行进到第1营所在的地方。路上到处都是尸体，全都以扭曲的姿势躺在地上，被火药熏得黝黑。营部门口站着一个负伤的士兵，头上和手上都缠着

■ 苏军步兵第344团连长费奥多尔·阿尼西莫维奇·列辛上尉。

绷带,他进门去叫了营长。不一会儿,营长托尔卡切夫大尉就走出来迎接我们。他向我们打了招呼,邀请我们走进已经被毁的楼内,看了我带给他的手令。'有你们两位军官加入是好事。不过这里没人给你们指挥,'营长说。然后他向我们交待了情况:'明天拂晓前,我们将进攻躲在 Π 形建筑里的德国人,这座大楼就在离我们阵地20 ~ 30米远的地方。'

"'我们要靠谁来进攻?'一个新来的人问道。营长笑了笑,指着我们回答说:'你们和我,也就是说,全营。'

"我们想讨点水喝,但是全营的防区里一点水也没有。我们只好用钢盔装雪化水,但是积雪都被火药残渣污染了,还混杂着泥土和碎砖。'等打完这一仗,我们就迎来新年了,'营长鼓励我们说,'我会亲自到伏尔加河给你们打来干净的水。'

"凌晨三点左右,营长提醒我们准备战斗。他交待了任务,不是以命令的形式,而是以很友好的口气:准备用手榴弹进攻并和敌人肉搏。突击队被交给我指挥,我很快带着6个兵爬到那座大楼跟前,营长一发出信号,我们就冲向那些射击孔,把手榴弹投进了地下室。德国人被打了个措手不及,他们慌里慌张地从对面的一个门逃出去,在地下室里留下了四具尸体。

"我们占领了地下室,突然,我们听见另一间地下室里有德国人在说话。我们冲进那个房间,看见有五六个受伤的军官躺在毯子上,其中一个用生硬的俄语建议我们享用那里的香烟和法国朗姆酒。不久,从师部来了一个参谋军官和一个翻译,而我们则奉命回到了街垒工厂。

"早晨,当新年的第一缕阳光照射到地面上时,我们迎接了1943年的元旦,我们喝了100克伏特加。有个名叫安德烈·克里卡诺夫(Andrei

Krikanov)的大士(他是莫斯科人)想得很周到,用一些我们久违的、热气腾腾的美味食物款待了我们,不过主要的还是从母亲河——伏尔加河打来的清水。聪明的大士怕我们着凉,只给我们每人喝了几小口。

"每个人都兴高采烈,我们围坐在一小堆篝火边,开始小声地唱起一首歌:'我不能回到你的身边,因为只要迈出四步就意味着死亡……'[1]"

苏军对政委楼部分地下室的占领肯定只是暂时的,因为双方的资料都明确指出这座大楼仍然被德军控制着。步兵第650团的战斗日志多次提到了政委楼:

"在今天日间,敌人从 Π 形建筑和14/15号车间用小型武器和机枪猛烈射击我团战斗队列,并频繁地以迫击炮和大炮开火。

"通过观察确认,敌人在 Π 形建筑东部修筑了很多工事并挖了壕沟,我们还注意到他们在南面和西面的壕沟网间架设了铁丝网。"

这一天的大部分时间,该团一直在射击德军的射击孔和轰击被占领的楼房。该团损失轻微:只有3名士兵负伤,全团的兵力为48名军官、28名士官和46名普通士兵,共计122人。武器装备包括86支步枪、21支冲锋枪、1挺重机枪、1门82毫米迫击炮、8挺轻机枪、4具纵火器和3支反坦克枪。该团统计的德军损失为:1挺轻机枪被击毁,07号房 [79号楼] 内多达10名士兵被击毙,还有1名德军逃兵被打死,从其身上找到的证件被转交给了师部。

* * *

79号楼及其守军遭到了北面的佩钦纽克团和南面的布达林团的火力夹击。整个上午,步兵第241团各部一直在用机枪、迫击炮和大炮火力压制德军在02号房、03号房、07号房 [79号楼]、1

---

1. 这首歌叫《防空壕》,创作于1941年莫斯科战役期间,由苏尔科夫作词,利斯托夫谱曲。它曾被认为是不健康的歌曲,因为歌中唱道:"你我远隔千里 / 隔着冰天雪地 / 我不能回到你的身边 / 因为只要迈出四步就意味着死亡。"尽管如此,这首歌还是在苏军士兵中间广为流行。

号房、2号房［48号楼］、3号房［药店］一带的火力点。与此同时，他们还做好了占领07号房的准备。该师的狙击手报告了击毙德军3人的战果。

这三人中的一个很有可能是布劳恩少校的第576掷弹兵团第2营的欧根·弗施纳上士（Eugen Förschner）。弗施纳是在德军搜罗后方人员充实前线的过程中被抽调的人之一。在1942年12月30日写给家人的最后一封信中，弗施纳上士写道：

"现在刚过凌晨1点，我和大多数晚上一样，正坐在地堡里守望。到目前为止我还算健康，在上帝的帮助下我将会度过一切劫难，我不会有事的，我亲爱的小娇妻。今晚就会有人来接替我们，然后我们就可以回去休息7天。要是你现在看到我的样子，肯定会大吃一惊的，我的胡子从12月13日起就没刮过，我也没有好好梳洗过，不过这不重要，只要活着就好。"

第2营的文书库尔特·施泰因伦下士[1]（Kurt Steinlen）在1950年的一份宣誓证词中提供了弗施纳之死的细节：

"在俄国作战期间，我作为下士在第576掷弹兵团第2营的营部工作。欧根·弗施纳上士是这个营的运粮辎重队成员。在1942年12月底或者1943年1月初——确切时间我不记得了——因为辎重队裁减人员，他被派到了前线，也就是斯大林格勒火炮厂的前沿阵地。弗施纳在那里只待了很短的一段时间，就被俄国狙击手一枪击中头部，当场阵亡。

"我是营里的文书，我知道当时的营长布劳恩少校把弗施纳的死讯通知了他的妻子。当时邮件肯定是被装上了飞机，往斯大林格勒包围圈外面送。有可能飞机被击落了，所以死亡通知没有寄到弗施纳的遗孀手里。

"我要强调的是，我没有看到我的战友弗施纳

■ 第576掷弹兵团第2营的欧根·弗施纳上士，1913年9月25日生于施兰贝格，1943年1月初阵亡于斯大林格勒。

的遗体，我只知道死亡通知是我亲手转发的。当时的副官拉尔军士长[2]（Rall）在战斗中通过电话向我确认了弗施纳的死讯。拉尔后来也死了。"

因此弗施纳的遗孀对丈夫的死一无所知，她一直以为他失踪了，并猜测他被俘后关在苏联战俘营里。施泰因伦在被苏联人释放后，于1950年4月19日鼓起勇气写了一封直率但充满同情的信，击碎了关于弗施纳尚在人世的一切希望："我收到了您在1950年4月12日的来信，让我惊讶的是您竟然不知道您丈夫已死。"施泰因伦把自己了解的情况告诉了弗施纳夫人，并补充说"您的丈夫死得非常快，毫无痛苦"，而且"营里和我一起被俘的幸存者后来全都病死或饿死了，因此我相信您不应该再抱有得到关于您丈夫的其他音信的希望"。他在信件末尾试图安慰那个可怜的妇女：

1. 库尔特·施泰因伦下士，第576掷弹兵团第2营，1914年9月10日生于斯图加特，2006年仍健在。

2. 瓦尔特·拉尔军士长（Walter Rall），第576掷弹兵团第2营，生年不详，1943年2月1日阵亡于斯大林格勒。

"我对您的痛苦感同身受,我知道要接受命运如此残酷的打击是多么困难的事。"

在每个"击杀战果"的背后都有一个类似的故事,故事中都有某个国内的家庭陷入巨大的悲痛。

* * *

在下午,步兵第241团的几支突击队冲出阵地,攻打07号房[79号楼]东南的几个掩蔽部。此外,他们还继续执行了削弱07号房防御的任务。德军从这座堡垒猛烈开火,苏军的突击队不得不与其保持距离,但他们这一天的任务是解决几个造成麻烦的掩蔽部。步兵第95师在18时发出的第2号战斗报告总结了战斗结果:

"步兵第241团的突击队在07号房[79号楼]一带与敌人进行了交火,在战斗中夺取了07号房东面和东南面的10个掩蔽部。为了准备对07号房的突击,我部还进行了地下坑道作业。通过迫击炮射击摧毁了敌人的一个掩蔽部。损失:12人受伤。活跃战兵:110名。"

次日的一份报告详细统计了苏军的战果:

"1943年1月1日,在07号房[79号楼]一带,步兵第241团占领3个碉堡,并在先前占领的掩蔽部中起获10支步枪、2支信号枪、75发信号弹和3000发子弹。"

第51军则在16时30分的报告中称:"在火炮厂以东,敌人多支突击队进攻在网格83d3/4的被包围楼房,均被击退。"

07号房/79号楼的争夺战才刚刚开始。

* * *

在更南面,双方曾激烈争夺的储油设施区一带,这一天过得比较平静。夜间曾有拼手榴弹的战斗,但是在白天,步兵第90团满足于仅仅观察德军动向并压制迫击炮和机枪火力。当天晚些时候,步兵第90团第1营和第2营曾与绿色储油罐一带的德军部队激烈交火,而苏军的大炮和迫击炮摧毁了这个储油罐西北方的一条德军战壕。

1943年1月1日双方的伤亡情况
苏军步兵第138师:自本日起再无确切的伤亡记录
德军第305步兵师:11人阵亡,54人受伤,共计65人

第79步兵师意识到夺回飞机楼的前景渺茫,因此决定动用一些宝贵的210毫米 Mörser 18型重榴弹炮炮弹破坏这座建筑。这些专为应急而储备的高爆炮弹每发重113公斤,绝对是此时德军手中的最强火力。从8时15分到8时40分,他们向飞机楼打了9发炮弹,其中6发直接命中,大楼出现了大片的坍塌,但是前一天晚上已经正式接管此地的第191掷弹兵团第3营没有利用苏军暂时的混乱进行反击。为了守住现有防线,他们必须节约每一个人和每一颗子弹。

* * *

也在这一天,第305步兵师的代理师长施泰因梅茨上校被正式任命为该师的师长,同时晋升为少将,资历从1942年12月26日算起。

1943年1月2日

步兵第241团的战士们花了一个晚上挖掘战壕,以巩固前一天占领的碉堡和掩蔽部,而步兵第161团和第90团对德军火力点进行了侦察,并用迫击炮和机枪压制它们。

这一天基本上没发生什么战斗。德军的大炮和迫击炮偶尔对柳德尼科夫的师指挥所一带实施齐射,而苏军的大炮则瞄准德军火炮阵地进行还击。在步兵第650团的地段,德军从政委楼组织小型武器、机枪和冲锋枪射击,并有规律地从主机械车间和14/15号车间发射迫击炮弹。佩钦纽克团则把火力集中在政委楼和07号房,他们估计击毙了12名德军士兵,击毁2挺轻机枪,并用自己的50毫米迫击炮压制了德军的迫击炮。该团在夜里得到了增援,其兵力增加到52名军官、38名士官和72名士兵,共计162人。他们装备有379支步枪、48支冲锋枪、1挺重机枪、2门82毫米

■ 第305工兵营第2连约翰·博内茨米勒二等兵，1907年4月7日
生于韦斯滕多夫，1997年1月23日卒于盖林。

迫击炮、1门50毫米迫击炮、1挺高射机枪、4具
纵火器、23挺轻机枪和5支反坦克枪。

中午，一架德军飞机在700～800米高度朝
西北方向飞越"街垒"工厂地区。

在16时，德军的迫击炮从04和05号房一带
轰击步兵第95师的部队，但苏军观察员没有发现
人员活动。

总而言之，这是非常平静的一天。

* * *

第305工兵营第2连的约翰·博内茨米勒二
等兵（Johann Bonetsmüller）写信向妻子通报了
一个好消息：他晋升为一等兵了。他这么高兴不
是因为自己在军中的地位提升了，而是因为他从
此能领到更多工资了。大多数人在晋升时的想法
都和他一样，以博内茨米勒为例，升为一等兵后
每月能多拿30帝国马克。士兵们虽然身在前线，
仍然是家中的顶梁柱，必须供养妻儿老小，许多

1. 关于约翰·博内茨米勒的命运，请参见后记。

人都会把数额较多的现金塞在信封里寄回家。讨
论完财务问题后，博内茨米勒又谈到了他目前在
斯大林格勒包围圈中的处境：

"我们还是收不到邮件，我很担心，不知道这
样的情况会持续多久。从我上次收到你的信以来，
已经过了7个星期。邮递员隔天来一次，但总是
只带来很少的几封信。不过这里的情况也没什么
好说的，我们还是抱着最好的希望。让我们高兴
的是，多亏天主的眷顾，我们虽然被困在这口'女
巫的大锅'里，却仍然活着，其他方面一切都好。
我还是在野战厨房工作，希望还能长久地干这行。"

在这之后，博内茨米勒一家等来的只是沉
默。身在斯大林格勒的约翰再也没有寄来信件，
杳无音信的日子从几天延长到几个星期。直到斯
大林格勒陷落的消息公布，他的家人——以及数
十万其他德国平民——才得知第6集团军已遭灭
顶之灾，他们的亲人也被卷入其中。

1943年4月3日，博内茨米勒夫人收到了诺
费尔二等兵（Nuoffer）的一封信。诺费尔是第305
工兵营中最后一个离开斯大林格勒包围圈的人，
他在信中说，约翰在1月10日仍然活着，身体很好，
而且没有参加战斗，但是诺费尔不能确定在他写
信时约翰是否存活[1]。

1943年1月3日

整个晚上，德军一直在用机枪和自动武器射
击富河汉的渡口、柳德尼科夫的指挥所和步兵第
138师的战斗队列。他们还不断发射照明弹照亮
整片区域，并继续用大炮和迫击炮轰击扎伊采夫
斯基岛和伏尔加河左岸，还有些迫击炮火来自73
号楼[36号房]。佩钦纽克团实施了土工作业，并
频繁用小型武器和机枪扫射政委楼，同时还有一

个82毫米迫击炮连对政委楼、07号房、电影院和其他德军掩蔽部及交通壕投射弹幕。苏军估计德军有12名士兵被打死，07号房还有1挺重机枪被击毁。在这个晚上，佩钦纽克团有1名士兵负伤。

步兵第95师的地段比较平静，至少在夜幕下是如此。德军在天亮前没有任何活动，不过他们在4时30分用1门迫击炮对锥形储油罐进行了一次火力急袭——耗弹8发。4时40分，在步兵第241团地段的07号房一带，6名德军士兵试图摸近前线，用冲锋枪对第1营开火。这股德军被苏军用机枪火力驱散，2人被击毙。除了这次短暂的小战斗，步兵第241团整夜都在巩固新占领的阵地，并对07、02和03号房附近的德军火力点组织射击。步兵第95师的另两个团（第90团和第161团）则固守各自的阵地，用小型武器和机枪与敌人交火，并间歇性地用迫击炮射击已发现的火力点。全师未损失一人。

* * *

白天没有什么特别的事件。步兵第650团的战斗日志总结了这一天的战斗：

"在这一天日间，敌人用小型武器、机枪和自动武器从Π形建筑[政委楼]和07号房[79号楼]射击，并以营属迫击炮从机械车间[4号厂房]和14/15号车间[3号厂房]射击。

"我团据守已占领的阵地，用小型武器、机枪、大炮和迫击炮射击了Π形建筑、07号房和14/15号车间。

"给敌人造成的损失：击毙15名士兵和军官，压制3挺轻机枪。"

在步兵第95师的地段，情况也差不多。该师在15时发出的第6号战情报告称："步兵第241团的部队射击了02号房、03号房、1号房、2号房[48号楼]、3号房[药店]和07号房[79号楼]一带的敌军火力点。一个120毫米迫击炮连的火力压制了2门迫击炮，并摧毁了1号房一带的一个掩蔽

1943年1月3日德军的伤亡情况
德军第305步兵师：10人阵亡，22人受伤，共计32人

部。一门45毫米炮摧毁了07号房一带的4个掩蔽部。"该团未受损失。步兵第161团的一个120毫米迫击炮连摧毁了位于"短沟"分岔处的2个德军掩蔽部。

在这一天日落时，步兵第95师各团的实力如下：步兵第241团——无损失，活跃战兵96名；步兵第90团——1人死亡，1人负伤，活跃战兵66名；步兵第161团——1人负伤，活跃战兵49名。

1943年1月4日

虽然夜幕浓重，苏军观察员还是发现德军在继续疯狂地挖掘壕沟和构建地堡，坚固的防御网还在不断加强。德军清楚苏军的桥头堡正在通过冰封的河道源源不断地得到人员和物资补充，因而不断用机枪系统地交叉扫射渡口一带。步兵第138师的战争日记报告说："从扎伊采夫斯基岛经冰面到右岸的运输只有在夜间才能完成。"照明弹带着嘶嘶声疯狂地窜上寒冷的夜空，在冰霜冻结的废墟和白雪覆盖的河岸上洒下斑驳跳动的光影。任何异动都会立即招来机枪画出的火红色弹道弧线。在佩钦纽克团的地段，政委楼、79号楼[07号房]和72号楼[32号房]偶尔会喷吐出自动武器的火舌。苏军则用机枪和迫击炮的弹幕对这些建筑进行还击，他们估计自己击毙了12名德军士兵并压制了1挺轻机枪，还用反坦克枪击毁了另1挺机枪。佩钦纽克团有1人负伤。据步兵第95师第241团报告，德军的援兵到达了他们的防区，可能对步兵第650团的南翼构成威胁。

在这个晚上，步兵第95师也不断遭到德军的小型武器和冲锋枪射击，还挨了一些零星的迫击炮火。步兵第241团用机枪和迫击炮打击了02、03和07号房一带的火力点，击毙5名德军士兵，自身无一损失。在04号房附近，一名罗马尼亚士

兵主动当了俘虏。

德军的防线上有一个伸向伏尔加河的突出部，其南面的支撑点是在其西端的面包厂。戈里什内的步兵第90团和第161团在各自的阵地上用小型武器和机枪射击德军，并不断向前推进和试探德军防线虚实。因此，他们已经到达面包厂的东部外围，以及"绦虫沟"的南侧边缘。在6时，苏军观察员注意到三名德军士兵扛着木料从面包房走向107.2高地，还发现德军在该高地上挖掘战壕。在步兵第161团地段，观察员还发现在阵地前方一百米处有带刺铁丝网构成的反步兵

地图8-14

■1943年1月初德军战线伸向伏尔加河河岸的突出部，主要由第305步兵师的部队据守。

障碍。下午，步兵第161团的一个76毫米炮连射击了在机器街一带发现的德军厨房和观察所。步兵第95师的3个团都无损失。在这一天日落时，步兵第161团有46名活跃战兵，而步兵第90团有66名（第1营44名，第2营22名），步兵第241团有90名。第241团全天在自己的防区收集到不少德制和国产武器，共计15支步枪和100颗手榴弹。

冷枪冷炮和突如其来的弹幕射击在"街垒"地区是家常便饭，任何时刻都可能有一簇密集的炮弹呼啸而至，单炮射击更是一整天都不会停。每个人都对此习以为常，但是，这类射击时不时会造成痛苦的打击，正如雷滕迈尔所述：

"有一件对我们震动很大的事不能不提。师长施泰因梅茨上校、勃兰特中校和黑默勒副官去3c号厂房的一个指挥所视察，师长想当面听听部下的愿望。在回去的路上，他们遇到了一次弹幕急袭。勃兰特中校和黑默勒副官都伤得很重，当天就死了。施泰因梅茨上校挨了好几块弹片，但是

还能勉强支撑着走到第577团的救护站，飞机已经把负伤的师长接走了。他领导我们师的时间很短，但是大家的看法都一样：这个人很好相处。他只有在自己也能做到的情况下才会要求部下忍饥挨饿或者上阵杀敌。每一个认识他的人都对他的离去感到深深的遗憾。"

对施泰因梅茨本人来说，那次负伤的经过将永远清晰地印在脑海里："1943年1月4日，我去前线开会时被一发迫击炮弹（冷炮）打成重伤。与我同行的是一个步兵团的团长勃兰特中校和我的副官黑默勒少尉，另外还有一个勤务兵，他们伤得比我还重，当天就死在一个救护站里。几天以后，在1月8日，我被送上一架在那天夜里赶到的Ju 52，飞出了包围圈。"

施泰因梅茨的身体右侧被弹片打个正着，肩膀、手臂和手指伤得尤其严重。他深情地回忆了格罗斯医务上校对他的精心医治，这位资深的医生当初就是听了他的劝说才来条件恶劣的野战医

院帮忙的：

"我在1943年1月身负重伤被送进医院时，他就站在医院门口迎接，用令人感动的细心为我做了包扎。事实上，他做得实在太好了，后来我经过Ju 52飞机的四天空运被送进马格德堡的军医院（马格德堡第一预备军医院），那里的医生竟然怀疑我是不是真的从斯大林格勒来。他给我做的包扎几乎达到和平时期的水准，因此没有一处被换掉。20年后，我在斯图加特的医院里拜访了格罗斯大夫，向他当面道了谢。接着他告诉我，在我们师急救站工作的那段时间对他的教益特别大。他大半辈子都是在拥有无限资源的情况下工作的。但是在那里，他总是得因陋就简。他在那里学了很多，也帮了很多忙。"

施泰因梅茨还将在医院里住上9个月。

施泰因梅茨和随行人员中弹时，第577掷弹兵团第3营的副官汉斯·B少尉就在附近：

"在1月的一天早上，施泰因梅茨少将和勃兰特中校视察了我的部队，我们当时被部署在火炮厂的一个厂房里。在返回我们第577团指挥所的路上，他们被俄国人的一门野战炮直接命中。我的卫生员给他们做了急救，除了几个人被炸死外，施泰因梅茨少将也受了伤，而勃兰特中校伤得非常重。几天以后，我听说勃兰特死在总救护站里，施泰因梅茨被飞机接走了。"

勃兰特的死对他的部下震动很大。他从该团创立起就在团里工作，先是当营长，后来升为团长。B少尉亲眼看见勃兰特血肉模糊地躺在雪地里，受到的刺激尤其大，因为他曾经给勃兰特当了近一年的副官。勃兰特死后留下一个寡妻和两个女儿，他于1月6日被安葬在戈罗季谢的英雄公墓。为了表彰他勇敢而稳重的领导工作，勃兰特在1943年1月22日被追晋为上校，并追授军人梦寐以求的骑士十字勋章。授勋申请写得很简洁：

■ 德军第577掷弹兵团第3营副官汉斯·B少尉。

"勃兰特中校在斯大林格勒战役期间以杰出的作风领导了他的团。在这座城市北部的废墟中进行的惨烈战斗要求他不断地监督和指挥作战，因此汉斯—格奥尔格·勃兰特已经再也无法活着领受骑士十字勋章了。"

我们很难确定继任团长的姓名，但此人很可能是鲁道夫·武特中校[1]（Rudolf Wutte）。四十五岁的武特已婚并有两个儿子，他是搭乘飞机从外面进入包围圈的不幸军官之一，到达以后就和一群高级军官一起被编入第6集团军的"团长预备队"，准备接管失去领导的部队。武特在8月曾患消化道炎症，在9月至10月参加了一个团长培训班，随后被调到B集团军群，继而分到第6集团军，他是在1942年12月进入包围圈的。有两份资料（他的个人档案和一张伤亡人员登记卡）显

---

1. 鲁道夫·武特中校，第577掷弹兵团，1897年4月3日生于奥地利莱特林。

示，他在1943年1月6日属于第577掷弹兵团，他从斯大林格勒寄出的最后一封信也是在这一天写的，而他肯定是该团军衔最高的军官。但是，我们没能找到证明他在该团任职的资料，当然更无法确定他是否真的当过该团的团长。现代德国的一个政府机构提供的信息声称，他在1943年1月22日属于第54猎兵团[1]（第100猎兵师）。斯大林格勒战役的最后几个星期非常混乱，部队经历连番血战，许多战斗群被匆忙组建，大量书面记录被成批销毁或缴获，因此要理清各支部队历任指挥官的信息几乎是不可能的。

施泰因梅茨的副官汉斯－马丁·黑默勒少尉之死也深深触动了他的熟人。在1月8日的信中，朱利尼骑兵上尉写道：

"昨天我们埋葬了年轻的少尉——我们师的上一任副官。他的死对我们的震动非常大，但是在这里，大家的心肠也慢慢变硬了，因为这种事实在太多了。他死时我们新上任的少将和他在一起，也受了重伤。现在我们已经迎来第四个师长了。"

* * *

第305工兵营第1连的维利·菲辛格二等兵在家信中记录了日渐窘困的状况：

"我从11月20日起就没收到过邮件，我们中间也没有一个人收到圣诞节包裹。在最近的6个多星期里，我们真正体会到了什么叫饥饿，而过上好日子的希望还是很渺茫。我们已经提前过上大斋节[2]了！现在，我们每天中午会领到带一点马肉的清汤，晚上领到100克面包，还有充作早饭的咖啡和香烟。我的生日（1月1日）有这段时间的主流笑话点缀，还算别有情趣。现在我们只希望一切都能很快好起来。"

1943年1月4日德军的伤亡情况

德军第305步兵师：1名军官和4名士兵阵亡，2名军官和5名士兵受伤，共计12人

这是菲辛格的家人最后一次得到他的音信。雷滕迈尔上尉也在一封信中提到了严峻的缺粮状况："我藏在背包里的一点培根不见了。大家都日渐消瘦。我现在可以在上衣里面穿一件毛皮背心，而一点不觉得紧。每天200克的面包配额实在太少，我们的马也快被吃光了。"

1943年1月5日

在施泰因梅茨上校受重伤后，需要一个新的师长，因此集团军司令部开始在下属部队中寻找合适的人选。继任者很快浮出水面，他就是第100猎兵师第83炮兵团的团长阿尔布雷希特·齐马蒂斯上校。根据第100猎兵师的师史记载，"在1月5日（1943年），齐马蒂斯上校将第83炮兵团的指挥权移交给该团最资深的营长，然后就任第305步兵师的师长，指挥该师战斗到最后"。他是在1940年11月20日晋升为上校的，资历从1940年12月1日算起，因此资格比第305步兵师中残存的所有军官都老，也很可能是包围圈中能够接管一个师的最资深军官。齐马蒂斯的前任师长在1942年3月22日写的个人评估中说他"是个杰出的人，足智多谋、多才多艺、业务熟练、精力充沛、沉着冷静，尤其值得强调的是他在前线英勇的表现"，他因此作为合适的师长人选得到推荐。第71步兵师的师长亚历山大·冯·哈特曼少将[3]（Alexander von Hartmann）原本预定在1942年11月21日到12月28日回国休假，接替他的应该就是齐马蒂斯上校，但是苏军的大反攻迫

---

1. 阿明·韦伯上校（Armin Weber）是这个团的团长，后来率部投降，因此武特在这个团里只可能当营长。阿明·韦伯上校，第54猎兵团，1895年2月12日生于奥格斯堡，1973年9月4日卒于意大利巴尔扎诺。

2. 大斋节是基督教的斋戒节期，基督教复活节前一段时间信徒们要吃斋、戒欲和忏悔，以纪念耶稣旷野守斋，在西方教会里，此节日从复活节前第7个星期三到复活节前一周的星期六，一共40天。

3. 亚历山大·冯·哈特曼步兵上将，骑士十字勋章，第71步兵师，1890年12月11日生于柏林，1943年1月26日阵亡于斯大林格勒。

■ 德军第305步兵师的新师长阿尔布雷希特·齐马蒂斯上校。

使德军取消了所有休假，就连将军也不例外。齐马蒂斯与军长冯·塞德利茨私交很好，两人早在1926年就已结识，在战前经常来往。有流言说他与冯·塞德利茨的亲密关系是他被提拔为师长的主要原因。在培养和利用私人关系方面，齐马蒂斯确实是个中老手。他不知道的是，大约在一个星期前，已经有一个诚信法庭判定他犯有一系列不轨行为。原来在1941年下半年，齐马蒂斯对某个富有的实业家的儿子青睐有加，不仅向他颁发了二级和一级铁十字勋章，还频繁批准他休假。有个名叫齐佩利乌斯（Zippelius）的少尉军官为此多次投诉，齐马蒂斯竟然把齐佩利乌斯关了禁闭，堵死他的晋升之路，并给他记了大过。勇敢的少尉不依不饶，继续上诉，终于引起了上级有关部门的重视。针对齐马蒂斯的裁决说他"缺乏上级对下级应有的公正态度"，禁止他继续升迁，他的军衔因此没有升为少将。关于法庭裁决的通知是

在1月6日寄到第6集团军的，恰好在齐马蒂斯就任第305步兵师师长的次日。要是裁决早一点寄到，齐马蒂斯很可能就当不上师长了。

* * *

双方的交火又持续了一整天，打得最激烈的地方是政委楼和79号楼。佩钦纽克报告说，这两座楼房里都有德军的迫击炮朝外射击。还有人用小型武器从这两座楼房射击，同样的情况也发生在36号房［73号楼］和电影院。佩钦纽克的部下一直在密切观察这些德军据点，并周期性地用机枪朝它们扫射。该团把大部分注意力放在07号房［79号楼］，并报告击毙了7名德军士兵，压制了楼内的一门迫击炮和一挺重机枪。雷滕迈尔少校[1]在这座弹痕累累的砖楼里布置的守军被打得苦不堪言，而他们很快还将面对更严峻的烈火考验。步兵第241团的部队在这天上午不断射击07、03和02号房一带的德军火力点。不久以后，炮火摧毁了07号房以西的一个掩蔽部。火力打击的高潮是纵火器对这座建筑的射击，据步兵第95师的第9号战斗报告称，纵火器在楼内引发大火，足足烧了两个小时。在10时，一挺重机枪压制了从07号房二楼向外射击的一挺德国机枪。苏军这些行动的目的是削弱大楼的防御，打击德军的士气，为以后的进攻铺平道路。但是，雷滕迈尔的部下也会使用一些计谋，例如步兵第95师的第12号战情报告写道：

"在07号房一带，观察到敌人使用布袋做的假人探查我军火力配系。"

第305步兵师的一个士兵回忆说："我们使用了假人，每次把假人竖起来，它都会立刻被俄国狙击手射倒。这些假人看起来就像我们在射击场上看到的靶子，带了一点用来伪装的尘土。我们都会玩一些诡计。"

守军还想出了另一个办法来对付苏军准确的

1. 雷滕迈尔已经升为少校，资历从1943年1月1日算起，推荐他晋升的文件早在1942年9月就已提交。

火力，不过这个花招也被苏军发现了，正如步兵第650团的战斗日志所述：

"敌人在07号房的墙壁上从里往外凿出一些小洞，用小型武器和机枪通过这些小洞向未完工楼房和'滚轴'小分队的方向扫射。"

在一封写于1942年12月31日的信中，雷滕迈尔少校评论了自己把守的这个不太稳固的据点：

"我的阵地仍然在伏尔加河岸边，俄国人三面包围着它，在某些地方离我们只有30来米远。他们最近不敢进攻这里了，如果要拍新闻纪录片，这里是个好地方！"

* * *

苏军已经意识到柳德尼科夫桥头堡周围的德军防线是难啃的硬骨头，这主要是因为防线上有多个坚固的据点。于是苏军逐渐将攻击重点南移到戈里什内和索科洛夫负责的地段。那里的前线从硕大的混凝土储油罐蜿蜒曲折地延伸到面包厂，中间的大片区域里只有被轰平的木屋、炮弹坑和壕沟。第576掷弹兵团的德国士兵当然会拼死固守，但是，这里没有可以被德军用作防线支撑点的大型砖石建筑。戈里什内的突击队可以对德军阵地零敲碎打，东取一个地堡，西占一段战壕。从这个方向进攻也有更大的成功希望：对"街垒"工厂本身的厂区进行的果断突击将给柳德尼科夫师当面的整条德军防线造成致命威胁。对苏军来说，观察德军的调动和工事修筑情况是正常做法，但此时戈里什内的部下简直就像鹰眼一样紧盯着德国人，连一些鸡毛蒜皮的小事都被他们记录下来。从6时到6时45分，苏军观察员发现13名德

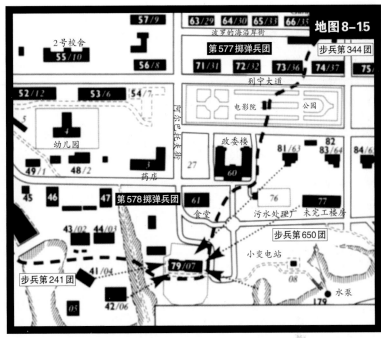

■ 1943年1月4日，德军位于79号楼的据点遭到来自各个方向的苏军火力的攻击。

军士兵分成三组从面包房向"街垒"工厂移动；在21号房背面找到一个新的德军掩蔽部；在8时40分，发现三组德军士兵（总计15人）从107.2高地向106号房方向运动；两辆马拉大车向同一方向驶去；步兵第161团在102号房以东发现一个德军碉堡，于是迅速命令一个76毫米炮连向其射击。

当然，除了观察之外，苏军的火力骚扰也没有停过。步兵第90团的士兵压制了铁路线和绿色储油罐一带的德军火力点。在此过程中，他们的一门反坦克炮击毁了绿色储油罐西北方几座房屋附近的一个掩蔽部。步兵第241团则用各种武器射击07、03和02号房附近的德军火力点，摧毁一个掩蔽部并点燃了07号房附近的一座房屋。

在这一天日落时，步兵第95师的3个团的兵力和损失如下：步兵第241团，无损失，活跃战兵90名；步兵第90团，2人负伤，活跃战兵65名；步兵第161团，1死1伤，活跃战兵46名。

1943年1月5日德军的伤亡情况
德军第305步兵师：8人阵亡，1名军官和15名士兵受伤，共计24人

在柳德尼科夫师的地段，中午时分有一队多达25人的德军士兵从4号车间[6a号厂房]跑进主机械车间[4号厂房]，这股德军被苏军用冲锋枪火力驱散。

在20时，步兵第241团的一个三人侦察小分队在07号房附近发动了一次夜袭。他们朝一条德军战壕投了几排手榴弹，在缴获1挺轻机枪、2支步枪和2包弹药后，返回本方阵地，小分队中有一人负伤。

1943年1月6日

除了戈里什内师地段的一些小冲突，夜里一片平静。在步兵第161团和第241团与德军交火之时，步兵第90团在储油设施区附近与德军拼了几次手榴弹。步兵第650团的战斗日志则这样报告了夜间的活动："敌人偶尔从07号房、32号房、36号房、电影院和∏形建筑用小型武器、机枪和迫击炮射击我前沿防线。没有实施进攻行动。我团注意到敌人在夜间进行土工作业。"

步兵第138师的战争日记报告说，在6时30分，"一辆德国中型坦克从'街垒'工厂一带向L形建筑[药店]移动，朝师指挥所开了一炮，然后离开"。依据现存资料基本可以确定这辆"坦克"是第245突击炮营的一辆突击炮。第51军上午的报告称，该营的实力为3辆长炮管型突击炮、3辆短炮管型突击炮和3辆33B型突击步兵炮，开炮的可能是其中任何一辆。

* * *

白天一切照常，苏军各部报告了德军的一些活动。佩钦纽克的部下确认德军从政委楼和药店南面的区域发射迫击炮，还用六管火箭炮从57号楼[9号房]和53号楼[6号房]北面射击。在政委楼南侧还有一门轻迫击炮，73号楼、72号楼和电影院里的重机枪都曾开火，电影院里还有人拿冲锋枪朝外射击。苏军发现在楼房之间有一些异常

活动：三五成群的德军士兵在72号楼和73号楼之间来回狂奔。在12时30分，多达40名德军士兵开始运动，但被苏军火力驱散。在苏军眼里这一天也许很平常，但是德军士兵（尤其是第578掷弹兵团的）早就怀着幸灾乐祸的心情盼着这一天了。距离83号楼被放弃已经过了整整两个星期，而当初德军在楼里留下了一个巨大的定时炸弹作为欢迎礼物。这颗炸弹被设定在13时起爆。但是在预定起爆时间前十分钟，德军士兵们却听见那幢楼里传出一声闷响，还看见一团烟雾冒出。怎么回事？难道炸弹没有正常起爆？一些头脑冷静的人没有放弃希望，他们劝战友们等到预定起爆时间再说。果然当时钟表走到13时整时，从83号楼内部爆发出一声震耳欲聋的巨响。当巨大的爆炸声在全城回荡之时，一朵灰蒙蒙的蘑菇云腾空而起，大楼的整段墙面垮塌下来，重重地砸进地下室。德军士兵们相信苏军都被干掉了，在这样的大爆炸中肯定没人能存活。然而步兵第650团的战斗日志却表明事实并非如此：

"在14时50分和15时，原团指挥所大楼[64号房]发生了两次爆炸。爆炸造成一些伤亡：4人死亡，3人负伤。14时50分发生的爆炸起因是步兵第1营的副营长佩列佩尔金纳大尉（Perepelkina）对反坦克手榴弹操作不当。

"在15时，又发生了第二次爆炸。64号楼的东面遭到严重破坏，墙壁和屋顶（钢筋混凝土）天花板都被炸毁。爆炸削弱了该建筑的稳定性。

"1. 爆炸是大约200～300公斤的炸药造成的；

"2. 一个爆炸装置被安放在楼内中央区域；

"3. 爆炸后周边区域都能闻到TNT的气味。

"这次爆炸是敌人留在楼房内的延时起爆地雷引发的。"

多种因素使佩钦纽克的部下躲过了被血洗的命运。首先，佩钦纽克团的整个防区中战斗人员数量极少，例如在这一天日落时，全团的战斗力

■ 这是一张拍摄于波罗的海沿岸街上德军据点地下室的独特照片。打电话的人是第577掷弹兵团第3营副官 B 少尉（隐去姓名）。他在一封家信中对照片做了说明："亲爱的！我偶然得到了这张照片，这是在我们已经战斗了数月的地方我拍摄的第一张照片。我知道你们很担心我，所以我把这个寄给你们，因为一张照片胜过千言万语。我还要对你们说几句话：和往常一样，我每天都守着电话，和各个据点的指挥官保持联系，接收报告，下达营长发出的命令和指示，分享每个战士的喜悦、痛苦和关于敌人的担忧。照片拍摄地点：离俄国人60到80米的指挥所地堡。你们可以注意到我甚至有一张桌子用来写东西，另外我还有一点胡子没剃干净。暖和的毛皮夹克从不离身，我手上的香烟也从不断顿。我身后是电台，我们一直注意收听，这几乎是我们和外界、和故乡唯一的联系。你们熟悉的微笑还是在我的脸上闪耀。"

量为51名军官、22名士官和41名士兵，共计114人，这意味着每座楼房里的守军人数都很少；其次，可能也更重要的是，佩列佩尔金纳大尉引发的反坦克手榴弹事故虽然肯定造成了严重伤亡，但也几乎把所有人都从地下室里赶了出来——他们一方面害怕发生更多的爆炸，另一方面也要料理死伤者，因此佩列佩尔金纳的笨手笨脚可能救了不少人的命。

我们不清楚先前德军在72号楼和73号楼之间的调动是不是为了集结兵力，以便利用爆炸造成的混乱发起攻击。不过，在爆炸发生几个小时后，苏军观察员注意到成群的德军在工厂一带调动，步兵第138师的战争日记记录了这一情况：

"在14时30分，多达50名敌军士兵从4号车间［6a 号厂房］和14/15号车间［3号厂房］移动到街垒工厂的主机械车间［4号厂房］中。"

在一封写给妻子的信中，第577掷弹兵团第3营的副官 B 少尉透露了自己是在怎样的条件下生活和工作的：

"对我们来说，白天大半时间跟夜里一个样。这里15时左右天就黑了，比你们那里早得多。我们的照明设备很原始也很简陋，老兵们发明了各种意料之中和不可思议的东西，反正我们再也没法想象电灯是什么样了。总的来说，我们对文明世界的各种玩意儿都变得非常陌生了。捉虱子是每天必干的事情，否则这些畜牲就会把所有人搞垮了。尽管如此，我们还是必须保持幽默感，因为那会使一切都变得比较容易接受，而且有一首歌唱得好：冬天过后，春天总会再来。

"抬起头来，咬紧牙关——这就是我们的座右铭。我们要继续保持忠诚，决不向对我们进行严酷考验的命运低头。"

斯大林格勒包围圈外围的战斗不断吞噬着德军的战斗力量，但是口粮消耗数字表明包围圈内还有充裕的人力可以补充被打残的部队。第6集团军的大部分人员都在非战斗岗位上工作。司令部因此不断实施新的措施来纠正这一状况：在进入新年之际，有两个师（第94和384步兵师）被解散，残部被分配到其他各师，师部人员则搭乘飞机离开。司令部还鼓励下属的各军和各师用他们认为合适的手段来提高战斗兵力。于是一个个营连被合并、解散或得到从其他部队抽调的人员补充。整个集团军的前线士兵和后方人员比例也需要大幅度调整：如果一个连的一线士兵只剩四五个人，那么保留二三十人的辎重队有何意义？在这样的思想指导下，第51军在这一天向第6集团军提交了一份报告：

"我们将通过合并机关和辎重队、解散无用的后勤单位并减少没有满负荷运转的单位来匀出士兵，建议对这些人员进行平均14天的训练，训练现已开始。"

通过这种方法补充到第305步兵师充当步兵的人员包括11名军官、131名士官和577名普通士兵，而整个第51军补充到一线的人员共计有47名军官、2名行政官员、622名士官和3451名士兵。

第305步兵师还将得到另一笔巨大的人力补充，但这是以牺牲另一个师为代价的。在这一天，

冯·什未林少将的第79步兵师接到了第51军将该师拆散的命令。该师大部分剩余的作战单位将合并为一个加强步兵团，编入第305步兵师，而部分师部人员将乘飞机离开包围圈接管其他部队，于是第79步兵师在当晚向下属各部发布命令："为了进一步增加用于防守堡垒的战斗人员，上级已下令大幅度简化伏尔加河战线的指挥机构。由于这些调整措施，第79步兵师将解散，全师各部将合并，然后划归其他各师，其中大部分将并入第305步兵师。预计今后我师将会重建。"

第79步兵师的3个掷弹兵团将各缩编为1个营，每个营由1个营部、2个掷弹兵连和1个重装连组成。然后这3个营将合并为新的第212掷弹兵团（该团军官名单参见附录）。该团的直属部队是第13连和第14连，以及包含通信排和工兵排的团部连。第179炮兵团将保留其团部和2个保持原有建制的营（每个炮兵连有4门火炮），并划归第305步兵师，该团的第三个营将解散，人员充作步兵（第4营的3个炮兵连早在1943年1月1日就已分散到另3个营中）。第179工兵营也将解散，一部分人员组成新的第212掷弹兵团的团部工兵排，其余人员将转到第295工兵营，该营的俄国连、"Hiwi"连和罗马尼亚连将加入第305步兵师。第179装甲歼击营将被移交给第389步兵师，第179自行车营合并到第226掷弹兵团缩编而成的营中，第179通信营解散补充到第305通信营中，多余的人除无线电专业技术人员外全部充作步兵。当前正在把富余人员重新训练为步兵的第208训练队保持建制不变，但它也将被并入第305步兵师。后勤部队被第71步兵师、第100猎兵师、第295步兵师和第305步兵师瓜分，但第79步兵师的两个弹药库都归第305步兵师所有。

1943年1月6日德军的伤亡情况
德军第305步兵师：4人受伤

1943 年 1 月 7 日

前一天昼间平静得令人害怕，双方的伤亡都非常少，但是到了夜里，苏军的小规模进攻如火如荼地展开了。第51军在上午的战况报告中说："在晚间，敌人对第305步兵师中央地带的进攻被击退，敌人在3时30分对政委楼的一次进攻也被击退。"

柳德尼科夫师确实发动了进攻，但针对的不是政委楼，这从该师的战争日记中可以看出：

"敌人用大炮猛烈开火。我部突击队在3时开始积极行动，试图占领36号房 [73号楼]，但是敌人从32号房 [72号楼]、35号房 [66号楼] 和60号房 [政委楼] 用火力猛烈阻击，并多次发起反击。在夜间，敌人试图在楼房之间布设带刺铁丝网，但是在我战斗部队火力打击下没有成功。步兵第344团继续进行夺取36号房的准备。"

第51军在16时40分发出的临时报告称："敌人在第305步兵师地段的三次突击均被击退。"

戈里什内师的地段也不太平。在前一天晚上21时20分，苏军曾观察到小股德军士兵在机器街上的住宅楼一带活动。23时20分，在步兵第161团地段，有个别德军士兵在本方的火力点射击孔前面设置鹿砦和拒马，苏军步兵用小型武器和机枪对这些德军士兵开了火，该师的第13号战斗报告提到："敌人用各种武器射击我战斗队列。夜间，在没有发射照明弹的情况下，储油设施一带胡乱射击和投掷手榴弹的情况愈演愈烈。"步兵第90团的士兵在打扫战场后找到下列战利品：15箱机枪弹链和300颗各种型号的手榴弹。这些回收的弹药都被苏军士兵用于战斗。

从9时到10时，步兵第90团第1营遭到大炮轰击，但落下的12发德国炮弹无一爆炸。步兵第241团的部队用各种武器系统地射击了03、02和07号房一带的德军火力点。他们在这一天还用纵火器烧毁了2个掩蔽部。步兵第161团利用纵火器散发传单，并用一个45毫米炮连的火力摧毁了100号房附近的一个掩蔽部。在这一天入夜时，步兵第95师的3个团的实力和损失如下：步兵第241团，无损失，84名活跃战兵；步兵第90团，1人负伤，90名活跃战兵；步兵第161团，1人负伤，50名活跃战兵。

第79步兵师的拆分和新第212掷弹兵团的组建工作还在继续。在这天入夜以后，格哈德·明希上尉[1]（Gerhard Münch）的第194掷弹兵团第3营（第71步兵师）将在前线替换第212掷弹兵团。在部队重新编组期间，第226掷弹兵团将接管第79步兵师的整个防区。

又有一批援兵加入第305步兵师，第305炮兵团的弗里德里希·瓦尔德豪森中尉在他的最后一封家信中写道："我的营里新来了3个军官，都是精通业务的小伙子，其中一个来自吕朔（Lüschow）的老部队第17炮兵团第2营，这一来我的军官队伍真是如虎添翼！"

雷滕迈尔在写给家人的最后一封信中总结了包围圈内日益严重的饥荒情况："日子过得很惨，但是我们相信并且希望这些天的饥饿和牺牲都能得到补偿。包围圈外面的人没有一个能想象我们这里的条件，我们的马已经被吃完了。现在元首已经指派了最有能力的人来保证我们的供应。尽管如此，还是会有很长时间不能充足供应，要是我们得到足够的补给，我们就能保持实力。

"我已经在后方梯队里待了两天。上级给我四天假让我休息。我现在不用操心，没有工作压力，能够好好休息，把自己洗个干净，换身衣服，还能自由走动，这感觉真好。到明天晚上这四天休假就结束了。"

1943 年 1 月 7 日德军的伤亡情况
德军第305步兵师：1人阵亡，28人受伤，共计29人

---

1. 格哈德·明希少校，金质德意志十字奖章，第194掷弹兵团第3营，1914年12月2日生于费特尔绍斯，其余情况不详。

　这是一张非常引人注目且十分珍贵的照片，无疑是第50装甲工兵营在斯大林格勒战场上的最后留影，这是该营营部的部分成员于1943年1月7日在拉兹古利亚耶夫卡拍摄的（与上册第270页的照片在同一地点），照片中左起分别是：汉斯 · 迈尔少尉（轻装工兵分队队长）、恩斯特 · 施耐德技监中尉（Ernst Schneider，营技术顾问）、恩斯特 · 加斯特上尉（营长）、阿图尔 · 哈斯勒会计上尉（Artur Hassler，军需官）和瓦尔特 · 欣施维修士官（Walter Hinsch，维修分队指挥官）。值得注意的是，他们全都穿着毡靴，看起来都有很好的御寒装备，有劲风从右向左刮过。照片中的人无一生还，他们全都被列为失踪人员，下方是他们在照片中的正面特写与他们之前个人照片的对比。

| 汉斯 · 迈尔 | 恩斯特 · 施耐德 | 恩斯特 · 加斯特 | 阿图尔 · 哈斯勒 | 瓦尔特 · 欣施 |

1943 年 1 月 8 日

在柳德尼科夫师的地段，德军用机枪猛烈扫射，并偶尔用迫击炮开火，来自药店和政委楼的火力尤其猛烈。布置在 3 号厂房［15 号车间］附近的重迫击炮轰击了河道和扎伊采夫斯基岛。夜里，佩钦纽克团的士兵观察到 1 辆德国"坦克"隐藏在 07 号房附近的半埋工事里，看到一些德军士兵在药店和政委楼跑进跑出，并注意到他们试图在药店和 07 号房之间以及 07 号房和政委楼之间布设铁丝网。为了不让德军成功布置新的障碍，苏军步兵对进行作业的德军开了火。

在 5 时 30 分，步兵第 138 师侦察连的一个小分队摸近位于步兵第 768 团右翼的几个德军掩蔽部，俘虏了第 546 掷弹兵团的一名一等兵。

在戈里什内师的地段，观察员发现个别德军士兵带着锅碗瓢盆从面包房向 106 号房移动。步兵第 241 团的士兵也注意到 07 号房一带架起了新的铁丝网障碍，德国守军正在利用一切机会加固和保护他们的据点，他们似乎已经预感到苏军攻击将至。天亮时他们停止了作业，退回他们弹痕累累的堡垒里。

这天日间，07 号房和药店不断遭到各种武器的扫射。步兵第 650 团的战斗日志报告说：

"一个迫击炮连轰击了 07 号房［79 号楼］、11 号房、L 形建筑［药店］、31 号房［71 号楼］、32 号房［72 号楼］和 36 号房［73 号楼］附近的敌战壕、掩蔽部及火力点。我们使用迫击炮、小型武器和机枪压制了 L 形房附近的 2 门迫击炮，击毁 1 挺重机枪，炸毁 1 个掩蔽部，消灭 9 名士兵和军官、2 名冲锋枪手、1 名狙击手和 2 名观察员。观察到敌军活动增加。我团也有损失：1 名士官负伤。"

* * *

借着黑暗的掩护，第 79 步兵师地段进行了换防，第 212 掷弹兵团在 0 时 30 分报告此任务已顺利完成。上午，该师的余部被移交给第 305 步兵师。在 13 时，第 79 步兵师防区的指挥权及所有人员都由第 305 步兵师接管，第 79 步兵师后续的拆分工作也由第 305 步兵师负责。至此什未林中将和他的指挥部已无事可干，师部的作训科已经领到飞出包围圈的命令，因此他们仅携带手提行李前往皮托姆尼克机场，当晚搭乘飞机前往新切尔卡斯克。这群幸运儿共有 70 人——15 名军官、7 名行政官员、14 名士官和 34 名士兵（包括 1 名"Hiwi"）。该师的其余人员留在原地，成为"博登湖"师的成员。据第 212 掷弹兵团第 1 营的营长赫尔穆特·珀奇少校（Helmut Poetsch）回忆，师部成员并没有全部离开：

"在 1943 年 1 月 7 日，师部人员按集团军的命令搭飞机离开，但师部的两位随军牧师阿尔滕多夫[1]（Altendorf）和朗格（Lange）都留在了包围圈里，师部副官约阿希姆·哈利尔中尉[2]（Joachim Hallier）也是。"

当晚乘飞机逃出包围圈的还有施泰因梅茨少将。在 11 时 30 分，集团军司令保卢斯在视察部队的途中到戈罗季谢的总医院探望了受伤的第 305 步兵师师长。与施泰因梅茨少将话别后，保卢斯回到自己的指挥所。几个小时后，施泰因梅茨被送到机场登机离开。

* * *

在 11 时，步兵第 90 团第 2 营将一门 45 毫米炮推到一处暴露的阵地上，以便对目标进行直瞄射击。它的火力摧毁了德军的 2 个掩蔽部。在燃烧弹爆炸产生的烟雾掩护下，步兵们以迅猛的突击拿下两个掩蔽部和一条交通壕，并打死 5 名德军士兵。据步兵第 95 师的第 16 号战情报告称，在这几个掩蔽部中有两名罗马尼亚士兵在德国士兵

---

1. 随军牧师埃里希·阿尔滕多夫，第 79 步兵师师部，1902 年 11 月 24 日生于皮尔马森斯，1984 年卒于基希贝格。

2. 约阿希姆·哈利尔中尉，第 79 步兵师师部，1903 年 12 月 15 日生于迪登霍芬（今法国蒂永维尔），1943 年 1 月失踪于斯大林格勒。

监视下工作，他们在苏军炮击时趁德军不备逃了出来，向苏军投降。步兵第90团第2营的士兵巩固了夺占的掩蔽部的防御。第51军在16时55分提交的临时报告提到了这些掩蔽部的失守：

"在网格82a2，敌人成功占领了一个机枪火力点，我军正在准备反击。

苏军士兵在新占领的掩蔽部中站稳脚跟，继续用手榴弹与德军战斗。第51军的夜间报告称："上午在82a2失守的机枪火力点已在反击中被收复。"

■ 1943年1月8日苏军步兵第90团的攻击行动。

但是苏方记录却没有提到该阵地得而复失。在18时，步兵第90团报告其人员2死16伤，仍有56名活跃战兵。步兵第95师的另两个团——第241团和第161团一边坚守各自阵地，一边派出侦察队袭击德军火力点，还用45毫米炮和迫击炮压制对方。这两个团在这一天仍然没有损失，步兵第241团有149名活跃战兵，而步兵第161团有60名。

1943年1月8日德军的伤亡情况

德军第305步兵师：10人阵亡，44人受伤，共计54人

1943年1月9日

1月8日深夜，步兵第241团第2营的突击队扑向79号楼。德军的预感是准确的，不过要认识到苏军对这座大楼的觊觎也不需要什么战术天才。为了应对不可避免的苏军攻击，他们已经尽了一切努力来加强这座大楼的守备。雷滕迈尔的部下囤积了充裕的自动武器、弹药和手榴弹。总之为了保住第305步兵师防线上的这个重要堡垒，守军提出的任何要求都能得到满足。当苏军突击队从"食指沟"蜂拥而出时，德军哨兵立刻招呼所

有同伴来到射击孔边。步兵第95师的第17号战斗报告提供了这次进攻的细节：

"接到攻打07号房的命令后，三支预有准备的突击队向这座楼房发起了多次攻击，但遭到强大火力拦截，损失很大。他们随后在通向楼房的道路中的战壕里与敌人拼手榴弹，但也没有获胜。"

到了22时，突击队已经有9人战死，18人负伤。报告中还提到："敌人依托据点，组织了饱含自动武器的火力配系，继续以猛烈火力阻击我部队和突击队的进攻。"苏军根据黑夜里看到的枪口焰判断，07号房里布置了三挺重机枪、一挺轻机枪和一挺大口径机枪。

步兵第241团的突击队不顾严重损失，又勇敢地在2时发起新一轮攻击，但是同样被凶残的火力粉碎。佩钦纽克的部下目睹了南边友邻部队对这座大楼徒劳无功的进攻，并注意到"小股敌人在07号房一带活动频繁。从2时开始，敌人从07号房用小型武器和机枪猛烈射击。"步兵第95师的第18号战斗报告说："来自07号房、L形建筑及其西北方楼群的火力尤为密集。"这新一波的

进攻又让苏军付出 4 死 14 伤的代价。第 51 军在 5 时 55 分发出的上午报告记录说："敌人在夜间对火炮厂以东被围的楼房（网格 83d3）发起两次攻击，均被击退。火炮厂以东的前沿阵地遭到重炮、迫击炮和反坦克炮的轰击。"

经过这次代价高昂的挫败，步兵第 241 团的指战员只能满足于就地固守，用火力打击德军在 07、02 和 03 号房附近的阵地。该团虽然出现了 13 死 32 伤的严重减员，仍有 139 名活跃战兵，仅比前一天少 10 人，但这是因为一批生力援军在当天加入的缘故。

随着微弱的晨曦逐渐照亮冬日的战场，双方的战斗人员都从对方视野中消失了，躲进地下室、掩蔽部和战壕里继续进行已成惯例的日间活动：持续不断而且时不时激化到暴烈程度的对射，稀稀落落的迫击炮轰击，以及偶尔的火箭炮和大炮齐射。据步兵第 138 师的战争日记记载："整整一天，我师整个前线上的步枪和机枪射击始终没有停歇。"步兵第 650 团使用机枪和迫击炮阻止德军在他们正面和侧翼修筑工事和布设障碍。他们还用迫击炮朝 07 号房方向射击，并宣称消灭了一队 6 ~ 7 人的德军士兵。该团的战斗日志还记录了这一天两个值得注意的事件：第一，步兵第 2 营的卫生员尼古拉耶夫（Nikolayev）把手榴弹掷进德军的一条战壕，炸死了 4 个德国人；第二，该团开始挖掘地道。这些深入地下的地道从伏尔加河边的悬崖下开挖，将一直延伸到德军据点下方。随后，苏军将在地道中埋入炸药，在攻击目标前将其引爆。至于苏军为何没有早一点采取这种战术，我们不得而知。

柳德尼科夫师的地段在下午还发生了几件值得一提的事。15 时，在佩钦纽克团的左翼，07 号房和药店里有人用小型武器和机枪朝外猛烈射击。随后，两辆摩托车驶向政委楼。我们不知道车上的人为什么要去这座大楼，但肯定是为了很重要的事，不然不会冒这么大风险并且动用宝贵的汽油。片刻之后，苏军又听见 3 号厂房一带传来履带式车辆的轰鸣声。戈里什内师在 5 时 30 分也曾听见面包房和"街垒"工厂一带有发动机的噪声，这很有可能是第 245 突击炮营的突击炮。该营在 1 月 9 日上午仍有 3 辆长炮管型突击炮、3 辆短炮管型突击炮和 2 辆 33B 型突击步兵炮可用，另有 1 辆 33B 型突击步兵炮和 3 辆短炮管型突击炮正在进行短期修理，而上级命令它拨出一个连支援第 297 步兵师。苏军部队在斯大林格勒包围圈外围不祥的集结是不容忽视的，而包围圈南端第 297 步兵师的防御阵地只不过是一些战壕和半埋在厚厚积雪中的地堡，肯定将成为苏军装甲部队进攻的首要目标。因此第 245 突击炮营不得不交出其第 2 连——该营仅有的 3 辆可以作战的长炮管型突击炮都在这个连里。失去这些威力巨大的突击炮肯定令人遗憾，

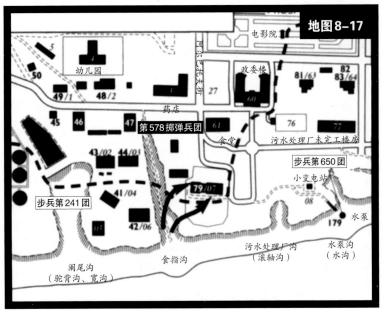

地图 8-17

■ 1943 年 1 月 9 日苏军对 79 号楼德军据点的攻击行动。

但是草原上的德军迫切需要靠它们的反坦克能力来抵挡苏军的坦克冲击。更何况，如果第79步兵师1943年1月2日的战争日记中的一条记录可靠的话，"街垒"工厂一带的步兵师也不是特别需要这些战车："装备3辆长炮管型突击炮的第245突击炮营第2连已被装备2辆短炮管型突击炮和1辆33B型突击步兵炮的第3连换下，因为在这片瓦砾场上使用突击炮作为'救火队'的可能性可以忽略。"

苏军听到的履带式车辆的轰鸣可能就是第2连正在出发增援第279步兵师，而其余突击炮也在做相应调动。苏军的炮兵观察员召唤炮火打击了他们推测装甲车辆所在的区域。这次炮击肯定相当猛烈，因为第51军在17时15分的报告中特地提了一笔："……第305步兵师防区中3号厂房西北方的阵地遭到猛烈的反坦克炮火覆盖，敌人的大炮和迫击炮也积极地用火力袭扰该师的整个防区。"

在第212掷弹兵团加入麾下后，第305步兵师决定调整自身的组织结构。自12月21日以来，残酷无情的战斗在不断吞噬着该师的人力，虽然一直在用匆忙培训的后方梯队人员补充战斗力量，但要维持3个团的编制还是显得越来越无望。经过冷静思考后得出的唯一结论是：必须解散一个团，用其人员补充另两个团。于是师部决定解散第578掷弹兵团，将其人员分配到第576和577团。可惜如今已经找不到文件或当事人证言来证明该团究竟是如何拆分的，团长利泽克中校和3个营长（雷滕迈尔少校、施瓦茨上尉和皮特曼少校）又被分配了什么职务。有可能雷滕迈尔和他的第1营被移交给第576掷弹兵团，皮特曼少校和第3营去了第577掷弹兵团，而施瓦茨上尉和第2营留在后方，继续执行为前线培训可用人员的任务。

1943年1月9日德军的伤亡情况

德军第305步兵师： 14人阵亡，1名军官和25名士兵受伤，18人失踪，共计58人

1943年1月10日

夜里，独立机炮第400营的先头部队抵达柳德尼科夫师的防区，开始接管该师的防御阵地。该营还有一个连接替了步兵第241团，后者则南下进入步兵第161团和第90团之间的阵地。第400营的到来表明苏军的作战思路发生了重大变化。第400营这样的部队主要是用来防御的，把他们送上前线防守部分阵地就可以腾出部队用于其他地段的进攻。既然步兵第95师左翼和索科洛夫的第45步兵师在"街垒"工厂南面和西南面取得了可观的进展，继续让柳德尼科夫和戈里什内虚弱的部队去冲撞德军在工厂以东的钢铁壁垒就显得毫无意义了。德军在那里的据点——尤其是79号楼和政委楼——实在太坚固了。尽管已经被包围了6个多星期，只能靠空运和包围圈中原有的少量补给勉强度日，食不果腹、营养不良的德国守军仍然以铁血意志顽强抵抗，并且每次丢失阵地后都会屡屡实施反击。步兵第138师的所有幸存官兵现在都撤出了原先的阵地，部署到南边的"红十月"工厂一带，这个事实本身就表明苏军已经心不甘情不愿地承认了德军的忍耐力和他们不惜一切代价坚守的决心。

* * *

苏军收复斯大林格勒的最后总攻是以7000门大炮、迫击炮和火箭炮持续55分钟的狂轰滥炸拉开序幕的，敲响了第6集团军的最后丧钟。在1943年1月8日顿河方面军司令员康斯坦丁·康斯坦丁诺维奇·罗科索夫斯基将军[1]（Konstantin Konstantinovich Rokossovsky）曾向保卢斯发去了敦促其投降的最后通牒，但是遭到了断然拒绝。次日，苏军又向第6集团军空投了许多列明投降条件的传单，但保卢斯还是没有让步。希特勒早已明确告诉他投降不在考虑范围内。于是在1月10日上午，统辖包围圈外7个集团军的顿河

---

1. 康斯坦丁·康斯坦丁诺维奇·罗科索夫斯基苏联元帅，苏联英雄，1896年12月21日生于大卢基，1968年8月3日卒。

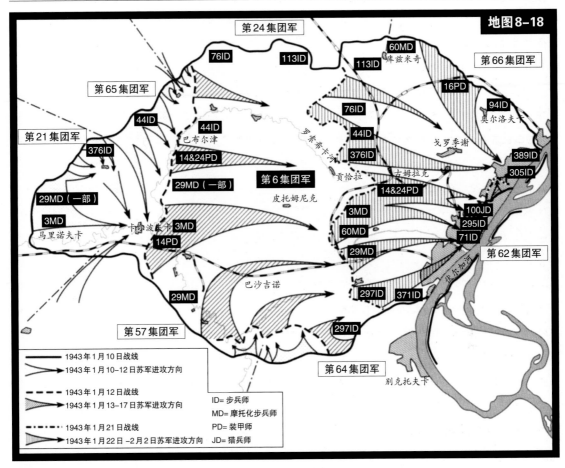

地图8-18

第24集团军

76ID 113ID 113ID 60MD 库兹米奇 第66集团军

第65集团军 76ID 16PD 94ID 奥尔洛夫卡

44ID 44ID 巴布尔津 44ID 戈罗季谢 389ID 305ID

第21集团军 376ID 14&24PD 376ID 古姆拉克 贡恰拉

29MD（一部） 第6集团军 皮托姆尼克 14&24PD 100JD 295ID 71ID

29MD（一部） 3MD 第62集团军

3MD 卡尔波夫卡 3MD 60MD 29MD

马里诺夫卡 14PD 297ID 371ID 伏尔加河

巴沙吉诺

29MD 297ID

第57集团军 第64集团军 别克托夫卡

_____ 1943年1月10日战线

>———— 1943年1月10—12日苏军进攻方向

----------- 1943年1月12日战线

>———— 1943年1月13—17日苏军进攻方向   ID= 步兵师

----------- 1943年1月21日战线   MD= 摩托化步兵师

>———— 1943年1月22日—2月2日苏军进攻方向   PD= 装甲师   JD= 猎兵师

■ 1943年1月10日至2月2日苏军"指环"行动的进攻形势图，这一攻势的目的是歼灭斯大林格勒包围圈内的德军部队。

方面军在罗科索夫斯基指挥下发起"指环"行动（Operation Ring），目标就是歼灭斯大林格勒包围圈内的德军。苏军为行动初期定下的目标是沿东西方向分割包围圈，但这将分阶段实现，而不是通过一次突击完成。主攻方向是德军防御力量较弱的西面和南面。行动第一天，苏军推进了4～5公里，这虽然让罗科索夫斯基有些失望，却给第6集团军敲响了警钟。此后两天，在德军的顽强抵抗下苏军也没能完全实现突破，但第6集团军的覆亡已经指日可待了。

在已成废墟的斯大林格勒城内，大多数苏军部队为了拖住德军而发起小规模进攻，但步兵第138师却在忙于重新编组和为换防做准备。即便到了这个时候，从步兵第650团的战斗日志看来似乎仍是一切如常：

"敌人在我团前线没有任何活动。他们用小型武器和机枪猛烈射击我团左翼，敌人的狙击手也很活跃，在5层白色楼房一带有迫击炮开火。通过观察确定敌人在36号房、38号房和5层大型楼房一带有活动。在4号车间［6a号厂房］一带发现1门六管火箭炮。我团大炮和迫击炮火压制了敌人的3门迫击炮和2挺机枪。敌人有20名军官和士兵被打死。我团有1名士官战死。"

在索科洛夫的步兵第45师和古利耶夫的近卫步兵第39师所面对的第212掷弹兵团防区，战斗更为激烈。第51军报告说："在6时，敌人以营级兵力进攻第100猎兵师和第305步兵师的接合部，反击战仍在进行。"

在步兵第95师防御地段的前方，德军仍然占据着一块有重要战术意义的区域，并从那里发

■ "街垒"工厂4号车间/6a号厂房经过激战后的内景照片,早已遍地狼藉。

射炽烈的弹雨。戈里什内早已下令用突击队占领它,但先前的所有尝试都未得手。后来在工兵 D.A.扎博洛茨基(D.A.Zabolotsky)的提议下,战斗工兵们挖了一条28米长的地道,通到一个巨大的储油罐下方并放入炸药。这项工程是由步兵第95师的 A.A.阿尔布佐夫大尉(A.A.Arbuzov)指挥的战斗工兵第48营完成的。他们在异常艰难的条件下工作,需要挖穿被油料严重浸染的土层,但还是按时完成了任务。储油罐的大爆炸让德军一时间陷入混乱,也成为苏军突击队发起进攻的信号。这一战打响的时间是7时。第19号战斗报告称:"随着步兵进攻的开始,敌人加强了火力,来自街垒工厂东南角和铁路岔口一带的D-40型迫击炮火力尤为猛烈。"各团在这次进攻中的进展如下:

7时,绿色储油罐被爆破后,附近的德军在惊恐中逃窜,放弃了一些阵地,但很快又重整旗鼓。步兵第90团的左翼推进了20～25米,占领了一个掩蔽部。在此过程中,他们付出了5死8伤的代价。随后他们就地坚守,为了保住新占领的掩蔽部与德军对拼手榴弹直到10时。在10时,一股约有30人的德军士兵从工厂杀出,占领了绿

色储油罐东北方的另一个掩蔽部。步兵第90团对这个掩蔽部的进攻遭到反击,未能得手。到当天日落时,该团又有8人死亡,8人负伤,活跃战兵只剩23名。

步兵第161团在7时开始进攻,起初打得很顺利,只有2人死亡和5人负伤。到了8时10分,步兵第1营已经夺取机器街上的多条交通壕和一个碉堡。步兵第2营从校舍一带沿"短沟"进攻,利用机枪和迫击炮火力成功摧毁了115号房一带的一个机枪火力点和101号房东南100米处的一个碉堡。在继续向107号房和108号房推进过程中,他们又遇到一片雷场和一道带刺铁丝网障碍,便从其左边迂回前进。到了10时30分,他们进至109号房,但是被来自"街垒"工厂和面包房(110号房)的猛烈火力打得抬不起头。随着交火的持续,该营出现不少伤亡。为了利用步兵第2营的进展,步兵第90团第2营在11时20分被投入战斗。该营向118号房前进,与步兵第45师的部队成功会师。步兵第161团的损失很大:有69人伤亡,活跃战兵只剩43人。

火炮轰击后,步兵第241团在7时20分发起进攻。他们遇到来自"街垒"工厂东南角持续不断的火力阻击,只能缓慢前行,有两人负伤。该团随后继续攻打德军的阵地,冒着机枪和迫击炮的猛烈火力推进了50～60米,夺取了几条交通壕。炮兵继续与德军的大炮和迫击炮作战,压制了已发现的几处发射阵地。该团随后又有5人死亡,18人负伤,活跃战兵还剩115人。

苏军估计德军的伤亡有100人左右,但戈里什内也损失了很大一部分战斗力量。他向上级请

求给他的师补充250～300名步兵。尽管如此，进攻仍将继续。他给下属的各部队下发了命令：在1月10日夜到11日晨，他们要继续歼灭"街垒"工厂以南房屋和碉堡中的德军。从1月11日3时起，步兵第161团应会同步兵第45师的部队继续推进，完成打到尽头街的任务。

除了与步兵第95师的这些战斗外，第212掷弹兵团最右翼的部队还在抵抗苏军对该团与第100猎兵师接合部的大规模进攻。在20时50分，第51军报告："在第100猎兵师和第305步兵师的接合部，第100猎兵师左翼为收复旧阵地而发起的反击进展缓慢。在第305步兵师右翼，除两个前突的机枪火力点外，原先的阵地已回到我军手中。敌人的突击队在面包厂东南发动的袭击被击退。"

这两个德国师的伤亡都特别严重。

柳德尼科夫和戈里什内的部队几经尝试也没能突破德军在"柳德尼科夫岛"周围的防线。城内的苏军调整了部署，在德军抵抗较弱的地段继续进攻，并取得了进展。无论如何，当包围圈外围的僵局被"指环"行动打破后，斯大林格勒城内所有德军的丧钟就已敲响。第305步兵师的官兵将继续抵抗到最后一刻，但他们的防御力量现在集中到了右翼第576和212掷弹兵团的地段。这段防线起自伏尔加河边的储油设施区，沿火炮厂南部边界延伸，绕过面包厂，弯弯曲曲一路向南通至"红十月"工厂外围。再过22天，一切都将划上句号。

1943年1月10日德军的伤亡情况	
德军第305步兵师：1名军官和48名士兵阵亡，2名军官和81名士兵负伤，21名士兵失踪，共计153人	
德军第100猎兵师：4名军官和14名士兵死亡，2名军官和64名士兵负伤，共计84人（初步统计）	

■ 柳德尼科夫和手下的军官视察"岛"上的战场，漫步走过列宁大道和泰梅尔街之间的电影院公园。这张照片肯定是战斗结束后拍摄的，因为在战役期间如此张扬地出行无疑是自寻死路。不知道柳德尼科夫对自己的师没能把德国人从桥头堡周围的据点完全赶走作何感想。虽然在苏军持续围困下弹尽粮绝，第305步兵师的官兵们还是坚持了下来。

强虏末日

1943 年 1 月 11 日

第 51 军在 6 时 15 分的报告记载了第 305 步兵师地段爆发的小规模混战以及另一些事件:

"敌人在 2 时袭击了第 100 猎兵师左翼,至 4 时 30 分被击退。我军在两师接合部进行的反击迄今为止未能夺回丢失的阵地。敌人在宽街以北的一次袭击被击退。在夜间,敌人的 3 辆坦克开过伏尔加河,进入火炮厂以东的桥头堡。在 4 时,第 389 工兵营开赴皮托姆尼克。"

苏军坦克进入柳德尼科夫师原来的桥头堡给德军造成了一定威胁,更何况第 245 突击炮营的长炮管型突击炮已经被调走,少了对付它们的手段。当天,轰隆隆的发动机噪声在火炮厂以东不断响起。但是,这似乎只是苏军为了将德军注意力从其他地段引开而采取的策略。

* * *

从 1 月 10 日夜到 1 月 11 日凌晨和上午,两军不断爆发短暂而激烈的搏斗,其中大多数是在步兵第 95 师的地段。从 23 时到 2 时,在步兵第 241 团地段,德军以小股部队连续发动了五次进攻,企图夺回在 1 月 10 日丢失的掩蔽部。这五次进攻都被击退,苏方记录宣称德军被击毙多达 30 人。在离河更近的步兵第 90 团地段,储油设施区一带发生了对拼手榴弹的战斗,一名苏军士兵负伤。

在 5 时 25 分,步兵第 241 团经过准备后发起进攻,拿下了 83 号房以北机器街上的 5 个掩蔽部,随后被德军有组织的火力所阻止。随后该团与德军互拼手榴弹。该团的伤亡为 17 人。

步兵第 161 团在 4 时向铁路桥方向进攻,在 5 时 40 分夺取了铁路路堤附近的一座木制房屋。他们随后被来自面包房和尽头街上房屋的密集机枪和迫击炮火力压制,该团伤亡了 15 人。

德军从"街垒"工厂东南角和 83、84、108、110 号房投射猛烈的火力拦截苏军突击队。尽管如此,苏军的两个团还是在经过短暂炮火准备后于 9 时再次发起攻击。步兵第 241 团的突击队奋勇向前,前进了 100 ~ 120 米,从右边绕过 84 号房,又占领了 10 个掩蔽部,在其中站稳脚跟后又做好了攻打 83 和 84 号房的准备。该团俘虏了 2 名德军士兵和 2 名罗马尼亚士兵。截至 16 时,该团已经攻占 30 处掩蔽部和战壕。为了发展这些胜利,由侦察兵和工兵组成的一个小分队在 14 时投入战斗。突击队此后继续进攻,但不得不先击退德军从"街垒"工厂发起的两次排级反击。苏方记录显示,在此次战斗中第 576 掷弹兵团的第 7(步兵)连和第 8(机枪)连被击败。步兵第 241 团仅在自身作战地段就找到大约 50 具德军尸体。在 17 时 10 分,第 51 军报告说:"在面包厂和储油设施区之间,敌人在 11 时攻破了位于网格 82a1 的两个据点。我军已发起反击。"随后在 21 时 10 分,该军又报告:"在面包厂东南的两条冲沟之间(网格 82a1),俄国人又夺取了 3 个据点。我军成功遏制住敌人突破后发起反击,但迄今为止尚未得手。"步兵第 241 团有 36 人负伤和数量不明的人员战死,包括侦察兵和工兵在内,活跃战兵为 35 人。

步兵第 161 团也在 9 时发起进攻,而在此之前该团还调整了部署。步兵第 1 营将自身在机器街上的防区移交给一队侦察兵,然后转移到步兵第 161 团第 2 营在铁路路堤一带的阵地以便继续进攻。在 9 时,步兵第 161 团的炮火延伸,步兵发起新一轮进攻。到15时为止，几支突击队已经攻克铁路路堤，并与德军继续交火。在战斗中，他们摧毁了4个掩蔽部和1座房屋，占领8个碉堡。第51军的报告对这次战斗一笔带过："我军通过集中炮兵火力挫败了敌人攻击面包厂以南的两次尝试。"步兵第161团有16人伤亡，在这一天日落时有活跃战兵50人。

在两个兄弟团进攻之时，步兵第90团一直在用火力打击德军阵地，并为占领22、23和24号房附近的一些战壕和掩蔽部做准备工作。在此过程中，该团也付出了相当的代价，有4人死亡，2人负伤，活跃战兵仅剩20人。

步兵第95师估计自己通过这几场战斗毙伤德军约110人。此外，该师还缴获15挺机枪、8门迫击炮和200来支步枪，并俘虏罗马尼亚士兵6人、德国士兵4人。根据这些战俘的供述，第576掷弹兵团第8连在1月8日从亚历山德罗夫卡来到"街垒"工厂地区，兵力为45人，装备了6挺重机枪，其中3挺可以使用。经过这几天的战斗，该连几乎已被全歼，最近一次统计结果是仅剩10人。同团的第6连原有40人，此时仅剩2人。

在18时，戈里什内上校发出一道命令："步兵第241团应肃清已占领地段的敌人并巩固防守；步兵第161团应继续扩大战果，力求打到尽头街，然后巩固防守；步兵第90团（欠一个营）应在夜间实施佯攻，以求削弱当面敌人并将其拖住。"

* * *

除了抵挡戈里什内师连续不断的攻势，在第305步兵师防区的最右翼，从面包厂到"红十月"工人村南端的地段，齐马蒂斯上校和他的部下还不得不应付苏军恼人的袭扰。第51军对这些战斗的总结如下：

"第305步兵师的右翼已经不得不后退到52号楼。在这一地段，敌人从14时45分起一直在网格62c进攻。更详细的报告尚待完成。敌人在B点（网格62b）以西的准备被我军炮火粉碎。在8时的一次进攻中，敌人以80人的兵力成功占领了网格72a中央的4座楼房。这次突破已被遏制。"

报告中的最后一次进攻就是由第305步兵师的老冤家——柳德尼科夫上校的步兵第138师实施的。他们已经撤出火炮厂以东的阵地，在4时前集结到"红十月"工厂内。科诺瓦连科的步兵第

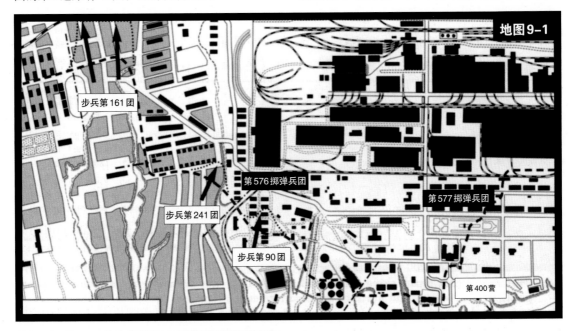

■ 1943年1月11日，苏军对德军第305步兵师的南部防区发起进攻。

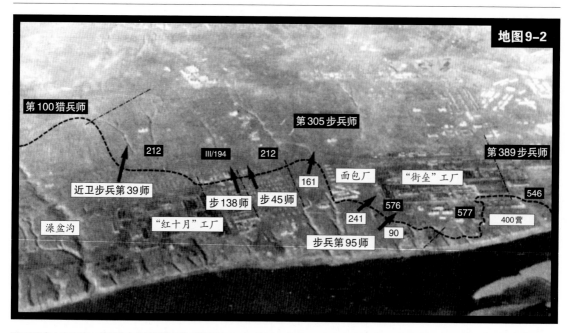

■ 1943年1月11日，苏军数个步兵师的部队对德军第305步兵师开阔的右翼发起猛烈攻击。图中较小方块内的数字为营/团级部队番号。

344团和佩钦纽克的步兵第650团于11时30分在该厂以北发起进攻。一些部队打到了兹纳缅斯克街，但遇到雷场和德军猛烈抵抗后止步不前。柳德尼科夫的部下宣称歼灭德军46人，压制了3个机枪阵地的火力，并缴获1挺轻机枪、5支冲锋枪、4支步枪，占领2座房屋。该师也难免伤亡：单是步兵第650团就有9人死亡，13人负伤。

无论如何，苏军的每一次小规模袭击都能占领一些房屋或是掩蔽部，给德军造成持续的压力，消耗他们的人力、武器和弹药。在这些战斗中，大范围的进展很稀罕，但德军战斗力的不断削弱是显而易见的。第6集团军在19时45分发给顿河集团军群的备忘录就坦率地承认了这一点：

"斯大林格勒：部队的抵抗能力越来越弱，导致前线在逐房逐屋的争夺战中不断溃退。敌军新的进攻大部分被击退，但第100猎兵师和第305步兵师的接合部遭到突破。"

1943年1月11日德军的伤亡情况

德军第305步兵师：1名军官和28名士兵阵亡，1名军官和103名士兵负伤，4名士兵失踪，共计137人（为初步统计数据，完整的损失数字尚待统计）

1943年1月12日

德军各部利用黑暗作掩护，试图夺回白天丢失的阵地。在1月11日17时和21时，一支排级分队两次从"街垒"工厂对步兵第241团的右翼发动反击，但后者用迫击炮和大炮的火力将其击退。在22时45分、23时和0时05分，另一支排级分队三次从铁道岔口西南的一排房屋中杀出，攻击步兵第161团。德军每次进攻都得到了来自"街垒"工厂东南角、面包房、面包房以南和布古鲁斯兰街边住宅楼的机枪和迫击炮火力支援。最终这些进攻都被击退，德军退回其出发阵地。

步兵第95师在早上继续实施消耗战。步兵第90团连夜实施佯攻，而另两个团也趁机扑向德军阵地。步兵第241团的突击队在夜里和早晨继续攻打83号房，但是受到来自"街垒"工厂东南角的侧射火力压制。在2时45分，步兵第161团经过重新编组后，会同步兵第61团（步兵第45师）继续进攻。到了4时，他们已经在铁路桥附近抵达尽头街，在街边房屋中巩固防守后继续战斗。在这次战斗中，步兵第161团占领了大约10座房屋、10个掩蔽部和多个碉堡，他们俘虏了2名德国士兵，并缴获1门反坦克炮、1挺轻机枪、1支冲锋枪和10来支步枪。

第305步兵师对这些损失当然不会熟视无睹。每一个据点无论大小，一旦失守都会影响防线的完整性，因此必须发动反击，而对于反击这种作战样式，没有哪支军队比德国国防军更精通。在6时30分，苏军注意到一队大约70人的德军士兵从布古鲁斯兰街向步兵第161团左翼运动，但是被大炮和迫击炮火驱散。在8时15分，苏军又观察到一个连的德国步兵和两辆坦克出现在费奥多谢耶夫街，便动用各种火力打击了他们。这些"坦克"无疑是第245突击炮营的突击炮，该营在这天上午有4辆短炮管型突击炮和1辆突击步兵炮。这股德军在8时30分到9时20分两次企图对步兵第161团实施反击。在14时30分，又一次反击被击败，部分德军被大炮、迫击炮和火箭炮投射的弹雨歼灭。幸存的德军撤回布古鲁斯兰街和蒂拉斯波尔街。整个白天，德军对步兵第161团阵地发动了五次反击，但每一次都被击退。该团损失15人，在日落时尚有90名活跃战兵。

在他们东方，步兵第241团为了控制83号楼出动多支小分队，在战斗过程中夺取了16处掩蔽部和战壕，并站稳脚跟，击退了德军的反击。该团损失17人，活跃战兵只剩18名。

除了以佯攻吸引德军火力外，步兵第90团还派出侦察队袭击了他们左翼的德军火力点，在此过程中夺取了3条战壕并在其中巩固了防守。该团这一天没有损失，仍有21名活跃战兵。

步兵第95师的第24号战斗报告总结了德军的反应："白天，在我突击队攻击下节节败退的敌人又几次发动反击。他们还依托其堡垒体系继续顽抗，从街垒工厂、面包房和布古鲁斯兰街上的住宅楼用机枪、冲锋枪和迫击炮猛烈打击我军士兵。"

该师估计德军伤亡在125人左右。他们还俘虏了3名德军士兵，缴获1门反坦克炮、2挺轻机枪、1挺重机枪、3门迫击炮、6支冲锋枪和大约30支步枪。

戈里什内给下属各团的命令很简单：

"在1月12日夜到1月13日晨，步兵第90和161团应继续对街垒工厂实施积极侦察，步兵第241团应继续歼灭街垒工厂南面和西南面之敌。"

柳德尼科夫的步兵第138师也对第305步兵师实施了新的打击，柳德尼科夫对这次进攻记得很清楚：

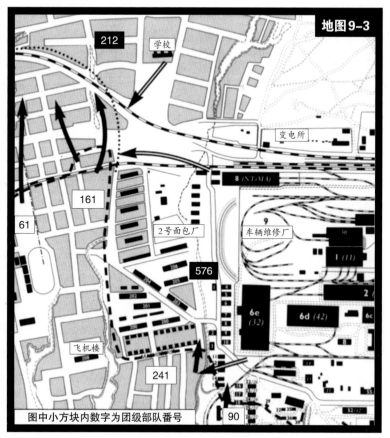

■ 1943年1月12日苏军在"街垒"工厂西南地区发起的进攻以及德军的反击。

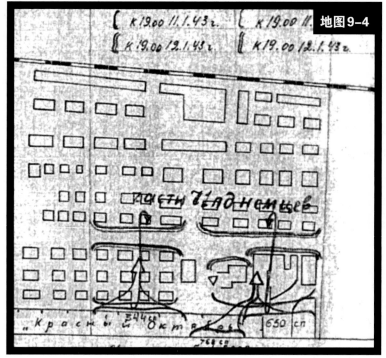

地图9-4

■ 步兵第138师绘制的战斗草图显示了1943年1月12日该师在"红十月"工厂以西的进攻。

"在十一个星期连续不断的奋战之后，我们离开了每一寸土地都浸透我师指战员鲜血的地方（即'街垒'工厂）……现在，我们开始着手准备新的进攻。

"德国第71步兵师是在斯大林格勒和我们交手的第三个德国师。

"我们从红十月工厂西面向中央街和扎赖斯克街推进，第一天我们前进了150米。前面是一片被德国人火力控制的雷场，为了减少伤亡，我们向敌人侧翼迂回。德国人在工厂技校和列宁俱乐部里负隅顽抗，为了肃清这些建筑里的敌人，我们难免要流血。科诺瓦连科的勤务员伊万·兹雷德涅夫就是在这里中弹牺牲的，我们在这里还失去了两名'滚轴'小分队的通信员，以及勇敢的突击队长丘尔科夫中尉……"

下面是步兵第138师战争日记的记载：

"在白天，敌人激烈抵抗我师进攻部队。他们用六管火箭炮轰击了师指挥所，还以步机枪火力和炮兵火力打击我师突击队。

"15时15分，在我师冲击FZU大楼之前，有些敌人慌乱地跑向列宁俱乐部。截至17时，我师已占领FZU大楼，左翼进至奥尔忠尼启则街。在FZU大楼内缴获一批战利品，俘虏了12个德国人。突击队打死了8个俘虏，将其余4个送至师指挥所。审讯后发现，他们是第71步兵师的。在18时，步兵第344团和第768团占领了列宁俱乐部。我师突击队在1月12日夜和13日晨继续前进。"

该日记中对杀害德国战俘一事的平淡叙述体现了战斗的极端残酷性，或许也反映了柳德尼科夫的部下在那个"小岛"上困守多月却少有复仇机会的情况下急于发泄的压抑心理。那几个第71步兵师的俘虏属于明希上尉的第194掷弹兵团第3营，此时已配属第305步兵师，在该师防区最右翼作战。俘虏们一定是把他们营长的姓名告诉了审讯者，因为不久就有一名用大喇叭喊话的苏联政治指导员点了明希的名："德国士兵们，放下武器吧，继续抵抗是没有意义的。你们的明希上尉总有一天也会明白这个道理，这个死硬的法西斯分子跟你们说的话都是错的。他自己也会明白，总有一天我们会活捉他。"每次被点到名以后，明希都会到阵地上视察自己的部下，用玩笑的口吻和他们谈论个人意见，但总是仔细地揣摩他们的反应。虽然苏军的喊话旨在动摇他们的军心，但他们似乎从未失去信心或陷入恐惧。

有个深受明希信任的士官——特奥多尔·格雷克下士[1]（Theodor Gerecke）是极其幸运的一

1. 特奥多尔·格雷克下士，第194掷弹兵团第3营，1918年9月9日生于马格德堡，其余信息不详。

小撮人之一，他是靠了第6集团军司令部从每个师救下1名军官、1名士官和1名士兵的命令，在最后关头飞出包围圈的。获救后不久，格雷克接受询问，汇报了以下情况：

"我从9月14日起就一直随部队在斯大林格勒城里作战。在1月7日夜到8日晨，我们被部署到红十月工厂，把守正对着4号厂房南面的阵地。我们的兵力：1名军官和40名士兵，外加20个罗马尼亚人。装备：8挺轻机枪、1门重迫击炮和2挺重机枪，子弹很充裕。在1月10日，那门迫击炮因为缺少炮弹没法用了。我们对面是敌人的两个连。敌人装备了反坦克炮、火箭炮、76.2毫米野战炮和重炮。他们的炮击从1月8日起就几乎没断过。他们的士兵装备精良，给养充足。敌人注意到了我们在1月7日夜到8日晨的换防。在8日早上4时30分左右，大约80个俄国步兵没有经过炮火准备就发起了进攻。这次进攻被打退了，敌人伤亡惨重，但是俄国人在下午又一次进攻，我们不得不撤出部分阵地。接着我们又主动放弃了红十月工厂的其他区域，后撤了大约300米。1月9日早上10时，俄国人用迫击炮进行火力准备后第三次发起进攻。我们因为伤亡太大，又后撤50米，退到连指挥所一带。从1月10-12日起，俄国人用重武器不断进行火力袭扰。我们连罗马尼亚人在内只剩25个人了。在1月12日下午，俄国人用大炮、迫击炮和反坦克炮进行火力准备后又发动了进攻。因为左右两翼都暴露了，我们不得不放弃阵地，后撤到铁路沿线预设的后备阵地。这时还剩2名士官和7名士兵，全营集中清点，也只剩17个人，这就是退到铁路沿线防守的全部力量。敌人没日没夜地用重武器朝我们射击，他们还在黎明和夜间派突击队渗透我们的阵地，这些突破尝试都被击退了。在这些战斗中，敌人曾接近到离阵地不到10米的地方，用手榴弹袭击我们。我们靠着几支马枪、1挺重机枪和2挺轻机枪

1943年1月12日德军的伤亡情况
德军第305步兵师：从本日起再无确切伤亡报告

把他们赶了回去。我在这个阵地上一直呆到21日，然后接到了集团军要我乘飞机离开的命令。我们赶到古姆拉克东南5公里外雪原上的一个简易机场，一架运送补给和疏散伤员的He 111飞机已经到了。我们和一个在降落时摔坏了飞机的机组一起离开。我们的飞机上共有16个人，其中2个是伤员，4个是奉命撤离的，其他都是空勤人员。"

1943年1月13日

在5时50分，第51军报告说："敌人在第305步兵师防区附近的袭击被击退。除此之外，一夜平安无事。"

第305步兵师在斯大林格勒的官方作战报告就此没了下文，我们只能根据亲历者的证词和苏方记录来了解这个师最后二十来天的战斗历程。

在3时30分，步兵第241团的右翼开始推进，到了7时，几支突击队已经抵达"街垒"工厂以南一座横跨冲沟的管道桥。他们占领了几个掩蔽部，击毁一辆小型坦克，然后就地巩固防守。在7时30分，一股15～20人的德军从"街垒"工厂东南角向突击队发动反击，但是被大炮和迫击炮火力击退。突击队得到补充后，在8时继续进攻，拿下了83号房以及在其西面机器街上的几座房屋。突击队随后在新占领的阵地上巩固防守。该团这一天损失20人，还剩28名活跃战兵。

在3时15分，步兵第161团派出侦察队袭击面包房，但遭到猛烈的冲锋枪和机枪火力拦截。在3时45分，德军一个排在面包房的机枪和迫击炮火力掩护下对该团先头部队发起反击，迫使他们后撤到铁路线以南，在面包房以南200米处转入防守。在10时30分，苏军观察到多达3个排的德军步兵集结在面包房东南方的几座房屋附近，在11时他们又出现在靠近"街垒"工厂西南角的

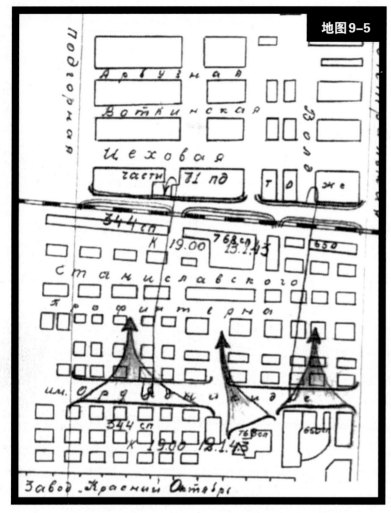

地图9-5

■ 步兵第138师绘制的战斗草图显示了1943年1月13日该师在"红十月"工厂以西的进攻。

步枪弹。

南边的步兵第138师上报的战果更大：

"敌人已经后撤到红十月工厂以西400米外的铁路线后面，但仍在负隅顽抗。

"在14时，我师注意到大约100名敌军在进行调动。

"我师部队一边战斗，一边实施缜密侦察，为后续的进攻行动做准备。在这一天，敌人光被击毙的就有200人，还有1挺重机枪和2个掩蔽部被击毁。我师缴获了如下战利品：2门75毫米反坦克炮、1门37毫米反坦克炮、2门82毫米迫击炮、2门50毫米迫击炮、4挺重机枪、8挺轻机枪、65支步枪、200多发37毫米炮弹、1000多发迫击炮弹、550颗手榴弹和1500多发步枪弹。"

小变电站附近，苏军用大炮和迫击炮火力将他们驱散。在15时，多达3个排的德军步兵再次集结在同一区域，苏军呼叫大炮和火箭炮进行打击，又将他们驱散。15时，还在布古鲁斯兰街上发现1辆德国坦克。步兵第161团这一天损失9人，但由于援兵抵达，它的活跃战兵达到了111人。

步兵第90团部署在左翼的一支突击队占领了铁路支线以南的一些掩蔽部。通过大炮和迫击炮摧毁德军2个掩蔽部和1个观察所。该团伤亡很小，只有1人负伤，活跃战兵有21名。

戈里什内师宣称击毙大约60名德军士兵，缴获4挺重机枪、3挺轻机枪、30支步枪、1具体视望远镜、5箱手榴弹、60发信号弹和大约1500发

1943年1月14日

步兵第95师的第28号战斗报告是这样开篇的："敌人继续顽强抵抗，从街垒工厂、面包房和费奥多谢耶夫街上的住宅楼用冲锋枪、机枪和迫击炮打击我师进攻部队，然后发动了多次反击。"

如果苏军曾预计随着德军力量减弱进攻将变得越来越容易，那么他们此时肯定大失所望。每次进攻都会遭到弹雨洗礼，每个角落都有德军凶狠抵抗，为了收复失地发动的反击更是无休无止。在斯大林格勒，取胜绝非易事。

在白天，步兵第90团据守自身的防线，用火力打击了德军士兵和"街垒"工厂东南角以及绿色储油罐附近的火力点。在4时，侦察兵在"街垒"

1943年1月10日，苏军发动旨在最后消灭第6集团军的"指环"行动，斯大林格勒城内的苏军部队也同时向负隅顽抗的德军发起进攻。上图是近卫步兵第39师的部队踏着积雪向前沿开进，下图是苏军突击队向德军据守的建筑废墟发起冲锋。

工厂东南角发现一个排的德国步兵。同时还观察到个别士兵在工厂和战壕之间来回运动。步兵第90团这一天没有损失，活跃战兵仍为21名。当天夜里，该团将把伏尔加河岸边的阵地移交给机炮第400营和步兵第241团，然后转移到铁路线以西工人村中的阵地，与步兵第161团并肩作战。

步兵第241团的突击队继续向着面包房推进，经过激战后夺取了84号房。该团损失7人，活跃战兵有39名。

步兵第161团向着费奥多谢耶夫街前进，遭到来自面包房、铁路线、道路岔口和费奥多谢耶夫街上楼房的猛烈火力打击。在4时30分，步兵第161团的一支突击队遭到德军来自面包房的反击，但成功将其击退。该团左翼进至费奥多谢耶夫街，随后受到德军的一系列反击：在中午，德军一支排级分队从费奥多谢耶夫街方向对步兵第161团实施反击；在13时05分，苏军发现多达50名德军士兵沿铁路线向面包房运动，用大炮和迫击炮火力将其驱散；在14时30分，苏军又注意到一股多达一个半连的德军集结在蒂拉斯波尔街和布古鲁斯兰街之间的学校附近。步兵第161团为了击退德军的这几次坚决反击付出了很大伤亡，共损失60人，但又一批新鲜血液的补充使该团仍有115名活跃战兵。该团估计德军损失在110人左右。

* * *

步兵第138师的突击队进展更大，给德军防线造成的打击也更重：

"我师突击队缓慢而坚决

地前进，一路歼灭并逐出躲在被毁楼房地下室里的敌人。

"在14时，一股大约80人的敌军士兵与两辆中型坦克从山麓街向我师左翼的步兵第344团发动反击。敌人的这次反击被击退，他们损失惨重。在战斗中，我方火力击中一辆德国坦克，使其起火烧毁。

"步兵第138师右翼击破敌军防御，进至中央街和都柏林街交汇处，左翼则进至山麓街和公会街交汇处。

"我师各团正在继续向西推进并歼灭敌人。

"步兵第768团的波纳马廖夫大士冲进敌人的掩蔽部，用刺刀挑死了8个德国人，又用冲锋枪打死了14个。他一人就缴获3挺轻机枪，还抓获1名德国俘房。被俘的德国人是在1月10日从第305

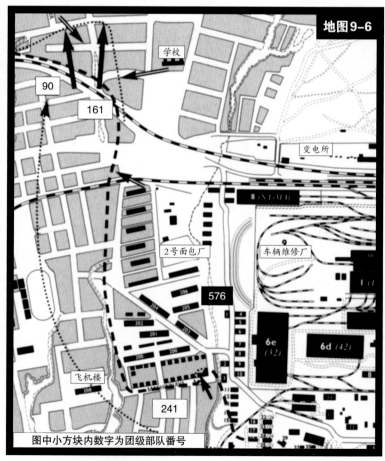

图中小方块内数字为团级部队番号

■ 1943年1月14日，苏军步兵第95师的进攻行动，可见"街垒"工厂德军阵地的右翼面临威胁。

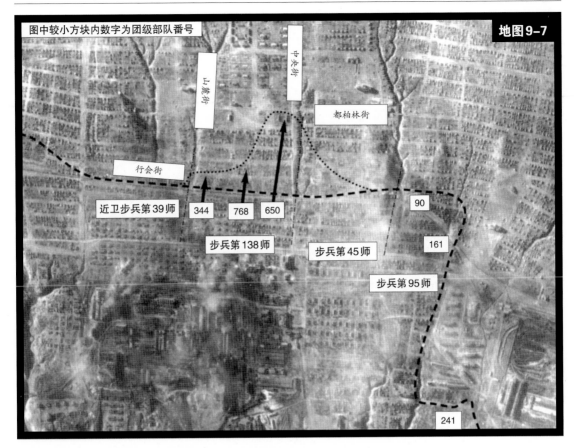

图中较小方块内数字为团级部队番号

地图9-7

山楂街　中央街　都柏林街　行会街

近卫步兵第39师　344　768　650　90

步兵第138师　步兵第45师　161

步兵第95师

241

■ 1943年1月14日，苏军步兵第138师的进攻，该师位于步兵第45师和近卫步兵第39师之间。

步兵师调到这个地段的。这一天缴获的战利品：9门迫击炮、3挺重机枪、9挺轻机枪、4支冲锋枪、多达100支步枪、1000发迫击炮弹、1000多颗手榴弹和多达2000发步枪弹。"

步兵第768团的一名班长A.G.波纳马廖夫大士（A.G.Ponamarev）和另外四名士兵是该团最早冲过铁路路堤沿线德军防线的战士。波纳马廖夫从几节车厢残骸下爬过铁轨，用手榴弹炸开一条血路，并炸毁了德军战壕里的一挺机枪。波纳马廖夫小分队随后占领了多个掩蔽部，并抓获三名俘虏，后来波纳马廖夫被授予列宁勋章。柳德尼科夫的突击队在他的激励下继续挤压着德军的地盘。

炮手和迫击炮手们在战斗中也表现出色，他们带着自己的火炮与步兵并肩作战，为后者提供直接火力支援。步兵第344团炮兵连的一门45

毫米炮在P.G.拉塔诺瓦中士（P.G.Ratanova）指挥下跟随步兵前进，在100～150米的距离上出其不意地打击了德国守军。炮手G.G.加尔布兹下士（G.G.Garbuz）、V.拉巴基泽列兵（V.Rabakidze）和I.梅尔什钦斯基列兵（I.Mershchinsky）眼明手快，击毁1辆坦克和2挺机枪，并打死打伤十几个德国人。

1943年1月15日

这一天的战事比平时少。步兵第90团各部一边坚守各自的防线，一边用机枪和迫击炮打击已发现的德军阵地。该团这一天没有损失，仍有21名活跃战兵。

步兵第241团继续据守新占领的83号房和84号房，以猛烈火力压制德军火力点，驱散了一队20人的德军，并摧毁了绿色储油罐附近的2个掩蔽部。该团损失4人，活跃战兵还有35名。

步兵第161团继续巩固其阵地的防守，炮击德军火力点并侦察了面包房方向，同时做着攻打面包房的准备。但是德军不愿让他们过太平日子，在1时30分，德军一个排从"街垒"工厂西南角和面包房以南的红房子向该团发动反击。在3时，这次反击被击退。在9时30分，苏军观察到99和100号房附近有成群和单个德军士兵在运动。苏方记录估计德军损失40人左右，还有1门火炮和2挺机枪被击毁。

第212掷弹兵团第1营的珀奇少校介绍了自己部队的调动："我们师[1]最后的部队在

图中小方块内数字为团级部队番号

■ 1943年1月15日"街垒"工厂西南战线的形势以及德军的反击行动。

1943年1月15日调到'白房子'以西原先第226掷弹兵团辎重队驻扎的地方，面向西方建立防线。全师所有部队都合并到第212掷弹兵团。到了1月底，我们师的兵力还不满一个营。

"这时候还活着的人包括艾希勒上校[2]（Eichler）、布赫霍尔茨少校[3]（Buchholz）、戈特斯曼少校[4]（Gottsmann）、利特克少校[5]（Liedtke）、珀奇少校、舒哈特少校[6]（Schuchardt）、工兵营的韦尔茨上尉，还有戈德纳上尉[7]（Gordner）、克拉上尉（Krah）、冯·布拉班德骑兵上尉[8]（von Braband）、冯·卢克骑兵上尉[9]（von Lucke）、冯·拉布骑兵上尉（von Raab）、赫斯中尉（Hess）、尼特勒中尉[10]（Nittler）、里斯中尉（Ries）、桑德尔（Sander）中尉、赖斯纳（Reissner）中尉、布雷

1. 这是指原第79步兵师。

2. 里夏德·艾希勒上校（Richard Eichler），骑士十字勋章，金质德意志十字奖章，第212掷弹兵团，1903年4月3日生于弗兰肯贝格，1943年1月31日失踪于斯大林格勒。

3. 瓦尔特·布赫霍尔茨少校（Walter Buchholz），金质德意志十字奖章，第212掷弹兵团，1906年4月17日生于威斯巴登，1943年1月失踪于斯大林格勒。

4. 汉斯·戈特斯曼少校（Hans Gottsmann），第179炮兵团第1营，1913年10月9日生，1943年1月失踪于斯大林格勒。

5. 奥斯卡·利特克少校（Oskar Liedtke），第179炮兵团第2营，1905年8月8日生于罗森贝格，1943年5月9日卒于叶拉布加战俘营。

6. 西格弗里德·舒哈特中校（Siegfried Schuchardt），金质德意志十字奖章，第226掷弹兵团，1894年4月3日生，1943年1月失踪于斯大林格勒。

7. 弗里德海姆·戈德纳上尉（Friedhelm Gordner），金质德意志十字奖章，第212掷弹兵团，1915年4月11日生，1943年1月失踪于斯大林格勒。

8. 卡尔·冯·布拉班德骑兵上尉（Karl von Braband），第179自行车营，1917年5月24日生于诺伊施塔特，1943年1月失踪于斯大林格勒。

9. 汉斯·冯·卢克骑兵上尉（Hans von Lucke），第179自行车营，1912年1月22日生于米肯海恩，1943年2月失踪于斯大林格勒。

10. 罗伯特·尼特勒中尉（Robert Nittler），骑士十字勋章，第212掷弹兵团第3连，1921年3月8日生于迪林根，1943年1月14-16日间阵亡于斯大林格勒。

■ 2号面包厂以南居住区废墟的航拍照片，有几段街道已经塌陷到下水道中，地面密布着大大小小的弹坑，可见战斗的激烈程度。

茨少尉（Bretz）、施通普夫军士长（Stumpf）和第212掷弹兵团第5连的沃尔夫上士（Wolff）。"

1943年1月16日

在两个兄弟团防守各自阵地时，步兵第161团对面包房发动了新一轮进攻。午夜时该团两支突击队向着铁路岔口前进，遭到来自"街垒"工厂西南角的大约40个德军士兵的反击。在2时30分，德军再度发动反击，一支排级分队攻击了该团的突击队，但被机枪、迫击炮和大炮火力击退。突击队冒着来自多个方向的猛烈火力，继续向面包房以南的楼群前进，成功夺取了其中一座房屋，在里面巩固防守并做好了攻打面包房本身的准备。该团的损失为20人，仍有93名活跃战兵。苏军步兵继续密切观察当面德军，发现似乎有援军抵达，或者德军各部在调整部署：在8时，一队16～20人的德军士兵向"街垒"工厂西南角跑去；在14时05分，两队数量分别为7人和15人的德军从那里移动到面包房。

步兵第90团运用各种武器射击德军前沿阵地，通过吸引德军火力来支援步兵第161团的进攻行动。该团当天有1人负伤，在日落时活跃战兵有25人。

步兵第241团实施了佯攻和积极的侦察行动，用大炮和迫击炮毁伤德军的两个掩蔽部，随后将其占领并巩固了防守。该团当天有1人负伤，活跃战兵为34名。

苏军估计德军的损失约为50人。他们还有2挺机枪被缴获，4个掩蔽部被大炮和迫击炮的火力摧毁。

1943年1月17日

步兵第95师的突击队克服德军的顽强抵抗缓慢推进，德军的大部分火力来自面包房、"街垒"工厂西南角、111号房和铁路岔口。

步兵第241团继续据守原先的阵地，用火力打击德军士兵和火力点，并支援了步兵第95师其他部队的进攻。该团用迫击炮摧毁了2个掩蔽部，自身损失为1死9伤，活跃战兵为24人。

步兵第161团对其突击队进行了重组，随后克服德军顽强抵抗向雕塑公园推进，他们在各种武器的火力掩护下缓慢前行。该团因为位于全师的左翼，成为了德军防御火力和反击的主要对象。在1时，一个排的德军从面包房以南的楼群向突击队发起反击。该团依靠迫击炮火力在2时05分击退了这次反击，并给德军造成严重损失。在14时20分，该团注意到约有50～60名披着雪地伪装衣的德军士兵在学校附近移动。在14时40分，该团又注意到大约两个排的德军步兵出现在蒂拉斯波尔街和布古鲁斯兰街上。种种迹象表明德军将发动更凶猛的反击。在这一天日落时，该团的损失和兵力仍在统计中。

步兵第90团各部实施了侦察行动，一边以机枪和迫击炮火力摧毁德军火力点，一边缓慢推进。步兵第95师估计德军损失约为60人，并有1挺机枪和3个掩蔽部被摧毁。

* * *

德军的反击有一次是由赫尔穆特·施瓦茨上尉带队的，他原先是团副官，一度担任过第578掷弹兵团第2营的营长，最近则是负责把后方梯队人员训练为作战人员的军官。雷滕迈尔少校回忆了施瓦茨的遭遇：

"我需要说一说团副官施瓦茨上尉的结局。他以不计个人得失的态度承担了把后勤辎重队和炮兵人员训练成步兵的工作。彻底完成这项任务后，他在1月12日上前线报到，被分配到全师最右翼的一个地段。俄国人通过一条长长的冲沟（'树沟'）渗透过来，占领了几座白房子，他想靠几个人把这些房子夺回来。就在反击过程中，他心脏中弹，当场身亡，时间是1月17日。他的死使他的双亲失去了第三个也是最后一个儿子[1]。施瓦茨上尉是个高尚的人，非常优秀，是那种凭着知识和能力让人由衷钦佩的人。他的死深深刺痛了每个人，无论军官还是士兵。"

步兵第138师的战争日记在这一天记录了一件耐人寻味的事：

"在1月17日，步兵第344团抓获4名第389步兵师第545步兵团的俘虏，他们在1943年1月14日被编入一个130人的独立连，从战线的其他地方调至我师地段。"

对德军来说，部队的完整性此时已不太重要。各师的防线不断被苏军攻破，因而在某些地段已经无法维持足够的人员密度。为了堵住漏洞，只好拆东墙补西墙，从较为平静的地段抽调人员填入"街垒"工人村和"红十月"工人村千疮百孔的防线。

* * *

在11时20分，一架德国运输机在"红十月"工人村投下7个挂着货物的降落伞。在前一天，甚至有一架飞机降落在107.2高地附近。在1月18日14时05分，还将有7架运输机降落在"樱桃沟"附近。罗科索夫斯基的大军对斯大林格勒包围圈西面的猛攻已经导致德军的主要机场——皮托姆尼克机场在1月16日上午失守，古姆拉克机场也受到严重威胁。在1月17日，古姆拉克机场的起降作业曾一度停止，这是因为有个飞行员错误地报告说德军部队已经撤出该机场。为此一些飞机不得不使用位于市区西郊的小机场——斯大林格勒斯基。第305炮兵团的罗姆巴赫下士曾目睹了皮托姆尼克机场失守的惨状：

"因为我们的盟友（特别是罗马尼亚人）没有重武器，没有现代化的大炮，所以第2营（也就是我们营）被调到皮托姆尼克支援罗马尼亚人，并保卫那里的机场，我们在那里体验了被围部队里各色人等上演的活剧。跑道一次又一次地被飞机炸，被大炮轰，工兵们只能把跑道维持在一定程度可用的状态。每当有飞机降落，伤病员就一窝蜂地拥上去，争先恐后地要离开包围圈。机场守

---

1. 施瓦茨有两个弟弟，其中赫伯特被人杀害但尸体下落不明，因此被斯图加特地方法院宣布为死亡，而约翰1941年7月16日在法国死于事故。

■ 自从第6集团军被包围后，数十万被围官兵的给养完全依靠空运，伤员的疏散后送也只能依靠飞机，因此对于斯大林格勒地区的德军来说，空中航线是一条维系生命和希望的纽带，只是这条纽带太过脆弱，根本无法支撑第6集团军的渴求。右图是一架在斯大林格勒郊外机场降落的 Ju 52型运输机，通体涂以白色冬季涂装。

■ 为了加强对斯大林格勒的补给力量，德国空军将部分轰炸机也投入了空运行动，右中图就是一架在风雪中装运物资的 He 111型轰炸机。

■ 1943年1月中下旬，苏军进攻部队逼近斯大林格勒附近的机场，随着机场陷落，德军的最后生命线被切断了，所有被围官兵彻底无望逃脱，下图是苏军部队攻入德军机枪，背景中的德军飞机是一架 Fw 189型侦察机。

卫只能靠武力手段来防止飞机被人流冲翻,那里的场景非常恐怖。后来由于弹药短缺,再加上俄国人兵力占优,我们不得不和罗马尼亚士兵一起丢下机场逃跑,就这样回到了在斯大林格勒北城区拖拉机厂附近的旧阵地。"

负责让皮托姆尼克机场维持运转的工兵部队包括第389工兵营,这个营里还有比希上尉的第45工兵营的残部。孜孜不倦、不屈不挠的第2连连长瓦尔特·海因里希中尉和同样英勇善战的第1连连长马克斯·邦茨中尉[1]一如既往地激励部下执行任务。维护跑道是一项极耗体力的工作,特别是在口粮配额不断缩减的情况下。在1月13日,不可思议的一幕发生了:苏军的一发炮弹在离海因里希中尉不远处爆炸,他应声倒下。部下一时间都担心他死了,但是接着就发现他还在动。他奇迹般地捡了一条命,但是右腿被弹片严重击伤。他生存下来的机会非常渺茫,尽管医生尽了最大努力,但救护站的恶劣条件意味着基本上不可能得到妥善治疗,而飞机只能运走一小部分伤员。海因里希在医院里躺了将近10天,眼看已经没希望搭上飞机了。然而,此时他的守护天使再次出手相救:有个飞行员是当年他在乌尔姆的同学。于是在1月22日,海因里希刻不容缓地逃出了斯大林格勒包围圈。

1月17日,罗科索夫斯基命令部队暂停进攻,以便重整。草原上的德军各部获得了一点喘息的机会,但是时间不会长,"指环"行动的最后阶段将在1943年1月22日展开。

■ 1943年1月18日,苏军步兵第90、161团的进攻行动,图中方块内的数字为团级部队番号。

1943年1月18日

步兵第90团各部开始执行第08号战斗命令。他们克服德军抵抗,前进了250～300米,占领了两座房屋和一些掩蔽部后在其中巩固防守,该团的损失为5死7伤。

步兵第241团据守其防御阵地,通过工程手段加强防守,并实施了佯攻。该团无损失。

在2时,步兵第161团以两支突击队发起突袭,但是遭到学校－蒂拉斯波尔街和布古鲁斯兰街之间区域－铁路岔口－"街垒"工厂西南角一线德军的小型武器和机枪火力拦截。在2时40分,一队兵力约为一个半连的德军从学校和工厂西南角向步兵第161团进行反击,他们接近到手榴弹投掷距离,但是被苏军用猛烈的火力和密集投掷的手榴弹打了回去。据报这股德军有大约60人被打死,其余的四散逃跑。突击队随后克服德军的顽强抵抗缓慢前进,赶走了三座房屋里的德国守

1. 马克斯·邦茨中尉,金质德意志十字奖章,第45工兵营第1连,1914年7月10日生于乌尔姆/多瑙,1943年1月23日失踪于斯大林格勒。

军，并在其中巩固防守，该团还用迫击炮和大炮火力摧毁了4处碉堡和掩蔽部。在这次战斗中表现出色的有布尔拉科夫下士（Burlakov）和罗金中尉衔政治指导员（Rodin）：前者率先冲进一座房屋，在里面用手榴弹炸死了15个德国人，并缴获1挺轻机枪；后者用冲锋枪和手榴弹击毙12个德国士兵。在8时50分，苏军注意到多达一个营的德军集结在"街垒"工人村东南角附近，便迅速召唤火箭炮进行打击，将他们驱散。德军在下午进行了报复：在14时10分，步兵第161团的指挥所遭到一门反坦克炮的轰击；在16时，一股150人的德军士兵从铁路岔口和学校发起反击，最终被大炮和迫击炮火击退。步兵第161团各部随后为了执行02号命令而补充了人员，该团这一天的损失为22人。

苏军统计德军损失约为170人，还有1门81毫米迫击炮、3挺轻机枪、34支步枪、6支冲锋枪和2部电话机被缴获。

1943年1月19日

步兵第241团的战士们据守自己的防区，并实施了佯攻。

步兵第161团的突击队战胜德军的顽强抵抗，前进了150米，占领5座房屋，用大炮和迫击炮摧毁了2个掩蔽部，在新占领的阵地上巩固防守后侦察了德军火力点，为后续行动做准备。该团损失很大，有26人伤亡，但仍有156名活跃战兵。

步兵第90团冒着射向其左翼的猛烈火力前进了300米，占领了一些位于哥萨克街和阿尔瓦佐夫街十字路口的建筑，在其中巩固防守，并为后续作战实施侦察。当天的损失为10人死亡，21人负伤。在10时15分，观察员在"街垒"工人村以南的公墓一带发现多达两个连的德军步兵，便召唤大炮和迫击炮火将其驱散。13时20分，苏军在梅利托波尔街上字母"M"附近又观察到一个排的德军步兵。

地图9-9

哥萨克街
叶夫列莫夫街
梅利托波尔街
列宾街
埃拉热斯托夫街
阿尔瓦佐夫街
费奥多谢耶夫街
学校

61
90
161
241

图中小方块内数字为团级部队番号

■ 1943年1月19日，"街垒"工厂以南地区的形势。

苏方资料认为德军损失了70人，此外苏军的大炮和迫击炮还摧毁8个火力点，并直接命中1门37毫米炮。苏军还缴获1挺重机枪、1挺轻机枪和1门37毫米炮。

步兵第138师地段的激战被总结为两句话："激烈的战斗在这天日间继续进行，并经常化为肉搏战。我师前进了少许。"

1943年1月20日

步兵第241团使用自己掌握的各种武器打击德军前沿阵地，以支援步兵第161团和第90团进攻，该团无损失。

在前一天夜里，十来个裹着伪装衣的德国人试图靠匍匐前进的方式接近到步兵第161团的前沿阵地上。苏军士兵故意将他们放近，然后投出手榴弹将这些德国人消灭。早晨，步兵第161团以三支突击队发起进攻，先封锁两座楼房，然后在4时迅速占领了它们以及附近的两个掩蔽部。接着突击队又向费奥多谢耶夫街前进了30米，随后遭到侧射机枪火力打击，被压制后不得不就地掘壕固守。该团损失8人，活跃战兵为135名。

步兵第90团派两支突击队占领了阿尔瓦佐夫街上的两座楼房。该团右翼克服德军抵抗，进至阿尔瓦佐夫街和梅利托波尔街的十字路口，但被猛烈的火力打得抬不起头。该团左翼没有进展，仍然据守原来的阵地。该团伤亡很严重：10人死亡，28人负伤，活跃战兵还剩78人。在10时，一队12人的德军士兵试图接近该团前沿，但其中10人被机枪和迫击炮击毙，只有2人逃脱。

步兵第95师的第40号战斗报告提到："敌人进行了顽强抵抗，在每一座建筑里死战不退，并从街垒工厂西南角、学校和公共浴室用小型武器、机枪和系统的迫击炮火打击我进攻部队。"这份报告估计德军损失约为30人，少于该师自身损失。根据1月19日统计的具体数据，该师缴获了下列战利品：3挺轻机枪、5支步枪、3500发子弹和其他物资。

南边的步兵第138师也陷入了苦战："敌人猛烈抵抗，投射凶猛的步机枪火力，我师战斗部队克服敌人防御向前推进。"

1943年1月21日

步兵第241团一边防守，一边密切观察德军动向，用小型武器和机枪射击发现的火力点和人员。该团损失很小，只有2人负伤，活跃战兵为89名。

在步兵第161团地段，苏军在3时注意到小股德军出现在面包房和"街垒"工厂西南角，但他们没有发动进攻。在白天，该团突击队占领了费奥多谢耶夫街上15座被改造成碉堡的房屋。德军在

这一地段的火力大多来自学校、"街垒"工厂、叶夫列莫夫街和公共浴室。从10时起，突击队在新占领的阵地上巩固防守，随后为后续作战做准备。该团的人员损失为22名，还有153名活跃战兵。

在步兵第90团地段，德军在2时试图以几支小分队向埃拉楚斯托夫街和叶夫列莫夫街反击，但被苏军击退。步兵第90团的突击队随后继续进攻，将德军从掩蔽部和战壕中逐出。他们前进了300米，占领了列宾街。德军几次试图反击但均被击退，步兵第90团在新占领的阵地上巩固了防守。该团的伤亡为13人，仍有52名活跃战兵。

步兵第95师缴获的战利品有1门37毫米反坦克炮、1门81毫米迫击炮、5挺轻机枪、10支步枪、1支冲锋枪、3000发步枪弹，还抓到8名俘虏。

在10时30分，发生了一件曾经司空见惯但此时却很不寻常的事：德军的轰炸机两次向伏尔加河东岸俯冲投弹。苏军设施受到的破坏很轻，但此事的主要效果是略微提升了德军的士气。

1943年1月22日

在步兵第241团防守自己的阵地（并且未受损失）之时，另两个团继续对德军的阵地零敲碎打。在这一天，步兵第161团的突击队进至格多夫街上字母"K"处，在那里包围并占领了6座小房子，然后在其中巩固防守。在13时，观察员注意到小股德军士兵从铁路岔口飞奔到无名冲沟内。该团这一天损失4人，仍有119名活跃战兵。

6时30分，在步兵第90团地段发现一个新的德军据点——公共浴室附近有一门37毫米炮朝该团左翼射击。该团的突击队在白天执行了其领受的任务，他们冒着来自埃拉楚斯托夫街和叶夫列莫夫街的德军火力，以迅猛的动作沿列宾街推进了50～70米，并在新占领的阵地上巩固防守。该团的损失为7死5伤，活跃战兵还有40名。

在城外的大草原上，"指环"行动的最后阶段

开始了。第57集团军的步兵部队从西南面沿着铁路线在4公里宽的正面上大举进攻，在沃洛普诺沃火车站达成突破，一路杀向斯大林格勒南城区。德军部队根本无力封堵防线上的大缺口。那个地段的守军弹药不足，又无法从其他地段抽调部队。保卢斯心知末日将近，当天晚上，他通过陆军总司令部向希特勒发去一封电报：

"口粮已耗尽，包围圈内有12000多名伤员无人照料，部队再也没有弹药，却要面对敌人在猛烈炮火支援下的大规模进攻，我应该给他们下什么命令？必须尽快做出决定，因为某些地方已经开始崩溃了，但是士兵们对领导的信心还在。"

希特勒的答复非常生硬：

"对投降不予考虑。

"部队必须坚守到底。可能的话，应该缩小堡垒面积，以便仍有战斗力的部队坚守。

"正是斯大林格勒堡垒守军的勇气和毅力使我军得以建立新的防线并开始做反攻准备，因此，第6集团军已经为德国最伟大的斗争做出了历史性的贡献。"

德军在包围圈西面的防线已经开始瓦解，要不了多久，那些曾经意气风发的部队的残兵败将就将向东撤退，涌进可怕的废墟之城中避难，直到噩梦终结。

1943年1月23日

双方继续在斯大林格勒北城区为争夺每一座建筑而血战。在这天日间，步兵第241团用45毫米炮和迫击炮系统地射击了德军火力点，以120毫米火炮的齐射驱散两队位于面包房附近的德军并歼其一部，还压制了"街垒"工厂东南角的3个火力点。该团还利用烟幕实施了一次持续一小时的佯攻，在烟幕笼罩战场时，苏军士兵们用各种武器对德军前沿阵地乱射。该团损失3人，仍有86名活跃战兵。

8时，步兵第90团的突击队在45毫米炮、76毫米炮及迫击炮支援下开始封锁德军的一些火力点和房屋，但由于对方火力猛烈，特别是一挺侧射的机枪不停开火，该团没有得手。随后他们继续侦察、压制和摧毁挡在前进道路上的德军火力点。该团损失4人，尚余36名活跃战兵。

步兵第161团各部冒着德军的防御火力沿格多夫街前进了50米，占领三座房屋并歼灭了其中的守军（大约20人）。随后他们巩固防守，执行侦察，并用大炮压制了德军的一些火力点，为后续战斗做准备。该团的伤亡只有一人，活跃战兵还有179名。

苏军估计德军损失约30人，有3挺轻机枪和20支步枪被缴获。他们还报告说，纵火器排焚毁了3座房屋和1个掩蔽部，并向德国人抛撒了1500张装在玻璃球里的传单。在15时，一架德国运输机在步兵第241团和友邻的独立机炮第400营地段投下5个带补给的降落伞。

步兵第95师的第46号战斗报告概要介绍了该师3个步兵团当面德军部队的情况："在我师当面，第305步兵师的残部还在继续顽抗，他们分为以下几个集团：在步兵第241团地段的是第576步兵团第2营，在步兵第161团地段的是第212步兵团，在步兵第90团地段的也是第212步兵团，此外在步兵第90团左翼还有第71步兵师第194步兵团第3营的部队。他们依托街垒工厂东南角、面包房、街垒工厂西南角和铁路岔口的据点进行防守，所有据点都配备了数量极多的自动武器。"

1943年1月24日

步兵第241团各部据守其阵地，并用45毫米炮、迫击炮和机枪压制德军火力点。该团无损失。
步兵第161团的部队以大炮和迫击炮压制5个火力点后，试图朝西北方向前进，但是在猛烈火力（尤其是学校和面包房中侧射机枪的火力）拦截下未能成功。该团损失为3人负伤。步兵第90团也在这天执行了自己的任务，他们先用45毫米炮和76毫米炮的直瞄射击将德军火力点打哑，然后以突袭方式夺占了列宾街上的两座小房子并前进了30～50米。观察员发现附近的叶夫列莫夫街上有一队30人的德军士兵进入一些掩蔽部，此前还有个别士兵来回跑动。步兵第90团的损失为4死7伤，活跃战兵还有47人。他们估计德军的损失为30人，有3挺轻机枪、7支步枪和1门迫击炮被缴获。

在9时，一架德国运输机通过降落伞空投了5包弹药，其中2包落在戈里什内的指挥所附近，另外3包落在无人地带。

1943年1月25日

德军在这一天很老实，只在遭到攻击时才做出反应。苏军的任何运动都会遭到小型武器、机枪和零星的迫击炮火打击。戈里什内师各团在这一天也异乎寻常地安静，步兵第241团的战士们用45毫米炮的直瞄射击摧毁了面包房附近和"街垒"工厂西南角的一些德军火力点。此外，该团还继续加固其工事并加强观察。该团的损失为1人死亡，2人负伤，活跃战兵有83人。步兵第161团据守并巩固自身阵地，通过观察刺探敌情，并射击了德军的火力点和人员。该团无损失。步兵第90团据守新占领的区域，在德军可能进攻的方向布设雷场并架设带刺铁丝网，还不断用火力打击德军。该团也没有损失，活跃战兵为47名。

苏军观察员对德军的所有动向都有莫大兴趣。戈里什内的部下在一条冲沟和硅酸盐厂附近花园之间的一片楼房附近发现6辆载着德军士兵的车子向硅酸盐厂开去，他们还在花园西南角发现一辆德国坦克。

1943年1月26日

步兵第95师为执行第3号战斗命令而做准备，同时其下属各团也执行了日常的任务。步兵第241团据守其阵地，轰击了在99号房、100号房、面包房和"街垒"工厂附近发现的德军火力点。该团无人伤亡。步兵第161团加强了防御，同时用各种武器射击了德军部队集结地和火力点。该团从11时起实施了侦察行动，有2人负伤。步兵第90团据守其防线并杀伤了一些德军人员，摧毁一些火力点。该团使用迫击炮和大炮火力击毁一辆机动车，并压制了四个火力点。该团有1人负伤。

* * *

在南边，第62集团军的其他部队一劳永逸地收复了马马耶夫岗。从西面杀来的第21集团军的坦克在"红十月"工人村与罗季姆采夫的近卫军战士会师，将包围圈分割成两半。集团军司令员崔可夫用生动的笔触描述了他的部队与罗科索夫斯基的顿河方面军会师的情景：

"1月26日黎明，盼望久已的一天终于来了。这一天，第62集团军的部队与从西面实施进攻的帕维尔·伊万诺维奇·巴托夫中将[1]（Pavel Ivanovich Batov）指挥的第65集团军部队以及由伊万·米哈伊洛维奇·奇斯佳科夫上将[2]（Ivan Mikhailiovich Chistyakov）指挥的第21集团军部队胜利会师了，下面是这次会师的经过：

"黎明时，有个观察所报告，发现希特勒分子陷入混乱，东奔西跑。听到坦克的轰鸣声，出现了身穿红军制服的人……看见重型坦克从山上下来，装甲上写着'车里雅宾斯克集体农庄庄员'、'乌拉尔金属工人'等字样。罗季姆采夫师的近卫军人高举红旗冲向前去。

上午7时20分，在红十月工人村举行了激动人心的会师仪式。A.E.古辛大尉（A.E.Gushchin）

---

1. 帕维尔·伊万诺维奇·巴托夫中将，苏联英雄，第65集团军，1897年6月1日生于菲利索沃，1985年4月19日卒。

2. 伊万·米哈伊洛维奇·奇斯佳科夫上将，苏联英雄，第21集团军，1900年9月27日生于奥特鲁布尼沃，1979年3月7日卒。

■ 1943年1月26日，斯大林格勒城内的苏军部队与从西面进攻的苏军部队胜利会师，将包围圈一分为二，上图为会师后苏军士兵们纵情欢呼胜利，下图是第62集团军司令员崔可夫（左一）与司令部成员视察前线，在胜利在望的情况下所有人都面露微笑。

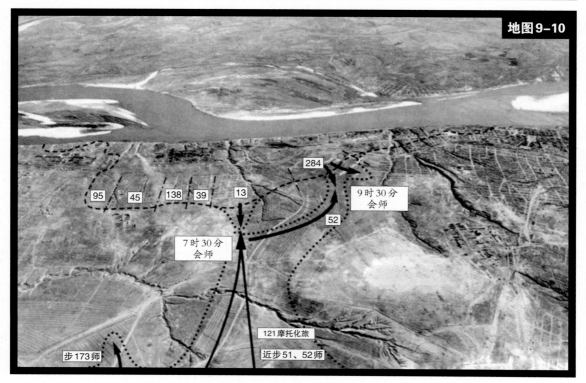

地图9-10

95　45　138　39　13　284

9时30分会师

52

7时30分会师

121摩托化旅

步173师　　近步51、52师

■ 1943年1月26日,苏军第21集团军和第62集团军胜利会师,斯大林格勒包围圈被一分为二,图中小方块内的数字为师级部队番号。

把一面写着'1943年1月26日会师纪念'的红旗交给巴托夫集团军的部队代表。

"百炼成钢的官兵们,此时眼眶里涌动着喜悦的泪花。

"P.乌先科近卫军大尉(P.Usenko)向罗季姆采夫将军报告说:'您的著名的近卫军战士们赠送给我们的红旗已收下。'

"'请转告你们的指挥员,'罗季姆采夫将军说,'今天是我们最幸福的一天,因为经过5个月艰苦顽强的战斗之后,我们终于会师了!'

"钢铁堡垒——重型坦克开过来了。坦克手们从炮塔里探出身子,挥手欢呼。强大的战车群继续向工厂、向前方驶去。"

* * *

第305装甲歼击营的副官乌多·朱利尼骑兵上尉清楚地记得自己所在的防区土崩瓦解、部队四散奔逃的景象:

"那一天晴空万里,冰寒刺骨,我站在我的地堡前观察战场。我所在的地方视野很开阔,因为我的地堡位于戈罗季谢附近的一个小丘上,是那一带唯一有林木覆盖的高地,长着一些冷杉。在圣诞节前的一段时间,我一直小心翼翼地看守着这些树木,防范那些寻找圣诞树的人。当我通过望远镜扫视前方时,突然看到一幅令我心跳停止的景象:在茫茫雪原上,在西边灿烂的阳光照耀下,我辨认出了一支正在行进的车队。我立刻报告了营长,然后和他一起观察,讨论这可能是什么人。我们自己的两个装甲师就部署在那个方向,而且各自还剩几辆坦克,但是他们应该在各自的防区坚守阵地才对。怎么突然跑回来了?我们给师部打了电话,但是他们也没有头绪。当然了,我们根本不知道前线崩溃的事。

"我们向车队大声呼喊,还打了信号,但他们还是无动于衷地继续前进。突然,我注意到车队是分成四路纵队行进的,这是俄国人的做法,德国人总是分三路纵队行军。我顿时感到强烈的恐惧，他们是俄国人！而这时，他们已经从行军队形转成了战斗队形。他们四下散开，架起机枪，炮弹连连朝我们飞来。

"我们中间原来面向东方防守的人现在不得不掉转180度，我们把一切有腿和能动的东西都动员起来了，俄国人立即在雪原上构筑了工事。当晚我们就撤离戈罗季谢，进了斯大林格勒城。

"道路已经不再是道路，而是逃难者组成的洪流。坦克隆隆驶来，从一些士兵身上碾了过去。那都是些受了伤的人，腿脚不灵便，来不及让路。在拥挤不堪的道路上坦克驾驶员也没法避开他们，于是后面的坦克就一辆接一辆地从已经被压扁的人身上碾过去，他们扁得就像铺在雪地里的硬板纸。大家只能匆匆走过，没有人对他们多看一眼。与此类似的还有那些在无尽的雪原上被冻僵的死人，硬得像木板一样，我们在从顿河向伏尔加河进军路上就见过这样的情景，很难分辨那是德国人还是俄国人。很多这样的死人直挺挺地立在雪里，就像路标一样，真是让人毛骨悚然……"

* * *

包围圈里的德军被分割成两半，此事导致恐慌情绪在德军士兵中间迅速蔓延，戈里什内师的观察员们在不知道本方部队已经会师的情况下记录了附近德军的反应：

"在7时30分，观察到个别和小股敌军士兵从西边跑进街垒工厂地区。

"我军用炮火覆盖了这些敌人，他们部分被歼，其余四散而逃。

"在12时，在学校西南面布古鲁斯兰街上，发现一些带拖斗的机动车向北运动，此外还发现2辆敌人的坦克。

"还观察到许多敌军步兵乱糟糟地跑进雕塑公园和伊里奇医院一带，向着街垒工厂移动。

"15时10分，在硅酸盐厂附近发现多达1000人的敌军纵队行进。

"15时40分，在硅酸盐厂以南，有多达20名敌军在挖掘战壕。"

在与第6集团军主力失去联系后，第11军军长施特雷克尔将军接过了包围圈北部所有部队的指挥权。

1943年1月27日

包围圈被分割对第305步兵师的防御能力并无影响，因为该师各部仍然据守原来的阵地，但是大量蓬头垢面、穷途末路的新来者涌进了该师的后方地域，他们在人满为患的地下室里寻找栖身之地，并且想方设法搜寻任何形式的食物。朱利尼骑兵上尉回忆了这些令人丧气的事情，以及他是如何找到解决办法的：

"我们在城里寻找住处，唯一能待的地方就是地下室，其他地方全都已经被毁了，地下室里幸运的住户们千方百计地把我这些不请自来的难民拒之门外。我想到了投靠朋友，可是在这种绝望的情况下，友谊总是一文不值的。我气愤地抬高嗓门大叫大嚷，可有谁会在乎？我只好威胁把仅有的几个反坦克班和反坦克炮排撤走，把它们"借"给别人。好了，这下起作用了。我们终于在一处坍塌的公寓楼底下得到了一个肮脏的小房间，那座公寓楼原本有5层高。

"这地方有着无法估量的优点。这些公寓楼的墙壁是砖砌的，而天花板和地板是混凝土浇筑的。坍塌下来的砖石堆和夹在中间的混凝土楼板形成类似三明治的结构，在航空炸弹和各种口径的炮弹面前都能提供可靠的保护。即使被直接命中也没关系，这一大堆东西是有弹性的，在受到冲击时会弯曲，但是什么都穿不透它。不过，在遭到猛烈炮击时，必须把壁炉门关紧，以防气压把炉子里燃烧的东西喷到我们的安乐窝里。

"我们在这座公寓楼地下室里的掩体顶住了最猛烈的直接攻击，应该好好记住由砖石和混凝土楼板提供的这种保护。当然，被打中时会摇晃、颤动，但是什么都打不穿它。"

和朱利尼等人一样，大多数逃难的德军在"文件夹"街区的建筑里找到了栖身之所。这片广大的街区几乎位于北部包围圈的中心，基本上也是所有把守外围的部队的后方，许多指挥人员也在"文件夹"街区里避难。

* * *

在"街垒"工厂以南，戈里什内师还在照常战斗。整个白天，步兵第241团不间断地射击德军火力点并加强观察。82毫米迫击炮的齐射压制了"街垒"工厂西部的3个德军火力点，并摧毁1门迫击炮。该团有2人战死，剩下81名活跃战兵。

截至5时，步兵第161团已经封锁了通向学校的道路，推进了50米，并巩固了新占阵地的防守。在此之后，他们使用各种火力压制和杀伤德军人员。该团与步兵第90团合作进行了后续战斗的准备。这一天的损失是3死7伤，剩下的活跃战兵还有164人。

步兵第90团的部队将防区移交给步兵第45师，并重新部署到新的出发阵地上。随后他们在9时以多支突击队发起进攻，夺占了两座房屋。似乎由于德军主动退却，他们没有缴获战利品。该团一个迫击炮连的火力压制了两个德军火力点。伤亡为3死4伤，活跃战兵还有47名。

观察员又发现了德军的一些活动：6时20分，在政委楼及其东南一带，观察到一群人数在80人左右的士兵；白天在

"伊里奇"医院一带，观察到个别德军步兵的活动，有三队分别为10～20人的德军士兵从医院移动到"街垒"工厂。

1943年1月28日

在暗夜中，第305步兵师几个勇敢的小分队攻击了苏军阵地。午夜时分，戈里什内的部下击退了从布古鲁斯兰街上字母"G"处发起反击的20名德军士兵，接着在1时又击退了从自愿街进攻的另一支排级分队。

* * *

"在我集团军主力把作战方向转向北方以后，"克雷洛夫将军写道，"我们前方的地域——街垒工厂及其工人村，以及雕塑公园——就成了我

■ 苏军步兵第95师的战士们从南面向6e号厂房[32号车间]推进。

■ 身穿白色伪装服的苏军突击队员在火力掩护下逼近32号车间［6e 号厂房］，图中可见这座建筑物已经被烟火笼罩了。

们的主要战场。这里的情况和先前红十月工厂地区完全一样，敌人的抵抗甚至更激烈。每一片空地上都要爆发战斗，每一张工作台和每一部机器后面都藏着敌人，在许多地方我们靠火焰喷射器才能前进。在扫清厂房里的敌人以后，我们还必须把敌人从地下室里赶出来。

"直到1月28日，我们的突击队才开始啃起敌人在街垒工厂一带的阵地。"

啃进"街垒"工厂阵地的师就是戈里什内师，不过德军的凶猛抵抗让他们的门牙崩了一回。该师的3个步兵团在11时开始进攻，经过重新部署以后的步兵第241团向着"街垒"工厂的东南角推进。到了14时，两支突击队已经冲进32号车间［6e 号厂房］。德军不断从车辆维修厂、堆场、11号车间和42号车间［6d 号厂房］向他们实施凶猛的反击，因此进入工厂的总计31名突击队员中竟有13

人死亡、17人负伤。只有1名士兵平安幸存。该团这一天的总损失是45人，还剩下35名活跃战兵。

步兵第90团向着面包房、钢铁街和"街垒"厂推进。它在14时25分接到一条新命令：跟随步兵第241团进攻。这支小小的部队在这一天遭受了惨重损失，共伤亡34人，只剩下13名活跃战兵。

步兵第161团向"街垒"工厂的西南角进攻，任务是夺取一些小车间、车辆维修厂、堆场和11号车间。他们从面包房西部顶着德军猛烈的火力前进到"街垒"厂边缘。他们在这一天伤亡了43人，但仍有124名活跃战兵，其中13人是82毫米迫击炮手，60人是76毫米炮和45毫米炮的炮手。

步兵第95师对这一天的战事总结如下：

"敌人从42号车间［6d 号厂房］、32号车间［6e 号厂房］和街垒工厂西南角用火力顽强抵抗我师的突击队，并从绿色储油罐和布古鲁斯兰街上的

6e 号厂房

车辆维修厂

6d 号厂房

2号厂房

堆场

1号厂房

■ 上图是"街垒"工厂主厂区的战地航拍照片，显示了各主要建筑的位置，这里也是德军第305步兵师最后据守的阵地。尽管战役已经胜利在望，但是苏军部队要将德国守军从纷乱交错的工厂废墟中驱赶出来仍然是一项非常艰巨的任务。

■ 下图是"街垒"工厂6d 号厂房及周边地区的航拍照片，可以看到在厂房前方由铁路岔道和各种管线构成的复杂地形，在照片左下角可以看到铁路路堤和与下工人村隔开的混凝土墙的残段，守卫在6d 号厂房的德军可以得到旁边6e 号厂房及2 号厂房守军的支援，对于进攻者来说，这是一块非常难啃的骨头。

6e 号厂房

2号厂房

6d 号厂房

■ 上图是从另一个角度拍摄的6d号厂房的航拍照片，可以更清晰地观察到这座厂房周边的地形和建筑布局，注意其右侧的2号厂房的屋顶完全坍塌了，相比之下6d号厂房的结构要相对完好。

■ 下图是6d号厂房顶部的局部放大照片，注意厂房旁边几乎是一个由各种废墟、残骸、管线构成的大垃圾场。在1943年1月下旬的战斗中，苏军步兵第241团的突击队在6e号厂房内夺取了一个立足点，但是遭到6d号厂房内德军的激烈抵抗，周围错综复杂的道路、壕沟、密布的残骸、废墟给进攻部队造成很大的困难。

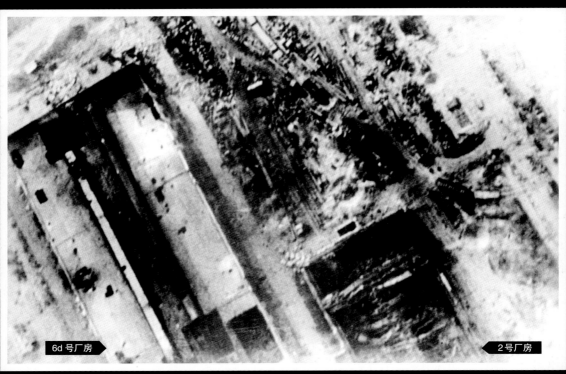

学校投射侧射火力。"

克雷洛夫将军回忆说:"在1月28日,我们取得显著进展,事实上前进了300到700米。戈里什内师的士兵推进到厂区内,占领了工厂东南部处于有利位置的32号车间。他们击退了敌人的两次反击,但没能顶住第三次……

"在面包房、古利耶夫师地段的学校和其他据点,战斗也打得一样艰苦,罗季姆采夫的近卫军战士在107.5高地北坡从敌人手里夺下了一个又一个立足点……"

在20时,学校附近的德军以60人对步兵第161团左翼发起反击,但被大炮和迫击炮火轰散,一部被歼。

对德军来说,苏军的进攻让他们本已恶劣的条件雪上加霜,整天都有炮弹和火箭弹呼啸着飞来。大批伤员聚集在工厂地下室和外围住宅区里寻找食物、庇护和治疗,绷带和药品已经告罄,食物也所剩无几,负伤后将要面临的困境让那些仍有能力战斗的人顾虑重重。尽管目睹了人类最残酷的相互厮杀,前线士兵仍然把进急救站的地下室视作畏途。雷滕迈尔少校回忆说:

"救护站又是什么光景?在1月28日,有个人离开指挥所去了救护站。他的大腿上有子弹造成的贯通伤。两小时后他回来了,带着哭腔述说了他在那里见到的景象。到处都躺着伤员,有些人甚至露天躺着,而在他们中间混杂着许多死尸。那里没人照料伤员,也没人有力气搬走死尸。医生们再也没有绷带了。'我请求和我的战友待在一起,不过我不想成为他们的负担,要是你们帮我爬上梯子,我可以当个哨兵派点用场。'这些话让团长流下了眼泪,他说:'你就在这里找一小块地方吧,和我待在一起。'"

出于怜悯收留此人的是团长利泽克中校。

第305炮兵团第2营的罗姆巴赫下士比较幸运,只受了轻伤,但他带着战友去救护站治疗时亲眼看到了那里的情况:

"在1月底俄国人发动猛攻,被我们用作观察所的地堡被炮弹直接命中。我当时没有值班,呆在地堡后部的角落里,地堡被炸毁了一部分,我的两条腿都受了轻伤,右手还起了一个很大的水疱,非常碍事,我们的卫生员耶尼施(Jänische)给我上了点药膏和药粉。我还是非常幸运的,这个水疱好得比较快,但是我腿上的伤就糟糕得多,因为虱子爬到了绷带下面,搞得伤口老是好不了。

"在包围圈里负伤的士兵基本上得不到治疗,因为受伤或生病的人越来越多。我们缺少包扎用品和药物,尤其是缺少温暖的住处来收容这么多伤病员。在机场落到敌人手里以后,伤病员再也不能乘飞机离开了,于是主要的救护站都人满为患,而且他们缺少必要的设施来给这么多伤病员做充分的治疗。

"在1943年1月底,我所在通信排的排长博赫少尉[1](Boch)右大腿被一发俄国的迫击炮弹严重炸伤。我带他去了主救护站,希望在那里找人给他治一治。但是我在那里看到和体会到的情况促使我又把我的战友带回了我们住的地堡,因为在那里他至少有一张床,还能得到必要的补给,主救护站的情景犹如可怕的恶梦一般。自从机场被俄国人占领,伤员乘飞机离开的路就断了,因此伤员们实际上都被判了死刑。他们的绷带都爬满了虱子,在主救护站,死人和伤员被胡乱地摆在一起无人照看,因为士兵们全都营养不良,泥土又被冻得结结实实,所以再也没有人掩埋尸体。"

1943年1月29日

从1月28日22时到1月29日7时30分,德军从绿色储油罐和"街垒"工厂纵深地带向步兵第95师发动了三次反击,每次动用30到50人,但

---

1. 特奥多尔·博赫中尉(Theodor Boch),第305炮兵团第2营,1914年7月13日生,其余信息不详。

均被击退。不过，德军通过这几次反击收复了一些掩蔽部，从中他们可以用火力覆盖通向"街垒"工厂东南部的道路。

* * *

苏军各部在这天上午继续进攻。第62集团军各师面向北方摆开阵势，计划从南边卷击包围圈中的德军。克雷洛夫将军写道：

"敌人的防守还是顽强而严密，德国人死守每一座构筑了工事的房屋。为了击破这些走投无路的家伙的殊死抵抗，我们不得不用重炮直瞄射击，并动用火焰喷射器和轰炸机支援。

"在这些日子里，我们以大炮作为主要的火力来源，使用方式如下：在进攻开始前，对街垒工厂的整个敌占区域进行30分钟的猛烈炮击。在此阶段，必须有人在前线准确地引导炮火，这也是整个战役中我们始终坚持的做法。有3个师在攻打街垒工厂一带，因此决不能让相邻的部队互相妨碍，不允许出现任何混乱或差错。每个师长，甚至包括每个团长在内，都在前进观察所里指挥作战。

"'他们到底什么时候才肯投降？都到这个时候了！'我们的一个参谋军官脱口而出。确实，德国人（至少是其中那些希望活命的人）早该放下武器了，但是我们第62集团军在这段时间里没抓到多少停虏（从1月10日到27日，只停虏了139人），比顿河方面军的其他各集团军少得多。这种现象也许自有其道理，我们在斯大林格勒打了几个月的仗，战斗之惨烈一度达到顶点。既然如此，法西斯分子不敢向第62集团军的士兵投降又有什么好奇怪的呢？他们不指望得到我们的宽恕，尽管我们中间没人打算杀死已经投降的敌军士兵和军官。"

* * *

第305步兵师绝望的官兵们依托面包房和"街垒"工厂各车间的防御体系，继续进行顽强抵抗。他们不断发动反击，用手榴弹和密集的自动武器火力对付步兵第90团和第241团的进攻部队。这两个团的突击队则与独立步兵第92旅的部队协同作战，在32号车间与德军交火，击退了小股德军的多次反击。在11时30分，两支突击队向着"街

■ 一支苏军突击队在32号车间［6e号厂房］的废墟内穿行，不过这幅照片可能是事后摆拍的。

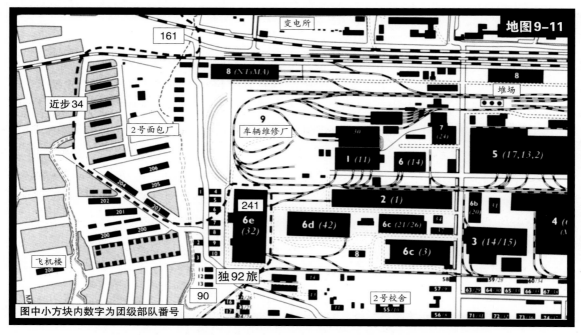

地图 9-11

图中小方块内数字为团级部队番号

■ 1943年1月29日"街垒"工厂以南地区的战线位置。苏军夺取了32号车间[6e号厂房]，在德军防线上打入一个楔子。

垒"工厂东南角以东100米处的德军掩蔽部前进。由于遭到来自面包房、储油设施区和"街垒"厂纵深地带的重机枪火力拦截，突击队损失严重，撤回了出发阵地。随后步兵第90和241团部队实施了继续执行任务的准备。步兵第90和241团的损失分别为3人和8人，而独立步兵第92旅损失了28人。

步兵第161团为了执行第019号战斗命令，在8时开始向"街垒"厂西南角推进。一支突击队克服学校、面包房和无名沟中德军的顽强抵抗，用手榴弹炸开一条血路，并歼灭了无名沟中的一队德军。经过一系列进攻作战，他们占领了三座房屋，并使用纵火器点燃两座房屋和两个掩蔽部。他们还俘虏4名德军士兵，缴获2挺机枪。从14时开始，该团为执行后续战斗任务实施了准备。该团有9人伤亡，当天日落时有115名活跃战兵，其中13人是82毫米迫击炮手，60人是76毫米炮和45毫米炮手。苏方估计德军损失了大约120名士兵。

* * *

第576掷弹兵团第2营的军医康拉德·施瓦

茨科普夫医务中尉（Konrad Schwarzkopf）在实施一桩英勇无私的行为时不幸身亡，当时他试图冒着纷飞的炮火把一名重伤员从"街垒"工厂送到救护站，但是一发炮弹不偏不倚地击中了他们，将两人双双炸死。

在步兵第138师的战斗日志中也可以看出战斗的无情："在2时，我师开始前进。2时50分，我师的战斗部队突破到被毁校舍的南面接近地，与敌进行激烈的白刃和手榴弹格斗直至11时，击退了敌人的多次猛烈反击。这一天在被毁校舍南面的战斗给我师部队造成了严重损失。"

步兵第344团的营长奇若夫上尉（Chizhov）和他的副指挥员科洛斯科夫中尉（Koloskov）英勇牺牲，有19名伤员被运下战场。步兵第768团则损失10人，其中8名伤员被后送，另2人下落不明。营长彼得连科大尉（Petrenko）和两名通信兵继续坚守在学校以东60～70米的掩蔽部中。步兵第650团战斗分队的队长古谢夫中尉（Gusev）虽然挂了彩，还是继续指挥他的分队，在战斗中他又第二次受伤，他的部下只有两人幸存。

在 18 时，戈里什内给部队下达了以下命令：

"在 1943 年 1 月 29 日夜到 30 日晨，继续加强 32 号车间的防御。从 1943 年 1 月 30 日早上开始，步兵第 241 团及独立机炮第 348 营的一个连继续坚守 32 号车间，步兵第 90 团会同独立步兵第 92 旅，继续向街垒工厂西南角的大方向推进，而步兵第 161 团应从 1 月 30 日上午起占领街垒工厂西南部分。近卫步兵第 34 团从 1943 年 1 月 30 日 3 时起应占领面包房一带，进而与步兵第 161 团合作占领街垒工厂南部。"

1943 年 1 月 30 日

饥饿迫使一些德军部队冒险进行鲁莽的出击。为了保全作战部队的兵力，第 6 集团军在 1 月 28 日停止向伤员发放口粮，但所有补给品的集中发放制度在此前已经崩溃，个别的营、连和排已经不得不自力更生。他们有的开始动用前几个星期小心储备的补给，有的四处乞讨，但大多数只能忍饥挨饿。他们获得给养的唯一希望在于德国空军空投的物资，但是上级严令这些快要饿死的人交出这些物资，违者要面对行刑队的枪口。在斯大林格勒战役的最后阶段，求生本能占了上风：既然没有这些箱子里的食物也是死路一条，许多德军士兵便冒着被临时法庭判处死刑的风险选择先填饱自己的肚子，但是首先他们必须抢到装着补给品的箱子，有时他们只能带着无能为力的沮丧目送这些箱子落进苏军控制区。炮兵第 295 团（步兵第 138 师）的 76 毫米炮排长瓦西里·安德烈耶维奇·德沃里亚尼诺夫中尉回忆了这样一件事：

"我们的炮连在一条铁路边上占领了发射阵地。每天晚上，我们都能听见德国飞机的发动机在头顶发出的轰鸣，很快就习以为常了。但是有一次，我们听到了一些不寻常的声音，有什么东西沙沙作响，而且声音越来越大，逼得我们就地卧倒。原来那是一个挂在降落伞下面的不寻常的货箱，散发着香肠的味道，落在我们的炮连阵地上，而我们发现它本来是要给被包围的德国人的。虽然我们衣食无忧，但不会拒绝美酒、香肠和巧克力，只盼着德国飞行员再多投些这样的货物给我们。"

此时在"街垒"工厂南部边缘也发生了类似的事。第 212 团和第 576 团的掷弹兵们看见一个箱子飘到双方阵地中间的无人地带，立刻组织了一支突击队去抢回它。他们在 0 时 30 分出发，人数有 25 ~ 30 人。挂着物资的降落伞离步兵第 161 团第 2 营的前沿阵地有 50 米左右，德军突击队不出意外地被苏军发现。他们有的被机枪扫倒，其余的不得不四散奔逃。心有不甘的德国人在 4 时 30 分又做了第二次抢回箱子的尝试，但是派出的 30 人中大半都被警觉的苏军步兵撂倒。

* * *

近卫步兵第 34 团的突击队在 3 时向面包房方向攻击前进，步兵第 161 团通过压制德军火力点为其提供支援。近卫军战士们前进到几座红色楼房的边缘，遭到来自面包房和"街垒"厂西南角的猛烈的小型武器和机枪火力拦截，无法继续前进。在 6 时 20 分，步兵第 161 团击退了 20 名德军的反击。该团的部队在日间缓慢推进，有 5 人伤亡。

在步兵第 241 团的地段，一队 60 人的德军在 2 时 30 分从厂区深处攻向 32 号车间，但被苏军用机枪和手榴弹打退。在这个车间里，该团的团长布达林少校指挥部下建立起一个坚固据点。他们在车间内部和周围架起 4 门 45 毫米炮，对厂区纵深和储油设施区附近的德军掩蔽部和火力点进行直瞄射击。在这一天日间，不断有小股德军对 32 号车间发动反击，但全都被击退。

在工厂里站稳脚跟后，步兵第 241 团、步兵第 90 团和独立步兵第 92 旅的部队与 32 号车间北面的德军不断交火，但是他们攻进堆场的尝试没有成功，来自工厂纵深的火网让突击队寸步难行。

德军部队继续顽强抵抗，从"街垒"工厂东

地图9-12

图中小方块内数字为团级部队番号

■ 1943年1月30日苏军的进攻行动，可见面包房的德国守军面临被切断的危险。

南角附近的几个掩蔽部、工厂深处、工厂西南角、无名冲沟和面包房以准确火力射击苏军突击队。近卫步兵第34团在将这些火力点压制一部分后于16时继进攻，克服德军抵抗缓慢前进。

苏军估计德军在这一天损失了150人左右。苏军缴获4挺机枪和10支步枪，用大炮摧毁12个掩蔽部和碉堡，并压制了8个火力点。

戈里什内上校命令自己的部队在夜里稳守阵地。从1月31日上午开始，独立步兵第92旅的步兵将向北攻入工厂内部，步兵第241和90团将向西北方向推进，步兵第161团则向北推进。

* * *

战役进入收尾阶段，每一个能上阵的人都被投入了战斗，据第305工兵营的约瑟夫·茨伦纳二等兵回忆：

"在1月中旬，在烧毁文件并毁掉营部的所有器材后，营部人员都被分配到各个战斗队里，我被分到北面的一个战斗队，需要穿过红十月工厂工人的住宅区。我和两个弟兄一起上路，前往长官在指挥地图上给我们指出的一个前沿据点，那里还有4个步兵，我们是去增援他们的，然后我们必须守住一块区域。在左边是一条大马路，右边是一些大型楼房，都是砖石砌成的。我们的部队称它们为白房子，实际上它们都是公寓楼。这个时候我们都住在地下室里，地面上的一切都被炸平了，是的，整条街都被炸平了。我们守着一个地堡，从那里可以监视整片地区。后来我从地堡跑到白房子的地下室里，跟战友们分别谈话，因为我想了解伏尔加河边的情况，想知道那里发生了什么。地下室里有许多伤员，占了总人数的一半，但是没有一个医疗人员，什么也没有。伤员们因为伤痛而惨叫，他们被完全抛弃了。在我们左边是另一支配有野战厨房的部队，他们还有可以下锅的东西，所以我去那里蹭了一顿饭，他们还有一台收音机。那支部队的人我以前就认识，他们还给了一些吃的让我带给战友。在晚上我们必须保持警备，因为俄国人就在马路对面。他们在夜里会唱歌，把篝火烧旺，还会喝伏特加喝到大醉。他们有狙击手，总是朝我们打冷枪。我们这边的人只要一有动静，他们就会一枪打过来。"

第212掷弹兵团第2营的珀奇少校知道，这一仗快结束了：

"在1943年1月30日，每个人都已经很清楚，我们最多只能再抵抗几天。在扫清南部包围圈之后，苏军从那里抽调了所有能抽调的师，把其中大部分集中在仍然存在的北部包围圈周围。苏军的指挥官无论如何都想击破北部包围圈里的抵抗，这样他们的师就可以最终脱身了。这时候在北部包围圈里有10个师的残兵败将，还有一些在南部包围圈被扫清后冲破拦阻跑进北部包围圈的小战斗群。

"在1943年1月30日，艾希勒上校带着师里的13个军官和第212团团部里数量不明的士官和士兵突围，冲出包围圈后不知去向。在这之后全师只剩下两个连，都被编在第212团第2营里。"

第305炮兵团第2营的罗姆巴赫下士回忆说，第305步兵师的一些官兵也做出了和艾希勒上校一样的决定："德国士兵们都在考虑怎样逃脱被俘的命运。他们仔细研究了手头的地图，定下了逃跑的计划路线。虽然没有足够的御寒衣物，也缺少路上吃的食物，还是有几个弟兄决定尝试逃到德国占领区。我有一个曾经和我一起在观察所里当值的好朋友，和几个军官一起踏上了回到德国战线的道路。这个朋友就是来自斯图加特的京特·利布少尉[1]（Günther Lieb），我后来再没有听到过他和那几个人的消息。所以他没有逃跑成功，也没有活下来。"

在一些人冒险进行毫无希望的突围时，另一些人则在自杀和被苏军俘虏之间做着艰难的抉择。罗姆巴赫回忆说：

"另一些弟兄爬出战壕，暴露在俄国狙击手的枪口下，以求死个痛快。还有的弟兄干脆在地堡里把自己炸死。我的朋友兼战友埃里希·克里施克（Erich Krischker）和我讨论了出路，最后我们决定碰碰运气，等落到俄国人手里再看看会怎么样。我们的营长也决定当俘虏。"

朱利尼骑兵上尉总结了许多人的想法：

"这些日子里没有多少事可做，所以我们就把时间用来讨论，一谈就是几个小时。等进了战俘营，我们的'第二人生'就会开始，我们该怎么适应？俄国人会收留俘虏吗？还是会把所有人统统干掉？在我们看来，转入战俘生涯的边界，那段过渡期，似乎是需要我们认真准备了，我们必须小心地熬过那段时间，只要它不超出我们的想象。

"我的营长对天发誓——还对所有希望听他讲的人说——他绝不当俘虏。我就没这么坚决，我觉得至少该试一下。希特勒指示说'德国军官不能当俘虏'，这话我们是一点也不爱听。他在他的狼穴指挥部里当然可以这么说，但是要搭上性命的是我们，不是他。反正我在某天晚上偷拿了营长的手枪，把撞针拆掉了。这样一来，当他想照计划自杀的时候就不会如愿了。

"可惜这个人虽然一直支撑到现在，但已经越来越颓废了。他只会成天坐在那里看着老婆女儿的照片发呆，再也没兴趣进行理性的讨论，或许也没那个能力了。其他人都在反复地设想各种被俘后的情景——可能的、可以想象的和异想天开的，再也没有人相信奇迹了。我们曾一次次地盼望外来的援军救我们脱困，每个小时都望眼欲穿，但到头来终究只是白日做梦。"

"我们一直在盼着奇迹发生，盼着援兵从天而降，或者解围部队重新发起进攻把我们救出包围圈。"罗姆巴赫回忆说。和罗姆巴赫同在一个营的野战军医舍普夫则有更务实的看法：

"连长K少校和大家一样，一直梦想着有援军来解救我们，但是我对此很怀疑。我曾宣布把胡子留到'解围'的时候再刮，结果发现胡子太长了真不好看。

"1943年1月30日，戈林在广播里发表了关于斯大林格勒英雄们的讲话，他说他们'将会被载入史册'。我大声说道：'入什么史册啊，入土

---

1. 京特·利布少尉，第305炮兵团第2营，1917年5月21日生，1943年1月失踪于斯大林格勒。

■ 上图是在斯大林格勒战役后期第51军军长冯·塞德利茨上将的一幅留影，他即将率领部下走向苏军的战俘营。

■ 上图是在1943年1月底，一名身穿白色伪装服的德军士兵从掩体内向外观望，他盼来的不是援军，而是前来受降的苏军士兵。

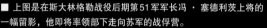

■ 下图是1943年1月30日，帝国元帅戈林在纳粹掌权十周年的集会上发表讲话，在第6集团军的被围官兵们看来他的讲话就是一篇"悼词"。

倒是真的！'K少校气得厉声呵斥我，说我是失败主义者，还威胁要把我送上军事法庭。"

赫尔曼·戈林帝国元帅针对第6集团军的所谓"悼词"是在柏林纪念国家社会主义工人党掌权十周年的活动上发表的。为了让德国人民对即将到来的灾难做好心理准备，为了把一个集团军全军覆没的大败仗涂抹成当代的英雄史诗，戈林发表了一通适合用在葬礼上的演讲——只不过葬礼上的尸体还活着，能听到真相如何被歪曲，自己的作为和牺牲又如何被神化。第6集团军中的许多人都被戈林的无情恶心坏了，此时人人都意识到自己完全没有被解救的希望了。第305工兵营的茨伦纳二等兵清楚地记得自己的感受：

"我听了广播，然后呆站在那里，因为广播里有人讲话，是戈林在演讲。戈林说了一些后人将铭记我军士兵在斯大林格勒的历史性战役之类的话，简直就像在说温泉关之战的斯巴达人。'过路人，请捎话到斯巴达，就说你们看见我们长眠于此。'这就是戈林讲话的意思。我们被自己军队的最高领导人抛弃了，这真是太可怕了。我们已经不复存在，已经被放弃了，我们的名字已经在花名册上被勾掉了。"

在昏暗的地下室里，茨伦纳环顾四周，想看看其他人的反应。许多已经负伤的人没有流露出任何表情，而要看出少数健康者的心思也是不可能的，因为他们污秽而多须的面庞就像阴郁的面具。和茨伦纳同处一个地下室的"斯大林格勒英雄"们默默接受了自己被抛弃的事实，思考着令人沮丧的未来。

1943年1月31日

小股德军利用黑暗掩护，不断攻击独立步兵第92旅、步兵第90团和步兵第241团的部队，尤其是守卫32号车间及其接近路线的部队。德军突击队不断向车间里投掷手榴弹、烟幕弹和炸药包，其他德军部队则从西侧储油罐和32号车间北面及西北面的厂房用小型武器、冲锋枪和机枪火力掩护他们。23时40分，在烟幕掩护下，德军以20～30人为一队从多个方向发起进攻，企图夺回32号车间，其中一部分被苏军用手榴弹和冲锋枪火力毙伤，其余的四散溃逃。在这之后，苏军的120毫米迫击炮在储油设施区以西和32号车间以北的区域布下了拦阻弹幕。

* * *

克雷洛夫将军回忆了第62集团军这一天的进攻计划："激战在工业区内继续。从集团军1月31日的作战计划就能明显看出在那里取得进展有多困难，我们给最精锐的几支部队分配了下面这些有限的任务：

"戈里什内师连同配属该师的步兵第92旅的一个营，利用32号车间作为出发阵地，推进至街垒工厂中央和波罗的海沿岸街，与第156筑垒地域的部队会师（后者是这一区域的守备部队，是我们唯一的预备队，现在也被投入进攻了）；

"索科洛夫师及近卫步兵第13师的一个团进攻街垒工厂西南部的敌人，其右翼要与戈里什内的部队连成一片，从而完成对钢铁街－面包房一带德军据点的合围；

"罗季姆采夫师和古利耶夫师齐头并进，打到中央街……

"所有这些任务在大比例地图上看起来是那么的微不足道，我还必须说明的是，我们在这一天的计划并没有全部实现，例如古利耶夫的近卫军战士是在第二天才打到中央街的。"

* * *

步兵第95师的指挥部通过三条拉好的电话线与32号车间里的部队保持联络，靠着四部电台与该车间周边的部队通信。电话和电台通信在夜里始终畅通无阻，但是到了早上，开始出现一些奇怪的迹象。先是电话线在7时中断，五分钟后，

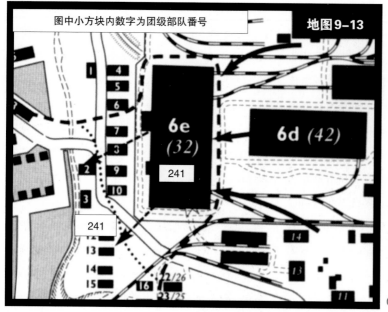

图中小方块内数字为团级部队番号

地图 9-13

6e (32)

6d (42)

241

241

13

14

15

16

22/26

23/25

14

13

11

■ 在1943年1月31日晨，德军发起反击，重新夺回了6e 号厂房［32号车间］。

他是被部下从瓦砾堆里扒拉出来抬到后方的，他的参谋长苏斯利科夫大尉（Suslikov）也在爆炸中双目失明。

我们基本上可以确定，德军这次大胆的进攻和雷滕迈尔少校在回忆中说的是同一次：

"我们师最后的几次进攻行动发生在1月30日夜到31日晨。俄国人突入了6号厂房。那个地段的指挥官是魏特曼上尉，他的副官是巴赫曼少尉（Bachmann）。'不行，必须把俄国人赶出去。'巴赫曼说。然后他召集了还能战斗的人和他一起进攻。他带着12个人冒险出击，结果成功了。俄国人伤亡惨重，还丢下了5门崭新的反坦克炮。

四部电台全都陷入了沉寂。又过了几秒钟，一声巨响淹没战场上的喧闹，可怕的气浪使工厂的地基都发生了颤抖。32号车间东部和东北部的屋顶桁架和厚厚的砖墙分崩离析，重重地砸在下面的苏联守军头上，造成了惨烈的伤亡。与此同时，大批德军冲进车间，高喊："俄国佬，投降吧！"怎么回事？显然德军在1月28日撤离车间之前的某个时候或者此后通过夜间的隐秘行动在车间里布置了烈性炸药（从墙壁坍塌的情况看炸药的量肯定很大），在起爆的同时发起了进攻。步兵第95师的第62号战斗报告描述了这次事件：

"在7时05分到7时10分之间，有多个定向地雷爆炸，32号车间东部和东北部的天花板和墙壁因此被炸开。与此同时，大队敌人从多个方向攻击该车间，将其占领。"

幸存的苏军被震得头晕目眩，他们在火力掩护下且战且退，放弃车间后在100米外建立了防御阵地。和步兵第241团一同撤退的还有独立机炮第348营第1连那些衣衫褴褛的残余人员。步兵第241团的团长布达林少校先前一直在32号车间指挥防守，此时身负重伤，躺在战壕里奄奄一息，

■ 德军第577掷弹兵团第3营的格奥尔格·魏特曼上尉。

"虽然身处逆境,物资匮乏,部队杰出的战斗力却并没有因此削弱。我最后应该指出一点:据我所知,我们没有发生过一起因触犯军纪而受到惩罚的事,单凭这个事实就足以证明第305步兵师在斯大林格勒奋战到底的英勇精神。"

巴赫曼少尉也用淡淡的口吻回忆了第305步兵师在斯大林格勒最后的进攻行动:

"在斯大林格勒包围圈中的最后几个星期,我曾在投降前几天带领一支战斗队歼灭了一支俄国突击队。这支突击队此前突入了我们防守的6号厂房,他们的装备包括几门崭新的45毫米反坦克炮。"

从7时20分到10时40分,步兵第90团、步兵第241团和独立步兵第92旅的指战员击退了德军的四次进攻。德军每一次都是以30到40名士兵从绿色储油罐和32号车间同时出击,在受到一定损失后,他们退回了出发阵地。

在这些戏剧化事件发生的同时,步兵第161团的两支突击队在7时从83号房和84号房的出发阵地向面包房东南边缘进攻。他们在克服德军抵抗后占领了两座楼房的废墟,并在其中巩固了防守。按照从集团军指挥部传来的一条口头命令,步兵第95师一部从11时开始转入防御,双方的交火在中午时分停息。

在从1月30日18时到1月31日18时的24小时内,步兵第95师遭受了以下伤亡:步兵第90团——12人;步兵第161团——16人,其中8人死亡,8人负伤;步兵第241团——22人。德军的损失估计在100人左右。戈里什内师各团的兵力如下:步兵第90团——20名活跃战兵,步兵第161团——87名活跃战兵(其中22人是82毫米迫击炮手);步兵第241团——49名活跃战兵(其中22人是82毫米迫击炮手)。独立机炮第348营第1连在32号车间被爆破时遭受了可怕的伤亡:有11人死亡,20人负伤。

1943年2月1日

德军的负隅顽抗让苏军非常恼火,他们难道看不出继续抵抗是徒劳的吗?他们哪还有机会获胜?于是苏军决定使用重锤猛击来结果德国人,克雷洛夫将军是这样描述的:

"为了更快地消灭不肯投降的敌人,同时避免我方遭受不必要的伤亡,方面军司令部在2月1日早上安排了一次特别猛烈的炮击,那是一场真正的火焰风暴。"

"方面军的这个炮击计划也动用了我们第62集团军的炮兵。不过从其他方向包围北部包围圈的那两个集团军,特别是巴托夫的第65集团军,拥有比我们强大得多的打击力量。据瓦西里·伊万诺维奇·卡扎科夫炮兵元帅[1](Vasili Ivanovich Kazakov)在回忆录中记载,当时在工业区西面6公里宽的地段,每公里集中的大炮和迫击炮超过了170门,这是一个空前绝后的火炮密度。

"在我们的大炮和火箭炮重拳出击的同时,空军第16集团军的轰炸机和对地攻击机也进行了强有力的支援。

"'这火力绰绰有余了!'从我军观察所打来的电话和跑到河边台地里观察效果的参谋人员都给了我这样的答复。

"这次打击的火力密度确实非比寻常。在'红十月'工厂北面,'街垒'工厂和拖拉机厂的方向,一切物体都在无数的爆炸烟云中翻腾。在之后的几个小时里,北部包围圈的敌人指挥部显然失去了对部队的控制。许多敌军单位各自独立地向我军投降。在有些地段,德国人在炮击仅持续15分钟后就打出了白旗,不过这些情况我们是后来才知道的。"

但是在大多数地段,德军部队还是进行了顽强的抵抗,至少最初是如此。第212掷弹兵团的珀奇少校回忆说:

1. 瓦西里·伊万诺维奇·卡扎科夫炮兵元帅,苏联英雄,1898年7月18日生于菲利波沃,1968年5月25日卒。

"在1943年2月1日早晨，铺天盖地的'地狱烈火'降临了。在飞机投下数以百计的炸弹的同时，成百上千的大炮、迫击炮和'斯大林管风琴'也向我们倾泻弹雨。从德国一方打出去的每一发炮弹都会遭到俄国人一千倍的报复。

"因为弹药严重短缺，从包围圈内射出的火力几乎完全沉寂了，尽管如此，俄国人还是在连续进行了大约3小时的猛烈火力准备后才敢发动第一次进攻。当他们用38辆坦克和几个步兵团向包围圈南面进攻时，被他们认为已经丧命的前线部队用最后的一点弹药对他们进行了打击——防线上各种口径的武器最后一次喷出了猛烈的火舌，因此他们的这次进攻仅仅前进了几百米就不得不停下脚步。由一名军士长指挥的一个150毫米加农炮组和由一名年轻少尉指挥的一个高射炮组不顾零下30度的严寒，只穿着衬衣操作火炮，用直瞄射击干掉了一辆又一辆坦克。俄国人的愤怒和仇恨无止境地高涨，他们暂时停止了进攻……"

朱利尼骑兵上尉和他的反坦克炮兵协助击退了这次进攻：

"南边的包围圈已经投降了。我们把剩下的火炮都集中在我们的阵地周围，在1943年2月1日打掉了24辆俄国坦克。在正常情况下这是不可思议的战果，肯定能得到骑士十字勋章，但是此时此地这不过是垂死挣扎。四面楚歌，完全绝望。"

珀奇少校继续回忆：

"俄国人又施放了新的地狱之火，比第一次更浩大更猛烈。又过了3个小时，当他们再次发动进攻时，我们这边几乎没有进行任何抵抗，最主要的原因是再也没有弹药可用，而且在两军战线之间突然有数以千计的伤员站起身来——德国时间17时01分，一生只可能经历一次的被俘发生了，这将带来持续七年的牢狱之灾，而且只有大约3%

的战俘能够幸存。"

珀奇的部下里夏德·特罗尔曼下士[1] (Richard Trollmann)清楚地记得在战俘生涯的最初时间里遭到了野蛮而无情的对待：

"我们营连同营部一起，在珀奇少校指挥下，被部署在红十月工厂以西2公里处。我是营部一个机枪班的班长，负责保护营部人员。在之前的几天里，俄国人一次又一次被我们打退，损失惨重，但是我们的弹药也慢慢地见底了。在1943年2月1日，我们打光了所有弹药，因此不得不撤回地堡里。将近14点时，俄国人来到地堡门口，我们只好投降。我们走出地堡，被俄国人接收。我们随身带着毛毯，还有先前营长分发给我们的剩余食物和香烟。俄国人把我们洗劫一空，我们的手表都被抢走了，食物、身份证件和所有个人物品也一样。他们还从我们的手指上把戒指一个个捋下来，要是捋得不够快，就干脆把手指斩断，我亲眼看见有人就这样失去了手指。还有两个人——其中一个是我不认识的下士，另一个是指挥所的文书法贝尔二等兵（Faber）——无缘无故地就被俄国人枪杀了。我们营长的制服上衣被扯烂，他用来装那一点可怜的个人财物的帆布背包也被抢走了。我们还被迫脱掉了保暖的冬靴和冬装。所以我们只好剪开毛毯，把它们裹在脚上。我们营的最后一任副官里斯中尉在腰带上还别着一支手枪，他们从他身上抢走手枪，然后把他的脸打得不成样子。一个俄国上尉带着珀奇少校来到列队的俘房面前，他一路上不断被俄国士兵折磨，而那个上尉根本无动于衷。我们在列队的过程中，还遭到'红色街垒'厂里自己人的机枪扫射。在1943年1月31日到2月1日这两天，我们的伤亡很少，我们营还剩100来人。伤员还留在阵地上继续自卫，重伤员都被俄国人枪毙了，这是我亲眼所见。在

---

1. 里夏德·特罗尔曼下士，第212掷弹兵团第2营，1920年12月29日生于但泽。特罗尔曼后来的冒险经历富有传奇色彩——他是极少数回到德军战线的人之一，关于他的故事请参见后记。

战俘行军途中，所有虚弱无力的人也一样被枪毙，我亲眼看见有六七个人就是这样死的，摩托车传令兵贝尔一等兵（Baer）就是被枪杀的战友之一。死者就躺在道路上任由车辆碾压，我看见一个死去的军官躺在那里，脑袋就这样被碾碎了。"

因为进行了顽强抵抗，所以这一天被俘的德军官兵受到的肉体折磨比次日投降的人多得多。

* * *

步兵第95师的大部分指战员没有体会到这一天的挫折和伤亡，因为其他部队进攻时他们还在原地防守。步兵第241团、第90团和第92旅的部队对德军火力点进行了侦察，用机枪、迫击炮和大炮压制德军火力，并为实施第05号战斗命令进行了准备，但在步兵第161团第2营的地段，德军顽强抗击了从"街垒"工厂东南角和面包房进攻的突击队。步兵第161团第2营在击破德军抵抗后终于扫清了第103号房，并在其中巩固了防守。该团在此过程中损失2人，全团的活跃战兵仅剩85名（其中22人是迫击炮手）。

在第62集团军的地段，没有轻松获得的胜利，没有炮击十五分钟后就打出的白旗，也没有集体投降的德军。克雷洛夫将军写道：

"全天我们俘虏了116个德国人，而且这些人都是零零散散地被俘的。整个集团军在2月1日占领的地盘只比前一天稍多一点。当然，伤亡也很小。我们这一天有42人死亡，105人负伤，比之前许多天的伤亡都要少。

"集团军司令员在2月2日的决心如下：'继续进攻，执行先前分配的任务。'

"巴秋克师从市中心（那里已经无事可干）调到了'街垒'工厂。在第二天上午，他们将在索科洛夫师左侧进攻阿尔巴托夫街和电车街方向的敌人。在2月1日日终时索科洛夫师只剩400多人，但是在晚上，从伏尔加河对岸来的援兵赶到了。他们的人数其实不多，但是师长非常高兴，因为

这些都是步兵第45师的老兵。他们在11月和12月间受伤，现在归队参加斯大林格勒最后的战斗。

"随后大批的其他援兵也陆续抵达。方面军司令部把步兵第298师和近卫步兵第51师从第21集团军调拨给我们，我们还接收了来自其他友邻部队的一个坦克旅和一个近卫坦克团。

"直到最近，我们基本上没有坦克。在分布着大量各类障碍和无数地雷的工业区，使用坦克作战是非常复杂的。方面军直属的一个工兵旅为坦克部队提供了帮助，他们一丝不苟地用探针探查了化学街上坦克出发阵地与敌人前沿阵地之间的每一平方米土地。工兵们还被用来伴随坦克战斗，他们在2月1日夜到2日晨在我们认为重要的地段完成了许多准备工作，以支援我们的步兵和坦克在次日的战斗。

"一个新编的反坦克团在南部包围圈被解决后也腾出手来支援我们，我们的集团军司令员给巴秋克和索科洛夫加强了一个这样的团。德国人的坦克基本上一辆也不剩了，至少没有能动的，这些加强的火炮将主要用来对敌人的工事做直瞄射击。

"我要指出的是，我们集团军部署到前线的部队没能全部参战。不仅新来的步兵如此，炮兵也是如此。'不迟于2月2日13时在指定的火炮阵地做好战斗准备。'这是炮兵主任给最后一个赶来的炮兵团的团长下的指示。波扎尔斯基没法把时间定得更早，结果这个团没捞到仗打，因为到了13时，已经再也没有目标给这个团或是其他团的大炮射击了。"

1943年2月2日

斯大林格勒战役最后一天的黎明来临了。在战后的回忆录中，克雷洛夫将军描述了最后一战是如何开始的：

"在2月2日，我陪着崔可夫和古罗夫去了前进观察所，它设在半毁的红十月工厂办公大楼里。

作为参谋长,我的岗位应该在集团军指挥所。但是这也无所谓,既然战局瞬息万变,不容易及时掌握,那么我待在主要通信站旁边也不坏。

"在一天前,甚至半天前,我们仍然很难预测第6集团军的北集团还能支撑多久,但是到了2月2日黎明时,已经可以清楚地看出一切都将在那一天终结。前一天方面军的全体炮兵部队进行的猛烈炮击除了给敌人造成实际破坏外,似乎还从根本上摧垮了被围德军的士气。这在当天晚上造成了各方面的影响,第二天早上有经验的指挥员就从敌人大体的行为上看出他们再也无法像先前那样顽抗了。

"最先觉察到这一点的是巴秋克。他后来亲口告诉我,他当时无法约束住一心往上冲的部下。总之,步兵第284师比原计划提前半小时发动了进攻。他们丝毫不用担心被自己人的大炮误击,因为我们的炮兵只对看得见的目标做直瞄射击,而且下令开炮的权限掌握在各师的师长手中。在最初的一个半小时,德国人还是从他们的阵地上用相当猛烈的火力进行了还击,但他们连一次反击的尝试都没有,而且他们也根本挡不住我们的进攻,巴秋克的部队在自己的地段几乎是毫无停顿地冲到了街垒工厂西侧边缘。"

炮兵第295团的德沃里亚尼诺夫中尉回忆说,崔可夫在对德国人的最后一战中亲自上阵:

"在1943年2月1日夜到2日晨,德国人开始陆续投降,但是在街垒工厂的上工人村,他们还在顽抗。在2月2日,炮手们把大炮推上前线,准备对街垒工厂上工人村进行直瞄射击。这次其中一门炮的瞄准手是第62集团军司令员崔可夫将军,随着他'瞄准敌人开火'的命令一下,我们连和其他连的大炮全都发出了怒吼。"

柳德尼科夫也目睹了崔可夫打响第一炮,他回忆了在这之后的情形:

"随后我们的所有大炮和迫击炮都加入合唱,但是我们的步兵已经没必要进攻了。一面面白旗开始在上工人村的各处飘动,德国人把白旗挂在刺刀和冲锋枪的枪管上,成群结队地走进关押地。"

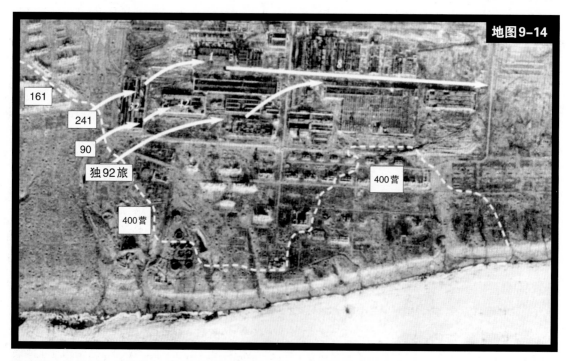

地图9-14

161
241
90
独92旅
400营
400营

■ 1943年2月2日上午,最后的战斗。苏军突击队席卷工厂中心,拿下一个又一个车间,迅速抵达了工厂北部边界。"街垒"工厂里没有大规模投降:各个据点的德军部队直到苏军士兵站在门口时才放下武器。图中小方块内的数字为团级部队番号。

■ 步兵第241团的一支突击队以胜利者的姿态在32号车间[6e 号厂房]前面留影。他们都配备了上好的冬装和精良的近战装备：照片中至少四人有手枪，中间的一个士兵（戴着兜帽的那个）腰里别着一把工兵铲，最右边的人拿着一支半自动步枪。

戈里什内的部下注意到德军阵地一片沉寂，只有零星的步枪单发射击或是机枪的短点射。直到一小时的炮火准备在8时结束，苏军部队发动进攻时，德军方面才有了一些生气：步枪和机枪组成的火网射向了不断前进的突击队。这些火力被轻松压制，苏军攻击部队一路冲进了厂区。

在8时45分，突击队抵达32号车间并将其占领，随后他们继续向纵深发展，与步兵第45师的部队一道占领了42号、1号、8号车间，并进至"街垒"工厂北侧边缘。过去两个月里一直固若金汤，直到两天前还牢不可破的阵地，在短短几小时内就被占领了。

* * *

其实在7时，第305步兵师的官兵们就接到了命令："停止一切战斗行动，破坏武器，估计俄国人过一小时左右就会来！"末日终于来了。利泽克中校在宣布这条命令时显得很有些神经质。他的语速很快，一举一动都透着不安，内心的焦虑在折磨着他。过去这几天里，他一直在酝酿着如何在战役的最后阶段带一支小分队突围，偷偷跑到德方战线。停止战斗的命令或许太出乎他的意料，而此时又正值大白天，他什么都做不了。苏军随时可能出现在掩蔽部门外，每个人都明白一件事：任何轻举妄动，哪怕只是露出一点要逃跑的意思，都会招来死亡，而且不仅是想逃跑的人会死，在他身边的人也会跟着遭殃。这位团长明白自己的计划泡汤了，现在他只能在自杀和被俘之间做选择。我们不清楚在他的指挥所里究竟曾经发生了什么，因为团部的全体成员，包括勤务兵在内，都没能活到被释放的那一天。

雷滕迈尔少校住在指挥所旁边的一个房间里，他必须执行团长的特别命令。利泽克亲自向他交代了这最后的命令。他还补充说："让所有人在砖窑[1] 里集合，我也会过去。"雷滕迈尔立刻把这个命令告诉了勤务兵们。众人都陷入了沉默。"为什么？"这个问题写在每个人消瘦苍白的脸庞上。他们似乎被某种十分凶险的东西吓倒了。雷滕迈尔微笑着试图给他们打气：

"是的，弟兄们，我们的战斗结束了。我们履行了使命，而且我们的表现完全经得起历史考验。

1. 这是德国人起的名称，但名不符实。"砖窑"并不是一座高炉，而是个仓库。它是一座狭长的建筑，大约长30到40米，有个半圆形的拱顶，高度大约是2.5米。它的宽度是4到5米，里面放着一排排的架子。整座建筑的表面都盖着一层土。当雷滕迈尔在1942年11月回到部队时，他的部下已经把这座奇怪的建筑称作"砖窑"，这个名称被德国人一直沿用下来。

我们战胜了污秽和饥饿,和许多弟兄一样,我们没有放弃。在接下来的一刻钟时间里,忘了外面的危险吧。每个人都要做好在战俘营生活的准备,你们要注意抵御俄国的严寒,另外别带太多行李。我们要在砖窑集合,我现在就直接过去。大家拿出勇气来,战友之间要保持友爱。只要俄国人允许,我会尽量和你们待在一起。别慌张,跟着我就好。祝大家好运!"

雷滕迈尔穿过一条堑壕走向指定的集合点,他感到一股诡异的气氛笼罩着全城。四面八方的各种武器都不再发出声响,那种寂静让人有些毛骨悚然。到处都看不到士兵,一切似乎都已死去。雷滕迈尔突然感到一阵孤寂,仿佛自己一个人被遗弃在了斯大林格勒这片广阔的死亡之地。当然,他并不是一个人。在砖窑附近,有人正在瓦砾之间忙着什么,那人不停地伏低身体又探头张望,随后摆出了射击的姿势。雷滕迈尔用尽剩下的力气飞奔上前,同时放开嗓门大喊:"住手,住手,别干傻事!"那人是赫伯特·拉赫曼中尉[1](Herbert Lachmann),"拖拉机厂那边有坦克开过来了!"他回头冲着雷滕迈尔喊道,原来拉赫曼还不知道停火的命令。又一场灾祸在最后一刻被消除了,要是拉赫曼真的进行了抵抗,俄国人会怎么对待他们?

砖窑里大约有35人,其中有克吕格少校、霍耶上尉(Hoyer)、加仑茨会计上尉(Gallenz)以及另几名军官。雷滕迈尔少校把命令透露给他们,还告诉他们团部人员也会来。这些话仿佛在这群人中间投下了一颗重磅炸弹,每个人都默不作声,大家的眼睛都盯着雷滕迈尔。但是此时也是个机会,可以给这杯苦酒里加上一点点幸运和快乐的调料。雷滕迈尔把目光投向了野战厨房,他问了厨房的负责人,得知那里还有一些储备的烤面包干、香肠、肉、罐装蔬菜和咖啡。时间不等人,

于是大家都开始打点需要携带的物品,厨师则把食品箱子一个接一个地打开。每个人都需要填饱肚子,为前景黯淡的行军储备一些体力。一股近乎欢悦的宁静气氛弥漫在房间里,人人怀着感激和敬意进餐,而且谁都不敢把这些天赐的美味狼吞虎咽地大口吃完。一时间,苏军被他们忘在了脑后。

在口腹之欲终于得到满足之后,对话重新开始,各种各样的问题被提了出来:"俄国人来的时候会是什么样?要不要把肩章和勋章摘掉?"还有一个军官提出要自杀。"屁话!"雷滕迈尔呵斥道。"我们要在最后一刻辜负大家吗?这里有许多士兵在历次激战中尽到了职责,他们总是心甘情愿地做出牺牲,在任何情况下都会执行我们的任何命令并且忠诚地站在我们这一边。难道我们要在这最后的关键时刻打死自己,从而逃避责任,丢下他们不管吗?不,我认为我们有责任保证我们的部下有尊严地被俘,只要俄国人允许就尽可能长久地和他们待在一起。要是俄国人打算枪毙我们这些军官,那么我们当然无力反抗,但是击中我们的子弹不可能杀害其他德国弟兄。我们的命运掌握在老天手里。肩章和勋章都应该留在制服上,我们的军衔对俄国人来说已经不再是秘密。大家要保持冷静。如果有可能的话,我会第一个走出去。要是我没有被马上枪毙,那么其他人也都会平安无事地进战俘营。关键是你们不能携带任何武器弹药,每个人都要再检查一遍自己的行李。"

雷滕迈尔的话收到了良好的效果,所有的焦虑和犹豫似乎都消失了。人人都忙着准备各自的行李,并互相交换着意见。等到每个人都准备停当时,他们竟像是在不耐烦地等待上级检查。

但是,第305步兵师各支部队对肩章和勋章的看法不尽一致,例如第305炮兵团第2营的罗姆巴赫下士就回忆说:

---

1. 赫伯特·拉赫曼上尉,第305通信营第1连,1907年3月1日生于德累斯顿,其余信息不详。

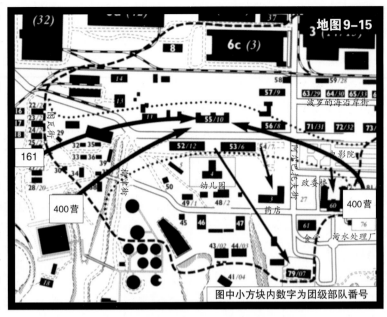

地图9-15

图中小方块内数字为团级部队番号

■ 1943年2月2日，德军在下工人村地区的最后据点也被苏军攻克。

"北部包围圈比较小，俄国人现在又加强了攻势，于是双方人员之间的较量开始了。俄国的狙击手特别活跃，他们会把枪口瞄准每一个德国人。他们首选的目标就是军官和士官。这就是为什么在包围圈里公开佩戴军衔标志和勋章或奖章有生命危险。在几乎每一个士兵都明白再也不能指望援兵从遥远的祖国赶来之后，销毁不再急需的物品和文件的工作开始了。按照指挥官的命令，勋章、奖章、军衔标志和花名册都要销毁。因为弹药的短缺特别严重，所以大家都非常清楚这一仗终究要输了。"

* * *

苏军突击队被德军稀稀拉拉的火力所鼓舞，争先恐后地冲进德军阵地。步兵第161团与独立机炮第400营的部队联合进攻2号校舍，他们与第400营驻守在柳德尼科夫岛的一个连会师，包围了曾经令他们充满恐惧的德军据点：政委楼、药店、79号楼，等等。遭到前后夹击的守军不久就屈服了，一些德军部队被全部击毙，但大多数人当了俘虏，苏军很快就到达了"街垒"工厂的东北边缘。步兵第161团全天有11人负伤，步兵第241团则有1人死亡和1人负伤。突击队报告说击毙了60名德军士兵，并抓获354名俘虏，他们还俘获两个营部并缴获了其中的所有文件。在步兵第95师的作战地段，共缴获3辆小型坦克、1门反坦克炮和10门迫击炮，还有不计其数的机枪、步枪及弹药。经过11个星期的浴血奋战，苏军终于夺回了"街垒"工厂。

在8时14分，施特雷克尔上将向顿河集团军群发去一封电报："第11军，包括下属的6个师，已在最激烈的战斗中履行职责直至最后一刻。"三刻钟过后，从包围圈传出了第6集团军最后的讯息："俄国人已经冲进拖拉机厂，德意志万岁！"在此后的几个小时里，北部包围圈中的德军将士

■ 德军第11军军长卡尔·施特雷克尔上将，他是斯大林格勒包围圈内北集团的总指挥。

■ 本页的两幅照片拍摄于1943年2月2日晚些时候，大群的苏军士兵聚集在32号车间前欢庆胜利，从照片中可以看出所有人都穿着良好的冬装，手中挥舞着棉军帽，能够辨认出的武器只有波波沙冲锋枪，从下图的背景中可以看出32号车间的受损程度非常严重。

将开始他们人生中最漫长、最艰苦的历程——战俘生涯。被俘的那一刻在每个战俘的脑海中都留下了不可磨灭的印象，朱利尼骑兵上尉是这样回忆被俘的经历：

"在2月2日，一切都结束了。我看见我所在的步兵师的士兵们纷纷撤到我们后方，边跑边射击，俄国人在他们身后紧追不舍。……突然有2辆T-34坦克停在我们的地下室外面，两个穿得破破烂烂的红军士兵跳下车来，跑到地下室的楼梯口。他们喊着'乌拉，乌拉'冲向我们，抢走了我们的手表，他们对我们的手枪一点不感兴趣。

"过了一会，有个身材特别高的上尉站在我面前，解开他的大衣扣子，指了指他军装上衣上的近卫军红星标志。接着他把手伸进口袋，给了我们一些气味浓烈的烟草，那是有名的马合烟。他对我说：'我不给，你不给。'意思是俄国的近卫军军官不能白白拿走我们的手表。接着又发生了一件把我吓得不轻的事：又有一个俄国人从那2辆坦克上跳下来，扑向我的营长，扯下了他手上的手套。近卫军上尉一言不发，拔出手枪就把这个俄国人毙了。这样的事情简直不可理喻！上尉再次解开他的大衣，指了指他的近卫军红星，然后默默但是姿态有些夸张地把手套还给了我的营长。这下我们全都没了主意，准备面对先前完全意想不到的情况。"

第578掷弹兵团第3营的营军医汉斯·舍尔曼医务中尉[1]（Hans Schellmann）记得：

"2月2日星期四是我被俘的日子（前一天我得到了一级铁十字勋章），那天上午的某个时候，大概是在八九点钟，我们像往常一样在救护站工作，但是这天上午没有伤员被送过来。俄国人毫无征兆地突然出现在比地下室稍高一点的救护站入口，要求我们出去，我就是这样被俘的。那是一个寒冷、晴朗的冬日，俄国人高兴得手舞足蹈，怀着纯粹的快乐跳着舞。他们都是些声音洪亮、营养充足、身强力壮的年轻人。战斗结束后的头天晚上，他们用自己充裕的弹药进行了一场疯狂的焰火表演。想来真是让人沮丧：我们几乎什么也没有，既没有弹药，也没有吃的。"

第305炮兵团第2营的卡尔·舍普夫军医：

"2月2日早晨，医务室和周围被一片焦虑的气氛笼罩。我告诉大家，每个有能力走进战俘营的人都应该自己走过去，因为所有被丢下的人，也就是那些无力走路的人，十有八九会被枪毙。一个身负重伤的少尉（他的大腿上有一处枪伤）央求我把一支小型左轮手枪藏在他的绷带里，我满足了他。还有一个士兵是触雷受伤的，一只脚掌都被炸飞了，他求我带他一起走，因此我给他缠上了用割开的毯子和帐篷支柱做成的'机动'绷带。他忍受着巨大的痛苦，经过三天行军后走进了第一个战俘营。

"俄国人问我们的第一句话是：'有手表吗？'我把自己在受坚信礼时从祖父那里得到的手表交给了一个俄国哨兵，时间是5时45分。我知道他们还会抢走我的结婚戒指，便把它藏在了绷带里。后来我还有好几次不得不把它藏在大腿内侧。就这样，我把结婚戒指保存到了今天，这可是很罕见的事……俄国人把我们分成许多行军纵队，每队100人，头尾各有一个拿步枪的士兵押送，任何走不动路的人都被卫兵枪毙了。"

第305炮兵团第2营的卡尔－奥古斯特·罗姆巴赫下士：

"因为弹药和口粮都已耗尽，所以各师的师长们和司令官达成一致意见，在2月1日夜到2日晨下达了在早上8时停火的命令。我们按照命令破坏了我们的电话和无线电器材，还有我们的手枪，做好了向前途未卜的战俘营进发的准备。除了餐具、水壶和毛毯，我们什么也没带。对军人而言

---

1. 汉斯·舍尔曼医务中尉，第578掷弹兵团第3营，1914年5月21日生于斯图加特，其余情况不详。

最糟糕的情况，换言之就是当俘虏，已经成为眼前不可逃避的现实。

"军人被俘以后失去的不只是自由，他还要失去与远方的故乡，与亲人和朋友的一切联系。落到俄国人手里的德国战俘被剥夺了一切权利。无法形容的、彻彻底底的绝望感攫住了我，唯一令人宽慰的是有少数战友还和我在一起。

"随着双方的武器都突然停止射击，一股陌生的寂静弥漫在前线，士兵们爬出了各自的堑壕、散兵坑和掩蔽部。俄国人冲进步兵的阵地里，解除了所有人的武装，并把被俘的德国士兵和他们的盟友集中起来。

"临近8点时，敌人的第一台车辆逼近了我们的地堡，那是一辆人员输送车，后面还拖着一门反坦克炮。我们拿起自己的毯子、餐具和水壶，试图从俄国人身边蒙混过关，然后前往拖拉机厂，那里有我们的主要指挥所。我们打算利用拖拉机厂的地道和通风井躲过被俄国人俘虏的可怕命运，等到开春天气转暖再说。

"俄国士兵们驾着车辆追上了我们，命令我们加入附近的战俘队列。他们检查了我们有没有携带武器，并粗暴地抢走了我们的手表和其他值钱物品，接着他们又让我们明白应该组成行军队列。我和来自同一个观察所的弟兄们加入了正在附近列队的一大群战俘中。我们非常走运，因为那群人中有来自第305炮兵团第2营营部的战友，以及我们的营长——来自斯图加特的鲍尔少校[1]（Bauer）。

"我们在冰天雪地里从斯大林格勒北城区经斯大林格勒斯基开往戈罗季谢。在2月2日晚上，我们发现自己正走在通往古姆拉克的路上。我估计同行的战俘有5000人左右，全都营养不良，有些人还带着疾病和冻伤。这么多战俘都没有营房可住，因为俄国人已经占据和征用了所有房屋。"

第305工兵营的约瑟夫·茨伦纳二等兵：

"在2月1日，我们曾想趁夜突围，但是没有成功，因为我们刚跑出100米就被机枪扫射赶了回来。2月2日的早晨眼看就要来了，我们心里都很平静，知道前面有什么等着我们。我们共有5个人，大家开始商量是不是要主动从掩蔽部里出来投降，以免俄国士兵摸上来朝地堡里扔手榴弹。接着有人说他不愿当俘虏，他要在被俘之前开枪自杀。我直到现在都清清楚楚地记得自己当时说了什么，我说我不会自杀，要是俄国人在我被俘后枪毙我，那是另一回事，反正我宁可死在敌人手里，也不愿意自杀。接着2月2日的黎明就来了，在8点，我们听到外面传来战斗的声音，我对弟兄们说，还是出去比较好，站在地堡前面朝俄国人挥手。但是，这时我们已经看见附近有人在活动，是俄国士兵，我们刚出去他们就围了上来。他们是西伯利亚人。这些西伯利亚人走上前来，俘虏了我们。我们都很羡慕他们身上的装备，他们也瞪大眼睛看着我们这些德国士兵，那简直像一场梦。德国士兵们目瞪口呆地看着这些长相奇特的小眼睛军人，他们穿着毛皮帽子、毛皮手套、毛皮大衣，全都是最好的货色。我忍不住对一个弟兄说，瞧瞧他们的装备，我们连冬装都还没有呢。我们5个人都得到了他们的人道待遇，他们做的第一件事就是拿走我们的手表，第二件事是拿走我们的勋章和奖章。他们解开我的大衣，伸手摘下我胸前的勋章和我手上的手表，然后先让我们做好准备，再带着我们沿他们来时经过的道路走回去。路上满是弹坑，积雪很厚，足有1米。他们把我们带到了伏尔加河边的一个指挥所……有个同样来自德国这边的俘虏告诉我们，逃跑的话会立刻被枪毙，因此我们没人逃跑。这时候我们注意到事实不像长官想让我们相信的那样，他们体面地对待了我们。我们没有挨打，只是排着队跟他们走下陡峭

---

1. 马克斯·鲍尔少校（Max Bauer），第305炮兵团第2营，1897年10月1日生于斯图加特，1943年2月卒于斯大林格勒附近的战俘营。

在第6集团军残部投降后，被俘的德军官兵排成长长的队列，向斯大林格勒城外前进。绵长曲折的队伍穿过城郊的雪原，向战俘营前进

■ 上图及下图都是1943年2月在斯大林格勒被俘获的第6集团军的德军战俘，他们在苏军的押送下前往战俘营，开始漫长的囚徒生涯。这些德军官兵在被俘时，大多被夺去了随身财物，甚至遭到殴打或被随意杀害，对他们来说这只是苦难的开端而已。

■ 一支德军战俘队伍穿过斯大林格勒北郊一座未被破坏的村庄，他们中的大多数人再也没有活着回到德国。

的悬崖，来到伏尔加河边，进入岸边坑道里的一个俄国指挥所。我们接受了审问，我放在左胸口袋里的所有笔记（我有记日记的习惯）和右胸口袋里的士兵证都被收走了。"

同属于第305工兵营的格奥尔格·策勒技监少尉也被带到一个苏军指挥所里：

"我是和加斯特上尉一起被俘的，另外还有两名军官。俄国人把我们四个和士兵分开，把我们带到一个俄国工兵团的指挥所里进行了审问，接着让我们在两个俄国大尉的掩蔽部的前厅里待了一晚上。那两个人待我们很友好，随后我们被编入了一群战俘的队列。"

* * *

10时刚过，索科洛夫的步兵第45师就完成了战斗任务。戈里什内师、罗季姆采夫师和柳德尼科夫师分成小规模战斗群作战，进展顺利。克雷洛夫回忆了战役的最后时刻：

"敌人的防御全线崩溃。德国人被赶出面包厂，赶出坚固设防的学校，赶出工厂车间中的各个据点和工人村的公共澡堂，纷纷向北方和西北

方撤退。这幅情景似乎有些荒谬：在那两个方向上有另外两个苏联集团军在进攻，每个德国人肯定都清楚这一点。但是尽管我们集团军的各支部队只有几十或几百人，在这越缩越小的包围圈里，成千上万的德国人却选择逃向相反的角落。在最后两天放下武器的40000名北集团的士兵和军官中，向我们集团军投降的只有1000出头。

"各师源源不断地传来进展顺利的报告，被定为进攻目标的大型建筑纷纷被包围，守军纷纷被俘虏或歼灭，大量武器也被缴获……我们越来越多地听见一些再也无法控制自己的人在电话里兴高采烈地大呼小叫，听见他们诉说某某营在街垒工厂对面的某个地方、在工人村里或者在拖拉机厂的厂区里和第65或66集团军的部队会师。光是听着这些报告，我已经可以想象那里发生着什么，他们又是如何在欢庆。"

战斗结束时柳德尼科夫就在崔可夫身边：

"'停止射击！'崔可夫命令道，'把停火命令传给我们的友邻部队！'

"集团军司令员向我们祝贺胜利。

"大炮停止了射击,五颜六色的信号弹欢呼着升上天空,'乌拉'声响成一片,把为了庆祝而施放的冲锋枪和步枪声音都淹没了不少。"

"胜利者们欣喜若狂。"

中午时分,斯大林格勒城内已经再也没有战线可言。克雷洛夫将军坐在集团军指挥所里,听见电话铃响起:

"这是古罗夫从集团军观察所打来的:'尼古拉·伊万诺维奇,你还傻坐在那里干什么?快到我们这边来。司令员在等你!'在指挥所里,波扎尔斯基[1](Pozharski)、魏因鲁布[2](Vainrub)、特卡琴科[3](Tkachenko)和几乎所有师长都在。每个人都在相互祝贺。他们已经下达各种指示,要求加紧执行扫雷工作,在城里建立军管机构,收集缴获的武器并遣送停虏……

"我起草了交给顿河方面军司令员的第32号报告,由崔可夫、古罗夫和我共同署名。报告的开头是这样写的:'第62集团军各部在1943年2月2日12时圆满完成了战斗任务……'"

几小时后,莫斯科广播电台播发了苏联新闻社的特别公报,宣布顿河方面军已经全歼了在斯大林格勒地区被围的德国军队。

砖窑外面不断传来可疑的声响,每个人都在充满期待地倾听。此时的一分一秒都是煎熬,大家的神经紧绷到了极点。忽然,一声"Raus(出来)"从外传来,在寂静的砖窑里久久回荡,其中那个"R"被发成了俄语特有的卷舌音。雷滕迈尔立刻回答一声"是",他拿起自己的包裹说:"时候到了,弟兄们,挺起胸膛来,祝你们好运!"话音刚落,他便出了门,外面站着3个平端着冲锋枪的苏军士兵。雷滕迈尔毫无惧色地走过去,在他们面前几步远的地方站住,敬了个礼。苏联士兵问他有没有武器,然后神色漠然地拍了拍他,要他蹲下。雷滕迈尔告诉这些苏军士兵,里面还有一些德国军人。那3个士兵中为首的是个40来岁、身材粗壮的汉子,他反复地朝里面大声喊话,要里面的人出来,但是很显然,谁都不想第一个出门。雷滕迈尔把行李丢在雪地上,走向门口,打开门喊道:"弟兄们,出来吧,俄国人已经来了!"大家看见雷滕迈尔平安无事地站在苏军士兵身边,立刻克服了恐惧。他们高兴地发现一切都很顺利,最高兴的还是雷滕迈尔本人,他终于卸下了所有担子。从这一刻起,苏军士兵说出的"Давай(来吧)"对他和他原来的部下都代表着同样的意思。

这一小队人爬上了一道陡坡,每个人都低头想着心事。雷滕迈尔默默地祈祷,他把右手伸进大衣口袋里,用冻得冰凉的手指摸索着他的念珠串,然后念出祷词:"黑色的十字为我们而生!"

在山坡顶上,他向伏尔加河和斯大林格勒火炮厂的废墟投去最后一瞥,并说出了他在那里最后的祝福:"安息吧,弟兄们!"

尾声

罗姆巴赫下士在回忆中说,他曾打算利用拖拉机厂的地道躲过被俘的命运,等待天气转暖。许多人和他抱着同样的想法,其中有成千上万人实施了自己的计划。这些人没有一个能成功回到德方战线,我们至今也没有发现来自其中幸存者的叙述,但是我们找到了内务人民委员部在1943年3月提交的一份引人注目的报告,其中反映了

---

1. 尼古拉·米特罗法诺维奇·波扎尔斯基少将(Nikolai Mitrofanovich Pozharski),苏联英雄,第62集团军司令部,1899年5月6日生于克林,1945年9月12日卒。

2. 马特维·格里戈利耶维奇·魏因鲁布中将(Matvey Grigoryevich Vainrub),苏联英雄,第62集团军司令部,1910年5月2日生于鲍里索夫,1998年2月14日卒。

3. 弗拉基米尔·马特维耶维奇·特卡琴科中校(Vladimir Matveyevich Tkachenko),苏联英雄,第62集团军司令部,1903年1月2日生于波莫什纳亚,1983年5月13日卒。

■ 1943年2月初，在斯大林格勒战役落下帷幕之际，一名苏军士兵手持冲锋枪押解一名神情沮丧、模样凄惨的德军俘虏。

这些德军士兵的顽强：

"斯大林格勒城内清剿反革命分子的行动继续进行。德国法西斯匪帮躲在棚屋和坑道里，在战斗结束后仍然实施了武装抵抗。这种武装抵抗一直持续到2月15日，在某些地区甚至持续到2月20日。截至3月，大部分武装集团都已被消灭。

"在这段时间与德国法西斯匪帮进行的武装冲突中，我旅各部共击毙2418名士兵和军官，俘虏8646名士兵和军官，并且将后者押送到战俘营进行了移交。"

随着德国士兵的信件在1月中旬停止送达，德国政府把斯大林格勒的惨败渲染为史诗般的传奇，令人难以想象的悲痛和不确定感降临到了军人家属头上。阿格内斯·莫斯曼（Agnes Moosmann）的姐姐的未婚夫（第578掷弹兵团第1连的汉斯·伯恩哈特下士）以及她的许多童年玩伴都被宣告为失踪，她用一段文字深刻地描述了这场夺去他们父兄的灾难给他们带来的茫然无助和悲愤交织的感受：

"在1942年11月底，这个世上最悲惨的冬天，在伏尔加河大弯曲部和纵深50公里的腹地，他们咬紧牙关抱着真诚的希望又写了多少信呢？在1942年12月，他们怀着勇气和恐惧写了多少？在1943年1月，带着嘲讽的冷笑或无助的眼泪写了多少？在2月初得知自己被背叛和出卖，人生还没有真正开始就要迈向痛苦的毁灭，他们又写了什么？此时再也没有人把他们的呐喊带回祖国，没有邮递员把他们用麻木的手指草草写下的遗言交给在故乡等待和哭泣的亲人。大沉默的时期开始了，沉默也降临在那些曾经那样坚信需要抵抗'全球布尔什维主义'浪潮的人，那些曾忠实地'为东方的生存空间'而奋斗的人，以及那些'一向'能预见到灾难来临的见多识广的人身上。但即便是那些曾经怀疑灾难将至的人也不敢相信——甚至无法想象——德国军人会以如此卑劣可耻的方式被弃于困境而不顾。"

大约90000名德国人在斯大林格勒被俘，其中只有5500人得以返乡。

后记：亲历者的命运

在历时数月的斯大林格勒战役中，苏德双方有数以百万计的军人卷入这场空前残酷的激战中，他们中的很多人长眠在伏尔加河和顿河之间的草地、雪原和瓦砾残骸中，而能活到战役结束的人在之后也会面临不同的遭遇，在本书中出现的诸多人物的经历就足以写上厚厚的一本书，但是后人不可能将所有战役参加者的命运都一一记录、叙述出来，这里只能简要追述一下少数人的最后结局，作为其他数十万亲历者的代表。

■ 德军第578掷弹兵团的汉斯·伯恩哈特下士，至今下落不明。

汉斯·伯恩哈特下士（第578掷弹兵团）

在1月中旬，有人打电话找伯恩哈特的未婚妻希尔德（Hilde）。来电的是伯恩哈特同团的一个战友，他说在12月底由于军官人数不足，伯恩哈特已被提拔为下士，同时被任命为连长，几天后他就战死了。当时接电话的是希尔德的父亲，他被这个噩耗惊呆了，因此忘了询问这个不知名的来电者的姓名和地址。那个战友此后再没有联系这家人。也许他自己后来也战死了。时至今日，汉斯仍然和他的兄弟路德维希（Ludwig）以及格布哈特（Gebhard）一样，被算作"失踪"人员。

约翰·博内茨米勒一等兵（第305工兵营）

得知丈夫在1943年1月仍然活着的消息后，博内茨米勒夫人在杳无音信中度过了几年难熬的日子。在1945年12月12日，她终于收到一个刚从苏联战俘营获释的人写来的信，那人说他的丈夫被关在乌拉尔山以东的某个营地，情况"比较良好"，在干泥瓦匠的活。1947年，另一个战友告诉博内茨米勒夫人，她的丈夫本来应该被释放，

但是苏联人意外地延长了他的刑期。1948年7月，约翰·博内茨米勒终于回到故乡，但是已经一身残疾。他的妻子后来在信中写道："你不知道他的样子有多可怜，已经瘦成一副骷髅了。回家14天后他被一家疗养院收留，在那里住了半年。他被打了250多针，他们尽了一切努力来医治他。直到如今（1949年7月）他还不能连续工作一个小时。医生说至少还要过两年他才能康复。他完全营养失调了。"他靠着100%的战争伤残状况得到了一份微薄的养老金。随着时间一年年过去，他慢慢恢复了健康，他的战争伤残等级也被降低。

他忍受着巨大痛苦成为一名泥瓦工头，一直干到1972年，达到65岁退休年龄为止。令人惊叹的是他活到了90岁高龄，于1997年1月23日去世。

维利·布劳恩中校（第576掷弹兵团）

布劳恩的家人得到的第一条消息来自和他在同一个团的营长舒博特上尉（Schuboth）。在1947年2月13日的一封信中，布劳恩的妹妹复述了舒博特告诉她的消息：

"有个老家在康斯坦茨的上尉舒博特已经回来了，我们听他说，他曾在斯大林格勒和我们的哥哥并肩作战。他们手下一共有200人，打到后来只剩下16个人。后来康斯坦茨来的上尉受了重

■ 德军第576掷弹兵团团长维利·布劳恩中校，"失踪"至今。

伤，我们的哥哥肩头受了轻伤，卫生员给他们做了包扎。当维利带着另外16个人重新上战场时，舒博特和维利握了手，祝他顺利地走向永恒。他估计自己不久就会跟随维利而去，因为战斗实在太残酷，不可能有别的打算。从那以后他就再没有得到维利的消息。

"舒博特随后被送进医院，成功地康复了，现在已经回到老家……"

在一封写给布劳恩妹妹的信中，第576掷弹兵团第2营的文书库尔特·施泰因伦下士描述了骑士十字勋章获得者布劳恩的遭遇：

"在1943年2月1日，我和布劳恩少校一起被俘，当时只有我们两个人。在俄国人的最后一次进攻中，一颗迫击炮弹给他造成了两处轻伤。同时他的副官被炮弹直接命中，当场身亡。你哥哥的行动能力被这些伤势严重影响，但我还是扶着他走了几个小时。在1943年2月1日夜到2日晨，他觉得实在太疲惫，走不动了，他请求我把他留在俄国人的一个红十字医疗站里。我本来想陪着他，但是押送我们的俄国兵不允许。后来我虽然到我知道的每一个战俘营做了详细探访，还是没有找到关于他的任何消息……"

布劳恩中校至今仍被列为"失踪"人员。

路德维希·比希上尉（第45和389工兵营）

瓦尔特·海因里希中尉负伤后于1943年1月22日飞离包围圈，他说自己离开时比希还活得好好的。H.舒曼（H.Schumann）是最早被苏军释放回家的战俘之一，他在1946年3月7日给比希的妻子写了一封信：

"你的丈夫比希上尉是我的营长，他顺利地熬过了斯大林格勒的战斗。在1943年2月1日，他和维默斯霍夫医务少尉[1]（Wimmershof）、舍克连

---

1. 维利·维默斯霍夫医务少尉（Willi Wimmershof），第45工兵营，1912年7月6日生，1943年1月失踪于斯大林格勒。

■ 德军第45工兵营营长路德维希·比希上尉,至今下落不明。

军士长[1](Scheck)以及温特上士[2](Winter)一起躲进被冰雪掩埋的地堡里。他们带着给养和一部电台,打算在里面坚持几个星期,然后设法突围到德军战线,但是因为到现在为止他们全都没有回家,我只能推测他们也被俘房了。不过我可以说一些让你放心的消息,那就是军官在俄国人的战俘营里过得不算太坏,比我们强多了,我们的日子非常难熬,还必须干很重的活……"

比希、维默斯霍夫、舍克和温特就此销声匿迹,官方宣布比希在1943年1月23日失踪。

埃尔温·加斯特上尉(第50装甲工兵营)

按照格奥尔格·策勒技监少尉的说法,加斯特和他一起被俘,在2月2日晚到3日晨在一个苏军工兵团的指挥所过了一夜。第二天他们加入了一群俘房的队列。有个目击者说工兵们(包括军官和士兵)在被俘后立刻就被甄别出来。但是这似乎发生在很久以后,而且是以更有组织的方式进行的。第94步兵师的一名步兵军官——阿德尔贝特·霍尔上尉[3](Adelbert Holl)记得某一天在别克托夫卡营地里发生的事:

"那是1943年3月1日,他们把所有人都早早叫醒,命令我们做好启程离开的准备。这意味着我们将被送到所谓的永久战俘营,那里一切条件都要更好一点,我们又可以像普通人一样生活了。我们大多数人听到这个消息以后都是半信半疑的。在被俘以后的短短几个星期里,我们已经被骗了太多次,而且由于身体越来越虚弱,大家都变得麻木了……当我们在俱乐部大楼前集合以后,他们大声宣布:'所有觉得自己病得特别重,经不起坐火车长途旅行的,都走到前面来。另外,所

■ 德军第50装甲工兵营营长埃尔温·加斯特上尉在军旅生涯早期作为一名士兵时的留影,他可能死于战役之后的扫雷行动。

1. 阿道夫·舍克连军士长(Adolf Scheck),第45工兵营第2连,1912年8月30日生于罗伊特,1943年1月失踪于斯大林格勒。

2. 卡尔·温特上士(Karl Winter),第45工兵营第1连,1915年1月2日生于拉芬斯堡,1943年1月23日失踪于斯大林格勒。

3. 阿德尔贝特·霍尔上尉,第276掷弹兵团,1919年2月15日生于杜伊斯堡,1982年6月6日卒于杜伊斯堡。

有的工兵也都到前面来！'"

策勒技监少尉也能清晰地回忆起这件事：

"我能证明这件事，因为我自己也经历过。我们军官被集中在一座楼房里——我相信那是某个剧院的大厅或是类似的地方——然后被分成病号和'健康人'。工兵们则要单独出列。我伤得很重，就去了病号组里。我身边站着一个军官，我虽然在四个营里当过技术监察官，但是从没见过也不认识他，他对我说：'别走上去。我想他们只是想要工兵给他们排雷。'但是另一些人毫无戒心地走出了队列，因为他们觉得自己也许可以不用去西伯利亚。"

后来策勒终于明白，由德国工兵埋设在斯大林格勒街道上的地雷要再由他们亲手排除。当初他们布雷时曾绘制了雷场草图，但是这些草图已经不复存在，排雷工作是极其危险的。加斯特似乎就被编入了某个这样的排雷队。他的妻子回忆说："在1950年代的某个时候，来了一个上校，他是巴特戈德斯贝格出生的贵族，在战俘营里曾和埃尔温在一起。他告诉我，埃尔温被逼着帮忙清除地雷，或许就死在了排雷过程中。"工兵们被苏军用来清除地雷和未爆的炸弹，或许这就是活着回国的工兵战俘为数极少的原因。

官方档案至今仍认为加斯特在1943年1月7日失踪。哈瑙地区法院在1950年3月18日做出的裁决则武断地将埃尔温·加斯特的死亡时间定在1943年2月1日24时。

瓦尔特·海因里希中尉（第45工兵营第2连）

在1943年1月22日搭乘飞机逃离后，海因里希在医院里住了5个多月。他担任连长时留下的事迹，特别是斯大林格勒的战斗，被他的战友交口传颂。海因里希是罕见的在战争环境下反而能发挥才干的人，他能活着渡过最可怕的危机。平易近人但又容易冲动的个性使他从来不曾消极处世，而他作为军人的本领则得到了普遍认可。1942年初有人推荐他获得骑士十字勋章和金质德意志十字奖章，结果被驳回，不过授予荣誉勋饰的申请得到了批准。在1943年年中，他再次被推荐获得金质德意志十字奖章，但是由于缺少目击证人和上级的证明（这些人全都在斯大林格勒战死或被俘了），他还是没有得到这理应获得的殊荣。结果直到1944年2月21日，海因里希才终于获得这一荣誉。他在1944年5月担任了他热爱的第45工兵营的营长，并在1944年12月晋升为少校。他活到了战后。他的一个战友卡尔·克劳斯（Karl Krauss）写道："我多年来一直在央求瓦尔特·海因里希写回忆录，但都是白费口舌，他不想再回忆往事。"乌尔姆工兵战友会的会长孔尼·德赖尔（Konni Dreier）回忆了海因里希凄凉的晚年："在一次因为战时旧伤而做的手术中，医生犯了错误。海因里希从此只能极其艰难地行走，最后只能以轮椅代步。他生命的最后岁月是在一家私人疗养院度过的，他于1997年在那里去世。"

■ 德军第45工兵营第2连连长瓦尔特·海因里希中尉。

■ 苏军步兵第344团团长科诺瓦连科大尉，后晋升少校。

弗拉基米尔 · 阿努弗利耶维奇 · 科诺瓦连科

近卫军少校（步兵第344团）

斯大林格勒战役结束后，步兵第138师的番号改为近卫步兵第70师，科诺瓦连科的团也被命名为近卫步兵第203团。1943年9月23日，科诺瓦连科近卫军少校在切尔诺贝利地区（Chernobylsky）的战斗中立下大功，通过精心策划的进攻突破了德军的纵深防御地带，他的团随后又击退了德军的八次大规模反击。虽然他在保卫斯大林格勒期间就曾连续数月直面死神，但凭着这一仗他才在1943年10月16日获得了梦寐以求的"苏联英雄"称号。1944年9月19日，这位充满活力、精通业务、深受部下爱戴的年轻指挥员不幸在战斗中牺牲。

奥托 · 克吕格少校（第162和305工兵营）

1945年8月被苏军释放的第162工兵营的汉斯 · 克劳斯下士[1]（Hans Krauss）在1953年6月5日提供了一份宣誓声明：

"来自西普鲁士埃尔宾的奥托 · 克吕格少校是第162工兵营的营长。我本人是该营营部的会计士官。克吕格少校在斯大林格勒北城区被俄国人俘房，时间可能是1943年2月2日，我也是同一天被俄国人俘房的。在前一天夜里，我曾在我们营的值班地堡里见过克吕格少校，这是我最后一次见到他。"

前面我们已在雷滕迈尔少校的回忆中看到，1943年2月2日上午在砖窑中被俘的一群人中就有克吕格。克劳斯继续回忆：

"1943年7月，我在红军城劳动营和别克托夫卡病号营与几个军官交谈后，得知克吕格少校已经在1943年4月死在某个战俘营中。大约有5个军官分别跟我说了这件事，他们都不属于克吕格少校指挥的营，但这些军官提供的细节是毫不含糊的。"

■ 德军第162工兵营营长奥托 · 克吕格少校在从军早期的留影。

1. 汉斯 · 克劳斯下士，第162工兵营营部，1918年7月13日生于普法尔茨，1978年3月21日卒于施泰因费尔德。

克劳斯的声明对于法院宣布奥托·克吕格死亡起了关键作用。虽然官方档案仍然认为克吕格在1943年1月5日失踪，但戈斯拉尔地区法院在1954年1月11日做出的裁决确认奥托·克吕格少校的死亡时间是1943年4月20日24时。

赫尔曼·隆特上尉（第336工兵营）

官方档案认为隆特在1943年1月9日失踪。

1943年4月13日，第336工兵营的营长帕弗利切克少校（该营被调往斯大林格勒时他正在休假，因此由隆特代理营长一职）给隆特的妻子写了一封信：

"尊敬的隆特夫人：我出于职责，不得不悲痛地通知你，你的丈夫在斯大林格勒一役中失踪，至今下落不明。尽管如此，我还是坚定地希望这位勇敢的军官能重新回到故乡，希望这种希望也能支持你度过这些艰难的岁月，我们所有了解他的人都对这位模范军官背负了如此沉重的命运感到不平。敬重您的少校营长帕弗利切克"

1949年10月29日，埃里希·鲍赫施皮斯给隆特的妻子回了一封信：

"尊敬的隆特夫人：今天早上我收到了你在10月28日寄出的明信片，谢谢你……我要向你简单描述一下发生的事情。

"1942年11月4日，我作为营军需官，和我们的代理营长一道从奥斯特洛戈什克（顿河阵地）飞赴斯大林格勒，执行为期14天的任务。我们营不得不在那里浴血苦战，遭受了惨重损失，但因为俄国人极其顽强，我们的任务时间一再延长，超过了预期。另一方面，俄国人在11月21日包围了我军，后来斯大林格勒之战的结局你们已经很清楚了。在斯大林格勒，许多个宁静的夜晚里我们就靠玩纸牌打发时间。直到1943年1月31日晚上为止，你丈夫都平安无事，那天晚上我们互相见了最后一面。在1943年2月1日晚上，传来的消息都没有什么新意，但是在1943年2月2日9时10分，俄国人从后方突破，把我和几个受了轻伤的战友一起俘房了。因为我们的阵地离辎重队只有300来米远，所以俄国人肯定也是在大概同一时间从后面突进我们的阵地的。

"随后我们没日没夜地在斯大林格勒周围的草原上来回跋涉，到了2月3日，我们终于登上火车，被送往乌拉尔山脉里的一个营地。1943年夏天，我在那里认出一个我在斯大林格勒结识的中尉，他也认识我们的代理营长——你尊敬的丈夫。这个人告诉我，在1943年2月2日，他曾看见你丈夫一条腿受了伤躺在雪橇上。因为他当时在另一个战俘队列里，所以没法上去和他打招呼。在我们被俘后的头两个月里，几乎得不到任何医治，也没有什么食物可以吃，所以93000名俘房里大约有50000人在头一个月就死了。所以说，我恐怕你尊敬的丈夫和我们的好弟兄已经长眠不醒了。在俄国，所有被俘的军官，包括那些在柯尼斯堡被俘的，都集中在乌拉尔那边的营地里。遗憾的是，你尊敬的丈夫从没有到过那里。我是我们营唯一幸存的军官，甚至有可能是在斯大林格勒的全营人马中唯一的幸存者。此外，到现在为止我都没见到过我们营被俘的少数士兵中的任何一个……既然关于你尊敬的丈夫的下落我没法给你肯定的回答，那么对你对我来说仍然还有一点希望的火花，因为在俄国，命运之路是神秘莫测的。"

在1956年1月8日的一份归国者声明中，库尔特·贝克尔（Kurt Becker）说：

"隆特上尉受了重伤，1943年2月2日和我一起被俘。我们在1943年2月3日或4日被分开，隆特应该是被送进了一家俄国医院。"

和其他消失在苏联战俘营中数以万计的德国战俘一样，隆特上尉就此从人间蒸发，至今也没有任何确切的消息。

■ 苏军步兵第138师师长柳德尼科夫上校在战后晋升至上将。

伊万 · 伊里奇 · 柳德尼科夫中将（步兵第138师）

柳德尼科夫在1943年1月27日晋升为少将，就任步兵第15军军长。在库尔斯克突出部的战斗中，柳德尼科夫部先完成防御目标，随后转入反击。在1943年9月22日，他的军的先头部队在切尔诺贝利以北抵达第聂伯河，并立即开始渡河。该军各部在西岸建立了桥头堡，击退德军多次反击后，又继续向西扩大桥头堡。1943年10月16日，柳德尼科夫荣获"苏联英雄"称号。后来他继续征战，最终在1945年参与了对柯尼斯堡的进攻。击败德国后，他又参与了1945年8月短暂的对日作战行动。战后他曾担任某集团军司令员，后来又任驻东德军队的副总司令。1952年，他在总参谋部军事学院完成高级学术课程进修，随后在各大军事学院担任过教员。1968年，柳德尼科夫以上将军衔退役。他在1976年4月22日去世，安葬在莫斯科新圣女公墓。

值得注意的是，虽然在斯大林格勒的防御战中建立奇功，步兵第138师却无一人因此获得苏

联英雄称号。也许上级认为单凭防守不配获得如此崇高的荣誉？总的来讲，在斯大林格勒战役中获得苏联英雄称号的人数少得令人吃惊。柳德尼科夫、科诺瓦连科、佩钦纽克等人最后都是靠强渡第聂伯河一战获此殊荣的，这些迟来的荣誉也许是对他们先前在斯大林格勒英勇奋战的追认。

费奥多尔 · 约瑟福维奇 · 佩钦纽克
近卫军中校（步兵第650团）

佩钦纽克后来继续指挥步兵第650团，只不过该团番号改成了近卫步兵第205团。在1943年9月，他的团在巴图林以东渡过谢伊姆河，解放了巴赫马奇车站。1943年9月22日，该团又在切尔诺贝利地区的多曼托沃村附近渡过第聂伯河。在建立桥头堡的过程中，他的团击退了德军的11次反击，因此佩钦纽克在1943年10月16日荣获"苏联英雄"称号。1945年，佩钦纽克在总参谋部军事学院完成进修。1953年，佩钦纽克以上校军衔转入预备役。他在1965年1月26日去世，安葬在日托米尔。

■ 苏军步兵第650团团长佩钦纽克少校后来获得"苏联英雄"称号。

司机马里亚诺 · 普希亚沃（第248重型卡车连）

配属第305工兵营营部的意大利司机没有参加作战，他们似乎和他们的车辆一起被遗忘了。在圣诞节前不久，普希亚沃写信给他的弟弟："我们6个意大利弟兄一起住在一个地下室里……炮火离我们越来越近，俄国人的射击一刻不停，虱子成灾，一切都非常困难。"但是，在给妻子的信中，他却给真相裹了一层糖衣：

"我的平安夜过得不算坏，因为我收到了你寄来的几件东西，所以还挺高兴的。我们做了意大利面，还吃了你寄来的鱼排。我们6个人挤在一

■ 上图是1949年12月15日，雷滕迈尔少校（左）从苏联战俘营归来（照片摄于霍夫附近莫申多夫）。

间小棚屋里，有个很好的炉子用来取暖。昨天晚上，有个弟兄做了鸡蛋面，我们晚餐吃的就是它。后来我们还喝了咖啡和干邑白兰地，所以说我们过得挺好的。"

在战役结束时，50名意大利司机除了2人在1943年1月已死外全都活着，但是这群人中最终只有一人活着被释放，他说自己的所有战友都死在了前往战俘营的长途火车旅行中，这个唯一的幸存者已在1997年去世。

欧根 · 雷滕迈尔少校（第578掷弹兵团第1营）

形销骨立的雷滕迈尔在1949年12月15日从苏联战俘营返回故乡，直到此时他才得知了自己一家人遭遇的悲剧。他此前已经知道自己的大儿子奥托卡尔在1942年5月战死，但是他悲痛欲绝地发现还有两个儿子也没能从战争中活下来（1924年10月生的格哈德是二等兵，1943年9月在斯摩棱斯克附近失踪；1921年10月生的瓦尔德马是少尉，1944年8月在罗马尼亚失踪）。雷滕迈尔在1952年重操教鞭，但是命运很快又给了他的家庭重重一击：小儿子西格贝特（Siegbert，1928年2月生）在1957年7月离世，而他本来打算再过一

■ 上图是1941年在埃斯林根附近的一次训练中，雷滕迈尔（抽烟者）正在和部下一起听笑话，他一直是一位深受部下爱戴的指挥官。

■ 雷滕迈尔一家的合葬墓碑，包括雷滕迈尔夫妇及他们的4个儿子，其中3个儿子在战争中丧生。

个星期就结婚，最终四个儿子都死在了父亲之前。雷滕迈尔在1964年中风，1965年初又一次中风，于当年1月7日去世。

威廉 · 特劳布少校（第305工兵营）

约翰 · 博内茨米勒的妻子在1949年7月18日写给特劳布之妻的信中记录了特劳布少校最后的下落："我简单给你说说我丈夫告诉我的关于你丈夫的情况。他一直陪着你丈夫，直到在1943年2月2日一起被俘。他们当时的情况非常糟糕，包括你尊敬的丈夫在内，全连只有8个人进了战俘营，其他人不是死了，就是受了重伤被丢在包围圈里自生自灭。被俘以后，头三个月他和你丈夫在一起。在那之后，军官和士兵就被分开了。军官去了莫斯科，而他们去了中亚。后来我丈夫在1946年也去了莫斯科，在那里遇到一个少校，那人和他们同时被俘，不过是另一个营的。他问那人是不是知道特劳布这个姓，但是没能问出什么来。不过那人告诉他，军官不需要工作，但是必须到莫斯科接受政治再教育，他们在那里得到的食物供应也更好。我丈夫能提供的消息只有这么多了。"

第305步兵师的后勤主任卡尔 · 宾德尔军需勤务少校（Karl Binder）曾详细记录了在战俘营

■德军第305工兵营营长威廉 · 特劳布少校，至今下落不明。

里死去的人的姓名，但是在他获释几星期前，他的秘密笔记被一个为苏联人工作的德国狱友抢走了。他记得特劳布也在那个名单上，但是特劳布夫人怀疑他的记忆不准，因为宾德尔还曾提到马克斯 · 弗里茨也死在战俘营里，其实这位营副官早在1942年12月22日就在斯大林格勒阵亡了。特劳布夫人伤心的寻夫之旅一直持续到1954年，她给自己能想到的每一个政府机关写信，并不辞辛苦地询问那些被释放回家的人，但全都是白费力气。约翰 · 博内茨米勒是1943年4月8日最后一个看到特劳布活着的人，至今官方档案仍将特劳布列为"失踪"人员。

里夏德 · 特罗尔曼下士（第212掷弹兵团第2营）

斯大林格勒战役中发生的最奇特的故事之一就是特罗尔曼下士的历险。他1920年生于德国，但在1922年随父母移居列宁格勒。当战争阴云逼近之时，特罗尔曼被征入红军，并在1941年4月被送到塔什干的一所士官学校学习。

1942年7月，特罗尔曼找到机会在第212掷弹兵团第5连所在的地段投奔了德军。最初他为德军当翻译，但很快就成为正式的德军士兵。他跟随部队从头至尾参加了斯大林格勒战役，直到在1943年2月1日被俘。此后，漫长的死亡行军开始了。悲惨的待遇和恶劣的天气使他不得不考虑趁身体还不是太虚弱时逃跑。他在1943年3月26日实施了行动：在跟随一支伐木队在森林深处工作时，他偷偷溜走，逃到一个小村子里。村里的好心人给他提供了食宿，还给了他几件老百姓的衣服。童年的经历使特罗尔曼能讲流利的俄语，他凭着这一优势在顿河边一路跋涉，晚上就在各个小村子里过夜，但是他运气不佳，被苏军部队截获并押送到米列罗沃，和另外33名苏联逃兵关在一起。

在被内务人民委员部官员审问时，他说自己是从德国战俘营里逃出来的，还提供了自己以前所属的苏军部队番号作为证据。这一招果然见效，他随后被编入步兵第24师的惩戒连，开赴米乌斯河前线。由于该师已经遭受了严重伤亡，惩戒连的人员被直接补充到连队中，特罗尔曼就这样进了一个步兵团的通信连。在一次进攻中，他的团遭到毁灭性打击，约有40%的人阵亡，其他人大多被俘。特罗尔曼在乱军之中爬进一个地堡，在里面等待德国军队到来。次日德军果然来了，把他带到了"髑髅"师的一个营指挥所。不久以后，他就被一颗炮弹炸成重伤，后来不得不从右大腿处截肢。

后来的研究者是通过1943年8月和9月间的许多审讯记录了解到特罗尔曼这些不可思议的经历的。除他之外，还有好几个逃兵试图让德国当局相信自己是来自斯大林格勒的真正幸存者，但唯有特罗尔曼说出的姓名、日期、地点和其他细节是真正经历了斯大林格勒战役最后阶段的人方能提供的。由于表现了非凡的勇气，特罗尔曼被授予一级铁十字勋章和金色战伤奖章（他的这次重伤是他加入德军后第四次受伤）。至于他此后的下落，我们不得而知。

威廉·魏曼少校（第294和100工兵营）

1943年1月初，在第100工兵营（第100猎兵师）的营长负伤后，魏曼奉命接管这支群龙无首的部队。到了1月底，该营在马马耶夫岗附近被分割包围，其官兵在1943年1月30日和31日被俘。魏曼的妻子进行调查后发现，魏曼在1943年初进了苏军的战俘营，当时还身患疾病。她向有关的战俘营询问了自己丈夫是否在世，但得到的回答都是查无此人或干脆没有回答。应魏曼夫人的请求，威廉·魏曼少校在1955年2月12日被宣布为已死。

■德军第294工兵营营长威廉·魏曼少校，可能死于战俘营。

附 录

附录1：斯大林格勒战役中德军特遣工兵营的历史

第45工兵营

在被调到斯大林格勒之前的几个月里，第45工兵营直属于第6集团军，一直忙于在顿河沿岸和顿河以西一望无际的大草原上执行各种任务。该营在8月的两次强渡江河行动中遭受了一定伤亡，但从那以后就几乎没受什么损失，因为他们的主要工作就是在烈日底下进行艰苦繁重的土方挖掘和工事修建。虽然这工作很辛苦，但官兵们都乐在其中，至少有一个人回忆说，那"绝对是和俄国的整场战争中最美好的时光"。而当这个德国国防军中最老牌的工兵部队之一接到东进斯大林格勒的命令时，这种几乎与和平时期相同的轻松气氛就荡然无存了。

1934年10月，在第5工兵营的第3摩托化连基础上组建了一个新的营，该营的临时番号是"B"工兵营，营长是古斯塔夫·伯林格少校[1]（Gustav Boehringer）。该营下辖4个连，但是在1935年秋天，第2连被抽调用于另组新的营。在1935年10月15日，"B"营得到了正式番号——第45摩托化工兵营，并被确定为军属工兵营，驻地在施瓦本地区的乌尔姆，其营徽就是"乌尔姆麻雀"[2]，营房在新乌尔姆新建的莱因哈特军营中，在此该营进行了布置障碍、布设雷场和建造野战工事的

高强度训练。瓦尔特·比肯比尔中校（Walter Birkenbihl）在1936年9月成为该营第二任营长，保罗·韦尔克少校[3]（Paul Velke）在1938年

■德军第45工兵营营徽：乌尔姆麻雀

4月1日继任。不久以后，该营（欠第3连）被部署到卡尔斯鲁厄－凯尔地区，参与修建齐格菲防线。由于在当地的杰出工作，该营获得了元首表彰。在1938年和1939年，该营重点进行了使用实弹和火焰喷射器攻击地堡的训练，并习惯了在类似实战的条件下实施爆破。1939年8月，该营开赴齐格菲防线参与建设，从此再没有回过原来的驻地。在1939年9月的波兰之战中，该营随"S"集团军群被部署在上莱茵。

1940年5月10日5时35分，该营出艾费尔高原越过比利时边境，在吉维特－迪南附近向默兹河挺进。他们与配属的第26筑路营一起清除各种障碍，一直干到15时，为装甲部队开辟了道路。1940年5月13日，在默兹河边的吉维特，该营成

---

1. 古斯塔夫·伯林格中将，佩剑战功骑士十字勋章，银质德意志十字奖章，第45工兵营营部，1892年7月7日生于斯特拉斯堡，1974年2月20日卒于康斯坦茨。

2. 麻雀是乌尔姆的标志。传说当年乌尔姆人在建造大教堂时需要从城外用马车运来很长的木材，但横放在马车上的木材根本无法通过狭小的乌尔姆城门，人们只好打算拆掉城门。就在此时人们发现了有只麻雀叼着一根长长的树枝进了窄小的窝里，大家才想到木材可以纵放着运输。于是麻雀便成为了乌尔姆的标志，今天的乌尔姆城里有几百座麻雀雕塑。

3. 保罗·韦尔克上校，骑士十字勋章，第45工兵营营部，1890年11月9日生于费尔普克，1942年7月28日因伤死于索罗诺夫斯基。

■ 1939年4月，第45工兵营在专门为他们建造的新乌尔姆莱因哈特军营中点名，准备参加一次庆祝元首生日的阅兵。

功侦察到一处防守薄弱的渡口，将第32步兵师的侦察营和两个步兵营送过了河。一个工兵连用了17个小时（接替它的连用了15个小时）不间断地划着橡皮艇和渡船在130米宽的河面上来回运输。法军注意到该部渡河时已经太晚了，他们的反击也未奏效。抢渡默兹河是该营遇到的一个重

■ 1940年5月14日，第45工兵营的突击队在吉维特的街道上搜索，这座小镇内有横跨默兹河的桥梁，而且镇子本身处于两条主干道的交汇处，意义重大。虽然其他人为了防范法国狙击手的冷枪都躲在房子里，但瓦尔特·海因里希少尉（提着手枪，靴子里插着手榴弹的人）却大模大样地站在街道上，对自己的安全毫不在意。

大挑战，而它以出色的表现完成了任务。这次行动对整个战局有重要意义，因为它大大减少了其他地方渡河行动的困难，从而间接帮助了主力部队进攻，给日后的行动带来决定性的影响。最终第一批德国军队在三天内全部到达默兹河对岸。

1940年5月14日晚上，在营长亲自实施侦察后，该营以迅猛的突击拿下吉维特东城区，并以一个连在默兹河对岸继续进攻，肃清了吉维特西城区的法军地堡和小股抵抗部队。第2连排长瓦尔特·海因里希少尉在这些进攻战斗中总是冲锋在前，不顾身边子弹的呼啸，在开阔地里毫无惧色地来回运动。由于在抢渡默兹河和占领吉维特时所起的作用，他在5月17日获得二级铁十字勋章。

该营冒着还在抵抗的法军步兵的火力开始架桥，到17时时已经将一座长130米、承重能力16吨的桥梁架设完毕。这样一来弹药、给养和必要的火炮就能运送到默兹河西岸的步兵手中。受到沉重打击的法军很快就后撤了，通向法国北部的道路就此敞开，韦尔克中校因此战获得骑士十字勋章。此后该营参加了佛兰德斯、阿图瓦和索姆河畔的战斗，还投入了一次横渡斯卡尔普河的

进攻战。在拉巴塞和里尔附近的战斗中，看似刀枪不入的海因里希少尉在5月28日被弹片打成重伤。该营在阿布维尔一带渡过索姆河，在索姆河和塞纳河之间的战斗中，该营被投入战火熊熊的鲁昂，挽救了那里世界闻名的大教堂。随后该营作为先锋，在加强了摩托化炮兵的情况下进至南特一带的卢瓦尔河，夺取了河上的几座桥梁。在南特的上游，该营使用14个舟桥分队的器材架起了这次会战中最长的浮桥，这座横跨卢瓦尔河的桥全长达到375米。

这一年余下的时间里，该营作为占领军驻扎在英吉利海峡沿岸。1940年10月1日，该营将其第2连移交给了第92装甲工兵营，随后用自身的后备力量重新组建了第2连。此外还有一批新的补充兵赶到，在随后的6个月里接受了训练。这批人中就有20岁的卡尔·克劳斯列兵，他是个身体健康、热爱运动的人，在做工时练出了一副好身板。据他回忆，训练"格外艰苦"。他清楚地记得营房门楣上刻着一条标语："要当工兵就得成为硬汉。"训练科目都是在第一次世界大战的索姆河旧战场上实地练习的，那里荒草丛生，弹坑累累。人们偶尔挖开地面，可以找到朽烂的旧掩蔽部，残破不堪、锈迹斑斑的钢盔和武器弹药也不罕见。

■ 这座横跨卢瓦尔河的浮桥长375米，承重16吨，它是由14个舟桥分队和6个工兵连（第45工兵营第1、2、3连，第31工兵营第2、3连和第2工兵营第3连）在1940年6月22-23日用短短22个小时架设起来的。

随着训练继续，该营搬进了索姆河畔佩罗讷的冬季营房。在1940年12月中旬，浑身是胆、人气很高的排长海因里希少尉回到该营，在多家医院住了6个月以后，他身上显而易见的无敌光环仍然保持完好。

■ 第45工兵营营长保罗·韦尔克中校在法国战役期间的一幅留影。由于出色地指挥了他的营，韦尔克中校获得了骑士十字勋章。

■ 第45工兵营第3连卡尔·雷姆少尉及三位阵亡士兵的坟墓，他们都是在1940年5月23日阵亡于阿拉斯附近的弗希。

1941年4月1日，第45工兵营匆匆登上火车，被运往东方，没有人知道他们要去哪儿。经过穿越德国南部、奥地利和匈牙利西部的旅行后，该营在离南斯拉夫边境不远的地方下了火车。4月11日，该营作为克莱斯特装甲集群前锋的一部分开赴战场。他们在克罗地亚没有遇到值得一提的抵抗，很快就到了萨格勒布。随后该营转向东南，开始在萨沃河和德劳河之间向着贝尔格莱德挺进。那一带土地肥沃，部队受到了德裔聚居区中村民的热烈欢迎。该营在米特罗维察地区、沙巴茨的旧土耳其要塞附近和策姆林一带进行了几次桥梁争夺战，随后进驻策姆林的亚历山大兵营。整场会战中的伤亡少得不值一提。

在4月底，该营的人员和车辆搭乘火车北上。火车只在夜间行驶，白天都在铁路岔道上停留。后来火车越开越偏向东方，穿越了波美拉尼亚和西普鲁士，将该营送到波兰边境附近的施洛豪（今波兰奇武胡夫）。在冷得出奇的5月1日，该营的车队穿越柯尼兹（今波兰霍伊尼采）附近的旧德波边境，接着又穿过格涅兹诺－伊诺夫罗茨瓦夫地区，最终在比亚瓦－波德拉斯卡以南一个落后的波兰小村里扎营，该地位于布列斯特－利托夫斯克以西约25公里。此时大多数人都已明白，一场针对苏联的战争正在筹备中。由于当地的土路路况差得令人吃惊，该营不得不把大多数时间用来一段一段地铺设通向东方的木排路。在6月，营部领到地图，第一次知道了计划中未来的进攻路线：布列斯特－斯卢茨克－博布鲁伊斯克－莫吉廖夫－罗斯拉夫尔－博罗季诺－莫斯科。一些营部成员情不自禁地想到这与1812年拿破仑向俄国首都的进军颇为相似。在1941年6月20日晚上，该营整理好队伍，沿着木排路穿过沼泽密布、蚊子成群的桦树林。由于命令对隐蔽性要求极高，该营冒着30多度的酷热在沼泽地里做好伪装工作，在静静的等待中度过了6月21日的整个白天。该营直属于古德里安装甲集群。

1941年6月22日3时，成千上万门火炮开始轰击布格河沿岸和纵深地带，直到此时第45工

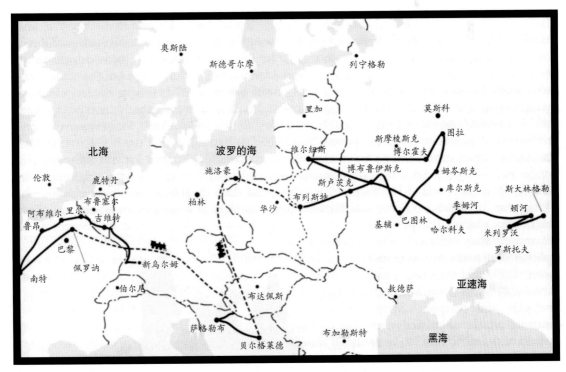

■ 1939年至1942年间，德军第45工兵营的征战历程。该营曾参加了西欧战役、巴尔干战役以及东线的作战。

兵营的官兵们才注意到自己的营地正好在一支伪装良好的炮兵部队前面。该营随后前进到河边，开始拼接浮舟和桥梁构件。炮击在持续半小时后和开始时一样突然地中止，随之而来的寂静几乎和大炮的怒吼一样可怕。不久以后，苏军也做出了回应：大口径炮弹呼啸而至，架桥地点的左右两侧纷纷激起冲天的水柱，但官兵们不为所动，继续工作，在一小时内完成了架桥工作。不久以后

■ 第45工兵营的工兵们在好奇地查看一辆初次遭遇的苏军T-34型坦克的残骸。由于德军的反坦克炮威力不足，工兵们经常要执行反坦克任务。

该营便进入苏联国土，同时一排排俯冲轰炸机和战斗机在头顶轰鸣。

突破布格河边的边境防线后，该营和几个装甲营一起沿着狭窄的道路穿过普里皮亚季沼泽突向博布鲁伊斯克。他们经常遭到苏联飞机攻击，这些飞机总是顺着行军车队掠过，一边扫射一边投下炸弹。这种情况下士兵们别无选择，只能向左或向右钻进散发着恶臭的沼地桦树林。树林里面已经散布着许多被苏军遗弃的物资，包括半没入泥中的卡车、大炮和肿胀的死马，而且所有东西上面都盘旋着蚊子组成的密集云团，该营在此过程中出现了第一批伤亡。经过近一个星期的行军，他们在博布鲁伊斯克城下抵达了曾让拿破仑饮恨的别列津纳河，工兵们冲过着火的桥梁占领了这座城市。7月的第一个星期，他们一路拼杀穿越了罗加乔夫附近的沙地和森林。此时该营隶属于第24摩托化军，在新营长恩斯特·霍伊塞尔中校[1]（Ernst Haüsele）的指挥下做好了强渡第聂伯河的准备。7月10日，该营在旧贝霍夫附近渡过这条大河，并协助建立了桥头堡。由于苏

军的抵抗不断加强，他们经常要进行肉搏战。在确保了足够大的桥头堡之后，他们立即架起一座承重24吨的浮桥。坦克和步兵击退了苏军，同时该营又架起一座临时便桥用于通行所有补给车辆，随后他们拆解了浮桥以便用于下一条河流。经此一役，斯大林防线被突破了。此后的两个星期里，该营在索什河附近卷入了激烈的防御战。接着他们在克里切夫渡过索什河，在诺夫哥罗德-谢韦尔斯克渡过杰斯纳河，又在科斯托博布列和巴图林渡过谢伊姆河以及另一些小河流。该营参与了规模巨大的基辅包围战，此战中苏军有超过660000人被俘获，不计其数的车辆及武器被缴获。在这之后，快速机动的进攻战和持续数周的防御战交替进行。在姆岑斯克附近，该营第一次领教了恐怖的"斯大林管风琴"的轰击，还目睹了T-34坦克的实战。姆岑斯克周边的战斗令该营损失惨重，第1连连长赖因霍尔德·赛茨中尉[2]（Reinhold Seiz）也受了伤。

尽管做了一切努力来维持卫生标准，士兵和军官们还是遭到了虱子令人不快的突袭，无论怎

---

1. 恩斯特·霍伊塞尔上校，第45工兵营营部，1897年1月11日生于乌尔姆，其余信息不详。

2. 赖因霍尔德·赛茨中尉，第45工兵营第1连，1918年生于罗伊特林根，1944年初阵亡于敖德萨附近。

么洗澡和洗衣都无济于事。

1941年11月，第2装甲集团军对图拉发动全面进攻，向着卡希拉-莫斯科一线推进。他们经过一番鏖战后突至拥有30万人口的图拉城下。在该城以东，工兵们穿着高统防水靴站在冰冷的河水中用架桥器材架起一座小桥。此后的若干天里，该营一次次地作为步兵在零下30度的严寒中作战。在图拉以东2公里一片长有稀疏林木的地方，精疲力尽的工兵们眼睁睁看着货运列车源源不断地运来成千上万配备精良冬季战斗装备的西伯利亚生力军。该营接到的命令是："坚守阵地直至最后一人。"由于土地已被冻得结结实实，"阵地"其实是由在雪中挖出的一个个小坑组成的。残酷的近战接踵而来。第2连的排长卡尔-赫尔曼·策姆少尉[1]（Karl-Hermann Zehm）在12月9日身中三弹，其中一弹击穿他的左手腕，另两弹击中他的右前臂。

当图拉附近的德军前锋不得不后撤时，该营被部署在全军的枢纽位置，经历了三天苦战。它曾与左翼失去联系，几乎被分割包围，最终勉强脱险。撤退行动在极度严寒中下进行：温度曾跌至零下45度，该营作为全军后卫一路撤至奥廖尔东北的博尔霍夫地区。它与大德意志步兵团的部队一道在博尔霍夫-别廖夫地区阻击苏军的突破。1941年12月27日，在瓦西科沃附近，第3连连长霍斯特·德雷维茨中尉[2]（Horst Drewitz）命令部下穿过一片无遮无掩的原野发起进攻，有人认为从战术角度讲这样的进攻堪称是犯罪。结果不出所料，该连在苏军的火力下遭受了惨重损失，死者包括被大家一致认为聪明过人的埃尔马·利布少尉[3]（Elmar Lieb）、卡尔·普法伊费尔少尉[4]（Karl Pfeifer）、雷蒙德·布克哈特一等兵[5]（Raimund Burkhardt）、保罗·哈勒尔一等兵[6]（Paul Haller）和库尔特·施滕格尔列兵[7]（Kurt Stengel），这些人都在该营服役了很长时间，他们的死被认为是毫无必要的。罪魁祸首德雷维茨中尉——他从战争爆发起就在该营当连长，无论如何不能算菜鸟——也付出了代价：他的脖子被一发子弹击中，导致双臂瘫痪而且无法发声[8]。营副官弗里茨·卡歇尔少尉[9]（Fritz Karcher）接管了第3连。

1942年1月1日，该营和配属的第5机枪营组成霍伊塞尔战斗群，进入博尔霍夫西北方的大片林地侦察并达成了深远突破。军官的损失仍在继续：卡歇尔少尉在1月12日病倒，被送回德国。1942年1月15日，在克拉皮夫纳附近，卡尔·鲍尔少尉[10]（Karl Bauer）战死，汉斯-约阿希姆·皮奇少尉[11]（Hans-Joachim Pietsch）负

---

1. 卡尔-赫尔曼·策姆中尉，第45工兵营第2连，1921年2月19日生于斯德丁，其余信息不详。

2. 霍斯特·德雷维茨少校，第45工兵营第3连，1913年5月31日生于柏林，其余信息不详。

3. 埃尔马·利布中尉，第45工兵营第3连，1919年1月2日生于乌尔姆，1941年12月27日阵亡于瓦西科沃附近。

4. 卡尔·普法伊费尔少尉，第45工兵营第3连，1919年10月20日生于明登，1941年12月27日阵亡于瓦西科沃附近。

5. 雷蒙德·布克哈特一等兵，第45工兵营第3连，1915年5月27日生于黑滕斯贝格，1941年12月27日阵亡于瓦西科沃附近。

6. 保罗·哈勒尔一等兵，第45工兵营第3连，1909年7月2日生于奥斯特霍芬，1941年12月27日阵亡于瓦西科沃附近。

7. 库尔特·施滕格尔列兵，第45工兵营第3连，1921年1月24日生于格拉韦尔斯鲍姆，1941年12月27日阵亡于瓦西科沃附近。

8. 他在医院住了18个月以后，在1943年6月担任了重建的第45工兵营营长，但是瘫痪症状始终没有完全消失，给他的事业造成了不利影响，后来他去了远离前线的地方指挥某工兵营。

9. 弗里茨·卡歇尔上尉，第45工兵营第3连，1916年8月2日生于斯特拉斯堡，其余信息不详。

10. 卡尔·鲍尔中尉，第45工兵营第1连，1917年2月21日生于巴特迪克海姆，1942年1月15日阵亡于克拉皮夫纳戈罗多克附近。

11. 汉斯-约阿希姆·皮奇中尉，第45工兵营第1连，1921年5月28日生于包岑，其余信息不详。

伤，这两人都是第1连的排长。

次日，海因里希少尉的身体右侧中了一块弹片，但仍然留在部队里战斗。1月18日，营长霍伊塞尔中校接到一纸调令，离开了该营。新营长还在赴任途中，因此该营临时由资格最老的一线军官海因里希少尉指挥，他成了前线的顶梁柱。此时留在前线的军官还有弗里茨·摩尔芬特少尉[1]、曼弗雷德·基米希少尉[2]（他在12月下旬才完成军官训练来到该营，直接被投入了苏联前线的冰雪地狱中）、埃里希·斯库达茨少尉[3]（Erich Skudartz）和卡尔·弗格勒少尉[4]（Karl Vögele）。在2月初，该营终于从驻在乌尔姆老家的第5后备工兵营获得补充人员。这批人中有四名军官，包括曾在法兰西之战中以二等兵身份随该营作战的安东·洛赫雷尔少尉。经过在后备营一年的军官训练，他作为初出茅庐的少尉与他在第2连的战友重逢。他接受的第一个任务是架设和加固一座临时便桥，但他很快又主动请求协助执行另一个任务：埋葬许多战死的步兵。由于土地冻得硬如铁石，这个任务无法完成，他们只能把僵硬的尸

■ 1942年春季，第45工兵营经过两个月的冬季苦战后，该营的三名军官在扎斯基耶维采休息期间合影留念，自左向右分别是海因里希少尉、摩尔芬特少尉和基米希少尉。

体堆在空的棚屋中。不久以后，洛赫雷尔得知两个和他一起到前线的军官在1942年3月15日阵亡于列宁斯科耶。他们是弗朗茨·霍伊斯勒少尉[5]（Franz Häussler）和阿尔方斯·克莱因海因茨少尉[6]（Alfons Kleinheinz），两人都属于第3连。

---

1. 弗里茨·摩尔芬特中尉，第45工兵营第2连，1919年8月12日生于乌尔姆，1943年1月23日失踪于斯大林格勒。

2. 曼弗雷德·基米希少尉，第45工兵营第1连，1920年1月23日生，1944年10月20日卒于罗马尼亚阿尔斯克的战俘营中。

3. 埃里希·斯库达茨中尉，第45工兵营第3连，1916年4月14日生于拉尔-丁林根，2001年12月30日卒于布赖萨赫。

4. 卡尔·弗格勒上尉，第45工兵营第3连，1918年8月30日生于阿尔茨豪森，1997年5月6日卒于蒂宾根。

5. 弗朗茨·霍伊斯勒少尉，第45工兵营第3连，1918年2月28日生于乌尔姆，1942年3月15日阵亡于列宁斯科耶。

6. 阿尔方斯·克莱因海因茨中尉，第45工兵营第3连，1919年6月26日生于斯图加特，1942年3月15日阵亡于列宁斯科耶。

1942年4月，天气转暖，冰消雪融，地下水位显著升高，大地因此成了无底的泥潭。就在这样的情况下，该营接到了撤离前线并转移到其他地段的命令。泥泞之严重几乎无法形容，洛赫雷尔回忆说："我经常不得不下马，因为我的马肚子陷进泥浆里动不了了。"车辆的情况比马匹还要糟得多。该营就这样步履维艰地走向目标——韦尔纳以东的小村扎斯基耶维采，一路上人人都成了泥猴。这个村子是给该营休整恢复的地方。由于在代理营长期间表现出色，海因里希少尉的名字在1942年4月18日上了德国陆军的光荣榜。他还在1942年2月2日被推荐授予金质德意志十字奖章，但未获批准。不久，格尔德·帕乔上尉[1]（Gerd Parchow）成为新营长，洛赫雷尔少尉是这样描述他的：

"帕乔上尉是普鲁士人中的普鲁士人：我不明白陆军人事局为什么要派这样的人来指挥一个完全由施瓦本人组成的营。他是个真正的'Kommisskopf'[2]——在他眼里别人没有一件事是做对的。他一次又一次地宣布要把这个营变成国防军里最好的营，可是他却没有注意到我们早就是了。我们营里经过战斗考验的小伙子们对营长的要求不太在乎，因此士官和我们这些军官就只好受很多罪。营长他看见少了一颗钉子都要大做文章，好像战争的结果就取决于那颗钉子一样。当然，我们知道打了一年仗以后少了很多东西，需要重新补上，可是部队里那些什么都有的大仓库不就是为了这个才建立起来的嘛。"

在6月，该营奉命东进，但大家都不知道目的地。最后他们到了季姆河畔指定的备战地区，挖了工事并做了防范空中侦察的伪装。几天后，帕乔上尉对部队进行视察，最终到了洛赫雷尔少

■ 1942年4月接任第45工兵营营长的格尔德·帕乔上尉。

尉的排里：

"营长来我们排时，正逢一阵热闹的排炮落在附近。我们根据炮弹的呼啸声已经判断出它们会落在哪里，这些炮弹的落点相当近，但是对我们没有危险，于是就发生了下面的情况：营长闪电般地扑倒在地，而我却站着不动，在他还趴着的时候向他做了汇报，我手下的兵看见了都咧嘴发笑。接着他站起身来，让我快速给他展示了我的排，又问我这样突如其来的炮击多不多。我回答说，每个小时至少有几次吧，于是他说了几句客套话就消失了。"

1942年6月28日2时15分，在大炮和火箭炮织成的火网保护下，夏季攻势开始了。中午时该营在季姆河上架起桥梁，大批车队随即从桥上滚滚前行。损失相当小，只有几个人伤亡，其中包

---

1. 格尔德·帕乔上尉，第45工兵营营部，1909年12月15日生于盖托夫，卒年不详。

2. Kommisskopf是指集中体现军队作风消极面的军人，例如喜欢像训练新兵的士官一样大喊大叫，精通各种繁文缛节和愚蠢的官僚主义做法，对上级和规章一味盲从，而且要求自己的下级也这怎样做。

括右大腿中了一块弹片的海因里希中尉，他选择留在连队里继续作战。整个7月他们都在尘土飞扬的道路上无休无止地行军，间或架设桥梁并与敌人的散兵偶尔交火。虽然占领了大片土地，抓到的俘虏却非常少，好在该营本身也基本上没什么伤亡。在南下顿河流域的过程中，该营被配属给第24装甲师，在顿河大弯曲部包围战

中帮助南路突击箭头推进，最终南北两路德军在这条大河西面的山丘地带会师。随后该营被配属给另一个师，执行清扫包围圈的任务。他们乘坐着自己的车辆，穿过苏联坦克残骸组成的广大坦克坟场北上，其间不断地下车与苏军步兵进行激烈的交锋。德军一心想多抓几个俘虏，但是苏联步兵总是在顿河方向消失得无影无踪。有一次这些工兵们终于遇到一群人数比先前多得多的苏军，于是他们开始构筑工事并让车辆离开。洛赫雷尔少尉回忆了后来发生的事：

■ 上图及下图是1942年7月30日第45工兵营的官兵们在奥布利夫斯卡亚参加他们的老营长保罗·韦尔克上校的葬礼。

"我们接到了可怕的消息：我们的车辆全落到俄国人手里了。我们连立刻分出一部分兵力去营救，我则带着我的排坚守阵地，随时准备击退敌人的进攻。不久我们就听到了回报：所有车辆都被抢回来了，但是司机全被打死了，这对我们连是个沉重的打击。因为我们的霍希牌汽车底盘开裂，所以我的司机和车一起留在修理站，结果逃过了一劫。"

在向斯大林格勒地区进军途中，曾在1937年到1941年年中担任该营营长的韦尔克上校（他此时已是第604工兵团的团长）在1942年7月28日侦察顿河渡口时触雷身亡。该营的现任营长帕乔上尉也在同一天受了轻伤，与他一同受伤的还有

京特·许策少尉[1]（Günter Schütz）。由于韦尔克的旧部当时就在同一地域作战，他们得以向这位受人爱戴的老长官敬了最后一次军礼。1942年7月30日，第45乌尔姆军属工兵营参加了在奥布利夫斯卡亚举行的葬礼。

8月16日，帕乔上尉因为严重的痢疾进了医院。第二天他接到了让他去德国国内的后备营的调令，第45工兵营则得到了新营长即将上

1. 京特·许策上尉，第45工兵营，1912年8月21日生，1943年8月6日因伤死亡。

■ 苍蝇好多！1942年夏季第45工兵营第3连的士官们和几千个不速之客一起用午餐，左起第二人是赫尔曼·塔格军士长（Hermann Tag），最右边的是阿图尔·多伊施勒上士（Arthur Deuschle），这两人后来都在斯大林格勒"失踪"了。

任的通知：这次来的是个巴伐利亚人。在他到任前，由资深连长兼前任营部副官弗里茨·格勒克勒中尉[1]（Fritz Glöckler）临时指挥该营。在格勒克勒代理营长期间，第1连和第3连被配属给第384步兵师以协助清扫顿河边的众多包围圈之一，并在此过程中遭受了一定伤亡：安东·哈斯一等兵[2]（Anton Haas）和马丁·迈尔一等兵[3]（Martin Mayer）于8月16日在上阿卡托夫以南4公里处阵亡，而排长卡尔·格鲍尔少尉[4]（Karl Gebauer）、威廉·泽格梅尔下士[5]（Wilhelm Segmehl）和弗里茨·赛茨列兵[6]（Fritz Seiz）于8月17日在上格拉西莫夫以西8公里处殒命。洛赫雷尔少尉也在8月16日负伤，当时他的左上臂遭到重击，导致他的冲锋枪脱手，但因为没有感到疼痛，所以他没有在意。几小时后，洛赫雷尔突然感到疼痛难忍，这才找医生救治。医生从他的手臂上取出了好几块弹片，但是他只在后方待了两天就回到连队，刚好赶上强渡顿河的行动。在这次进攻中，该营被置于第605工兵团编成内，任务是保障第295步兵师过河。第41工兵营和第45工兵营会同第295工兵营实施强渡。8月20日晚上顿河上的薄雾消散，先头部队在21日黎明迎着火红的朝阳过了河。第295步兵师的渡河行动毫无阻滞地进行，桥头堡被迅速建立起来，苏联守军进行了微弱抵抗后败退，消失在茂密的灌木丛中。起初很小的立足点被扩大并巩固，随后配

1. 弗里茨·格勒克勒上尉，第45工兵营，1909年7月11日生于康斯坦茨，1943年11月13日阵亡于纳德温/利普亚基附近。

2. 安东·哈斯一等兵，第45工兵营第3连，1915年10月20日生于波默茨韦勒，1942年8月16日阵亡于上阿卡托夫附近。

3. 马丁·迈尔一等兵，第45工兵营第3连，1915年4月13日生于松特海姆，1942年8月16日阵亡于上阿卡托夫附近。

4. 卡尔·格鲍尔少尉，第45工兵营第1连，1919年4月4日生于桑格豪森，1942年8月17日阵亡于上格拉西莫夫附近。

5. 威廉·泽格梅尔下士，第45工兵营第1连，1919年10月8日生于朗根施默恩，1942年8月17日阵亡于上格拉西莫夫附近。

6. 弗里茨·赛茨列兵，第45工兵营第1连，1915年11月15日生于乌尔姆，1942年8月17日阵亡于上格拉西莫夫附近。

■ 上图是1942年8月初，第45工兵营第3连的排长阿尔布雷希特·格莱泽少尉（左一）和他的排部班正在赶路，打赤膊的人是莫里茨·海因勒一等兵（Moritz Heinle），后来在斯大林格勒失踪了。

■ 下图是格莱泽少尉（左一）和他的部下在一个村子里搜索苏军散兵后合影，海因勒一等兵是右起第二人。格莱泽在8月21日第一次强渡顿河的行动中受了重伤，两天后不治身亡。

■ 1942 年 8 月 25 日，德军渡过顿河攻击北面的卡拉奇。这次行动在 19 时结束，共有 60 艘冲锋舟和 6 个工兵营的人员参与。苏军立刻意识到危险，开始用火箭炮和大炮轰击浮桥及其附近地区。苏军飞机也反复低空飞行，对浮桥投弹并扫射。尽管他们多番努力，浮桥仍然保持完好，德军大部队源源不断地通过它进入正在扩大的桥头堡。这张照片显示了 8 月 26 日的情景，背景中有大量浓烟从一个正在燃烧的弹药堆放点冒出。

属的工兵营将架桥器材运往前方。架桥工作进展很快，卢钦斯科伊桥在 16 时 50 分就准备就绪。大队人马立刻通过它浩浩荡荡地过河。这一天，第 3 连的排长阿尔布雷希特·格莱泽少尉[1]（Albrecht Gläser）受了重伤，两天后不治身亡。该营与一个高射炮营一同承担了大桥的保卫任务，直到 8 月 23 日才被其他部队接替。随后该营南下到另一地点强渡顿河，这一次是在卡拉奇以北。该营要用自身的 24 艘冲锋舟支援第 171 工兵营（第 71 步兵师），行动在 8 月 25 日开始，洛赫雷尔少尉在这次进攻中担任前锋：

"我们一大早就准备好冲锋舟，在炮击过后就把它们抬起来丢进水里，然后跳进里面发动马达，以最高速度冲过顿河。我跪在第一艘冲锋舟里，一到岸边就跳上去，而冲锋舟回头去接下一波人。"

洛赫雷尔的运气很好：有许多冲锋舟和里面

的乘客在穿越 300 米宽的顿河时成为大炮和机枪火力下的牺牲品。两个小桥头堡在别列索夫岛两侧被建立起来，并随着后续部队的抵达不断加强。随后两个桥头堡被连成一片并扩大。到了中午时分，其纵深已达 5 公里，宽度达到 6 公里。在大量步兵部队抵达桥头堡后，工兵们被替换下来，回到河边帮助架设至关重要的桥梁。架桥工作遭到苏军一门孤零零的迫击炮的阻碍，这门炮远在桥头堡之外，但是它的炮弹落点非常精确：一支舟桥部队的指挥官站在洛赫雷尔身边，脖子被弹片击中，当场就倒在洛赫雷尔脚下死了[2]。德军的大炮花了很长时间，才让这门顽强的迫击炮及其炮手陷入沉寂。320 米长的浮桥从 4 时 30 分开始架设，直到 19 时才完工，随后重型武器迅速过桥以抗击苏军的进攻。第 45 工兵营的代理营长格勒克勒中尉在架桥行动中受了轻伤，但仍然随部队行动。

1. 阿尔布雷希特·格莱泽少尉，第 45 工兵营第 3 连，1919 年 6 月 13 日生于斯图加特，1942 年 8 月 23 日因伤死于红佩斯科瓦特卡附近。

2. 这名指挥官是第 134 舟桥工程营的格雷默中尉（Grämer），生年不详，1942 年 8 月 25 日阵亡于顿河畔卡拉奇附近。

在8月28日，该营奉命过桥，支援陷入苦战的兄弟部队——第171工兵营。苏军突入了卡拉奇城内，而第45工兵营奉命将他们逐出。洛赫雷尔少尉回忆："我们匆忙从河对岸的车辆上抓起必要的武器装备，包括大量的手榴弹和炸药包。集团军司令部认为这次作战非常重要，为此甚至安排了'斯图卡'飞机支援我们的进攻。我们的阵地离俄国人只有一百米左右，因此我们铺了卍字旗向'斯图卡'指示我们的位置，并且事先通过电话和他们说好。他们果然在约定时间赶来，从我们身后开始俯冲。我们看见炸弹从飞机上投下，呼啸着掠过我们头顶，砸向指定的目标。我们不等爆炸停息就冲向第一排房屋，高喊'杀啊'投掷手榴弹和炸药包。敌人的抵抗比较轻微，也许是因为'斯图卡'的攻击和我们'敢干'的态度，卡拉奇很快就落到我们手里，反正第二天的国防军公报宣布是工兵通过巷战征服了卡拉奇。"

洛赫雷尔因为在强渡顿河和占领卡拉奇之战中立下的功劳而获得一级铁十字勋章。此战过后，第3连的排长卡尔·弗格勒少尉被调到库尔斯克和明斯克主持工兵训练班，他要在斯大林格勒的血战开始很久以后才归队。

9月3日，新营长终于上任。他是47岁的路德维希·比希上尉，从军前是一名工程师。他是从B集团军群的军官预备队调来的。几天以后，该营被撤出阵地，回到奇尔进行休整和补充。早就从家乡寄出的邮件终于送达部队，到了9月中旬还来了一些补充兵，其中一人是卡尔·克劳斯二等兵，他在1942年2月因伤离队。经过康复和更严格的训练后，他以候补军官的身份回到了第2连："我到达顿河畔时，受到了老连队的热烈欢迎。"此后的几个星期里，该营由第6集团军的工兵司令直辖，执行特殊勤务。在10月，该营接到一项新任务：在把守顿河沿岸500公里侧翼防线的仆从国军队后方修筑新的防御阵地。克劳斯二

■ 洛赫雷尔少尉骄傲地展示他当之无愧的一级铁十字勋章。

等兵回忆说：

"在秋日暖阳高照的天气下，我们接到了任务，在河西岸修筑面朝后方的备用防御阵地以便过冬。这些阵地在米列罗沃－塔秦斯卡亚／莫洛索夫斯卡亚一带。我作为班长，得到了90来个少女和妇人的帮助（年龄从17岁到32岁不等）。就这样，我成了一帮俄国女人的'酋长'！她们大多是哥萨克和乌克兰人，纪律和对彼此的尊重总是能让双方很好地互相理解。我们每天早上都骑着一群马来到广袤无边的大草原，这绝对是我在和俄国的整场战争中最美好的时光，我们很快就建立了相互的信任。在午休时，姑娘们用和声唱歌，有时唱的是一些略带忧郁的歌——歌唱无边无际

■ 苦战一天后,卡尔·弗格勒少尉在小睡,他把自己的腰带和手枪放在了汽车引擎罩上(弗格勒喜欢带着自己买的毛瑟手枪作为副武器)。车辆对士兵们来说像家一样,他们把各种装备都放在车上。在弗格勒身后的行李架上可以看到两支苏制波波沙冲锋枪和四颗长柄手榴弹。

开往350公里外的斯大林格勒。那些没有在8月参与顿河大弯曲部战斗的人都被自己看到的景象惊呆了。"我们穿过卡拉奇附近的草原,看到了第6集团军和一个俄国坦克集团军交战的遗迹",卡尔·克劳斯二等兵回忆说,"战场上分布着大约一千辆被打坏和遗弃的俄国坦克——从T-34到装备152毫米炮的KV-2,各种型号都有——在这些坦克中间还有不计其数的火炮和其他军用物资。伊万还有力量抵抗?"

在尘土飞扬的道路上经过一番车马劳顿后,这个营抵达了它的第一个目的地——卡拉奇,然后奉命住进顿河岸边的几个小村子。完成这次行军的共有451人,其中有11名军官、1名文职官员、43名士官和396名士兵。该营的战斗力量包括9名军官、30名士官和246名士兵,装备有27挺轻机枪、6门火炮和6具火焰喷射器。这个营实际拥有的火焰喷射器可能比正式上报的多,因为克劳斯二等兵记得他所在的第2连就装备了3具德国造的火焰喷射器(每具重40公斤)和3具意大利造的火焰喷射器(每具重30公斤),后者可能是在该营隶属于意大利第8集团军的短暂时期内获得的。

这个营的老兵和新兵比例极其合理,大部分军官在波兰之战或法兰西之战期间曾是该营的士兵或士官:该营是少数可以让军人在其中度过全部军旅生涯的幸运部队之一。也就是说,如果该营官兵因负伤、进修或晋升而离队,他们有很大机会回到自己热爱的第45工兵营。

的大草原。在我的请求下,她们还带来巴拉莱卡琴,并给我们跳了热情奔放的哥萨克舞蹈,这几个草原上的村子名叫奥尔霍夫和亚历山德罗夫卡。"

就在这种轻松的气氛下,该营接到了一纸命令,要求他们经卡拉奇前往斯大林格勒。克劳斯二等兵记得"村民们对此都非常遗憾"。副官安东·洛赫雷尔少尉将不会随他的营去斯大林格勒:

"晚上,我们接到了让战斗部队乘车前往斯大林格勒的命令。营部的人员将留在后方,因为这次任务只会持续很短的时间。我因为当上了营的副官,所以要留在后方接管营部。第二天早上,我怀着不安的心情注视着弟兄们远行——这会是永别吗?!"

官兵们匆忙收拾好装备,登上营里的小汽车和卡车,从米列罗沃的乡下穿越干旱的大草原,

第50装甲工兵营

被派到斯大林格勒参与进攻的装甲工兵营只有一个，即来自第22装甲师的第50装甲工兵营。这个营不同于另外几个工兵营的地方是它的重装备明显较多，其第3连还装备了Sdkfz. 250/3型半履带指挥车和Sdkfz. 251/6型半履带装甲车。虽然这个营是一支比较年轻的部队，但它是在陆军的老牌工兵部队之———第50工兵营基础上组建的。第50工兵营成立于1936年10月6日，是一个军属工兵营。它在和平时期的驻地是德国北部城市哈尔堡，属于第10军区。该营成立时的人员来自三支不同的部队：同样驻扎在汉堡－哈尔堡的第20工兵营，驻扎在斯德丁的第12工兵营，以及驻扎在赫克斯特和威悉河畔霍尔茨明登的第16工兵营。第50工兵营的第一任营长是赫伯特·泽勒少校，他在1940年离开该营，后来成为第6集团军的工兵司令。在1942年11月的斯大林格勒，他将最后一次见到自己的老部队。

在泽勒少校带领下，完全摩托化的第50工兵营把战前的岁月都用于强渡江河、架设桥梁和其他工兵作业的艰苦训练。它在哈尔堡的营房位置很理想：有一个水上作业的训练场位于易北河畔的莫尔堡附近，只要步行十五分钟就可到达；在城市近郊有多个训练场，离兵营的路程全都不超过三十分钟，里面有各种复杂地形，可保证对新兵进行全方位的训练；最后，兵营正对面还有一个可用于步枪和机枪训练的靶场。该营参加大规模训练演习时当然要远行，而在1938年，它离开哈尔堡的时间似乎比留守的时间还多。年初该营在宁堡－哈斯贝根附近的威悉河和雷特姆附近的阿勒尔河实施了两次大规模渡河行动，两条河湍急的水流（大约1.5米／秒）给使用渡船和架桥器材

■德军第50装甲工兵营营徽

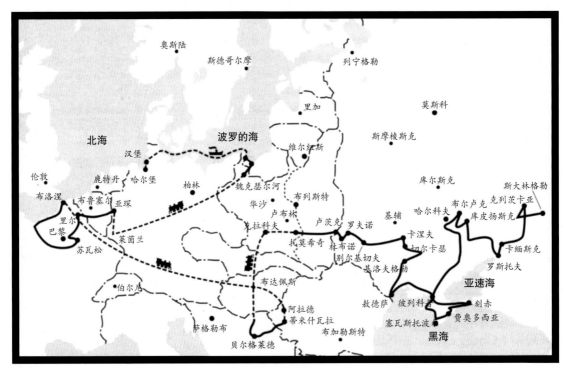

■ 1939年至1942年间，德军第50（装甲）工兵营的征战历程，该营曾在波兰、法国、南斯拉夫等地作战。

■ 1940年初接任第50工兵营营长的赫尔穆特・埃梅勒少校。

架设临时桥梁的作业造成了特别大的困难。成功结束渡河训练后，该营回到哈尔堡，又进行了另一次架桥演习，地点是在威廉皇帝运河边。几个月后，该营再次进行拉练，前往明斯特－拉格尔的大型训练场进行特等射手培训。

晚秋时节，第50工兵营移师南德的多瑙埃兴根－劳因根地区，在多瑙河上练习渡口施工和冲锋舟驾驶。在1939年，该营被调到艾费尔地区的齐格菲防线一带，协助修建边境防御工事。虽然有许多重活要干，但官兵们在这段时间过得很开心，日后总是深情地回忆那阳光明媚、充满情趣的八月天空。也是在1939年8月，该营奉命丢下建筑工具，以最快速度通过铁路返回哈尔堡军营，并立即做好战争准备。几天以后，当所有准备工作完成之时，载着全营的车队开出军营大门，驶向汉堡港。该营的大部分人员登上一艘名叫"女

武神"的远洋轮船，经过易北河和威廉皇帝运河进入波罗的海，向但泽方向进发。该营在那里下了船，行军至埃尔宾，并在随后的几天里接受了许多不同类型的步兵战斗训练。

1939年9月1日，第50工兵营从埃尔宾出发，进入波兰。它立即承担了修复损毁桥梁的工作，其中一个任务是在魏克瑟尔河（即维斯瓦河）上架桥。该营没有接到其他任务，因为波兰之战在短短18天内就结束了。随后第50工兵营的人员和装备登上火车，穿越德国进入莱茵兰，在诺伊斯－杜塞尔多夫地区下车，在那里度过了1939～1940年的冬天。

1940年初，该营被调到亚琛地区，驻扎在离荷兰边境不远的地方。3月中旬，泽勒少校被免去营长职务，接管第604工兵团。新营长赫尔穆特・埃梅勒少校[1]（Hellmuth Ermeler）在3月20日上任，他是直接从陆军总司令部调来的，原本是陆军总司令部装备部长兼后备军司令手下工兵部门的一个科长。虽然从1938年起一直在做行政工作，但埃梅勒在第一次世界大战期间曾在前线作战多年。时隔二十年以后，他终于又一次体会了踏上战场的紧张感。

第50工兵营在西线的战斗始于1940年5月10日，当天渡过了默兹河。对该营来说，法兰西之战基本上是由行军和架桥组成的。他们先是穿越荷兰和比利时国土，渡过阿尔伯特运河、热特河，突破代勒河、塞内特河和丹得雷河，又在斯海尔德河与法军激战4天。随后，他们越过利斯河，在西佛兰德斯和里尔周边战斗了一周，直到5月30日为止。他们的任务主要是架设数十座小桥和修复一些大型桥梁。接着，他们在6月5日进入索姆河边的进攻出发阵地。6月6日，在突破索姆河沿岸的战斗中，格哈德・霍夫曼中尉[2]（Gerhard

---

1. 赫尔穆特・埃梅勒中校，第50工兵营营部，1896年2月20日生于汉诺威，卒年不详。

2. 格哈德・霍夫曼少校，第50工兵营营部，1912年3月15日生于布雷斯劳（今波兰弗罗茨瓦夫），1945年2月失踪于齐切瑙（今波兰切哈努夫）。

■ 1940年5月，第50工兵营第1连第2排的士兵们在乘车开进法国境内时的一幅留影。该营在法国战役中基本是在行军和架桥中度过的。

Hoffmann）的大腿被子弹打穿，但仍然留在部队里作战。该营在6月8日渡过埃纳河，继而追着敌人过了瓦兹河和乌尔克河。接下来又是一次渡河行动，这回过的是马恩河，随后他们便朝着巴黎推进。6月22日，第2连的连长安东·洛伦茨上尉[1]（Anton Lorenz）在医院病逝。随着会战接近尾声，该营进入营房休整，起先是驻扎在巴黎附近的苏瓦松，后来又搬进索姆河边的一个制糖厂。不久以后，该营作为占领军的一部分转移到英吉利海峡沿岸，为跨海登陆英国进行训练。由于这一行动被取消，该营又恢复了正常勤务。

凭借在此战中发挥的作用，埃梅勒少校先后在1940年5月31日和1940年8月5日获得二级和一级铁十字勋章勋饰[2]。1940年9月，营里发生了

很多人事变动。在月初，第1连的连长迈恩堡上尉（Meyenburg）被调离，腿上枪伤还没好的营副官霍夫曼中尉接管了该连。1940年9月29日，自1937年12月以来先后在第1连和第3连担任排长的保罗·德利乌斯中尉[3]（Paul Delius）被调到第2工兵学校[4]。

1941年初，第50工兵营在法国北部的布洛涅－埃塔布莱地区登上火车，经过美丽的黑森林、萨尔茨堡和维也纳，进入布达佩斯。接着他们又从那里穿过索尔诺克，到达罗马尼亚的阿拉德，最终在蒂米什瓦拉下了火车。1941年4月5日，该营的每台车辆都领到一张明黄色的床单，用来盖在引擎罩上作为航空识别标记。第二天早晨，配属大德意志团的第50工兵营就越过了南斯

1. 安东·洛伦茨上尉，第50工兵营第2连，1898年12月29日生，1940年6月22日因病死亡。

2. 在一战时期获得一级或二级铁十字勋章的军人如果在二战中再次获得同样的勋章，将得到专门制作的铁十字勋章勋饰，与原勋章一起佩戴。

3. 保罗·德利乌斯少校，骑士十字勋章，第50工兵营第3连，1912年12月1日生于费尔斯莫尔德，1992年8月5日卒于慕尼黑。

4. 德利乌斯少校在1945年3月11日作为第44警备区司令奥托·马特斯托克中将（Otto Matterstock）的首席参谋获得骑士十字勋章。

■ 1941年4月，第50工兵营从法国调往巴尔干战场，参加了进攻南斯拉夫的战役，并进入贝尔格莱德。本页的两幅照片是战役结束后，第50工兵营在南斯拉夫休整期间，该营第1连的官兵们在进行手枪实弹射击训练，上图中央站立的军官就是第1连的孔策少尉，当时正在组织士兵们进行训练，

■ 在1941年6月的"巴巴罗萨"行动中，第50工兵营跟随装甲部队深入苏联境内，执行架桥、扫雷或其他需要工兵来干的任务，此外他们还不时下车参与近距离战斗，上图中就是一辆被工兵们击毁的苏军装甲汽车在田野中熊熊燃烧。

拉夫边境。这次进攻势如破竹，该营在4月11日参加了向南斯拉夫首都的进军。1941年4月17日，南斯拉夫战事结束。作为占领军在南斯拉夫北部短暂驻扎后，该营在5月19日再次登上火车向西北进发，经克拉科夫进入波兰腹地。红日西沉后，火车又调头向东行驶。该营连夜在卢布林郊区的扎莫希奇和托马舒夫之间下车，在靠近苏德两国界河——布格河的一片林地中露营。6月初，在"巴巴罗萨"行动开始前几星期，第1连的连长霍夫曼中尉被调到其他部队。

作为"巴巴罗萨"行动中侵略大军的一部分，第50工兵营在1941年6月22日拂晓前的灰暗天幕下向边境进发。他们在东线作战中接到的第一个命令是架设横跨布格河的浮桥，但这个任务并不轻松：架桥地点被苏军看得清清楚楚，因此施工过程遭到苏军火力的猛烈阻挠，该营中出现了第一批在东线的死者。经过几个小时的危险工作并遭受更多伤亡后，浮桥架设完毕，步兵部队川流不息地从桥上开过。几天以后，该营经弗拉基米尔－沃伦斯基、卢茨克、杜布诺和里夫内向东挺

进，其间穿插着各种工兵作业、桥梁建设、排雷工作和步兵式的进攻战。1941年7月14日，该营在沃伦斯基新城西北方架设横跨斯卢奇河的桥梁（那里离前线有足够距离，因此被认为是安全的），突然遭到被打散的苏联第5集团军残部的攻击，而且这些苏军还装备着重武器。结果该营遭到相当大的损失，形势一时非常危急。第3连的一名排长奥古斯特·埃尔策少尉[1]（August Elze）也在此战中阵亡。在该营的老营长——第17军工兵主任泽勒上校率领的援军帮助下，他们通过反击粉碎了这股苏军，稳定了局势。此后，该营作为克莱斯特装甲集群的一部分，经日托米尔、别尔基切夫推进至第聂伯河畔的白采尔科维。在7月底和8月，该营被用于保护第6集团军在卡涅夫－博古斯拉夫地区的作战区域。

在第聂伯河畔的切尔卡瑟附近，第3连派出乘坐橡皮艇的强大侦察队，在夜间经过三次尝试，终于将一座曾被苏军部分破坏但仍然屹立的大桥炸塌。此地的苏军也曾尝试从西岸以高速快艇发动突击。在此期间，该营的主力在克列缅丘格和

1. 奥古斯特·埃尔策少尉，第50工兵营第3连，1916年7月31日生于格拉斯特，1941年7月14日阵亡。

■ 在东线战场上，第50工兵营的官兵们不断目睹着战争的毁灭场面，比如上图中一辆苏军 BA–10 型装甲汽车在激战中被摧毁，车头朝天竖在地上，这种车辆虽然装有强有力的45毫米主炮，但其装甲只能抵挡炮弹破片和轻武器射击，在直瞄火炮、重机枪和地雷面前非常脆弱，车边还躺着一个乘员的尸体。

■ 下图是第50工兵营的车辆绕过一辆因内部爆炸而身首异处的 KV–2 型坦克残骸。这种坦克重达53吨，装有一门152毫米榴弹炮，是1941年苏军武器库中最可怕的装甲车辆，使德军意识到自己的反坦克炮和坦克炮火力不足，摧毁一辆这样的装甲怪兽需要付出极大的努力。

■ 1941年10月，第50工兵营参加了敖德萨战役，在经过73天的围困后，这座城市终于陷落，上图是第50工兵营的车辆开进敖德萨城内的情景，下图是该营的工兵们扛着一面缴获的苏军红旗在敖德萨码头上游行的情景。

■ 1941年8月31日，第50工兵营与其他工兵部队一起在第聂伯河上架起长长的浮桥，与此同时，他们还修建了多座渡船码头，并操作多艘渡船，为河流对岸的突击队供应粮弹。

第聂伯罗彼得罗夫斯克之间的阵地休整。强渡第聂伯河的日子临近了，1941年8月31日，在其他部队的工兵乘坐冲锋舟渡河之时，第50工兵营和兄弟部队一起开始在第聂伯河上架设长长的浮桥。为了保证河对岸突击部队的弹药和食品供应，他们还修建了几座渡船码头。浮桥完工后，该营穿越乌克兰的广大地域，占领了斯纳缅卡和基洛夫格勒等城市。渡过第聂伯河一星期后，该营南下进入阵地，配合罗马尼亚盟友围攻黑海港口城市敖德萨。经过73天的漫长围城战，这座城市在1941年10月16日被攻克。随后该营经赫尔松和尼古拉耶夫进军，来到整个克里米亚地区的狭窄入口——彼列科普地峡。这个地峡是烈日暴晒下一片干旱缺水、无遮无掩、平坦如镜的盐碱草原，苏军在这里构筑了纵深15公里的强大防御体系。从9月24日开始，第54军经过五天奋战杀开一条血路，占领彼列科普城并越过了鞑靼壕沟。在夺

取苏军重兵把守的亚美尼亚斯克后，该部进入了稍微开阔一些的区域。他们面前是依雄瓶颈地带，这是一片干旱的荒原，巨大的盐湖使进攻正面宽度减至3公里。由于德军突击部队兵力不足且消耗严重，苏军又不断增兵，还在亚速海和第聂伯河之间大举进攻，击退了前往克里米亚的德国援军，德军的攻势遂陷入停顿。只有消除后者的威胁，第11集团军才能继续向克里米亚腹地推进。但是，此时敖德萨已经陷落，从那里撤出的苏军部队在塞瓦斯托波尔和克里米亚西海岸的其他港口登陆，他们在德军重启攻势前不久及时充实到前线。这就是第50工兵营抵达时面临的局面。

进攻开始于10月19日。由于战场一边是大海，另一边是锡瓦什湖[1]，没有实施战术机动的空间，德军只有一个选择：对依雄瓶颈地带进行正面强攻。第11集团军司令冯·曼斯坦因后来把这次进攻形容为"体现德国军人的大胆进取和自

1. 克里米亚与大陆之间隔着所谓的"腐海"——锡瓦什湖。这是一片淤泥滩或盐碱性的沼泽，步兵基本上无法通行，而且由于水深极浅，它对冲锋舟来说也是不可逾越的天堑。

■ 彼列科普地峡是克里米亚的门户，苏军在此建立起了纵深达15公里的防线，第50工兵营将在这里面临严峻挑战。

我牺牲精神的光辉典范"。苏军的防御得到了沿岸装甲炮台的支援，到了进攻开始六天后的10月25日，部队似乎已经难以为继。为此德军统帅呼吁士兵做最后一搏，最终德国士兵坚韧不拔的攻击精神压倒了苏军死守的决心。10月28日，在经过十天极其惨烈的战斗后，苏军防线土崩瓦解，第11集团军开始乘胜追击。进攻部队主力向着辛菲罗波尔方向快速推进，但克里米亚西部（从亚美尼亚斯克和梅切克到耶夫帕托利亚）还未被占领，这个任务落到了第50工兵营肩上。在这次作战中，该营有许多人战死和负伤，他们占领上述地区后沿着西海岸继续向塞瓦斯托波尔挺进。到了11月16日，除塞瓦斯托波尔筑垒地域外，克里米亚全境都已落入德军之手。

冬天很快降临在整个东方战线，虽然起初它的影响在克里米亚并不是特别明显。连绵阴雨导致所有未铺砌的道路都无法通行，接着整个半岛的气温突然降至冰点以下，而德军发现自己既没有冬季被服也没有冬季装备，第50工兵营里出现了第一批冻伤者。对塞瓦斯托波尔的第一次总攻的准备工作因此迟迟不能完成，原定于11月27日开始的总攻被推迟了3个星期，在1941年12月17日发起，这些延误使苏军得以加固工事。在进攻前夜，蒙蒙细雨静静地下了一晚上，到了日出时天空却放晴了。在5时，进攻开始。德军各师紧跟在大炮和火箭炮打出的绵密弹幕后面，浩浩荡荡地向前推进。最初的目标——几个高地——很快就被拿下，但是当攻击部队继续前进时，工兵们遭到了防御者可怕的火力打击。尽管如此，他们还是奋力向前，消灭了一些被孤立的守军，并夺取了别尔别克谷地中的一些据点。在攻打一座火力凶猛的堡垒时，战斗特别残酷，第3连伤亡惨重，长期统领该连的优秀连长卡尔·乌尔里希上尉[1]（Karl Ulrich）也在阵前殒命，第50工兵营接到了就地防守的命令。与此同时，其他部队参与的主攻仍在继续。别尔别克谷地以南的高

1. 卡尔·乌尔里希上尉，第50工兵营第3连，1908年3月5日生于多特蒙德，1941年12月17日阵亡于塞瓦斯托波尔附近。

地被一举拿下，继续南进的攻击部队一个一个地拔掉苏军的碉堡。第50工兵营的官兵则在布满乱石的地面上挖出一个个散兵坑，并在这些冰冷的散兵坑里庆祝了圣诞节。该营在此战中最后的伤亡者之一是排长弗里茨·韦伯少尉[1]（Fritz Weber），他在12月29日阵亡于别尔别克谷地。不久以后，该营就被撤出前线，回到彼列科普地峡的休整阵地。

当该营在塞瓦斯托波尔附近遭受严重伤亡之时，德军攻城部队的尖刀则逼近了"斯大林堡垒"。只要占领这座堡垒，德军的观察员就可目视引导炮兵轰击塞瓦斯托波尔的主要锚地和港湾——北湾。就在这个关键时刻，苏军先后在刻赤和费奥多西亚登陆，有效地阻止了德军的攻势，因为后者不得不紧急抽调用于攻城的部队来应对这个致命威胁。第50工兵营被编入几个战斗群调往受威胁地域，在刻赤和费奥多西亚附近作战。在1月18日重夺费奥多西亚后，该营在其港口中布雷并架设了障碍，然后被充实到主防线中。此后德军在帕尔帕奇的狭窄瓶颈地带建立防线，两军沿线对峙，激烈的战斗一直持续到1942年3月下旬。第50工兵营的补充兵员逐渐抵达，其中包括在1942年1月15日从第646桥梁工程营调来的克里斯蒂安·戈伊尼希少尉[2]（Christian Geuenich）。

* * *

1941年9月25日，德军决定成立一个新的装甲师——第22装甲师：当年余下的时间里该部的组建工作一直在法国进行。在1941年12月中旬，成立了1个装甲工兵连，下辖1个装甲排和2个摩托化排，配备4辆Sd.kfz.250/3型半履带指挥车和6辆Sd.kfz.251/6型半履带装甲车。这些车

辆的驾驶员和第22装甲师其他所有半履带车的驾驶员一起在1942年1月19日到2月7日接受了训练。在2月7日夜里，一封电报传来："第22装甲师将调往东线。"1942年2月27日，在该师出发日期的几天前，陆军总司令部的一道命令宣布将新的装甲工兵连并入陆军第50工兵营作为该营的第3连，而该营随后将成为第22装甲师的师属工兵营。陆军总司令部的组织部门还调拨了大约可供三分之二个工兵营使用的装备，由第22装甲师带到前线用于补充第50工兵营。

第22装甲师各部搭乘火车抵达敖德萨，随后履带式车辆通过一条单行铁路被运到辛菲罗波尔地区，所有轮式车辆则公路行军500公里开赴前线。冯·曼斯坦因迫于形势，不顾该师师长推迟至少一周的请求，在3月20日就将这个新来的师投入战斗。结果这个新兵师冒着大雾对严阵以待的苏军发动的第一次进攻以惨败告终，人员和装备都损失巨大。在该师官兵心中，这次失败的阴影很长时间都挥之不去。

第50工兵营的两部分——来自法国的新装甲工兵连和克里米亚的老部队——在1942年3月中旬才合为一体。第2连的年轻士兵路德维希·阿普曼二等兵回忆了装甲工兵连到达时的情景："有一天，我们得到了从法国来的补充：装备半履带车的整整一个连。于是我们用原来3个连的人员组成了2个'老'连，而第三个连就是那个'新'连。"新来的第3连由卢伊特波尔德·克内策尔中尉[3]（Luitpold Knoerzer）指挥。大约与此同时，该营的高级军官之一多姆维特上尉（Dohmwirt）也从第531桥梁工程营调来。

4月中旬，第50工兵营开赴辛菲罗波尔以东，同时在塞瓦斯托波尔附近留下一个加强工兵连供

---

1. 弗里茨·韦伯少尉，第50工兵营，1914年8月13日生于维滕，1941年12月29日阵亡于塞瓦斯托波尔附近。

2. 克里斯蒂安·戈伊尼希中尉，第50装甲工兵营第3连，1915年4月1日生于克劳特豪森，2001年3月4日卒于迪伦。

3. 卢伊特波尔德·克内策尔上尉，第50装甲工兵营第3连，1918年3月14日生于慕尼黑，其余信息不详。

■ 在1942年5月的"猎鸨"行动中，德军罗特战斗群逼近刻赤半岛上的灯塔山，第50装甲工兵营的工兵们伴随坦克进攻。

集团军调遣。在与第11集团军工兵司令手下的行政官员多番争论后，冯·曼斯坦因大将下令将陆军第50工兵营的全体人马调拨给第22装甲师，并将该师保留的机动车辆以及工兵装备做相应交换。于是该营得到了补充，番号改为第50装甲工兵营，隶属于第22装甲师。新成立的装甲工兵营最初得到的任务是几次针对游击队的扫荡，但大多没什么战果。

曼斯坦因重夺刻赤半岛的大胆作战——"猎鸨"行动（Operation Trappenjagd）在5月8日3时15分开始，该营第一次真正得到了全营协同作战的机会，但和所有工兵部队一样，更多的时候它还是被拆成3个连分散使用。下面是第22装甲师战争日记中关于第50装甲工兵营作战的摘录：

"5月8日21时35分：给第50工兵营的命令：做好3时从阿德什戈尔出发的准备，将配属装甲部队作战。

"5月9日7时10分时给第50工兵营的命令：派出一个连在索夫霍兹阿马－叶利附近地区排雷并改善路况。

"5月9日9时负责排雷的工兵连遭到敌人猛烈射击，仍在战壕中未出动。

"5月13日12时30分：给工兵营的命令：营部和第2连将归师部直辖。命令：清除马尔福夫卡－苏丹诺夫卡公路上的地雷，并使其达到能运输补给的条件。

"5月15日12时10分给工兵营的命令：立即将离得最近且可抽调的连派至罗特[1]战斗群[2]（Gruppe Rodt）。

"5月16日9时10分给工兵营的命令：用两个连肃清布尔加纳克的敌人。

"5月16日13时10分应将工兵营调到前方收容大批俘虏。

"5月17日11时15分给工兵营的命令：该营

1. 埃伯哈德·罗特中将（Eberhard Rodt），橡叶骑士十字勋章，金质德意志十字奖章，第22装甲掷弹兵旅，1895年12月4日生于慕尼黑，1979年12月14日卒于慕尼黑。

2. 该连将参与一次反击，因为罗特战斗群本身已经没有预备队。在9时，罗特战斗群一带的局势是："布尔加纳克北部边缘已落入我军手中。敌人躲在悬崖峭壁下挖出并以混凝土加固的地下室中。"在9时30分："北部的局势已经稳定。我军正从卡特莱斯向北推进。"11时20分："尚未拿下布尔加纳克，但最晚到13时可以扫清。"

■ 1942年5月，苏军对哈尔科夫发动进攻，在歼灭突破防线的苏军的战斗中第50装甲工兵营第3连的半履带车被编入科彭堡战斗群（指挥官是第204装甲团团长）。在这张照片中，先头装甲部队正从一辆被击毁的KV-1型坦克旁边经过。

应在左翼清扫山洞和峡谷，支援步兵进攻。必须给该营装备大量的火焰喷射器和手榴弹。该营应与许岑（Schützen）旅协同作战，立即调一个连行军到前线执行此任务，其余各连应继续执行先前的筑路和在集合点收容俘虏的任务。进攻将在12时开始。

"5月17日13时25分：来自许岑旅的报告：装甲前锋已抵达灯塔山。命令：步兵和工兵营立即跟进。

"15时5分灯塔山周围再度爆发激战。

"16时15分灯塔山（一座巨大的石峰）和175号高地一样是重要的制高点，守敌装备精良，我军已封闭这座山周围的区域以防止敌人反击。

"5月18日12时40分：灯塔山仍在敌人手中，到下午应该可拿下。

"5月19日18时工兵营报告终于攻克了灯塔山，该营俘虏了1000多人。"

在刻赤的战斗行动结束了。曼斯坦因的这场名称直白的行动取得了惊人的成功，后来的统计报告称，共抓获近170000名俘虏，缴获或摧毁284辆坦克和1397门火炮，曼斯坦因终于可以集中全力攻打塞瓦斯托波尔要塞了。在"猎鸨"行动中，第50装甲工兵营共获得25枚二级铁十字勋章和1枚一级铁十字勋章，后者授予了第2连的连长瓦尔特·哈德科普夫中尉[1]。新来的第3连表现出色：他们和第1连一样获得8枚铁十字勋章，而第2连得到6枚，营部连得到3枚。战后大多数德军部队被调回城下，执行艰巨得多的任务——征服强大的塞瓦斯托波尔要塞，但第50装甲工兵营和它的上级部队第22装甲师却没有参与这场血战，他们被调出克里米亚，北上加入南方集团军群。

他们再度参战的时间大大早于预期。第22装甲师的大部分装甲部队，包括第50装甲工兵营第3连在内，都被编入科彭堡战斗群（Kampfgruppe Koppenburg），隶属于第3装甲军。他们的任务是歼灭在哈尔科夫附近突破德军防线的苏军部队。他们在5月24日出动，到5月28日为止完成了任务。在6月4日和5日，第22装甲师开进哈尔科夫

1. 瓦尔特·哈德科普夫中尉，第50装甲工兵营第2连，1902年8月8日生于吕贝克，1942年12月失踪于斯大林格勒。

东南的集结地域,准备实施"威廉"行动(Operation Wilhelm)。他们与第14装甲师一起从丘古耶夫地区向东北方向突击,两天后就打到了红军村一带。6月13日早晨,他们在这里与第6集团军的其他部队会师,从而包围了强大的苏军集团。不久他们被步兵部队换下,然后南下夺取了奥利霍瓦特卡周围具有决定意义的山丘,顿涅茨河一带的战斗就此胜利结束。在6月15日早上成功击退苏军强大的坦克进攻后,该师再次被步兵部队替换。从6天以后的6月20日开始,工兵们和第22装甲师又开始在库皮扬斯克周围作战。他们向东北方向进攻,经过5天苦战后到达库皮扬斯克以南的奥斯克尔。由于在布尔卢克和奥斯克尔的包围战中作战有功,格哈德·富克斯中尉[1](Gerhard Fuchs)在1942年6月30日成为第3连中第一个获得一级铁十字勋章的人。第2连的赫伯特·格里普上士[2](Herbert Griep)也获得这一荣耀,另有15人在1942年7月2日获得二级铁十字勋章。从7月12日起,第3连的连长克内策尔中尉被调到第16装甲工兵营(第16装甲师)指挥该营的第3连,接替他的是连里的一名排长林德曼中尉(Rindermann)。在7月5日,该连报告的实力是1辆Sdkfz.250/3和6辆Sdkfz 251。

在7月初,经过在阿尔乔莫夫斯克-共青城地区大约8天的休息和修理,第22装甲师参与了德军的夏季攻势——"蓝色"行动的第一阶段。7月是不断进军的一个月,第50装甲工兵营在7月5日占领了利西昌斯克,参与了在顿涅茨河以北的追击战,在7月16日抵达卡缅斯克,然后南下扑向罗斯托夫。第22装甲师的前锋在图斯洛夫河上找到一个浅滩并涉水过河,在7月23日15时推进到罗斯托夫北郊的一片雷场前,工兵们花了两个小时排雷。该师的两个战斗群随后突入罗斯托

■ 第50装甲工兵营第3连的格哈德·富克斯中尉。

夫市中心,陷入激烈的巷战。当天晚上,该师成功地在罗斯托夫市中心与第57装甲军的先遣队会师。他们在燃烧的城市里连夜构筑环形防御阵地,折磨神经的遭遇战在被烟火熏黑的建筑中此起彼伏,街道不时被爆炸的手榴弹和曳光弹的尾迹照亮。第二天上午,在扫清市内的主干道后,该师的战斗群在6时30分向罗斯托夫的伏龙芝机场推进,在机场与党卫军"维京"师会合。在第57装甲军的这些部队的密切配合下,该师直插阿克塞斯卡亚附近的顿河大桥,但是苏军守桥部队在最后一刻当着他们的面爆破了大桥。7月25日早晨,德军在亚历山德罗夫斯科耶附近渡过顿河并建立了一个小桥头堡,而包括大部分工兵在内的第22装甲师主力则在罗斯托夫东部清剿残余苏军。当天下午,他们被第9步兵师的部队替换。

在整个7月,第50装甲工兵营的官兵因为这些战斗获得了35枚二级铁十字勋章,此外还有3人在7月29日获得一级铁十字勋章:第2连的克

1. 格哈德·富克斯中尉,第50装甲工兵营第3连,1919年6月25日生于哈瑙。卒年不详。

2. 赫伯特·格里普上士,第50装甲工兵营第2连,1915年2月25日生于汉堡,1942年11月15日阵亡于斯大林格勒。

里斯蒂安·戈伊尼希中尉和维尔纳·弗里德里希斯下士[1]（Werner Friedrichs），以及第1连的海因里希·魏辰下士[2]（Heinrich Witschen）。

在7月27日的一份报告中，该营称其人员缺额达到120名，包括4名军官。该营的装甲分队情况也很糟：按编制它共有7辆半履带车，其中2辆彻底损失，2辆正在进行长期修理，其余3辆在进行短期修理。架桥分队的28台车辆中，只有3台仍可使用，另有4台经过短期修理后可以使用。其余的都需要在修理所呆很长时间。从7月28日开始，第22装甲师得以在库捷伊尼科沃－沙赫特地区休整补充。

8月4日午夜前不久，该师接到B集团军群的指示。第一批战斗群在5个小时后出发，先是北上卡缅斯克，然后掉头东进，开进卡拉奇西北方的顿河大弯曲部。此时他们隶属于保卢斯的第6集团军。在1942年8月7日，该师被拆成若干战斗群，用于压制在众多冲沟内顽强抵抗的苏军据点，并消除在河边坚持的一些小桥头堡。从8月9日到16日，第50装甲工兵营第3连作为屈特[3]战斗群（Kampfgruppe Kütt）的一部分，扫清了格罗姆基地区的顿河沿岸。连长林德曼中尉在8月11日负伤。在之后的一个月里，又有不少人在顿河大弯曲部的各种战斗中伤亡：第3连的排长布罗德·彼得森少尉[4]（Broder Petersen）在8月26日身负重伤，于9月4日死在上布西诺夫卡；同样属于第3连的赫伯特·克普施上士[5]（Herbert Koepsch）在9月10日阵亡。第22装甲师的所有部队到9月15日为止都被撤下前线，由集团军群

■ 1942年9月间出任第50装甲工兵营副官的克劳斯·孔策少尉，他原先在该营第1连任职。

掌握。他们集结在佩列拉索夫斯基，准备开往指定的休整地区接受补充。

此后的一段平静时期被用来给各单位的官兵放假，他们中有许多人自1941年以来就没回过家，其中一个就是自1940年11月以来长期担任营副官的维利·维特中尉[6]（Willi Witt）。接替他的是来自第1连的长着一副娃娃脸的排长克劳斯·孔策少尉[7]。他在法兰西之战中作为二等兵衔候补军官全程随该营作战，在1940年6月被调到第2工兵学校接受军官培训，然后在1941年1月以少尉

1. 维尔纳·弗里德里希斯下士，第50装甲工兵营第2连，1916年1月6日生于汉堡，1942年11月15日阵亡于斯大林格勒。

2. 海因里希·魏辰下士，第50装甲工兵营第1连，1917年3月21日生于汉诺威，1943年1月失踪于斯大林格勒。

3. 鲁道夫·屈特少将（Rudolf Kütt），金质德意志十字奖章，第129步兵团，1896年6月23日生于富尔特，1949年5月19日卒于汉诺威。

4. 布罗德·彼得森少尉，第50装甲工兵营第3连，1917年6月22日生于哈特施泰特，1942年9月4日因伤死于上布西诺夫卡。

5. 赫伯特·克普施上士，第50装甲工兵营第3连，1923年3月11日生于德累斯顿，1942年9月10日阵亡于洛戈夫斯基附近。

6. 维利·维特上尉，金质德意志十字奖章，第50装甲工兵营营部，1917年9月26日生，1947年5月11日卒。

7. 克劳斯·孔策中尉，第50装甲工兵营营部，1920年3月31日生于汉堡，1943年1月21日失踪于斯大林格勒。

身份回到营里。他在第1连当上了排长，在东线一直成功地率领他的排作战，经历了塞瓦斯托波尔周围的残酷战斗。孔策住在汉堡的父母在1941年12月曾悲痛欲绝地收到儿子的死讯，但对他们以及对孔策本人来说幸运的是，这只是某个公务员犯的错误。

在1942年9月中旬，经验丰富的营长赫尔穆特·埃梅勒中校不得不和该营说再见了。他被召回德国，重新担任陆军总司令部工兵部门的科长。先前有两份对他的评估报告证明他成功地履行了营长职务，并推荐他在陆军总司令部任职或担任团长。第50装甲工兵营的新营长是埃尔温·加斯特上尉，他在八天前刚刚庆祝了自己的31岁生日，在军中服役也刚好满10年。雄心勃勃的加斯特先前在一个训练营里干了一年半，在无数次向上级申请调回作战部队后，他终于在1942年9月如愿以偿，得到了指挥位于苏联腹地的第50装甲工兵营的机会。

10月12日，第50装甲工兵营第1连将14名补充兵移交给第45工兵营。一个星期后，第22装甲师得到近1000名补充兵员，其中很大一部分是该师自身的后方机关中志愿到前线作战的人员，这批新兵中有几十人被分配给工兵营。需要指出的是，这些新到的补充人员不是年纪太大的老人家，就是稚气未脱的小毛孩。在得到这些人员后，该营达到了满员。

虽然供他们休整的曼科沃－卡利特文斯卡亚－切尔特科沃地区位于德国第29军和意大利第8集团军把守的顿河防线后方，但枪声总是不绝于耳，而且常有个别人员失踪或是变成尸体后才被发现，显然当地有游击队活动。工兵营的官兵有自卫武器，但车辆和重武器都在小修和大修。由于游击队活动实在太活跃，加斯特在1942年10月17日不得不请求上级给他的营配发重机枪和迫

击炮，用来对付游击队。他的请求得到了批准，次日该营就获得了自己的所有重武器。

在10月29日，加斯特报告了针对游击队的一次扫荡行动："该营报告，在对芦苇谷的清剿行动中，他们在库捷伊尼科夫附近的后勤公路北面抓获3人并移交给第22装甲师的宪兵，此外还扣押了15名没有合格身份证件的平民，送到了相应的司令部。"

1942年11月初，在加斯特还在适应自己的营长职务时，第50装甲工兵营接到了东进参与斯大林勒之战的命令。第22装甲师的指挥官们对此并不意外，因为在这个营之前该师已经有好几支下属部队被抽调到别处。他们在记录中发出了合理的怨言："第22装甲师还在继续被掏空。"对该师来说幸运的是，第50装甲工兵营将留下其第3连的所有装甲车辆，包括半履带车排，日后将以这些车辆为基础组建一支新的部队[1]。这个连的官兵就没有他们的车辆那么幸运了，因为他们也要和营里其他人员一样踏上前往斯大林格勒的征途。尽管第22装甲师自身的燃油供应很紧张，师后勤主任迪茨·冯·登·克内泽贝克少校还是给工兵们划拨了充足的燃油用于行军。就这样，第50装甲工兵营开始朝着伏尔加河岸边的第6集团军进发。从他们在米列罗沃以北的驻地到卡拉奇的顿河大桥约有250公里路程，该营在一天之内走完，于11月4日晚上到达桥边。第2连的路德维希·阿普曼二等兵这样回忆这段行程：

"我们营登上自己的车辆向着斯大林格勒方向驶去，进入了已经被德国军队占领的郊区。冬天快到了，但是我们还没领到冬装。这里看上去一片狼藉，几乎所有建筑都被夷为平地了。我们还看见了许多死去的德国士兵……"

这个营抵达斯大林格勒时的就餐人数是10名军官、3名文职官员、51名士官和475名士兵，共

---

1. 第140装甲工兵连，后来扩编为营级单位。

计539人。它的战斗力量是10名军官、44名士官和405名士兵。

第50工兵营是全军最老牌的工兵单位之一，在1942年3月改组为全机械化部队，官兵们的心态也随之发生了变化。随着年长的军官或伤亡或调走，一批自信的年轻军官走上指挥岗位，为部队灌输了较以往更为好斗的精神。被编入装甲师在一定程度上是令人羡慕的，而这个营的工兵们也都视自己为精英。营长加斯特上尉可以说就是该营的新气质的化身，他显然是被调往斯大林格勒的几个营长中最年轻的，和所有雄心勃勃的少壮军官一样，他希望在战场上向前辈证明自己的勇猛。这世上也找不到比斯大林格勒更严酷的竞技场了。

第162工兵营

第162工兵营在意大利盟友把守的前线修了几个月的防御工事，但官兵们并没有因此变得迟钝。砍伐树木、挖掘战壕和架设反坦克障碍的工作使他们的身体保持在最佳状态，而营长奥托·克吕格少校安排了不间断的训练和演习，再加上偶尔作为突击队实施的作战，使这些硬汉们（他们大部分来自上西里西亚，那里盛产吃苦耐劳的农民和工人）的战斗技艺日益精湛。他们最近一次执行作战任务是在10月25日夜里，那一仗的规模很小。此前在10月9日还参与过一次进攻，由于突击队中的步兵伤亡惨重而未能得手，但工兵们表现出色。这些渡过顿河实施的进攻只是第162工兵营最新的战斗，他们此前早已突破和强渡过一系列河流。

这个主要由上西里西亚人组成的营包括众多吃苦耐劳的农夫和工人，自1939年8月26日在布雷斯劳成立以来一直表现出色，它的第一任营长是贝内克上尉（Bennecke）。作为第62步兵师下属的工兵营，它曾作为南方集团军群的预备队开进波兰，但没有参加战斗。1939年9月中旬，第62步兵师全体被运往西线，到9月20日为止在摩泽尔完成集结。该营在艾费尔地区的德国西部边境度过了冬天，除了训练和几次虚惊外，

■德军第162工兵营营徽

1939-1940年的冬天平安无事，对该营来说最令人兴奋的事件之一是从一条湍急冰冷的山间溪流中抢救一门马拉火炮。

为了进军法国，该营被拆散分配给多个战斗群：第162侦察营得到了第3连的一个摩托化排，冯·阿尼姆战斗群（Kampfgruppe von Arnim）得到了第1连，古尔蒂内战斗群（Kampfgruppe Gulttiene）战斗群得到了营部和第3连（欠一个排），冯·勒芬[1]战斗群（Kampfgruppe von Loefen）得到第2连，而加布里尔行军纵队（Marschgruppe Gabriel）得到了架桥分队和轻装工兵分队。在5月9日夜里，该营集结在国境线上的森林里。进攻在次日早晨6时35分开始。许多道路被巨大的树干挡住，工兵们不断地被调去清理障碍。经过几个小时的艰苦工作，道路终于畅

---

1. 马克斯－赫尔曼·冯·勒芬少将（Max-Hermann von Loefen），金质德意志十字奖章，第190步兵团，1892年3月5日生于爱尔福特，1942年1月4日卒于马约诺夫卡－伊万诺夫卡附近。

■ 1940年5月法国战役期间，第162工兵营营长贝内克上尉和一个士官在一座被占领的法国小镇上漫步。

通。进攻得以继续。

在这场会战中，第162工兵营从军官到普通工兵在内的全体人员都表现出了大胆而坚韧的作风，略举几例便足以说明：5月23日，孔策尔中尉（Kunzel）率领的一个工兵班帮助第164步兵团第3营在布尼附近强渡索姆运河。火力准备在17时开始，官兵们还把手榴弹投过狭窄的河道来压制渡河地点的法军据点。他们只有两艘小型橡皮艇可用（孔策尔原本的任务只是侦察渡河的可能性）。他们冒着猛烈的机枪火力将第一艘橡皮艇丢进水里，艇上坐了几名工兵，以及第164团第3营的两个军官和一个士官。到河中央时小艇被一发子弹击中，但是乘员们继续划桨。最后小艇在离对岸几米远的地方沉没。艇上的人员涉水上岸，成功地用手榴弹炸掉了法军的一些阵地。那个步兵士官中弹身亡，两个步兵军官中也有一人受了重伤，但是工兵们冒着持续不断的大炮和迫击炮火力，利用剩下的那艘橡皮艇把更多的步兵运过了河。工兵班的凯泽二等兵（Kaiser）在此战中表

现得特别英勇。

5月25日，在希赞库尔北部，一辆法国重型坦克堵住了索姆运河桥以西的主干道，舒哈特少尉（Schuchardt）和他率领的第3连第3排被调去解决这个问题。舒哈特立即决定组织一个爆破小组，他站在部下面前说明了情况，然后说："我需要几个志愿者。"大多数人都主动要求执行这个危险的任务，但是舒哈特在众多志愿者中只挑出了四个人。米哈尔斯基上士（Michalski）回忆了这次战斗："他挑选了一个二等兵、两个列兵和我，我们很快准备了3个10公斤的炸药包。"

步兵的一个三人侦察小组带着工兵们摸向那辆法军坦克：他们爬过一座被毁的小桥，跳过花园之间的栅栏，一直沿着和坦克所在的街道平行的路线前进。他们始终竖着耳朵倾听，但是听到的只有寂静。米哈尔斯基上士接着回忆：

"终于有一个步兵发出信号，表示我们已经和坦克处在一条水平线上了。我们摸到屋角，然后一个接着一个快速探出头去张望。就在我们前面

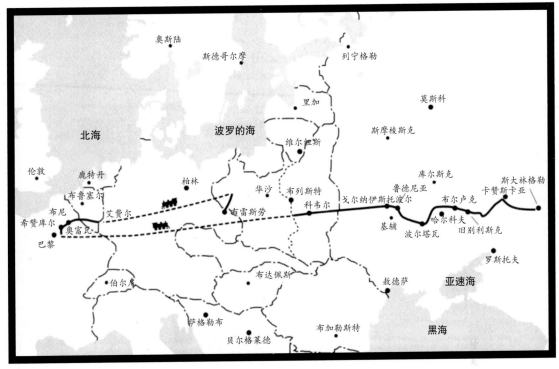

■ 1939年至1942年间，德军第162工兵营的征战历程。该营曾参加了波兰战役和西欧战役。

十米的地方，有一头巨大的钢铁怪兽，把整条街道都堵得严严实实！我以前从来没见过这么大的家伙。"

舒哈特和他的部下压低嗓音简单讨论了一下，很快就定出一个计划：工兵们可以通过被坦克的一挺机枪瞄着的一扇房门打对方一个措手不及。舒哈特命令霍夫曼二等兵（Hoffmann）架好机枪提供掩护，然后就将这个简单的计划付诸实施。据米哈尔斯基上士说：

"一个步兵军士长、青德勒列兵（Zindler）和我悄悄摸到门边。我左手拿着炸药包，右手拿着步枪，青德勒列兵则是两手各拿一个炸药包，每个炸药包上都装了一根6秒的导火线，这意味着从拉火到起爆只有6秒。选择这么短的时间就是为了确保敌人在最后一刻发现情况不妙时来不及保护坦克……我们的动作必须像闪电一样快。我紧紧盯着那个军士长的手，他猛地拉开了房门。上！飞快地跨出五步以后，青德勒列兵和我在坦克边上跪下，我们把炸药包塞在履带和地面之

间——拉火！我们立刻向后跳开，躲进了门里。巨大的爆炸震得我们站立不稳。"

这几个德国人冲到街上，但是大团的烟尘让他们一时间什么也看不见。然后他们看见法国坦克兵从车里跳了出来，于是他们用德语和法语大喊大叫，逼着这些坦克兵举起了双手。工兵们随后检查了自己的工作成果：32吨重的坦克被冲击波向一边推了1.5米，履带被炸坏了，但是其他部分完好无损，工兵们在离开前把6颗手榴弹捆在一起丢进了炮塔。他们作为战胜了法军钢铁怪兽的英雄回到索姆桥，身后坦克里的弹药被接连引爆，熊熊燃烧了几个钟头。为了表彰这一功绩，舒哈特少尉获得了二级和一级铁十字勋章，米哈尔斯基上士、霍夫曼二等兵和青德勒列兵则各获得一枚二级铁十字勋章。

临近5月底，第162工兵营接到了爆破全师防区内索姆河上所有桥梁的任务，只有佩罗讷的一座桥例外，因为那里有个桥头堡。在5月31日，他们又接到在哈姆东西两侧侦察索姆河和索姆运

河上的架桥地点和渡口的命令。6月5日,大规模攻势开始。工兵们用橡皮艇将一个个步兵连运过河。在哈姆以西,第183步兵团成功强渡索姆河,但遭遇严重伤亡。在哈姆以东,工兵们通过连续不断的摆渡帮助第190步兵团渡过索姆河,他们甚至把一些反坦克炮送到了河对岸,但是在渡河行动开始半小时后,橡皮艇因为中弹太多,再也不"适合航行"了。在7时40分,第162工兵营接到师部的命令,将新的橡皮艇前送到埃斯托维利北面。由于法军反击猛烈,第190步兵团在8时下令暂停进攻,已经过河的人员奉命丢下所有重装备撤到河边,然后泅渡过河。最后一批泅渡者在中午时回到本方阵地,伤亡非常严重。夜幕降临时,法军的压力进一步增大,以至于第183步兵团的桥头堡也不得不被放弃,该团的所有人员也都撤过了河。第62步兵师随后撤出阵地,另找突破口。于是在作战开始近一个月后,第162工兵营将要面对整个法兰西之战中最艰巨的任务:在1940年6月6日强渡索姆河发起代价高昂的进攻。正是在这一仗中,该营第一次真正证明了自己是一支坚强可靠的队伍。

这一次轮到第164步兵团在奥富瓦两侧尝试渡过索姆河,支援他们的是威廉·冯·格雷费尼茨上尉[1](Wilhelm von Graevenitz)和他的第3工兵连。他们有14艘大型橡皮艇和30艘小型橡皮艇参与这次作战,因为工兵们来不及在17时05分之前把橡皮艇运到前线,所以攻击时间被推迟到19时。法国守军注意到了德军的动向,因此做好了充分的准备。炮击在19时开始,动用的炮弹中包括了许多烟幕弹。第一波攻击部队在五分钟后出发。第164步兵团第2营没遇到多少麻烦就快速过了河,但是第1营的遭遇则大大不同。扛

■ 第162工兵营第3连的马克斯·吉斯曼下士。

着硕大橡皮艇的工兵是法军迫击炮的好靶子,没等进攻开始就有好几个人被打死。工兵们把橡皮艇交给步兵,然后排长维蒂希少尉(Wittig)命令部下穿过危险地带回去拿大型橡皮艇,每艘艇由6个人抬。这时许多伤员都在呼唤医护人员,营助理军医路德维希·朔尔纳克医务军士长[2](Lugwig Schornak)直着身子跑来跑去,袖管高挽,双手染血,不知疲倦地照料着一个又一个伤员。乘着小艇过河的步兵遭到彻底的失败:他们立刻被炮火撕成了碎片。工兵连的马克斯·吉斯曼下士[3](Max Giessmann)目睹了这场惨剧:

"我和维蒂希少尉(他一次次地以大无畏的精神赢得我们的尊重)讨论了下一步该怎么办。就在我们谈话时,格哈德·皮奇列兵[4](Gerhard Pietsch)突然被跳弹击中,一头栽倒在地上死了。不过法国人的子弹大多数飞得过高,把我们头顶

---

1. 弗里德利希·威廉·冯·格雷费尼茨少校,第162工兵营第3连,1912年5月18日生于布雷斯劳,其余信息不详。

2. 路德维希·朔尔纳克医务上尉,第162工兵营营部,1910年6月20日生于宾根,1944年9月21日卒于摩尔达维亚的战俘营中。

3. 马克斯·吉斯曼军士长,第162工兵营第3连,1917年3月2日生于尼斯,1943年1月失踪于斯大林格勒。

4. 格哈德·皮奇列兵,第162工兵营第3连,1920年11月15日生于西里西亚的格洛高(今波兰格沃古夫),1940年6月6日阵亡于皮东附近。

上的枝叶打下来不少。"

维蒂希决定立即过河。这时第164步兵团的一个军官弗里茨·克卢格上尉[1]（Fritz Kluge）突然走过来问维蒂希：

"你要碰运气过河吗？什么时候？"

"马上，上尉先生！"维蒂希回答。

橡皮艇不断地被子弹和弹片打破，吉斯曼拼命用木塞堵住自己坐的橡皮艇上的漏洞，金策尔列兵（Kinzel）则不停地给它充气。后来吉斯曼不得不把自己的手帕塞进一个大洞里。金策尔先前就预感自己和吉斯曼两人至少有一个不会平安返回，结果他的胸口果然中了一弹[2]。步兵军官克卢格上尉爬到吉斯曼身边：

"你是马上要乘这橡皮艇过河的士官吗？"

吉斯曼回答："是的，上尉先生！"

"好的，我和你一起去。"

双方的炮火陡然增强，德军的机枪也开始扫射法军控制的河岸。吉斯曼和他的部下把橡皮艇拖下水，克卢格上尉趴在地上等到橡皮艇准备停当，然后一跃而起，向水边跑去。就在此时，一发子弹钻进了他的脑壳，他一头栽倒在橡皮艇旁边。吉斯曼下士讲述了后来的情况：

"尽管如此，我们还是把橡皮艇推进了水里……我高喊一声：'拿起船桨，开始划！'我们快速划向敌人控制的河岸。子弹打得我们周围水花四溅，但是只有一发子弹打穿了坐在我前面的那个人的防毒面具滤罐。"

这些人跳到岸上，开始和法国守军搏斗，但吉斯曼下士还有另一个任务要做："科斯塔雷齐克列兵（Kostarezyk）出现在河对岸，他属于正在待命的另一个班。他想帮我们一把，他装死扑倒在水边，然后抓住我们拖在身后的锚索，把充气橡皮艇拉了回去。我留在敌人控制的河岸边，站在

齐胸深的水里，抓住锚索的另一头。我们就用这个办法很快搞起了摆渡服务。"

维蒂希少尉还在德军控制的河岸上，他想把几箱过河部队急需的机枪子弹扔进橡皮艇里，但是法军机枪的一个长点射击中了他。这幅情景一直印在吉斯曼的脑海里：

"我至今还能看见他的头发如何扬起（因为他的钢盔刚刚掉落），他又是如何向后翻倒在克卢格上尉的尸体上，他立刻就死了，营里的另一个少尉也和传令兵一起死在渡口……"

在强渡索姆河的过程中，工兵们面对惨重伤亡表现出的淡然和坚定赢得了所有目击者的最高敬意。该营在此战中从未有过一丝一毫的畏缩，他们始终全力以赴。当天晚上，营长贝内克上尉接到了趁夜在索姆运河上架桥并修复其他所有可用桥梁的命令。由于工兵们表现出的英雄主义和职业素养，第二天上午，第164步兵团各营全都过了索姆河。

进攻在继续。6月10日5时50分，第162工兵营完成了在埃纳河畔维克附近横跨埃纳河的桥梁。由于从6月12日到14日对巴黎外围防御阵地实施的勇猛进攻，贝内克上尉获得一级铁十字勋章勋饰，而凯泽二等兵也获得了一级铁十字勋章。第162工兵营也有惨痛损失：6月13日，第2连的连长金策尔中尉（Künzel）在迈昂米尔蒂安附近阵亡，使他的连队在会战的最后阶段痛失领袖。

经过7月底到8月初的短暂休整，第62步兵师被送上火车运往东方，一些人以为他们将要解甲归田。但是，火车径直穿越帝国领土，经过他们的西里西亚故乡后继续前行，进入波兰境内，最后停在与苏联的界河——布格河附近。官兵们能看见远方高大的苏军瞭望塔。工兵营实施侦察后沿布格河构筑了保卫边境的防御阵地，并架设

---

1. 弗里茨·克卢格上尉，第164步兵团第2营，1911年11月25日生于哈希克，1940年6月6日阵亡于奥富瓦/索姆。

2. 后来子弹被取出，金策尔也康复了。

■ 1941年6月"巴巴罗萨"行动开始前不久，第162工兵营新任营长约瑟夫 · 吉德尔少校（中）与自己的参谋军官们一起干杯。

了障碍。然后该营就地度过了1940-1941年的冬天，一直待到"巴巴罗萨"行动开始为止。在1940年11月15日，该营告别了贝内克上尉，迎来新营长约瑟夫 · 吉德尔少校[1]（Josef Giedl），他是曾在工兵部队中经历了一次大战的老兵。

1941年6月22日，工兵营各连被分散到各步兵团，支援对布格河对岸胡希内、别列什和多罗胡斯克的进攻。大炮在3时15分开始怒吼，工兵们把橡皮艇推下水，划艇过河。在苏联一侧的河岸背后，晨曦已经染红东方的地平线，将划艇映衬在天空背景下又倒映在水中，已经上岸的士兵剪影也显得清清楚楚。起初对面一枪未放，苏军似乎完全没有想到德军会进攻，但很快抵抗就爆发了，而且强度出乎意料，德军中出现了第一批严重的伤亡。在这漫长战争的第一天，他们没能取得更大进展，这一天的进攻目标留波姆直到6

月26日才被拿下。第62步兵师的伤亡极其严重，只打了五天就减员30%左右。6月28日，他们攻克了科韦利。在斯基比附近的树林和麦田的激战中，工兵们支援了步兵。7月2日这一天特别血腥，在基韦尔齐以东的林地中爆发了恶战。苏军的阵地隐藏在茂密的树丛后面，几乎看不见。树林周围的麦田里麦子有一人多高，守军在麦子掩护下拼死抵抗，几乎没有人投降。接下来的一个星期里，战斗在斯蒂尔河、戈伦河和斯卢奇河之间的森林中继续进行。7月4日，吉德尔少校被授予一级铁十字勋章勋饰。7月5日和7月9日，在斯蒂尔河和斯卢奇河对岸先后建立了桥头堡：工兵们在前一条河上利用一座被毁桥梁的桥墩修了一座人行桥，在后一条河上架了一座浮桥。7月15日，在谢尔比村附近的一片片树林里发生激战，苏军在下午的凶猛反击给德军造成了相当大的压力和

1. 约瑟夫 · 吉德尔上校，第162工兵营，1892年7月1日生于慕尼黑，活到战后，卒年不详。

伤亡，工兵们在当地成功排除了大约500枚地雷。次日苏军的压力继续增强，他们连续在猛烈炮火支援下发动反击，但是湿软的地面导致哑弹比例高得出奇，削弱了炮击效果。7月21日，一个工兵班帮助第183步兵团第2营夺取了谢列季以东的一个巨型地堡：这是一个现代化的建筑，地下部分有好几层，工兵们不得不逐层放烟把守军熏出来，这样的地堡在"斯大林防线"上还有很多。第162工兵营第3连的排长阿尔方斯·申克少尉夺取了好几座已经做好爆破准备的桥梁。在谢尔比村附近的一座桥上，申克亲自拆除了大约600公斤爆炸物。尽管苏军随时可能将桥炸上天，他却始终镇定自若。

师部开始觉得吉德尔少校不适合领导该营。他被形容为"神经过敏"和"冲动易怒"——这是先前的个人评估中没有提到的个性。他在8月初被免职，调往德国国内的一个补充营。第62步兵师师长瓦尔特·凯纳中将[1]（Walter Keiner）在8月6日写的个人评估认为吉德尔"没有做到始终对他的营负责，因为他经常迷失在细节中"。8月16日，该营得到了一位新营长：从年初开始一直在第175工兵营任连长的奥托·克吕格上尉。克吕格能得到营长的职位是非常幸运的，因为他的前任上司海因茨·施莱格尔少校[2]（Heinz Schlegel）对他的评语并非都是正面的：

"勤奋、热情而谦逊的军官，有良好的服役记录。很容易激动，特别是在有困难需要克服时。具有充足的战术素养，对实际工作有丰富经验和知识。虽然他的个人能力足够，但他的连表现只能算平平。克吕格上尉的个人表现和知识水平完

全足够指挥一个营，但是他欠缺通过在军官团中受教育获得的基本素质，因为他个人的内涵发展始终没有超越早期阶段，因此克吕格上尉只是部分达到了担任工兵营营长的要求。"

第75步兵师的师长恩斯特·哈默中将[3]（Ernst Hammer）补充说：

"同意！克吕格上尉是个勤勉、顽强而勇敢的军官。他是个能干的连长，只是有时表现不稳定，我认为目前他还没有完全达到担任营长的条件。"

尽管上级有这些意见，克吕格的潜力还是得到了认可，他也因此被任命为新的营长。在担任这一职务8个月后的1942年4月，他的新任师长鲁道夫·弗里德里希少将[4]（Rudolf Friedrich）把克吕格形容为"有着勇敢的个性"，"总是准备充分，始终保持着对部队的全面控制"，而且"已被军官团和他的下级完全接受"。弗里德里希最后写道："对于先前评估中指出的他的局限性已经再也不用担心了。"不过这是后话了。在1941年8月，克吕格还需要在他的新部下面前证明自己，而在此后的几个月中他确实做到了这一点。他的个人档案里将会写满他的英勇事迹[5]，事实上他走马上任的方式就体现了他的勇气——他先前被地雷炸伤了双眼，在日托米尔的医院治疗过后就直接下到部队。

8月20日，第162工兵营在伊格纳托波利附近强渡舍列夫河。8月22日，攻克奥夫鲁奇铁路联轨站，排除大量地雷。8月23日，排长约瑟夫·伊尔克中尉[6]（Josef Ihrke）在伊格纳托波利阵亡。8月27日，在进攻了将近6个星期后，第62步兵师在沃伦斯基新城附近成功完成了突破

1. 瓦尔特·凯纳炮兵上将，骑士十字勋章，第62步兵师师部，1890年12月10日生于本斯豪森，1978年1月23日卒。

2. 海因茨·施莱格尔上校，骑士十字勋章，金质德意志十字奖章，第175工兵营，1904年1月16日生于哈雷/萨勒，2001年5月7日卒。

3. 恩斯特·哈默中将，骑士十字勋章，第75步兵师师部，1884年10月20日生于法尔克瑙/埃尔茨，1957年12月5日卒于维也纳。

4. 鲁道夫·弗里德里希中将，金质德意志十字奖章，第62步兵师师部，1889年8月23日生于茨维考，1945年5月9日阵亡于布拉格。

5. 这些事迹被编成一份注明日期为1942年8月12日的文件，似乎暗示上级曾考虑推荐克吕格获得金质德意志十字奖章。

6. 约瑟夫·伊尔克中尉，第162工兵营，1893年3月18日生，1941年8月23日阵亡于伊格纳托波利附近。

斯大林防线的任务，又经过科罗斯坚周边的战斗，该师转入集团军预备队。随后他们在奥夫鲁奇地区针对游击队进行了几次不成功的扫荡，由于在这些战斗中作战勇敢和领导有方，第162工兵营的新营长在8月30日获得一级铁十字勋章。

经过8月30日和31日两天的休息，该部继续进攻，这一次是朝着戈尔纳伊斯托波尔和第聂伯河方向推进。另几个师强渡了这条大河，而第62步兵师是通过浮桥顺顺当当地过河的。但是，他们很快来到了杰斯纳河边。这条河是第聂伯河的一条不小的支流，该师接到的任务是在鲁德尼亚－科罗普耶地区强渡。

9月6日夜到7日晨，第162工兵营营长亲自到河边侦察，发现了一处合适的渡河点。在9月7日黎明前的黑暗中，克吕格指示手下的连排长们进入指定地段。由于准备工作做得极为细致，部队利用橡皮艇悄无声息地过河，完全出乎苏军意料，几乎没有付出伤亡就建立起一个小桥头堡。渡河开始后，克吕格上尉立刻下令加紧拼装一艘载重4吨的渡船，把步兵的重武器运过河，这样不仅可以扩大桥头堡，还可以做好击退预料之中的苏军反击的准备。苏军果然很快就发现了这一地段的威胁，试图用集中的炮火阻止更多德军过河。一阵又一阵的冲击波横扫这片小小的区域，很多充气浮舟被打成筛子没法用，两岸的交通一时陷于瘫痪，克吕格上尉见状便跳上一艘渡船亲自指挥。工兵和步兵们被他无所畏惧的气概所鼓舞，冒着猛烈的火力再次开始横渡行动。

此后通过侦察发现通往渡口的道路状况实在太糟，无法在渡口架桥。于是在9月7日夜到8日晨，克吕格亲自侦察，在科罗普耶地区发现一处有利的架桥地点。那里不仅是全师地段中唯一可能架桥的地点，后来的战斗表明它在全军地段中也是绝无仅有的。但是，克吕格从望远镜中发现它被苏军的地堡和土木工事严密保护着。从先前

占领的桥头堡对该地发动攻击是不可能的，因为那一带全是沼泽，中间还隔着杰斯纳河的一道河湾。于是克吕格做出了极其大胆的决定：通过奇袭占领那些工事。为了拿下这个阵地，一个排从上游很远的地方出发，划着小艇穿过河面，然后紧贴着苏军控制的河岸顺流而下。他们借着茂密的植被掩护爬上河岸，用密集的机枪火力把苏军完全打懵。在第一波攻击部队通过肉搏战清扫岸上的其余阵地时，后续部队也过了河，桥头堡得到了扩大和巩固。苏军则成倍加强了炮火打击，此外还调动飞机阻滞第62步兵师过河。低空飞行的攻击机将4艘驳船、2艘快艇和4艘橡皮艇打成碎片。在短短几个小时内，这个重要的渡口就遭到14波低空飞机的攻击（每波3到6架飞机）。在这极度危险的几个小时里，克吕格上尉牢牢控制着渡口，并且非常谨慎地运用了救援力量。在营长的感召下，工兵们表现出近乎超人的战斗力，渡河行动几乎毫无停顿。

9月9日上午，架桥的准备工作宣告完成。因为苏联空军猛烈的低空突袭已经停止，所以师部在16时下令将浮舟送到指定位置，架设120米长的浮桥。到了16时45分，第一台车辆从桥上驶过。9月10日早晨，浮桥遭到14架轰炸机的高空轰炸。一颗直接命中的炸弹炸毁了大段栈架和斜坡，三艘浮舟被炸得满身窟窿，一辆弹药车也变成了火球。克吕格上尉立刻意识到情况严重，他不顾还在爆炸的弹药，和几个工兵一起冲上桥头，将被炸坏的部分与浮桥的其余部分断开。刚一解脱，那部分浮桥就沉进了河底。由于这次迅速而勇敢的处置，不仅使浮桥的其余部分免遭翻覆的命运，而且工兵们得以利用手头的器材进行快速修理。在动用最后的储备器材后，浮桥在极其困难的条件下在最短时间内恢复通行。至此，克吕格通过了最严峻的考验，向所有人证明了自己的能力和勇气。

随后第62步兵师参加到基辅的大包围战中，经历了一系列的渡河、防御和反击作战。在基辅以东被包围的苏军试图以强大部队沿铁路线向东突围。在9月19日，第1连被部署到伊万科沃，抵御苏军的大举进攻。为了守住这个镇子，他们不得不在晚上发起一次又一次的反击。但是到了第二天，许多马车和机动车组成的后勤车队在重压之下疯狂地逃离伊万科沃，弗索夫的守军也有被恐慌情绪感染的危险。克吕格上尉挥舞着手枪上去拦截逃跑的人员，让绝望的司机和后勤人员们又恢复了理智。他随后组织了防御，让所有能上阵的军官、士官和普通士兵都拿起武器把守他分配的阵地。在克吕格上尉的指挥下，德军在这一天击退了苏军多次进攻（包括一次骑兵冲击），给对方造成了惨重伤亡。由于他的冷静沉着，避免了挤满辎重队的弗索夫被苏军突入。此后第62步兵师又激战了整整五天，损失的军官、士官和士兵数量多达1696人。最终基辅的大战以德方的胜利告终：苏军有大约665000人被俘。随后该师在10月1日撤下前线，改由第6集团军直辖，在后方执行各种任务：他们修建了几个战俘营，执行了一些扫荡行动以围剿苏军散兵，此外，第162工兵营还在内德拉河上架了一座新桥。

由于作战英勇，特别是在伊万科沃防守战中表现突出，第1连的班长保罗·施派希下士（Paul Speich）在11月18日荣获骑士十字勋章。授勋仪式在11月30日举行，当时第162工兵营在波尔塔瓦地区担任预备队。全营官兵，特别是新营长克吕格上尉，都为自己部队中出了骑士十字勋章获得者感到自豪。

第62步兵师在波尔塔瓦一直驻扎到圣诞节前，冬天对第162工兵营来说十分难熬。克吕格档案中的"英勇事迹"包含了对该营活动的描述：

■ 第162工兵营第1连的保罗·施派希军士长，1914年8月22日生于上格洛高，2004年或2005年卒，他是第162工兵营第一位也是唯一的骑士十字勋章获得者。

"在冬季激烈的防御战中，该营隶属于第57步兵师的多斯特勒[1]战斗群（Kampfgruppe Dostler）。在营长克吕格少校的英明指挥下，该营表现出色。该营接管防守的地段很大，而各个据点里的守备力量很薄弱。尽管俄国人大举进攻，在天寒地冻、暴风雪肆虐的夜晚攻势尤其猛烈，但该营一次又一次成功地让敌人止步不前，或者通过反击将突破的敌人赶了回去。1942年2月13日是特别困难的一天，俄国人用飞机狂轰滥炸后，以15到20倍的优势兵力攻击位于库斯季的前沿据点。由于天气严寒，无法指望大炮支援，克吕格少校迅速决定将重机枪和反坦克炮拉到上奥尔桑卡据点以外，亲自指挥它们打击敌人侧翼。在猛烈的火力打击下，俄国人虽反复攻击但都被击退，

---

1. 安东·多斯特勒步兵上将（Anton Dostler），金质德意志十字奖章，第57步兵师师部，1891年5月10日生于慕尼黑，1945年12月1日被处决于意大利阿韦尔萨。

遭受严重伤亡后撤退，消失在沟壑纵横的原野中。克吕格少校在观察所中继续观察敌人动向，发现俄国人在集中更多的预备队后沿冲沟向上奥尔桑卡运动，显然他们企图先消除侧翼的严重威胁。经过沉着冷静的思考后，克吕格少校发出了最后的指示。在这个距离上火炮可以提供支援，克吕格少校亲自接管了它们的火力控制权。他直到敌人接近到400米时才下令开火：俄国人遭到各据点集中火力的毁灭性打击。克吕格少校也抄起武器参加战斗，几乎全歼了敌人。由于他出类拔萃的领导力、钢铁般坚强的神经和在最艰难条件下的顽强作风，此后敌人的所有攻击都未得手，我方的伤亡相对而言很小。"

第2连的一名排长甘布克少尉（Gambke）在击退这些进攻的过程中受了重伤。8天以后的2月21日，营副官施塔尔少尉（Stahr）阵亡。经过冬季战斗后，该营元气大伤。一些年轻的补充兵在3月抵达，在1942年3月29日，各连的平均战斗力量是80人，但大部分是未经训练的补充兵，此时该营只适合用于防守。

从1942年4月11日到24日，克吕格少校在塔兰诺夫卡领导了一个训练班，训练步兵团下属的工兵。

在5月，第162工兵营被卷入了苏军在哈尔科夫附近发动的进攻，克吕格的个人档案中有关于这些战事的报告：

"在1942年5月的春季大战中，俄国人投入成百上千辆坦克，用了一切手段造成突破。我们的步兵在巨大压力下被迫缓缓后退。在5月14日，营长克吕格少校奉命带着他手下的第3连和一个配属的建筑营在新别列茨基的山丘上构筑后备阵地。他亲自担任工程指挥官，详细指导了工程，并命令第3连使用一切可用的爆炸物加紧制

作简易地雷，在他们防区内的所有桥梁上布雷。由于敌人的坦克再度突破防线，步兵不得不继续后撤。在克吕格的亲自指挥下，新别列茨基附近的铁路道口和林间空地在俄国人的坦克即将到来前完成了布雷。他观察到敌人的坦克从一棵树后开来，便批准一门处于不利位置的高射炮后撤。随后这门炮成功地在极近距离击中多辆俄国坦克，使它们在雷场前止步。在5月15日，我军必须夺回帕西基山丘上的前线阵地，克吕格少校再次带着他的工兵冲锋在前。不久以后，敌人的坦克又开始推进，他亲自带着几个工兵在我军步兵前方埋下了他们手头的最后一批地雷，从而封堵了帕西基附近的湿地、隘口和铁路道口。因为这些在最后一刻埋下的地雷，两辆T-34很快被彻底摧毁，同时还有四辆玛蒂尔达II型坦克显然因为害怕触雷而被困在雷场里进退两难。这些坦克后来被一门高射炮击毁。诚然，防线最终还是未能完全避免被坦克突破，但是关键时刻克吕格少校和他的工兵英勇无畏地使用最后的弹药在唯一可做阻击的阵地上迟滞了敌人，为部队全面转移到新的防线争取了时间。"

5月在哈尔科夫一带进行的战斗对第162工兵营来说是极其艰苦的，官兵伤亡很大。在5月11日，霍斯特·克卢普施中尉[1]（Horst Klupsch）继任营副官。同日，第1连的排长卡尔巴赫少尉（Kallbach）负伤。第二天，同属第1连的恩斯特·阿雷拉少尉[2]（Ernst Arera）阵亡。在5月14日，第2连的连长哈恩中尉（Hahn）负伤。

1942年5月19日，一支反坦克分队在第179步兵团后方击毁一辆苏军坦克，这是当天中午突破阵地的一队坦克中的最后一辆。

1942年5月25日，工兵们在塔兰诺夫卡和通向新别列茨基的道路上执行排雷任务。在帕西基

---

1. 霍斯特·克卢普施中尉，第162工兵营营部，1917年5月2日生于格洛高，其余信息不详。

2. 恩斯特·阿雷拉少尉，第162工兵营第1连，1917年3月14日生于布雷斯劳，1942年5月12日阵亡于利恰切沃火车站附近。

■ 1942年担任第162工兵营副官的霍斯特 · 克鲁普施中尉。

以南，他们用遥控引爆方式破坏了24具苏制固定式火焰喷射器，还在塔兰诺夫卡火车站的卸车站台上处理了数量异常庞大的炸药。

5月27日，在斯米耶夫以南地区侦察通向塔兰诺夫卡的道路时，克吕格遭到游击队伏击。经过一阵激烈的枪战后，游击队被击退，但营副官霍斯特 · 克卢普施中尉的右大腿被一发子弹严重击伤，克吕格本人毫发无伤，第3连的排长申克中尉继任副官。

6月1日，第162工兵营（欠第1连）转隶第297步兵师，在佩切涅基附近参加渡过布尔卢克河建立顿涅茨河桥头堡的进攻战。该营被加强给第523步兵团，提供工兵技术支援，克吕格少校领导他的工兵们一丝不苟地进行了准备。进攻原定于6月8日早晨开始，但是倾盆大雨迫使上级将进攻推迟到6月10日。第3连的工兵们借着黑暗掩护进入集结阵地，2时15分，突击队在炮火支

援下出击。在某个地段，尖兵只前进100米就遇到了雷场，于是工兵们被调到前方将雷场标出。在另一个营的地段，工兵们清除了780颗反步兵地雷和160颗反坦克地雷。在到达河岸前，他们总计排除了1000多颗各种类型的地雷。先头部队在5时进至河岸，因为进攻部队只能以排为单位过河，所以无法进行全面的准备。在10公里宽的进攻地段，由于遭到守军猛烈火力拦截，用马车前送的小型橡皮艇无法被运到岸边。由于苏军已经在对岸调遣生力军，进攻有受阻的危险。第2连连长申克少尉立刻决定把已经充好气的大型橡皮艇装上卡车，每车装3艘。卡车冒着极其猛烈的炮火开向河边。2辆卡车和6艘橡皮艇被直接命中，化为灰烬。因为第2连跟不上卡车，被甩在后面几百米的地方，所以已经到了岸边的第3连开始迅速将橡皮艇搬下车。席维军士长（Schiwy）和他的第7班最先抬起一艘大型橡皮艇，将它扔进水里，他们在5时30分开始将第一批步兵运过河。在第3连全体人员和一个步兵营过河后，第2连利用橡皮艇和木板快速组装出一座便桥。更多部队纷纷从桥上过河，渡口被建立起来了。克吕格上校身先士卒，以大无畏的勇气和缜密的思考激励工兵们冒着机枪、反坦克炮、坦克、大炮和低空飞机的火力渡河并架桥。在他的亲自指挥和建议下，他的部下以极大的干劲清除地雷。就这样，5个步兵营及其重武器在最短时间内过了河。此外，工兵们还清除了2138颗地雷、16具火焰喷射器和20颗"Geschosminen"（一种用高爆炮弹制作的简易反坦克地雷），从而创造了架设承重桥梁的条件，让3个装甲师打开了前进道路。工兵们后来满心欢喜地得知，第3装甲军军长埃伯哈德 · 冯 · 马肯森骑兵上将[1]（Eberhard von Mackensen）曾带着极大的敬意谈到了他们的营

1.埃伯哈德 · 冯 · 马肯森大将，橡叶骑士十字勋章，第3装甲军，1889年9月24日生于布龙贝格（今波兰比得哥什），1969年5月19日卒于诺尔托夫地区旧米伦多夫。

和勇敢的营长。在排雷过程中,第3连有3人死亡、18人负伤,第2连的损失是1死7伤。

在6月12日3时,第2连开始冒着苏军坦克的炮火在阿尔乔莫夫卡架设横跨格尼利察河的16吨桥梁,这座桥在9时架设完毕,随后该连转入预备队,等待新的任务。

6月14日,第62步兵师请求让其工兵营从第297步兵师归建。该营的一些人员在6月16日归建,其他人也在从安德烈耶夫卡回归的途中。当他们回到老部队时,两个班的工兵又被派往第179步兵团进行布雷和构筑工事。

从6月18日中午开始,第1连经利索维茨基开往沃尔奇雅尔,转隶第190步兵团,而第2连被卡车送至伊万诺夫卡以西1公里外的一片森林,转隶第179步兵团。6月23日9时,第3连被前调至博戈多洛夫卡,在当地的河边重建渡口。

6月24日7时,第208步兵团(第79步兵师)抵达米罗波里,发现在沃洛斯卡亚巴拉克列卡河上的桥梁已经被毁。工兵们忙于在整条进军路线上修复道路,第3连的一个排则奉命骑自行车赶往米罗波里建造一座20米长的桥。自进攻开始以来,全师的所有工兵部队,包括步兵团的工兵在内,都要处理大量的排雷工作,许多人在这种危险的任务中伤亡。

从6月27日开始,工兵们开始不断地清除地雷、固定式火焰喷射器和在指定宿营地带被遗漏的苏军散兵。一些地雷布置得非常巧妙:7月2日,在尤尔申科沃,师指挥部西北约15公里的地方,第162工兵营拆除了4个配有八信道接收机和强力装药的遥控引爆装置。前一天晚上有一个这样的遥控地雷起爆,留下了一个直径30米、深10米的弹坑。

7月29日,该工兵营报告了它对顿河沿岸状况和过河条件的侦察结果。

7月30日,B集团军群命令第162工兵营第3连调两个排雷分队到旧别利斯克,清除当地机场的地雷。但是,工兵们却没有得到供他们走完150公里路程的汽油,好在他们找到一台柴油动力的车辆,利用它赶到目的地完成了任务。

从8月初开始,第62步兵师作为第29军的一部分在顿河沿岸修筑工事并防守。苏军从8月中旬开始的猛烈攻势到8月下旬终于减弱,双方都满足于隔着顿河对峙。在8月19日,第62步兵师的防区宽度为63公里。在9月3日20时15分,第190步兵团一支加强了部分工兵的侦察分队在卡赞斯卡亚大桥下游500米处渡过顿河。这个分队的兵力为2个班,分乘3艘大型橡皮艇和2艘小型橡皮艇。他们爆破了苏军一侧河岸上一道密集的铁丝网障碍。随后在卡赞斯卡亚东南部分用火焰喷射器点着了10座房屋。苏军只是远远地用轻机枪和步枪朝他们射击。后来当这支突击队撤退时,苏军曾试图追击。最后突击队在22时渡过顿河回到己方阵地,无一人损失。

从8月1日到9月10日的5个半星期里,虽然第62步兵师驻守的防区战事较少,全师还是有32名军官和1266名士官及士兵由于战死、负伤、患病和其他原因损失。

在9月12日夜到13日晨,苏军在卡赞斯卡亚以西4公里处发起渡河作战。他们在23时、1时15分和3时15分先后三次以10艘左右的船只渡河,但均被德军用炮火粉碎,随后德军迫击炮手将苏军丢弃在河中的船只逐一击毁。次日晚上,为了报复苏军的这次袭击企图,德军也在同一地点发起进攻。由第179步兵团和第162工兵营人员组成的一支小突击队在午夜时开始渡河,3时05分时毫无伤亡地返回。他们炸毁了3处哨位,用火焰喷射器消灭了一个地堡中的人员并烧毁一挺重机枪,还缴获了成捆的宣传品。苏军此后又渡过80～100米宽的河面进行了几次小规模作战。

在9月23日,第62步兵师完成了另一次作战,这次行动开始于2时30分，两个小时后结束。战果：烧毁了巴斯基和塞金之间的11座房屋，但由于苏军机枪火力猛烈，未能渗透到巴斯基村内。与此同时，工兵们在河岸边炸毁了2个住宿用的地堡和5个机枪地堡，没有抓到俘虏。德军伤亡：2人在苏军一侧河岸阵亡，2人在渡河时受轻伤。

对工兵来说这些袭击只是偶尔为之，他们的主要任务是修筑冬季防御阵地，沿前线布设连续的铁丝网障碍，并在后方纵深设置备用阵地。9月27日，他们还奉命挖掘了一条宽4米、深1.5米的反坦克壕（某些地方深2.5米，形成坦克陷阱）。当地平民提供了协助。

师部下令每周至少实施一次小规模的突击队作战。在多次这样的小规模作战得手后，第29军的军长下令以营级兵力实施一次深入苏军防御纵深的大规模袭击。第一次这样的袭击发生在9月27日夜到28日晨，两个连（一个来自第162工兵营，另一个来自第179步兵团第3营）于18时55分在卡赞斯卡亚以东渡过顿河。他们突入了苏军防御纵深，在某些地方击溃敌人的顽强抵抗，迫使后者落荒而逃。俘虏人数：1名军官和8名士兵，找到5具苏军的尸体。战利品：1挺重机枪、1门迫击炮、1支反坦克枪。摧毁武器：用炸药炸毁2门步兵炮、1门反坦克炮，用拆除炮闩的方式破坏1门步兵炮。炸毁苏军设施：11个掩蔽部、18个住宿用地堡。炸毁其他建筑：150座房屋，其中9座装满炮弹。突击队在21时30分冒着苏军的猛烈炮火返回。伤亡：1人负伤。

军长对结果感到满意，下令再搞一次作战。第62步兵师提出了3个方案，每个步兵团各一个。第190步兵团建议使用3个加强连袭击克拉斯诺亚尔斯基，克吕格少校表示，对于这样的作战他需

要动用一个工兵连支援战斗，两个工兵排操作渡河船只。这次大规模的"战斗侦察"被安排在10月初进行。10月1日，第62步兵师得知第22装甲师已经按军部的命令提供了15艘大型橡皮艇和15艘小型橡皮艇供第183步兵团用于袭击，克吕格少校奉命安排人员到库捷伊尼科夫接船。意大利第8集团军也答应提供3艘冲锋舟。这些船在10月4日随意大利船员一起抵达第62步兵师，而且比原计划的3艘还多了1艘。10月8日，师部命令将巴兰斯基中尉的第162工兵营第2连配属第183步兵团，用于次日的大规模渡河作战。

加强后的第183团第2营在14时开始行动。他们的目标是将巴斯基和塞金的守军赶走，将这两个村子烧成白地，抓一些俘虏并摧毁顿河沿岸的掩蔽部。第29军军长汉斯·冯·奥布斯特费尔德步兵上将[1]（Hans von Obstfelder）、第62步兵师师长里夏德-海因里希·冯·罗伊斯少将[2]（Richard-Heinrich von Reuss）和意大利"都灵"师的一名参谋军官在后方观察这次行动，参战部队每隔一段时间就报告最新战况。

第一份报告在15时05分传来："部队进至塞金西侧边缘和巴斯基东北边缘。俘虏12人，我方有10人负伤。"第二份报告在15时35分传来："已穿越塞金和巴斯基，两个村子都在燃烧，敌军抵抗几可忽略。20人负伤，2艘冲锋舟和6艘大型橡皮艇被敌火力击毁。"

渡河过程相当困难。虽然进行了猛烈的炮火准备，但河岸上一个未被发现的地堡从侧翼对船只开火射击，因此有2艘冲锋舟和6艘大型橡皮艇被打坏。

第三份报告在16时45分传来："受到敌人越来越大的压力，我军正在从塞金和巴斯基后撤。

1. 汉斯·冯·奥布斯特费尔德步兵上将，双剑橡叶骑士十字勋章，金质德意志十字奖章，第29军，1886年9月6日生于施泰因巴赫-哈伦贝格，1976年12月20日卒于卡塞尔。

2. 里夏德-海因里希·冯·罗伊斯少将，骑士十字勋章，第62步兵师，1896年11月23日生于布龙贝格，1942年12月22日阵亡于新阿斯塔绍夫附近。

敌人从后方调来了预备队，他们的大炮在开火后受到我方大炮的压制。"第四份报告在17时25分传来："第183步兵团第6连和第7连在渡口建立了半径500米的桥头堡，敌人从塞金和巴斯基向我军进攻，部队已经开始向我方河岸回撤，掩护侧翼的自行车连有29人负伤。"第五份报告在18时15分传来："正在运送伤员和第183团第7连过河，目前敌人的压力很小。"第六份报告在19时30分传来："部队已全部渡河返回，俘虏约25人，我方伤亡很严重。"

初步的伤亡统计在21时45分上报：15人死亡，92人负伤（包括2名军官，其中一人就是巴兰斯基中尉），15人失踪（后来查明有5个原先被报为失踪的人是在伤员队伍里，因此失踪人数减为10人）。大部分伤亡不是发生在渡河和回撤过程中，而是发生在两个村子里，突击队在那里与苏军快速部署的预备队发生了激烈的巷战。此外，意大利船员也有1人死亡，4人负伤。突击队共带回45名俘虏，其中有些是重伤员。他们还炸毁2挺重机枪，缴获2挺轻机枪。经此战后，第62步兵师确定自己当面没有出现新的苏军部队。

为了与大规模袭击战进行对比，第190步兵团也在克拉斯诺亚尔斯克附近用一个包括工兵在内的加强连渡过顿河实施了作战。他们仅以4人负伤的代价摧毁了17个碉堡（其中一些有人把守）、2个住宿用的地堡、1艘划艇、1艘橡皮艇、1挺轻机枪、2挺重机枪，缴获1挺轻机枪，并估计打死25名苏军。

两次作战的鲜明对比证明：在夜间进行的小规模袭击战可以取得和大规模袭击一样的战果，伤亡代价却要少得多。在这一经验指导下，部队决定在10月25日再实施一次作战。计划很简单：渡过顿河发动奇袭，突击并暂时占领两个村庄，摧毁尽可能多的地堡和据点，然后带着所有俘虏渡河回撤。

晴朗的白天过后是寒冷的夜晚。在19时，第183步兵团发起渡河突袭，一支兵力为6个班的突击队在加强了3个工兵爆破班后，分乘3艘大型橡皮艇和2艘小型橡皮艇在波德戈尔斯基以东渡过顿河。支援他们的是1个重炮连和2个轻炮连，还有2个轻步兵炮排，另有1门轻型反坦克炮和2挺重机枪架设在渡口提供抵近火力支援。这次作战取得了全胜：15个掩蔽部被炸毁，清点出的苏军尸体有15具，德方的伤亡仅为4人负伤。

在10月26日，有一个工兵连长训练班预定在库尔斯克开课，第62步兵师可以派一人参加，但是由于工兵营中军官短缺，只好从正在构筑工事的人员中抽调。

在调往斯大林格勒的几个星期前，第162工兵营不幸失去了两位经验丰富的连长，但他们不是在对敌作战中伤亡，而是高升了。长期担任第3连连长的汉斯·吉特上尉被调到第29军的参谋部，负责有关意大利军队的工程技术事务。他从1940年8月起指挥第3连，在第162工兵营工作的时间则更长。早在该营成立时，他就是第2连的一名排长，在夺去许多人生命的强渡索姆河战斗过后，他在1940年6月6日临时代理该连的连长。从6月13日到7月31日，他当了6个星期的营副官，随后被迅速提拔为第3连的连长。在这个岗位上干了两年多以后，吉特能叫出自己连里每个人的名字，但是在接到开赴斯大林格勒的命令几天前，他被调离了。接替他的是当时任营副官的阿尔方斯·申克中尉，此人年龄与吉特相仿，但是大家都认为他的胆子比后者大得多。自从1941年越过苏联边境以来，各种胆大包天的行动就是他的招牌，他原先排里的人都对他一直没受重伤感到惊讶，所有人都认为提拔他当第3连的连长是公平的奖励。

第二个离开的老连长是第1连的蒙茨上尉，他被调回了德国，继任者是在该连服役时间较短

■ 第162工兵营的库尔特·巴尔特少尉在1941年时的留影。

的库尔特·巴尔特中尉。两年前,巴尔特还是第29工兵营的一名军士长,但一条允许长期服役的士官快速晋升的规定将他推入了军官行列,最终使他获得中尉军衔。和克吕格少校一样,他从部下那里得到的信任要比科班出身的军官多一点,因为他曾是"他们中的一员"。曾经和他一起在第29工兵营第3连服役的埃里希·屈勒连军士长(Erich Kühle)这样回忆他:

"库尔特·巴尔特是个职业士官,战前在我的第3连服役,最初是上士,后来成为军士长。他是第1排的排长,并兼任教官。他的年纪比我小,却比我更老成,这是因为在战争爆发前他上过陆军的技校,还通过了技术、行政或后勤方面的中高级公务员的最终考试……"

对一个士兵来说做这样的选择并不奇怪。作为一个"Zwölfender"[1],巴尔特在军中服役已满

12年,而1919~1935年的魏玛国防军对他这样的人员提供的福利之一就是在服役期间的公务员培训。更诱人的选择之一是去上政府官员的培训学校,许多老兵就是通过这种途径以文职行政长官身份重返军队的。但是,1939年9月战争爆发,意味着军队需要将许多经验丰富的退伍兵重新征召入伍,让他们从军作战而不是担任文职行政长官。这就是库尔特·巴尔特遇到的情况,大扩军运动使他被提拔为中尉。在"巴巴罗萨"行动期间,他曾在第627工兵营指挥一个排,1942年5月10日被调到第162工兵营。33岁的巴尔特曾经在该营担任排长,但他的表现最终为他赢得了第1连的连长一职。在赶赴斯大林格勒时,他已经从军16年了。

还有一个连——第2连的连长是阿图尔·巴兰斯基中尉。3个星期前他在那次渡过顿河发动的突击队作战中挂了彩,此时还缠着绷带。尽管如此,他却决不愿把自己的部下交给别的连长来带。因此他不顾自己伤势未愈,带着他的连去了斯大林格勒。

这些人全都听命于克吕格。他指挥这个营已有一年多,赢得了全营官兵的绝对信任。他曾经当过多年的士官,这一事实给他的部下注入了许多信心,因为他们知道他的想法和广大普通士兵是相同的。他的勇敢是无可非议的:克吕格少校从来都不是那种躲在后方发号施令的人,而他手下的连排长们也深受这种精神的感染。

11月1日午夜前后,第62步兵师的师部接到意大利第8集团军德国顾问的首席参谋发来的命令,要求第162工兵营在11月2日12时前做好陆运或空运的准备,该师的参谋们推测这个营将被用于斯大林格勒。如此一来,前一天派第2连去"都灵"师构筑防御阵地的决定就变成了一纸空文。抽调工兵肯定会给阵地建设进度造成负面影响,

1.Zwölfender 是指在 1919~1935 年间在魏玛国防军中服役满12年的士兵。

尤其是急需修建的二线阵地。该师在战争日记中有如下记载：

"抽调工兵营将导致阵地的后续施工陷入严重困境，除非在每个团的防区至少留下数人指导步兵。因此，我师命令该营在每个防区至少留下两到三人。此外，第29军军长还要求从留在军防区的工兵营抽调一个连。"

克吕格少校和他的营在11月3日一早开始了前往卡拉奇的长途行军，营部和第3连有自备的车辆，但两个徒步连只能临时靠一个意大利车队行军，每个工兵连都带上了自己的野战厨房。该营用了将近两天时间才抵达目的地，其中主力是11月4日到达卡拉奇的，余部则在次日抵达。该

营的就餐人数是8名军官、45名士官和384名士兵，共计437人。其战斗力量是7名军官、31名士官和281名士兵，装备有27挺轻机枪和6具火焰喷射器。

与调往斯大林格勒的另几个工兵营相比，第162工兵营有一个显著的优势：因为大部分官兵来自上西里西亚，所以许多人会讲西里西亚语（一种波兰方言）以及波兰语，因而也能听懂俄语并用其交流，毕竟这几种语言都是相差无几的斯拉夫语言。在抓到俘虏以后，他们能够与俘虏对话，获得能立即用于眼前战局的情报，而不必像其他大多数部队那样把俘虏送到上级指挥部，让专业翻译来审问。

第294工兵营

和第162工兵营一样，这个营在被派往斯大林格勒之前也花了好几个月在顿河沿岸修筑防御阵地。它的3个连经常被配属到第294步兵师的各步兵团，以帮助建造地堡、布设雷场和架设铁丝网，他们的一个重要工作就是砍伐草木以扫清射界。命令明确要求把顿河沿岸的防线修得坚不可摧，因为有大片地段是由仆从国军队把守的，也就是匈牙利人、罗马尼亚人和意大利人，如此要求的意义不言而喻。

第294工兵营是1940年2月6日在第4军区的魏森费尔斯组建的。该营的第3连原是第227步兵师第328步兵团第15连，但有许多军官和士兵来自同样驻扎在魏森费尔斯的第14工兵营。营长是卡尔·巴克少校[1]（Karl Back），原为第4工兵营第2连连长，副官是奥托－威廉·海因策少尉[2]（Otto–Wilhelm Heinze），他原是第4

■德军第294工兵营营徽

装甲工兵营的一名年轻排长，几次和酗酒有关的事件给他的履历留下了一些污点。第3连的连长是黑克曼上尉（Heckmann），第2连的连长是比泽菲尔德上尉（Büsefeld），但后者只是在组建过程中领导该连，2月23日，海因里希·布克施中尉[3]（Heinrich Bucksch）就从他手中接管了该连。

第294工兵营在法兰西之战中所起的作用很小，其活动基本上仅限于架桥，偶尔穿插一些战斗。它在法国经拉昂行军至兰斯、特鲁瓦，随后继续南下至克拉姆西。有几个人获得了勋章，其中布克施和海因策双双获得二级铁十字勋章。

1. 卡尔·巴克少校，第294工兵营，1906年4月15日生于菲恩海姆/黑森，卒年不详。

2. 奥托－威廉·海因策上尉，第294工兵营营部，1918年12月12日生于诺特海姆，1983年5月25日卒于奥斯纳布吕克。

3. 海因里希·布克施少校，第294工兵营第2连，1913年7月28日生于夏洛滕霍夫，其余信息不详。

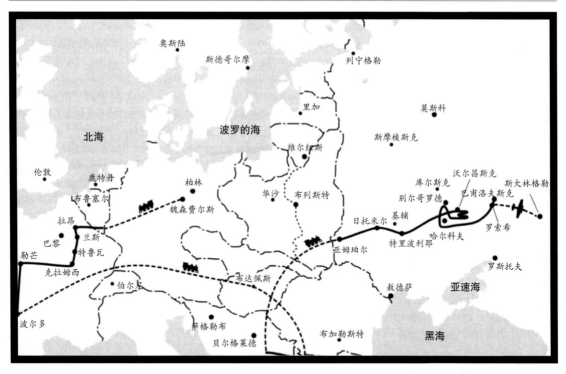

■ 1939年至1942年间，德军第294工兵营的征战历程。该营曾参加了西欧战役和巴尔干战役。

1940年6月，该营作为第9军的一部分驻扎在比利时。就在这里，当1940年6月27日的午夜来临时，布克施中尉的职业生涯差一点终止。当时布克施与手下的排长和高级士官一起饮酒作乐，据说他在酒精造成的欢快气氛下，把希特勒的副手鲁道夫·赫斯（Rudolf Hess）称作"猴子屁股"。在场的某个士官是忠诚的纳粹党员，因为布克施没有批准他晋升而心怀不满，便悄悄告发了此事。后来经过一番详细的调查，布克施本人详细叙述事件经过（他断然否认自己说过那些话），并得到其他在场军官证明后，这场风波才告平息。军队需要布克施这样的军官，在1939年10月，瓦尔特·莫德尔[1]（Walter Model）曾称赞他是"非常勇敢、可靠的军官"，是"需要密切关注，将来很有希望进入总参谋部"的军官，这样的嘉许无疑帮助布克施摆脱了困境。

第294工兵营在7月的上半月向英吉利海峡沿岸进发，7月14日抵达勒芒，三天后抵达其营地。从8月28日到9月7日，第294步兵师与第6步兵师交换了阵地，包括工兵营在内的前者此后负责警戒法国被占领部分与未被占领部分的分界线。在1940年10月15日，第294工兵营将其第1连交给第304工兵营，随后利用自身的后备力量重建了第1连。12月1日，第294步兵师开始撤出分界线上的阵地，然后行军至波尔多附近第6军的新营地，在那里一直住到次年3月。

从1941年3月7日起，该营开赴保加利亚，在3月21日至25日抵达目的地。此时它隶属于第11军，用于对南斯拉夫作战。进攻在4月6日打响，该营在两天后越过边境参战，直到南斯拉夫于4月17日宣告投降，伤亡很轻微，营里许多士兵因为表现英勇而获得保加利亚人的勋章。第294步兵师随后作为占领军的一部分，在南斯拉夫一直驻扎到"巴巴罗萨"行动打得热火朝天为止。它在6月27日离开南斯拉夫前往苏联，作为陆军总司令部的预备队在亚姆珀尔度过了7月的上半月。随后该

1. 瓦尔特·莫德尔元帅，钻石双剑橡叶骑士十字勋章，第4军参谋长，1891年1月24日生于根廷，1945年4月21日自尽于鲁尔包围圈中。

师开赴前线,第一次领教了东线战争的残酷。该师在罗马尼亚第4集团军编成内参与进攻,经日托米尔和法斯托夫一路打到第聂伯河边,在8月25日占领特里波利耶。在苏联第一个月的战斗使第294工兵营的37人获得二级铁十字勋章,1人获得二级铁十字勋章勋饰——营部的鲁道夫·奥托中尉(Rudolf Otto),3人获得一级铁十字勋章——第2连的布克施中尉和京特·乌利希下士[1](Günter Uhlig),以及第1连的格哈德·波尔中尉。在特里波利耶,他们击退了苏军多次强大的反击。工兵们经常需要在进攻中建立渡口、排除地雷和清除顽固的抵抗据点。在特里波利耶渡过第聂伯河建立桥头堡后,他们为了守住这个不牢靠的立足点而拼尽了全力。苏军对这些前沿阵地发动了一次次猛攻。工兵们在一线拼命加固阵地,并参与局部反击。波尔中尉的第1连和布克施中尉的第2连首当其冲。激战持续了近3个星期,直到包围苏军的铁钳在基辅北面合拢为止。这一天是9月16日,苏联西南方面军遭到灭顶之灾,约660000人陷入重围。在9月17日,第294步兵师主力与同属第34军的第132步兵师一起渡过第聂伯河突破苏军阵地。激战两天后,第294步兵师扩大了突破口,进至叶尔科夫斯基。9月份的战斗使第294工兵营有21人获得二级铁十字勋章,3人获得一级铁十字勋章——营副官海因策少尉、第3连的排长卡尔-赫尔曼·乌费尔少尉[2](Karl-Hermann Ufer)和第2连的沃尔夫冈·克雷奇马尔上士(Wolfgang Kretzschmar)获得一级铁十字勋章,巴克少校则在10月初获得一级铁十字勋章。

在10月7日上午发起的新攻势中,第294步兵师在博尔里附近的梅尔利河西岸轻松突破苏军尚不完整的防线,向东一路推进,工兵在突破过程中发挥了至关重要的作用。10月17日上午,空军轰炸了苏军部队,地面部队攻势再起。第294步兵师与友军齐头并进,当天晚上即攻破苏军两个步兵师接合部的防线。随后德军部队继续在哈尔科夫西北方和南方攻城掠地,强渡江河,企图包围这座大城市。10月20日,第3连连长维克托·皮奥塞克中尉[3](Viktor Piossek)在米罗诺夫卡以南2公里处阵亡。卡尔-海因茨·乌费尔少尉继任连长。到了10月底,德军已经跃进到顿涅茨河边,把哈尔科夫远远甩在后面。随后第294步兵师在鲁别日诺耶以南渡过该河。10月的战斗使第294工兵营有21人获得二级铁十字勋章,他们全部来自第3连。属于第3连的瓦尔特·朗格下士(Walter Lange)获得一级铁十字勋章。11月9日,该师遭到苏军反击,经过三天战斗后,被迫从沃尔昌斯克后撤15～20公里。工兵们顾不上喘息,沿着顿涅茨河建立起警戒防线,随后冬季战斗便开始了。

在1941年11月,第2连连长布克施上尉开始走上总参谋部军官培训之路,被先后派往多支不同部队任职。他从1941年11月12日到12月19日在第294炮兵团工作,但是由于前线发生危机又被调回第2连。最终他在1942年2月底离开他的连,直到斯大林格勒战役时才与老部下再次相见,当时他已转到第36装甲团。

11月24日,第294工兵营的官兵攻打了格尼卢什卡和波尔纳亚。大部分战斗都是击退苏军侦察分队的频繁进攻和突击队作战。在12月5日、13日和27日,部队还击退了苏军几次较大规模的进攻。在12月14日,第294步兵师发动突袭,将苏军向东击退。虽然整个冬天都是冰天雪地,气温曾降至零下45度,但战事一直没有停止。老兵

1. 京特·乌利希上士,第294工兵营第2连,1915年1月8日生于普劳恩,1942年2月10日阵亡于鲁别日诺耶附近。

2. 卡尔-赫尔曼·乌费尔上尉,第294工兵营第3连,1905年11月17日生于维尔恩斯多夫,1942年3月8日阵亡于瓦尔瓦罗夫卡。

3. 维克托·皮奥塞克中尉,第294工兵营第3连,1914年7月25日生于希特勒西-奥珀伦,1941年10月20日阵亡于米罗诺夫卡附近。

们都很难忘记1941-1942年的冬天。

从1942年元旦开始，第294工兵营在别尔哥罗德地区防守。1月2日，苏军通过反复进攻突破了第294步兵师的阵地，但是该师通过反击将苏军赶了回去，还改善了自身阵地的态势。第294工兵营第一个在东线获得一级铁十字勋章的士官——第2连的京特·乌利希下士在2月10日阵亡。3月7日，苏军对第294步兵师和南面的其他部队发起进攻。部署在第294步兵师北面的第79步兵师帮助稳定了右翼的局势。在下一个月，工兵营被拆分后配属到多支部队。在大比布卡和伊兹比茨科耶地带的战斗一直持续到3月12日，部队损失很大：在2月因为作战英勇而晋升为中尉的第3连连长卡尔-海因茨·乌费尔中尉在3月8日阵亡于瓦尔瓦罗夫卡附近，他手下的一名排长——卡尔海因茨·哈斯佩尔少尉（Karlheinz Haasper）也在同日负伤。这个连的士官和士兵也伤亡惨重：3月8日的死者包括费迪南德·路德维希二等兵[1]（Ferdinand Ludewig）、彼得·格茨一等兵[2]（Peter Götz）和赫伯特·齐克勒列兵[3]（Herbert Zickler），而排长马丁·伊斯拉埃尔上士[4]（Martin Israel）在前一天阵亡。第3连继任连长的是维尔纳·格勒中尉[5]（Werner Göhler）。在3月10日，第294工兵营又遭打击，营助理军医米勒医务军士长（Müller）负伤。随后，在3月13日到19日，该营官兵又参与了佩茨沙诺耶、聂波克利塔亚和佩列莫加一带的战斗。

3月23日，一个工兵排被调到第79步兵师的

■ 第294工兵营第3连连长维尔纳·格勒中尉。

沃尔夫[6]战斗群（Kampfgruppe Wolf），专门执行与工程有关的任务。次日，第3连的新连长格勒中尉在战斗中负伤，但是部下无法将他从火线上抢救下来，因此他被宣布为失踪。3月25日，该营的官兵攻击了费多罗夫卡和阿尔古诺夫斯基。

3月30日，该营奉命立即从第2连抽调2名士官和15名士兵，携带工兵器材赶往沙雷·德·博利厄[7]战斗群（Kampfgruppe Chales de Beaulieu）执行阻击任务。德·博利厄的战斗群需要在一片林木丛生的坡地上构筑障碍，但是他们严重缺乏工兵，第294工兵营的工兵赶到目的地后就立即开始了工作。

---

1. 费迪南德·路德维希二等兵，第294工兵营第3连，1919年3月20日生于菲茨，1942年3月8日阵亡于瓦尔瓦罗夫卡。

2. 彼得·格茨一等兵，第294工兵营第3连，1917年3月5日生于魏特斯伯恩，1942年3月8日阵亡于瓦尔瓦罗夫卡。

3. 赫伯特·齐克勒列兵，第294工兵营第3连，1912年12月2日生于阔伦，1942年3月8日阵亡于瓦尔瓦罗夫卡。

4. 马丁·伊斯拉埃尔上士，第294工兵营第3连，1913年7月5日生于申巴赫，1942年3月7日阵亡于鲁别日诺耶。

5. 维尔纳·格勒中尉，第294工兵营第3连，1909年1月26日生于汉诺威，1942年3月24日失踪于瓦尔瓦罗夫卡附近。

6. 里夏德·沃尔夫上校（Richard Wolf），骑士十字勋章，金质德意志十字奖章，第208步兵团，1894年3月18日生于锡门，1972年5月9日卒于维尔茨堡。

7. 瓦尔特·沙雷·德·博利厄中将（Walter Chales de Beaulieu），金质德意志十字奖章，第394装甲掷弹兵团，1898年6月14日生于萨尔费尔德，1974年8月26日卒。

第294步兵师师长对自己的部队被拆散使用感到十分不满。3月31日，他向军长诉苦说，第294工兵营的整个第3连已被抽调到位于捷尔诺瓦亚的第3装甲师，第1连被调到斯塔里察的第79步兵师，而第2连的一个排又刚刚被抽调到德·博利厄战斗群。他强烈请求至少让第294工兵营第3连立即归建，因为第3装甲师本来就有自己的工兵营，第294步兵师凭着一点残存的工兵单位，实在无法成功进行积极的作战。在3月29日，第294工兵营有204人：营部有4名军官、7名士官和19名士兵，共计30人；第2连有1名军官、16名士官和96名士兵，共计113人；轻装工兵分队有1名军官、5名士官和55名士兵，共计61人。该营的大多数战斗人员都配属到了其他师。

在3月底，第3装甲师开始交还第294步兵师的部队。4月里，随着战局趋于稳定，其他单位也陆续归建。在4月9日，沙雷·德·博利厄战斗群的那个工兵排奉命回到驻扎在聂波克利塔亚的第294工兵营。4月28日，由于得到了第71步兵师的若干部队，第79步兵师的奥洛克[1]战斗群（Kampfgruppe Aulock）将其所辖的第294步兵师的许多单位悉数放还，其中就包括第294工兵营第1连的部分人员和第3连的全体官兵。在5月3日，随着第1连的其余120人回到第294工兵营，该营终于又归于完整了。

在这些单位离开时，营里曾发生过一些重大的人事变动。营长巴克少校由于患上严重的肝病，在4月初被送到马格德堡的一家医院。这场大病使他在医院里一呆就是近4个月，体重减了25公斤。虚弱的身体和长期的病痛折磨意味着他再也不能指挥战斗部队了，在战争的余下时间里，他一直在本土指挥一个补充营。巴克的营长

职务由新来的弗里茨·施瓦特纳上尉[2]（Fritz Schwartner）继任。施瓦特纳原本是从奥地利第80工兵营（第44步兵师）调到第294工兵营任连长的，但由于另两个连长的军衔只是中尉，施瓦特纳便在巴克少校离开时接管了该营。4月17日，这位新任营长到师部参加了一次会议，会上讨论了在全师防区内构筑阵地的各种事宜。

在4月22日2时，一个工兵班帮助温克勒战斗群（Kampfgruppe Winkler）实施了"洪水"行动，行动目标是拔掉巴布卡河西岸尚存的苏军据点。工兵突击队出其不意地沿聂波克利塔亚－费多罗夫卡公路快速插至巴布卡桥，在3时20分用120公斤炸药将这座桥炸上天。几个步兵排也成功突袭苏军，将他们赶出了阵地。在4时，行动宣告结束：部队抓到53名俘虏，并清点出20具尸体。兵力达120人的苏联守军就这样被消灭了，德方的伤亡仅为3人负伤。

在哈尔科夫补充并重整后，第294工兵营的第1连和第3连在5月11日被调到聂波克利塔亚和佩列莫加的宿营地。第二天，几队苏军坦克在7时开始进攻，苏军这次大规模进攻的目的是分割歼灭哈尔科夫附近的德军，一些部队患上了坦克恐惧症。刚刚经过重组的两个工兵连一到营地就接到战斗警报，简直不敢相信自己的运气会这么糟，其中一个连被立即划给温克勒战斗群，这时他们左翼的一些德军已经开始后撤。7时05分，苏军的六辆坦克就在那里突破了德军防线。工兵连匆忙赶过去堵住缺口，但是此后另一些步兵部队也开始撤退。当两辆苏军坦克在聂波克利塔亚以南突破阵地冲向风车山时，坦克恐惧症再度蔓延开来。为了遏制这次突破，另一个工兵连被调往南方。部队不得不把压制火炮当作反坦克炮使

---

1. 安德烈亚斯·冯·奥洛克上校（Andreas von Aulock），橡叶骑士十字勋章，金质德意志十字奖章，第226步兵团，1893年3月23日生于上西里西亚的科赫尔斯多夫，1968年6月23日卒于威斯巴登。

2. 弗里茨·施瓦特纳上尉，第294工兵营，1913年10月7日生，1943年7月5日阵亡于奥廖尔以南的亚历山德罗夫卡。

用。到了11时，聂波克利塔亚和佩茨沙诺耶的局势已经岌岌可危，德军据点遭到苏军坦克的直瞄射击，却没有反坦克武器可用。13时40分，聂波克利塔亚的部队弹药耗尽，只得炸毁大炮并后撤。施瓦特纳上尉呆在该镇最西头的房子里，他在13时50分报告说苏军已经占领大半个镇子。15时17分，施瓦特纳上尉从聂波克利塔亚西部做了最后一次报告，他再也顶不住苏军的猛攻，带着剩下的部队退进一片树林。按照施瓦特纳的报告，聂波克利塔亚镇内的德军已经全部撤离，但是在15时45分，温克勒上校（第514步兵团的团长）却从聂波克利塔亚西部发出了报告。他聚集了一些步兵、炮兵和工兵，打算用这些微薄的兵力建立一道阻击阵地。聂波克利塔亚一带的战斗激烈异常，德军全天发动了三次局部反击。苏军在这里的进展与其他地段相比非常小。这一天，第294工兵营的第3连的排长阿道夫·赫纳少尉（Adolf Hörner）负伤。

为了确保有一支小规模的预备队可用，施瓦特纳奉命在夜里把已经在库托佐夫卡收拢的零散人员（包括散兵游勇和碰巧位于当地的小部队）集中到伏龙芝集体农庄，将他们组织成一支有战斗力的部队。在5月14日8时，苏军的压力迫使维塞洛耶的弱小守军撤至利普齐，但是在该城东北方也出现了苏军活动的迹象。在这种情况下，集中在伏龙芝集体农庄并由施瓦特纳指挥的战斗群接到警报，遂开往齐尔库尼，他们被用于控制通向北方的道路。5月15日，第2连的连长舍雷尔少尉（Scheerer）负伤。

5月17日深夜，第294工兵营一部配属于齐默尔曼[1]战斗群（Kampfgruppe Zimmermann，第3装甲师的第3步兵团）。5月18日，长期担任营副官的奥托－威廉·海因策中尉（Otto-

■ 第294工兵营副官奥托－威廉·海因策中尉。

Wilhelm Heinze）身受重伤，背部、大腿、小腿和后脑勺都挨了弹片，他的背部留下了不计其数的凹陷伤疤，许多弹片直到他去世都没有取出。5月20日，苏军对210.0高地的一次攻击迫使防守该处的宪兵部队左翼在打光弹药后撤退，成百上千的苏军士兵突破了前线。第294工兵营立即组织反击，经过苦战拖住了苏军并封闭了突破口。第2连的两个排长——京特·潘策尔少尉（Günther Panzer）和沃尔夫少尉（Wolff）双双负伤。14时30分，宪兵从高地撤出，其阵地由第294工兵营接管，高地最终被守住了。在其后的四天里，突破防线的苏军遭到德军反击部队夹击，到5月24日日终时被成功合围。苏军侧翼在德军不断增强的压力下终于崩溃。第294工兵营接到了加固阵地和架设障碍的命令。第二天，苏军第一次进行大规模的突围尝试，但是所有进攻都被粉碎。4天后，包围圈内尘埃落定，207000名苏

---

1. 赫尔曼·齐默尔曼上校（Hermann Zimmermann），骑士十字勋章，金质德意志十字奖章，第394步兵团，1897年11月18日生，1978年1月11日卒。

军非死即俘，他们的大批装甲车辆也被缴获或击毁。德军的总损失为20000人左右。苏军的这次进攻成为彻底的溃败。战役结束后，配属第71步兵师的第294工兵营部队在6月4日早晨归建。

为了加强防御，新任师长约翰内斯·布洛克上校（Johannes Block）在6月6日命令各步兵团和工兵营利用缴获的苏制武器增强火力：每个连至少装备8挺轻机枪，每个连的地段至少部署1支反坦克枪，尽量利用苏制76.2毫米火炮来反坦克。在这个命令下达前的6月1日，第294工兵营有22挺轻机枪。在6月11日，它有31挺轻机枪（包括德制和苏制）、2挺苏制重机枪、9支重型反坦克枪（28毫米）和6支苏制反坦克枪。到了6月21日，该营拥有23挺德制机枪、14挺苏制轻机枪、2挺苏制重机枪、5支重型反坦克枪（28毫米）、11门轻型迫击炮（50毫米）和8支苏制反坦克枪。除了利用缴获的苏军武器加强火力，该营还建立了一个"战俘工兵连"，人员招募自新近被俘的大批训练水平低下的苏军动员兵。

6月对该营来说是安宁的一个月，他们在平静的防御地段防守，任务无非是修建桥梁、构筑工事和偶尔的侦察巡逻。在6月19日夜到20日晨，为了在某个地段建设防线，工兵们用炸药爆破了米哈伊洛夫卡附近布留克河上的铁路桥以及另几座小桥。部队的损失非常少，整个第294步兵师在6月5日到20日的伤亡仅为146人。

"蓝色"行动在6月28日开始，但是第294步兵师直到7月2日才参战。工兵营被配属到第514步兵团，但是起初未遇苏军抵抗，因此该营又被召回担任师预备队。到了下午，苏军抵抗强度增加，第514步兵团在22时30分请求工兵支援。因为从下午起就联系不上工兵营营部，所以正在格里戈利耶夫卡架桥的工兵营第3连被临时调到前方。第二天早晨，该连支援了一个步兵营的作战，通过反击夺回195.0高地。在7时30分，通过传令

兵与第294工兵营营部重新建立了联系。11时05分，第51军命令将该营拨给第79步兵师，帮助他们在奥斯克尔河上架桥。这个任务持续了几天，最后该营在7月6日7时20分回到第294步兵师。7月8日，第294步兵师被划为第6集团军的直属预备队，在战线后方执行任务。7月12日，工兵们在尼古拉耶夫卡西南的一片森林里清剿苏军散兵，但只找到几个穿便衣的人。还有一些工兵被派到洛谢夫清扫已被标定的雷场，他们找到10颗6公斤的木壳地雷，还在一个伪装成公墓的仓库里找到53发连着电动引爆装置的迫击炮弹。7月16日，该营从科诺托波夫卡铁路桥上起出了24颗地雷，但是铁轨上仍有一些地雷没被发现。在前方部队推进后，他们又执行了针对散兵和游击队的各种小规模清剿行动。

1942年7月15日，营长施瓦特纳被调回德国。直接从附近的第60工兵营调来的新营长是老成持重、经验丰富的威廉·魏曼上尉，他是该营自年初以来的第三任营长。作为被派往斯大林格勒的工兵营长中最年长的一位，47岁的魏曼在第一次世界大战中见识和熬过了可怕的堑壕战岁月，他在那次战争中获得的二级和一级铁十字勋章也证明了他在年轻时曾英勇作战。在四分之一个世纪过后，他拥有了成熟的职业军人的头脑，乐于让年轻军官带着部队冲锋陷阵，而自己留在后面指挥。他并不缺乏勇气，只是他知道自己最擅长的是研究策略和提出战术建议。他的营此时部署在平静的地段，苏军只是偶尔来骚扰一下，因此魏曼自从接管第294工兵营以后就不曾遭遇危险。不过他还是明白在前线以身犯险是愚蠢之举，更何况部队很快就需要他提供关于突击队战术和攻坚战法的知识，包括他在上次大战中获得的实际经验。

7月23日，第294步兵师接到了保护顿河沿岸的命令。第二天，工兵营的全体人马在7时30

分赶到萨格列巴罗夫卡。第294步兵师的防区很大，从克拉斯诺罗夫卡一直延伸到新卡利特瓦，长达75公里，而且这片地区的河岸被许多冲沟切割成小段，岸边长满芦苇和灌木。这使得苏军可以在夜间神不知鬼不觉地渗透到南岸。不仅如此，顿河的某些河段水很浅，有几处浅滩不需要船只就可徒涉。于是师部决定只在一些有利的位置用少量人员建立监听站和观察所，主力留在后方的坚固阵地中，随时准备通过反击将苏军赶下顿河。

7月27日，工兵营在佩列什切普尼建立了新的指挥所。第二天，该营向第514和515步兵团各派出一个工兵连。7月31日，苏军突击队利用熟悉地形的优势偷袭了德军部队。在杰列索夫卡附近，由于林木太茂密，对河道的观察条件极差，驻防的几个连凭自身单薄的兵力根本无法防守河岸本身，因此他们请求工兵营派一个连在林地以南一道低矮的山脊上布设雷场和铁丝网，以防苏军包围德方控制的村庄。

8月4日4时30分，工兵营的第2连和第3连参与了清扫奥谢特洛夫卡附近顿河弯曲部的进攻。部队进展顺利，但是苏军在某些地方进行了顽强抵抗。到13时任务宣告完成，俘虏了166人，缴获大批重机枪和迫击炮，还找到58具苏军的尸体。为了守住这片新占的阵地，不得不动用两个工兵连，而它们先前是该师仅有的预备队。该地一个步兵营警戒北面，两个工兵连分别在左右两翼警戒东北面和西北面。

8月14日，第294步兵师奉命在其防守的顿河沿岸构筑防线。工兵营负责制作漂雷和纵火浮筏来封锁河道。他们还从预定在冬天报废的车辆上拆下大灯架在河边，以解决河道的照明问题[1]。在8月18日，工兵营向每个步兵团各提供一个连来支援阵地建设。工兵们被优先部署到经验表明易遭苏军攻击的地段，例如德军一侧的冲沟、村庄和河边树林。繁重的工作日复一日，持续了一个多月，下面是从8月18日开始的一些典型案例：

第1连在第515步兵团地段的高地上修筑了几个观察所；第2连在第514步兵团的地段布置了鹿砦和绊雷，在冲沟中埋了地雷，还修建了一些掩蔽部；第3连在第513步兵团右翼构筑了阵地，扫清了卡拉布特东南主阵地前方的射界，并在那里布置了鹿砦。

在8月19日，重点建设冲沟阵地：

第2连用4颗间隔为2米的压发地雷封锁了库夫欣以北1公里处的一条冲沟。在同一条冲沟内，还在斜坡上埋设了2颗带绊索的跳雷。在库夫欣东南的屋脊形铁丝网上布设了5颗绊雷，在库夫欣村内及其西面构筑了掩蔽部和带防弹片护盾的阵地。在杜乔沃耶附近布置了两道50米长的鹿砦障碍带。

第1连：第1排修建了阵地和高架瞭望塔；第2排埋了地雷并修筑了地堡；第3排架设了一道屋脊形铁丝网。

第3连：在第513和514步兵团接合部的一条长着林木的冲沟内清理出一条长120米、宽10米的射击通道，利用砍下的树枝布置了鹿砦。

同样的任务进行了一天又一天，在此复述每天的活动实在没有必要，不过有些任务特别值得一提：8月22日，第1连在库卡科夫卡以南拉了250米的铁丝网，在"兀鹰"据点挖了54米长的壕沟（1.2米深），还在圣卡利特瓦附近布设128颗空投地雷并连上了绊索。

在这样的任务中当然几乎不会与苏军接触，但是部队还是有损失——尽管非常少。在8月20日，一个工兵撞到友邻的第336工兵营埋下的绊雷，被炸成轻伤，原因是埋雷位置和雷场草图上的标示不一致。8月25日又发生一起事故，一名下士不幸身亡。

1.9月9日的一份报告认为这些靠汽车蓄电池供电的灯亮度不足，只能照亮其前方100米左右的区域。

第294步兵师内部的一个排长培训班在8月26日开课,培训班的课程涉及面很广。在9月8日,工兵营的一名军官做了题为《简易障碍和地雷的布设与清除》的90分钟讲座,并进行了实物演示。这些演示给一些旁听者留下了深刻印象,其中就包括来自友邻意大利第2军的几个意大利参谋军官。在9月10日,工兵营接到命令,要组织一个教导队去坎捷米罗夫卡培训意大利军队,课程的主题是《在近战中打坦克》。工兵们将演示如何埋设反坦克地雷,如何在防御中用火焰喷射器对付苏军坦克,以及如何设置反坦克障碍和反坦克壕。这个教导队将带上演示所需的所有器材,而在坎捷米罗夫卡已经有缴获的苏联坦克。第294工兵营应尽快决定教导队的人选,确保他们在9月12日成行,最终第2连的一个班被选中执行此任务,而教导队的领队在9月11日还向师长说明了他们计划进行的演示的类型和全面性。

在修了一个月的阵地后,工兵们终于又得到参加进攻作战的机会。第一次战斗发生在9月13日,3个工兵连都派出了人员,跟随一个步兵连(第514团第6连)作战,支援该连的有50名工兵以及一个工兵突击特遣队。他们在3时30分乘4艘大型橡皮艇和15艘小型橡皮艇渡过顿河,渡河行动没有被苏军察觉。登上河对岸后,突击队立刻分头行动。这次战斗的目的是预先阻止苏军的进攻,破坏其作战设施,缴获并摧毁苏军的武器,并且抓一些俘虏。在3时40分,苏军开始从尼古拉耶夫卡村南部用步枪和机枪开火,突击队不得不逐一攻打每个地堡和掩蔽部。苏军的防御阵地中布有重兵,他们进行了激烈的抵抗,从纵深地带飞来的炮弹也纷纷落在顿河两岸。突击队在7时30开始退出战斗,到9时30分为止全部撤过顿河。苏军的损失:22具尸体被发现,另外还有许多伤亡但是未得到确认,22名俘虏被德军带回;12个地堡在近战中被摧毁,同时被摧毁的还有1门轻型迫击炮、14支步枪、1支冲锋枪、1个野战厨房、6艘划艇和1艘渡船;此外还有1挺马克沁机枪和1支冲锋枪被缴获。德军伤亡:1名士官阵亡,1名士官和5名士兵负伤,其中两人为工兵:一个来自第1连,腿肚被子弹打穿;另一个来自第3连,左脚踝、右膝盖和左手腕被弹片击伤。

这次作战的胜利促使德军又在9月16日夜到17日晨实施了一次代号为"夏末"的作战,第2连的大部分人员都参加了。这次作战于4时30分结束,苏军没有进行任何阻挠。布伊罗沃村中心地带的20座苏方房屋被焚毁,一些无人看守的野战阵地和加固堡垒被炸毁。但是在部队渡河回撤时,位于渡河地点上游1000米处的一挺苏军机枪开了火,2人被打成重伤。德军没有带回任何俘虏。

同一天,另一场渡河袭击行动也开始策划,但这一次是营级作战,代号为"入秋"。行动日期定在9月21日,将由第515步兵团的一个营在炮兵和工兵支援下实施,行动目标是肃清圣卡利特瓦东南方的一片林地,带回俘虏并摧毁森林中的设施。第294工兵营要提供必要的橡皮艇和其他渡河器材。"入秋"行动在9月21日4时10分开始,第一波部队未受苏军阻挠就过了顿河。他们在7时到达森林南侧边缘,20分钟后抓到几个俘虏。此后苏军抵抗加强,战斗直到12时15才结束。德军方面有6人阵亡,8人负伤,但是带回了36个俘虏,其中还包括一名政工军官。他们还打死了38个苏军,摧毁了1门45毫米反坦克炮和35个掩蔽部,缴获2挺重机枪、2挺轻机枪、4支反坦克枪、3支冲锋枪、许多步枪和大量弹药。第1连的工兵没有损失。第294工兵营在防御作战准备中的损失反而比进攻作战还大:例如在9月19日,第2连的1名工兵在解除地雷保险时被炸伤,这种零星的伤亡贯穿于该营的这段防御时期。

这时第294步兵师得知自己将被意大利山地军接替。意大利人从9月20日开始接管该师的防区。在此后的几天里，各步兵团陆续交出了自己的阵地，工兵营也在9月25日把工兵负责的事务移交给意大利工兵。随后该营后撤到伊万科夫和卡拉雅什尼克国营农场附近的新宿营地。卸下构筑阵地的担子后，该营应友军请求提供了自己的专业人员：在9月27日，第2连的1名军官和14名士兵被派往意大利山地军主持反坦克训练课程，第3连则向匈牙利第23师提供了由1名上士和20名士兵组成的特遣队，以支援后者在次日清晨对顿河上一个小岛的进攻。该营的其他人员则忙着建造尽可能简易但又足以抵御冬季严寒的过冬宿舍。这项工作花了他们6个星期。

配合匈牙利人作战的工兵带去了11艘大型橡皮艇和6艘小型橡皮艇。进攻在9月28日3时开始，到6时结束，肃清了巴甫洛夫斯克以南一个小岛上的苏军。苏军有28人被打死，11人被俘虏，1挺重机枪、1挺轻机枪、3门50毫米迫击炮和13支步枪被缴获。匈军损失：包括1名军官在内的28人负伤（其中1人生命垂危，9人伤势严重）。德军工兵有4人受轻伤，他们是保罗·弗尔克尔（Paul Völkel）、罗伯特·基特勒列兵[1]（Robert Kittler）、维尔纳·安东一等兵（Werner Anton）和维利·舒伯特一等兵（Willy Schubert），后两人获得了二级铁十字勋章。大部分伤亡出现在攻打一座地堡的过程中，德军工兵在没有接到命令的情况下主动加入了战团。工兵们的英勇表现使上级决定不追究他们擅自行动的责任，而且认为此战大获全胜的匈牙利师长伊什特万·基什将军（István Kiss）还在9月29日给第294步兵师寄了一封表扬信，信中说："敌人进行了顽强抵抗。在河岸边的战斗中，我们靠着手榴弹才压制住了他们。在双方捉对厮杀的肉搏战中，德国工兵主动参与进来，以实际表现证明了他们是富有攻击精神的强悍斗士，他们中有四人

在这场激战中负伤。"信的最后感谢第294步兵师本着"战友情谊"派出工兵支援，这封热情洋溢的表扬信被转给了魏曼上尉。

在9月30日，第294步兵师又接到类似的称赞，这一次是意大利第2军的军长乔瓦尼·赞吉耶里将军（Giovanni Zanghieri）报告表扬工兵主持的反坦克课程：

"少尉工兵连长和他的部下在返回自己的部队前在萨格列巴罗夫卡地区连续开办了两期优质的短训班，每期持续5天，目标是向意大利官兵传授对付坦克的知识和专业技能。齐默尔少尉的行动证明他拥有丰富的专业知识和经验以及敏锐的头脑，是个非常优秀的军官，因此我请求以我的名义给他寄一封感谢信……"

信的后面还感谢第294步兵师师长派了经验丰富的人员来指导他的意大利将士。齐默尔回部队后不久就接任了营副官一职（原来的副官去休假了），新来的弗里茨·贝格曼中尉则接替他指挥第2连。

在9月29日，第294工兵营的战斗力量为7名军官、50名士官和413名士兵。轻装工兵分队仍在哈尔科夫。训练还在继续，魏曼不能容忍自己的部下在几个月的阵地施工过程中变得迟钝。事实上，这种态度不仅是第294步兵师军官的共识，也是第29军全体军官的共识。一份在8月中旬下发的"训练大纲"列出了18种不同的训练科目，既有针对连排长的训练，也有近战反坦克教学演示，还有比较单调但非常实用的无线电和电话操作训练。虽然有几种高级课程（例如营连长训练）是在遥远的法国进行的，但大部分课程都是在亚历山德罗夫卡和罗索希等后方城镇教授。除了这些其他师的官兵也能学习的课程外，第294步兵师还在自己的下属单位中开办了预备军官训练班。第294工兵营在1942年10月5日到31日就开

办了一期这样的训练班，学员有来自全营各连的24人。主持这个训练班的是广受欢迎、经验丰富的第1连连长格哈德·波尔中尉，他在战争爆发时是驻在魏森费尔斯的第14工兵营第2连的一名少尉。当1940年2月6日第294工兵营在同一城镇组建时，波尔是第一批转到这支新部队的人员之一。他在1940年4月成为副官，一干就是6个月。1940年10月，在第294工兵营驻扎于英吉利海峡沿岸期间，波尔卸下副官一职，成为第1连的一名排长。1941年，在部队深入苏联后，已经成为中尉的波尔就任第1连的连长，并在8月获得一级铁十字勋章。他在这一年的余下时间以及1942年初紧张的冬季战事中一直领导该连。如今在他积极而鼓舞人心的指导下，预备军官训练班传授了大量用于指挥工兵部队的有益经验和原则，训练出了24名可以成为军官的年轻军人，他们证明自己和将新学到的知识用于实践的第一次机会就在斯大林格勒。

另外两个连长——第2连的贝格曼中尉和第3连的格哈德·门策尔中尉都是从战争爆发时起就在前线服役的军官，门策尔中尉在法兰西之战期间曾在第38装甲工兵营（第2装甲师）先后担任排长和连长。

在10月9日的早晨，匈牙利第23师又利用工兵和他们的橡皮艇实施了一次突击队作战。这次作战要么就是被苏军事先察觉，要么就是像匈牙利师的指挥部怀疑的那样，正好撞上了苏军自己发动的一次营级进攻。3名军官和60名士兵组成的匈牙利突击队登上对岸后，立即遭到苏军攻击，伤亡惨重。3名军官和30名士兵被打死，其余的大多带伤，好不容易才逃回西岸。工兵有7人负伤，2人失踪，此外还损失了8艘橡皮艇。10月16日，第3连派出的工兵分队在配合匈牙利军队作战近3个星期后归建。在这段时间里，这支由1名上士和20名士兵组成的分队共有11人负伤，2人失

踪。在他们回到自己的部队前，有3人在10月12日获得二级铁十字勋章，他们是赖因霍尔德·班纳斯二等兵（Reinhold Bannas）、海因茨·罗特列兵（Heinz Rothe）和瓦尔特·赛德尔列兵（Walter Seidel）。

11月1日晚上23时30分，位于奇卡洛瓦集体农庄的第294步兵师指挥所里响起电话铃声，值班的话务员叫来了师副官哈根洛上尉（Hagenloh），他一边听电话，一边草草记下谈话要点。这是第29军发来的预备命令，提醒该师让第294工兵营做好在斯大林格勒作为突击营参战的准备，运输方式将是卡车运输或空运。当魏曼少校听说自己的营要准备去斯大林格勒作战时，他提出了抗议，指出该营不适合承担这样的任务。他在10月29日提交的最新一份每周报告中已经阐明"我营只适合承担有限的进攻任务和防守任务"，而且他在前几份报告中也已反复表达过这一意见。师长约翰内斯·布洛克少将很同情但无能为力，因为这个命令来自级别远高于他的大人物，甚至有传言说这是元首亲自下的命令。后来布洛克少将又在一个相当庄严的场合与魏曼进一步谈论了此事。11月2日上午，布洛克在萨尔皮纳的德军墓地参加了一个由意大利人组织的纪念仪式。在仪式结束后的15时30分左右，布洛克对魏曼说明了即将实施的作战和可能的运输方式。

将第294工兵营用于斯大林格勒的明确命令是在11月2日17时由B集团军群直接发来的，而且他们希望马上知道该营的运输能力如何。给该营的指示如下：

a. 营应前往罗索希机场；

b. 营长和副官应乘2辆汽车先期前往卡拉奇与第6集团军接洽；

c. 营的相当一部分卡车也应搭载野战厨房和部分工程设备前往卡拉奇。

师部立即打电话给魏曼说明了情况，魏曼随

即派出传令兵去找手下的连长们。几分钟后，第294工兵营的宿营地就忙成一团，前期准备工作在接到预备命令以后已经展开，但谁都没料到要走得如此匆忙。因为此时天色已黑，所以不可能立即赶往机场，但大家还是给卡车装上货物，以便第二天一早就出发。但是在22时，B集团军群又打来电话，说该营在罗索希机场登机的时间已经推迟，要等到11月4日再开始。第二天，魏曼少校和他的副官瓦尔特·齐默尔少尉还是不等天亮就起身，驱车前往东南方的卡拉奇。在魏曼离开以后，负责领导全营的是资深的第1连连长波尔中尉。

因为推迟登机而多出来的一天使师长有时间考虑是否真要把该营的全体官兵都派往斯大林格勒。由于担心自己的师完全失去工兵力量，布洛克少将决定留下第294工兵营的部分人员，而他在命令中的措辞反映了他为此采取的聪明做法。下面就是他在1942年11月3日中午发出的命令：

第294工兵营从42年11月3日起将隶属于第6集团军。为此，特命令如下：

1. 第294工兵营的营长和副官应分乘两辆汽车在11月3日到卡拉奇（顿河大弯曲部），向在那里的集团军工兵学校报到。

2. 该营大约三分之二的可用卡车应在11月3日向卡拉奇开拔，除了行李和装备外，还应带上两个大型野战厨房和三天份的口粮。

3. 后勤部门应为此次调动提供必要的燃料，罗索希的地图仓库应准备好必要的作战地图供部队领取。

4. 工兵营人员在11月4日由波尔中尉带队出发，应在7时前到达罗索希机场。

该营应做好防范空中侦察的伪装工作，直到登上运输机为止。

应携带一天份的口粮。

5. 以下人员留在该营原先宿营地作为后方留守分队：

轻装工兵分队

病号

带病干轻活的人员

摩托化分队的其余人员

马车分队

结束休假返回的人员应进入后方留守分队等待后续通知。后方留守分队的指挥官为贝纳德中尉。在宿营地的每个村庄，应指定一名下士或上士担任全村指挥，如有必要可从轻装工兵分队指派。

各村的后方留守分队应统一编组，包括弹药和留守车辆在内的装备应集中起来，分别存放和停放。已经开始的营房修建工作应由后方留守分队继续，直至达到抵御风雪的最低要求为止。要确保对与后方留守分队一同留守的志愿协助者和战俘进行充分的监管。

6. 工兵仓库的管理由贝纳德中尉负责。

7. 后方留守分队所需的医疗用品由师卫生营管理。

8. 针对泥泞季节所做的准备工作改由师后勤部门办理。

9. 第294工兵营通过B集团军群的通邮路线每两天向师部发送一份活动报告，报告里可以提出各种问题和请求。

通过成立后方留守分队，师长达到了两个目的：第一，第294工兵营在师的行政管理结构中保持了存在，因此病号有了康复的机会，休假和住院后返回的人也有了集中的收容点；第二，或许也更重要的是，这个营的人员不必全体投入一项危险而且可能损失惨重的任务。就这样，布洛克少将既服从了命令，又保留了一定的工兵力量，尽管人数已经大大减少，轻装工兵分队的贝纳德中尉成为唯一留下的工兵军官。第294工兵营在动身前往斯大林格勒的四天前（1942年10月29日）提交了最后一份实力报告，其中指出该营的战斗力量为6名军官、46名士官和356名士兵，共计408人。也就是说，它的士兵稍微超编，士官略有缺额，但军官严重缺编……总共缺了12名军官！在这份报告中，魏曼少校表达了对该营状况的看法："部队的士气很好，但因为可担任排长的军官一个都没有，所以存在严重困难……"当这个营抵达斯大林格勒时，它只有4名军官、29名士官和275名士兵，外加20来名非战斗人员，其中包括1名军官（可能就是魏曼本人），因此其人员总数是328人，比几天前的报告少了80人！这80人就是后方留守分队的成员。

第294工兵营自从在1942年5月遭受重创以来就没有参加过激烈的战斗。虽然实施了几次小规模作战，但该营的人力没有严重损失。尽管如此，该营还是缺少军官，但是武器装备十分充足，许多缴获的苏制武器被纳入了营的军火库，其中

损坏的都被送到该营的军械官手里，此人对德制武器和苏制武器的修理都很在行。除了许多人携带的广受欢迎的波波沙冲锋枪外，这个营还有下列苏制武器：1挺14.5毫米机枪、13挺杰格佳廖夫 DP 机枪、5支14.5毫米反坦克枪和9门轻型迫击炮。该营的德制机枪也是按照正常编制配发的，共有23挺。事实上，该营在10月25日曾奉命交出部分武器：2挺 MG 34、6具重机枪三脚架和2套瞄具被移交给第294步兵师的一个步兵团。这几件武器也是该营能干的军械官在战场上找到并修复的，但因为它们不在工兵营的标准编制内，所以师部认为它们在受过相应使用训练的步兵手里更能发挥作用，于是它们就被移交了。虽然包括一些较重装备在内的许多苏制武器以及部分德制机枪都留给了后方留守分队和该营的战俘工兵连，但大部分武器还是随该营官兵上了飞机。

第336工兵营

在飞赴斯大林格勒的第336工兵营的官兵中，许多人在左胸口袋前佩着崭新的一级铁十字勋章，或是在纽扣孔上挂着二级铁十字勋章的绶带，这是因为他们刚刚参加了自1940年12月12日该营在第4军区比勒费尔德地区成立以来最激烈的战斗。这个营是以东普鲁士第161工兵营第2连（第61步兵师）和第256工兵营第2连（第256步兵师）的人员为班底组建的，后两支部队都参与了法兰西之战，从中获得了宝贵的经验。该营以这些经验丰富的军人为骨干，以年轻新兵为血肉，被指定为第336步兵师下属的工兵营。与其他许多师不同，第336步兵师在1941年炎热的夏天没有被运往东方加入闪击苏联的大军，它被编入第15集团军的序列，而该集团军是在1941年5月从比利时调入阳光明媚的法国作为占领军的部队之一。该师进入诺曼底地区后，驻扎在英吉利海峡沿

岸的勒阿弗尔一带，承担海岸警卫和训练的双重任务。这段时间最难忘的事件是1942年2月27日夜到28日晨一支英军小分队在昂

■德军第336工兵营营徽

蒂费角发动伞降突袭，这就是"刺痛"行动：德军在勒阿弗尔附近的布吕讷瓦勒建立了一个"维尔茨堡"雷达站，而英军非常希望获得一件德军新型雷达的实物。这次袭击很成功，英国伞兵只有2人阵亡，4人被俘，他们抢到了一套完好的雷达，还活捉一名德国雷达操作员，靠接应船只偷偷运过了海峡。第336步兵师在这次战斗中有几人伤亡，还有几人得到了勋章。不过，总的来说悠闲的气氛很少会被盟军的行动搅乱，该师官兵充分

■ 上图是第336工兵营第1连的排长们向连长博尔科夫斯基上尉（带船形帽者）汇报。摄于1941年该营在法国的一次演习中。

■ 下图是1942年5月，第336工兵营开赴苏联前线之前，该营的几名军官在火车前留影，自左向右分别为爱德华·海特尔上尉（特派到该营的军官）、不知名者和博尔科夫斯基上尉。

■ 下面这幅照片拍摄于第336工兵营乘火车向东线开进途中，前面站立的军官是该营第1连连长博尔科夫斯基上尉，他身后坐着的两名军官是他手下的排长。

享受了法国所能提供的各种乐趣，包括组团游览巴黎，阅读每天寄送的报纸和杂志，还有观看电影和艺术团体的定期表演。

　　1942年3月，第336工兵营转移到布列塔尼。4月1日，该营成为设在昂格尔的集团军工兵学校的教导部队，营长里夏德·帕弗利切克少校同时成为这所学校的校长。在法国执行了一年的占领任务后，调往东线的命令在1942年春传到师指挥所。经过"巴巴罗萨"行动中持续几个月的进攻和苦战，再加上苏军在1941年几乎翻盘的冬季攻势，东线德军的人力已经严重枯竭，那里急需人员补充，更何况新的攻势即将在1942年6月打响。关于调动的消息像野火一样迅速在第336步兵师的所有部队中蔓延开来，由于过去一年也经常听到要调往东线的谣言，许多人以为这一次也不例外，但是师部在1942年5月下发了关于行军编组和出发顺序的详细指示，无可争议地证明这次的"谣言"是真的。

■ 德军第336工兵营营长里夏德·帕弗利切克少校。

■ 上图是另一幅拍摄于第336工兵营东调途中的照片，近处是两名身份不明的排长和特派军官海特尔上尉（戴船形帽者），站在马车后方的军官是博尔科夫斯基上尉。

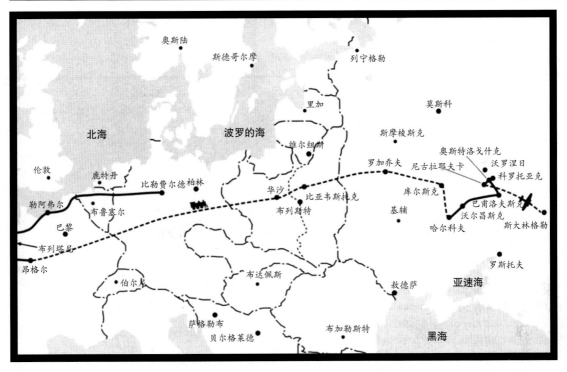

■ 1939年至1942年间，德军第336工兵营的征战历程。该营也在东西两线执行过任务。

5月下旬，经过几个星期仿佛永无止境的火车旅行，途经华沙、比亚韦斯托克、罗加乔夫和库尔斯克，第336步兵师终于到达哈尔科夫西北的宿营地，并被立刻编入最精锐的集团军之一——弗里德里希·保卢斯大将的第6集团军。由于再过几个星期进攻就要发起，该师没有多少机会安顿下来。在6月4日，该师开始接替第79步兵师的部队，为6月10日代号为"威廉"的进攻行动做准备。第336工兵营在加强两个工程营后，将通过下列方式支援该师的进攻：

　　a. 清理师进攻地段的障碍，特别是地雷；

　　b. 渡过顿涅茨河；

　　c. 架设一座承重8吨的桥梁。

工兵人员将被编入步兵团的先头部队，以便与步兵的尖兵一起抵达顿涅茨河。此外，在每个团

的进攻地段都将部署一个工兵排用于清理雷场。

进攻当天的早晨，在沙米诺附近进行预备检查时，第336步兵师，特别是帕弗利切克少校的第336工兵营以迅速而残酷的方式体会了东线的可怕现实：当工兵营的许多军官在前线侦察时，一颗地雷被京特·博尔钦斯基中尉[1]（Günther Borczinski）踩到，瞬间在人群中间炸响，巨大的冲击波把军官们抛向四面八方。被特派到该营的爱德华·海特尔上尉[2]（Eduard Heiter）当场身亡。第2连的3个排长——海尔曼少尉（Heilmann）、奥斯卡·林克少尉[3]（Oskar Link）和库尔特·洛修斯中尉[4]（Kurt Lossius）全被炸伤，同时受伤的还有第1连的排长谭克雷德·厄特尔少尉（Tankred Oertel），但最不幸的还得数该营的轻装工兵分队队长博尔钦斯基中

1. 京特·博尔钦斯基中尉，第336工兵营轻装工兵分队，1910年3月23日生于基尔，1942年6月10日失踪于博特基诺附近。

2. 爱德华·海特尔少校，第336工兵营特遣队，1898年8月19日生于美因茨，1942年6月10日阵亡于博特基诺附近。

3. 奥斯卡·林克中尉，第336工兵营第2连，1911年9月5日生于海恩施塔特，1942年8月18日阵亡于科罗托亚克附近。

4. 库尔特·洛修斯中尉，第336工兵营第2连，1913年4月29日生于马格德堡，1943年1月7日阵亡于下昆德鲁绍夫斯卡亚附近。

尉。他在爆炸中首当其冲，被完全炸成了碎片。由于根本找不到尸体，他被列入了失踪者名单。这个不幸的事件给该营的军官队伍造成了巨大缺口（整整少了7名军官），也使该营的实力在进攻开始前就严重受损。尽管如此，进攻还是在2时55发动，第6集团军各部攻击了位于沃尔昌斯克突出部的苏联第28集团军。这是第

■ 初来乍到的第336工兵营很快就感受到东线泥泞道路带来的烦恼。

336步兵师参加的第一次进攻，而第336工兵营的官兵还没从先前的损失中回过神来就上了战场。第336步兵师将苏军逐出顿涅茨河西岸，通过迅猛而大胆的突击夺取了几座完好的桥梁（包括位于博特基诺的大桥），并在河东岸建立了几个桥头堡。在16时15分，工兵营奉命在科罗维诺附近的森林边缘和涅舍戈利河口之间布雷。到了晚上，第336步兵师前进至红军村－普烈捷涅夫卡－新塔沃尔申卡－顿涅茨一线，全师在第一天的战斗中遭受了严重伤亡。师长瓦尔特·卢赫特少将[1]（Walther Lucht）在当天下发的命令中称赞了这个初出茅庐的师的表现："我师今天接受了战火洗礼。尽管遭遇了极其猛烈的抵抗，部队还是以勇猛的进攻作风到达了指定目标……向着最后的胜利前进！"

次日早晨2时30分，部队继续进攻。在11时30分，工兵营报告其指挥所位于博特基诺以东2公里处。在14时30分，该营控制了博特基诺和新塔沃尔申卡附近的两座桥，由于后者只适合徒步部队和2吨以下的车辆通过，他们还进行了必要的加固工作。6月12日8时45分，该营请求炮

火支援，以帮助抵抗苏军在舍别津斯基郊外及其西南方果园一带持续不断的猛攻。当天深夜，该营奉命派一个连到第685步兵团，协助后者渡过涅舍戈利河。但是当他们在6月14日早晨赶到指定地点后，却向上级报告说步兵团不需要他们，因为那里的河床已经干涸了。在6月16日，该营奉命在克拉斯尼扬斯科耶周边密布地雷的区域排雷。在进攻开始后的一星期内，第336步兵师抓获1808名俘虏，击毁或缴获了17辆坦克。

6月20日晨曦初现时，工兵们侦察了小沃尔奇亚附近横跨沃尔奇亚河的公路桥。前一天就在这一带，搭载着第23装甲师参谋长约阿希姆·赖歇尔少校[2]（Joachim Reichel）的菲泽勒"鹳"式侦察机坠毁在苏军控制区。尽管上级三令五申，赖歇尔还是随身带了一份关于即将发动的"蓝色"进攻行动的备忘录和一张显示部队部署和第一阶段目标的地图。第336步兵师的一支侦察队在6月20日到达飞机坠毁地点，并报告了自己的发现：他们在一座坟墓里寻获两具残缺不全的尸体，但赖歇尔似乎不在其中。这一事件使"蓝色"行动面临夭折的危险：如果苏军得知德军即将发动进攻，

---

1. 瓦尔特·卢赫特炮兵上将，橡叶骑士十字勋章，金质德意志十字奖章，第336步兵师，1882年2月26日生于柏林，1949年3月18日卒于海尔布隆。

2. 约阿希姆·赖歇尔少校，第23装甲师，1908年3月8日生于格洛高，1942年6月19日阵亡于哈尔科夫东北的苏兹科沃附近。

■ 1942年7月，第336工兵营在尤塔诺夫卡修筑的横跨奥斯科尔河的桥梁承重24吨，正在接受一辆三号坦克的检验。

他们可以立即从莫斯科地区调来增援。德军统帅面临两难，但最终他们还是决定继续实施预定于6月27日开始的进攻[1]。

在这一天到来之前，一切如常。6月21日17时30分，帕弗利切克少校奉命在沃尔祖霞河沿岸布设雷场的命令。他的工兵还要在瓦卢伊斯克以南和萨莫尔尼附近的冲沟里布雷，以防苏军用坦克在那里突破。

为了给"蓝色"行动做准备，第336工兵营在6月26日接到准备人行桥的预备命令，以便步兵通过十月村以北的河流。但是在15时，倾盆大雨挟着冰雹从天而降，准备工作一时陷入混乱。所有道路立刻被水淹没，河道水位也开始猛涨。小沃尔奇亚的桥梁很快就低于水位一米。在沃尔奇亚河沿岸，武器、车辆、帐篷乃至军马都被大水冲走，人们费了九牛二虎之力才将它们寻回。"蓝色"行动因此被推迟到6月28日。小沃尔奇亚的桥在第二天（6月27日）垮塌。当天深夜，工兵营报告说，已在十月村以东的烂泥地上架了两座承

重24吨的桥。次日一早，随着暗号"亚琛"发出，"蓝色"行动终于开始，但第336步兵师（以及第23装甲师和第113步兵师）直到6月30日2时45分才出动，而在出发前两个小时，工兵报告说，佩斯申诺耶到十月村的道路可能埋有地雷。最终他们在十月村附近排除了85颗反步兵地雷。此后部队进展顺利。在13时20分，营副官向师部报告说，布达尔卡桥已被爆破，但村子本身没有苏军，也没有发现地雷。15时30分，帕弗利切克少校将自己的指挥所搬到小沃尔奇亚，工兵们侦察了全师的行军路线。17时25分，齐施中尉的第3连奉命用一切可抽调的兵力支援博尔科夫斯基上尉的第1连，而威廉·艾格纳中尉[2]（Wilhelm Aigner）的第2连则被编入包含第336装甲歼击营和第670装甲歼击营的先遣队，他们的任务是向奥斯科尔推进。艾格纳的连和第670装甲歼击营直到20时30分也没有赶到沃尔奇亚，不过就算早到了也难以过河。最终先遣队在次日早晨3时30分出发，第670装甲歼击营没有随行，因为这个营的车辆

1. 苏方确实获得了赖歇尔身上的情报，但斯大林认为情报反映的德军行动只是次要攻势，主攻方向仍在莫斯科，因此南线只获得了有限的增援。

2. 威廉·艾格纳中尉，第336工兵营第2连，1915年11月15日生，1942年8月15日阵亡于科罗托亚克附近。

无法过桥。

7月3日15时20分,营副官报告说发现一种新型地雷:装有电雷管的50公斤地雷。到这一天为止,第336工兵营已清除或销毁743颗M-32型地雷、500颗木壳地雷、600颗反步兵地雷、7颗电动地雷和14颗用炮弹改造的地雷。

7月4日,该营报告说,尤塔诺夫卡附近的桥梁已在8时加固完毕。皮亚金斯卡亚附近的桥已被爆破,少了大约60米长的一段桥面,重新架好需要四天。该营和配属的第635工兵营的一个连伤亡如下:2名军官和9名士兵阵亡,1名军官和20名士兵负伤。在沃洛科诺夫卡附近,清除了1400颗地雷。

7月5日,第2连将波克罗夫卡桥加固到承重8吨,并开始在乌斯片卡排雷,波克罗夫卡桥从第二天早上7时开始通车。在此后的几天里,他们又在乌斯片卡和波拉托夫卡架了几座桥。部队迅速推进,该营的先头部队在7月12日抵达巴甫洛夫斯克附近的顿河岸边,并占领了防御阵地,次日,

该营的其余人马集结在库列尼和亚历山德罗夫卡周围。

在7月3日到13日的这段时间里,该营修建或加固了46座桥梁,铺设了210平方米的木排路,疏通了585米的道路,并排除、缴获或销毁了1673颗地雷。

7月19日,一个工兵连被分配给皮雷尔战斗群(Kampfgruppe Puhrer,第336装甲歼击营),在赶往谢尔盖耶夫卡地区的途中,于9时45分被几架低空飞行的飞机用机载武器和杀伤炸弹攻击,损失:5匹马和3名士兵负伤。

从7月23日起,匈牙利军队开始在某些地段接替战线拉得过长的第336步兵师,德国军队因此得以充实其在顿河沿岸的防御阵地。在7月27日17时,师参谋长与帕弗利切克少校商议了在第685步兵团新阵地前布雷的事宜,计划使用炮弹改装的地雷,他们还商量了桥梁修筑工作。

从8月1日到16日,第3连在伏罗希洛夫格勒(即今乌克兰卢甘斯克)机场一带整整10平方公里

■ 1942年7月12日在多尔齐克附近,第336工兵营第1连连长博尔科夫斯基上尉在举行授勋仪式后开了一个小小的庆祝会,在仪式上奥古斯特·库舍尔下士、维利·布兰克一等兵、赫尔曼·戈尔齐扎下士和海因茨·克内贝尔二等兵获得了二级铁十字勋章,马丁·容下士获得了一级铁十字勋章,图中右起第四人是博尔科夫斯基,右起第一人是弗朗茨·梅德上士。

的范围内寻找地雷，并在30座楼房中寻找定时炸弹。最后他们只找到3颗3公斤的地雷，并及时销毁。他们还抽空把一座巨大的青铜列宁像夷为平地，而此前意大利军队也曾企图炸毁该雕像，却失败了。

第336步兵师在自己的防区驻守到8月10日，然后接到调往新作战区域的命令。第294步兵师将接管其阵地。2时40分，工兵营奉命停止阵地施工，随后艾格纳中尉和他的第2连被编入罗伯特·布林克曼中校[1]（Robert Brinkmann）的战斗群，用于科罗托亚克地区的作战，8月16日，工兵营其余人马抵达戈伊卡罗沃地区。次日黄昏时，他们赶到了目的地——奥斯特洛戈什克以北6公里外的一片树林，这里将是该营在此后两个半月中的主营地。

该营此时被卷入了一场攻打顿河沿岸城镇的血战，他们将在战斗中认识到苏军士兵在守城时有多么坚韧和顽强。这座城镇名叫顿河畔科罗托亚克，是沃罗涅日以南的一座中等城镇。从8月15日到9月中旬，第336步兵师和配属部队将在"斯图卡"飞机的有力支援下，以高昂的代价在苏军的这座要塞中步步推进。工兵一如既往地出现在战斗最激烈的地方，不过很少作为完整的部队作战。

第一个被卷入战斗的工兵单位是第2连。它在8月13日抵达雷宾斯科耶附近的出发阵地。8月14日这天，它领到了用于突击队作战、巷战和扫雷的装备。13时，每个预定参与进攻的步兵营各获得一个工兵排：第1排加强给第685步兵团第3营，第2排加强给第687步兵团第2营，第3排加强给第686步兵团第1营。部队在15时到达集结阵地。进攻在8月15日4时开始，第687步兵团第2营（第2排）在右，第686步兵团第1营（第3

排）在左，第685步兵团第3营（第1排）为预备队。第2排预定支援的步兵连在4时并未到达，但排长决定仍然按时发起攻击。他们与友邻的一个步兵连一起冲进镇中心，向着"工厂"推进，拿下了当天的目标。夜里苏军发起反击，排长在抵抗过程中负伤，马丁·菲利普下士[2]（Martin Philipp）临时代理排长，这个排全天的损失是1名士官和7名士兵负伤。

第3排在端掉几个苏军机枪火力点后向前推进。因为这个排所在的地段是主攻方向，所以连长艾格纳中尉决定带着自己的连部班和格哈德·皮尔茨参谋军士[3]（Gerhard Piltz）的第3排作为先锋，引领步兵营进攻。他们的突击进展迅速，很快就打进了镇中心。第3排遇到猛烈的机枪和迫击炮侧射火力，苏军还企图切断该排一部，但是被德方的反击粉碎。中午前后，第3排与第686步兵团第1营一起抵达目标——科罗托亚克火车站，并将其控制。在火车站以东约300米的一处前进阵地，身先士卒的艾格纳中尉战死。刚刚从6月10日触雷事件造成的伤势中恢复过来的林克中尉继任第2连连长。经过短暂的部署调整，皮尔茨的第3排奉命据守镇子西北外围的一个据点。第3排和连部班的损失：1名军官和2名士兵阵亡，2名士官和3名士兵负伤。

第1排作为预备队，没有参与这一天的进攻。

次日11时，部队继续进攻。第3排坚守其据点，另两个排则参与了进攻。第2排突击并占领了一座附带碉楼的房子，随后将其作为自己的据点。他们在当天余下的时间以及整个晚上都守在该处。损失：1名士官和1名士兵负伤。

先前担任预备队的第1排在下午奉命帮助一个步兵班攻打一片开阔地上两座被改造成堡垒的

1. 罗伯特·布林克曼中校，金质德意志十字奖章，第687步兵团的团长。

2. 马丁·菲利普下士，第336工兵营第2连，1914年3月26日生于诺伊萨尔察-斯普伦贝格，1942年11月19日阵亡于斯大林格勒。

3. 格哈德·皮尔茨少尉，第336工兵营第2连，1908年2月4日生于本多夫，1985年12月11日卒于雷姆沙伊德。

房子。他们前进到手榴弹投掷距离内，但由于苏军占据数量优势而止步不前。苏联守军还拥有出色的伪装和牢固的掩体，并使用坦克从侧翼向他们射击。虽然排长进行了细致的侦察，但因为天色渐暗，突击队还是决定暂停进攻。损失：2名士官和1名士兵负伤。

8月17日，第1排和第3排负责保护各步兵营的指挥所。但是在7时，敌人突然发起进攻，还动用了低空飞行的飞机以机炮开路。第3排和第1排的一部被投入反击，很快将苏军赶回其原来的阵地。当天下午，苏军又进攻了两次，但每次都是立刻被快速的反击打退。第1排和第3排的损失为3名士兵阵亡，3名士兵负伤。

与此同时，第2排正在其据点中苦苦抵挡苏军的攻击。由于左右两翼的德国步兵已经后撤，该据点明显突出于主防线前方，其两翼都已暴露。占有数量优势的苏军逼近到离据点只有三步之遥的地方，第2排只得释放烟幕，然后借其掩护后撤到下一道防线。由于当时形势非常危急，有一名伤员落到了苏军手中，虽然他们冒着苏军猛烈的火力几经尝试，还是没能抢回文策尔·福蒂尔二等兵[1]（Wenzel Fortyr）。损失：1名士兵失踪，5名士兵负伤。

8月18日6时，负责指挥攻打科罗托亚克的团长布林克曼中校向师部打电话报告说，他已经推迟原定于3时的进攻，原因是位于该镇东北部房屋中的苏联守军正在不断获得增援。因此布林克曼请求给他提供一两个工兵连，因为第2连遭到的损失已使其战斗力大打折扣。于是在7时，工兵营营长帕弗利切克少校接到了带领全营支援布林克曼战斗群进攻的命令。预备命令在8时30分下发到第1连和第3连："准备作为突击排作战……"9时30分，帕弗利切克少校、他的副官

胡伦中尉、连长博尔科夫斯基上尉和齐施中尉在布林克曼的指挥所听取了情况简报："俄国人把守着科罗托亚克的西部和东部，还企图靠不断的反击占领镇中心。"博尔科夫斯基上尉的第1连应该在13时30分支援第687步兵团第1营沿科帕尼什切附近的铁路路堤发起进攻，但是这个连没有及时赶到。博尔科夫斯基后来写道：

"在10时45分，我从第687团第1营的指挥所返回后，就立即安排进攻准备。我连登上3辆卡车，在11时30分完成准备，向佩斯基进发。我连在14时50分抵达佩斯基火车站……在16时10分到达营指挥所。第一次进攻在13时30分发起，但是仅仅前进了300来米就停顿了。第二次进攻计划在18时30分发动，为此我连的4个突击队都分配了火焰喷射器，克斯勒中尉（Kaesler）指挥的两个突击队在路堤左侧，舒莱特军士长[2]（Schuleit）指挥的两个小突击队在路堤右侧。这次进攻在防守方出奇猛烈的火力打击下崩溃，无法再前进一步。此后，该营撤回了其出发阵地。

"该营为了守住现有阵地，进行了集中和部署调整。为了保证左右两翼的联系，挖通了两条横穿铁路路堤的通道，并开始构筑两个地堡。因为失去了指挥官，所以由克斯勒中尉和舒莱特军士长各自带领自己的排负责左右两翼的防御，其余阵地分配给步兵。"

齐施的第3连也迟到了，起初没能支援内林（Nöring）营在14时对科罗托亚克东北部的进攻。在战斗结束后的报告中，齐施中尉写道：

"各排配备了近战武器和弹药，第2排和第3排各分配了一个火焰喷射器小组。接近集结阵地的过程非常艰难，因为那一带被反坦克炮、迫击炮、机枪和步枪的猛烈火力所覆盖。在全连各部完成任务分配后，第1排由第687步兵团第10连的一

---

1. 文策尔·福蒂尔二等兵，第336工兵营第2连，1912年2月22日生于布里耶森/比林，1942年8月17日失踪于科罗托亚克附近。

2. 维利·舒莱特军士长（Willi Schuleit），第336工兵营第1连，1910年7月24日生于哥尼斯堡，1942年9月6日阵亡于科罗托亚克附近。

名传令兵带路出发。因为第10连已经开始进攻，所以该排不得不冒着猛烈的迫击炮和反坦克炮的火力跟进。在此过程中，保罗二等兵（Paul）和兰普施列兵[1]（Lampsch）受了重伤。不久以后，兰普施列兵就死在一个救护站里。第1排在铁路路堤以南前进了300米，但是此后就再也无法前进，因为敌人的侧射火力很猛……

"与此同时，第2排也向前线运动……随后鲁尔少尉给自己的排下了进攻的命令。朗[2]小组沿着铁路路堤前进，随后越过路堤试图进入镇内。在此过程中，维切尔列兵[3]（Witschel）心脏中弹阵亡。杜奇克[4]小组进行了逐屋争夺的巷战，用聚能炸药包炸毁了敌人的一个小据点。因为右翼的进攻没有进展，所以这些先头部队在黄昏时不得不后撤。

"第3排由步兵营长掌握，在15时被用于清扫在进攻中已拿下的房屋，随后越过铁路攻进东区。但是，该排的行动被敌人发觉，该排因此遭到极其猛烈的迫击炮、机枪和步枪火力打击。在右翼作战的那个班的机枪由于机枪手全部受伤而无法开火。该排冒着敌人的迫击炮火，利用高高的野草和果树作掩护，成功地推进到一个十字路口。但是他们无法越过铁路路堤继续前进，因为任何人只要一冒头就会遭到俄国人射击，而且步兵也不再前进了。除此之外，该排还有很多人伤亡。艾林豪斯中尉让自己的排集中到一座厂房里，向赶到那里的连长[5]报告了任务执行情况和他的排的伤亡人数：2人死亡，2人重伤，7人轻伤，其中4个轻伤员没有下火线。收容死者和伤员的工作持续到夜幕降临。按照连长的命令，该排将在厂房内过夜，并布置两挺轻机枪和一名位于厂房二

■ 第336工兵营第2连连长林克中尉的墓碑。

楼的观察员来建立防御……"

在这一天，齐施的第3连有1名士官和3名士兵阵亡，1名士官和10名士兵负伤，其中5人没有撤离火线。

第2连在艾格纳死后由林克中尉指挥，这一天他们一直在自己的防御阵地上坚守，但这并不意味着可以免于伤亡。12时50分，林克中尉在舒尔茨（Schulz）营的指挥所前面被打死，资深的排长皮尔茨参谋军士代理连长。几天后，一名新的军官赶来指挥该连，他是卡尔·布罗克曼中尉。

血战一天后，第二天（8月19日）过得比较平静。部队坚守阵地，击退了苏军的几次反击。德方阵地遭到苏军各种武器的猛烈火力覆盖，但伤亡很少。第3连第1排有个不幸的士兵腹部受了重

---

1. 海因茨·兰普施列兵（Heinz Lampsch），第336工兵营第3连，1922年3月25日生于莱比锡，1942年8月18日因伤死于科罗托亚克附近。

2. 鲁迪·朗下士（Rudi Lang），第336工兵营第3连，1910年10月6日生于赖兴巴赫，1942年11月13日阵亡于斯大林格勒。

3. 赫伯特·维切尔列兵（Herbert Witschel），第336工兵营第3连，1920年11月15日生于普莱萨，1942年8月18日阵亡于科罗托亚克附近。

4. 埃里希·杜奇克下士（Erich Dutschke），第336工兵营第3连，1911年8月5日生于朗根费尔德，1942年12月25日失踪于斯大林格勒。

5. 这里说的是齐施自己。

伤。8月20日早晨，第1连和第2连被调出布林克曼战斗群，回到他们在森林中的旧营地。第3连仍然留在前线。苏军没有进攻，但是用猛烈火力打击了德军的所有阵地，包括用飞机进行轰炸和扫射。在晚上，第1排按照师部的命令被撤下。该排经过行军后，在午夜前后回到连辎重队所在地。本来师部的命令是将全连都撤下，但第686步兵团的团长要求第2排和第3排留在科罗托亚克前线。巧的是这个请求可能反而救了这两个排中一些人的性命，因为当天晚上苏军飞机轰炸了该连的辎重队，造成2人重伤、5人轻伤，还导致21匹军马死亡、5匹重伤。8月21日5时，几辆卡车赶到科罗托亚克接那两个留下的排，但因为前线仍然需要他们，于是这些卡车又被派到了其他地方。让他们撤退的命令在16时终于传来：第3排在19时30分撤出阵地，但是当第2排在20时开始撤离时，苏军却发起了进攻，排长鲁尔少尉主动决定留在阵地上和步兵一起击退敌人。在这次战斗中，该排有1人受了重伤。在8月22日黎明时，第2排终于离开了科罗托亚克。

第3连在这次任务中付出了高昂的代价，伤亡甚重，总共有4人战死，包括阿尔弗雷德·维尔德纳下士[1]（Alfred Wildner）、赫伯特·施赖伯二等兵[2]（Herbert Schreiber）、兰普施列兵和维切尔列兵，还有13人重伤，12人轻伤。

全营在科罗托亚克的第一阶段战斗中遭受的伤亡如下：

2名军官、1名士官和11名士兵死亡，1名士兵失踪，7名士官和42名士兵重伤（住院），4名士官和33名士兵轻伤（留在部队中）。除此之外，还有9匹大马和21匹小型马被打死，7匹大马和5匹小型马被打伤。

科罗托亚克的大部分地区尚未攻克，德军在准备新攻势的同时固守着已有阵地。第336工兵营的连排长们接到了开会的命令。8月31日9时，他们在科罗托亚克的一个教堂里听取了作战指示和情况介绍。所有加强火器的指挥官也接到了指示，随后按照师部的命令分别领受了任务。师的任务如下："第336步兵师应在5时30分发起进攻，从敌人手中夺取科罗托亚克桥头堡，并消灭在其中防守的敌军。"第201突击炮营的突击炮也将支援这次进攻。

在21时左右，工兵们开始向集结阵地前进，但是大雨瓢泼而下，严重妨碍了进军。博尔科夫斯基上尉的第1连直到2时才到达指定位置。第1排派出五支探雷小分队（每队包括1名士官和5名士兵），分别去每个突击炮连和步兵连的地段。第2排做好了担任突击队的准备，第3排则作为预备队，随时准备在部队拿下目标后布设地雷屏障。

进攻在9月1日5时30分开始，但是没有取得什么进展，因为每一座房屋都被改造成了地堡。苏军的迫击炮火力劈头盖脑地砸向进攻部队。战斗刚一开始就有2辆突击炮失去战斗力。工兵们接到了动用火焰喷射器的命令，博尔科夫斯基对此非常担忧，但还是执行了命令，结果2具火焰喷射器在向前运动的过程中就被打掉了。一个恶性循环导致部队寸步难行：突击炮因为忌惮地雷无法前进，因此不能射击地堡的射击孔来压制敌人的重武器，而这些重武器又把负责排雷的工兵打得抬不起头。尽管如此，施密特少尉（Schmidt）率领的一支突击队还是冲了上去，完全凭着勇气拿下了两个地堡，苏军的防线被打开了第一个口子。探雷小分队冒着极其猛烈的火力清扫了密布地雷的街道（排除85颗地雷），于是突击炮终于可以对付那些地堡了。当然，战斗不会是一边倒。截至17时30分，德军又损失了5辆突击炮。到了

---

1. 阿尔弗雷德·维尔德纳下士，第336工兵营第3连，1913年9月3日生于马克列斯多夫，1942年8月18日阵亡于科罗托亚克附近。

2. 赫伯特·施赖伯二等兵，第336工兵营第3连，1912年4月8日生于贝伦施泰因，1942年8月18日阵亡于科罗托亚克附近。

18时30分，博尔科夫斯基带着他的连后撤到教堂以东200米处的后方阵地，他得知在次日第3连的两个班和一个装甲歼击连都将归他指挥。

工兵们原计划在晚上用简易漂雷爆破顿河上的浮桥，但这个行动被推迟了。

由于第一天仅靠一支工兵突击队就拿下了几个地堡，其他部队得出结论：只有在各种武器的支援下，靠工兵突击队冲锋才能攻克苏军的这些地堡。博尔科夫斯基上尉奉命组织作战，他在9月2日5时向其他指挥官做了指示。8时，由施密特少尉和霍夫施泰特上士（Hofstedt）指挥的两支突击队开始进攻，任务是夺取两个地堡。他们获得了成功。随后德军确认苏军的主要抵抗据点是左翼的"红房子党部"。在攻打"红房子"之前，博尔科夫斯基在11时召集部下开了一次情况讨论会。进攻在15时开始，施密特突击队和霍夫施泰特突击队拿下了"红房子"，随后步兵替下工兵。德军为此付出的伤亡微不足道，而苏军有60人战死，40人被俘，其中包括1名军官和1名政治指导员。截至当天16时35分，第336步兵师已损失1700人。集团军司令部发出了以下命令："你师必须比俄国人更坚强。"

在9月2日夜到3日晨，由米尔考军士长率领的一支特遣队将10颗各20公斤的简易漂雷投进顿河，目的是爆破横跨顿河的一座浮桥。后来的侦察表明这次行动取得了成功，50米长的一段桥体被炸开，漂到了下游。

虽然博尔科夫斯基负责的地段进展比较大，但右翼就是另一番光景了。步兵连攻两天都没能拿下两座被苏军改造成据点的普通楼房，不得不暂停进攻。博尔科夫斯基建议在9月3日由他的部队攻打这两座据点。对"白房子地堡"的攻击将在9时开始，对"方形房子地堡"的攻击在10时开始。舒莱特军士长率领的突击队在左路，施密特上士

的突击队在右路，进攻将按照事先商定的信号发起，下面是博尔科夫斯基上尉对这次战斗的描述：

"在各种武器的密切配合下，舒莱特突击队成功占领了他们负责的地堡，步兵也乘胜向着'红色道路'推进。由于在我军精心策划的攻势下一个又一个地堡被攻克，突击队的领队们注意到附近地堡里的守军士气开始下降。突击队领队施密特上士发现这个苗头后，立刻主动向由他们负责的方形房子发起突击，并将其拿下，地堡附近的野战阵地也被横扫。他和他的工兵突击队借着这个势头，在没有步兵支援的情况再次主动向前推进，冒着来自北面的猛烈侧射火力，占领了红色广场上位于方形房子后面约50米的一处野战阵地，然后一直推进到北边的延长道路一线，又占领了一个地堡并在其中坚守。随后步兵不紧不慢地跟上，并听从施密特上士的指挥。他在那个地堡坚守到17时，然后把它移交给了步兵。"

在施密特上士大胆突进的同时，其他工兵也在他的左翼作战。3个步兵连各加强了一个工兵突击队，队长分别是霍夫施泰特上士、库舍尔下士[1]（Kuschel）和戈德鲍姆下士（Goldbaum）。这3个突击队分别夺取了几个地堡并穿过教堂向前推进，为步兵开辟了道路并鼓舞了他们的斗志。除了占领几个地堡外，戈德鲍姆下士的突击队还夺取了苏军的一个营指挥所。

苏军共有25人被打死，80人被俘，其中包括2名军官，还有大量各种类型的武器被缴获。

在9月4日，德军继续进攻。5时，米尔考军士长率领的一支突击队与步兵一起发动进攻，占领一座地堡并抓获15名俘虏。舒莱特军士长指挥的另一支突击队被分配给了一个步兵战斗群，但由于苏军放弃了阵地，他们没有参加战斗。于是他们接受了清扫地雷的任务，一直干到14时30分，接着又奉命去侦察苏军在顿河森林和铁路沿线的

---

1. 奥古斯特·库舍尔上士（August Kuschel），第336工兵营第1连，1911年2月6日生于豪斯多夫，1944年6月失踪。

野战阵地,其余工兵则在科罗托亚克城中已占领的部分区域扫雷。到9月4日日终时,工兵们在苏军间歇性的猛烈火力下共清除390颗地雷。第1连截至9月4日日终时的损失如下:2名士兵阵亡,4名士官和7名士兵重伤,1名军官和2名士兵轻伤,还有1名军官、1名士官和14名士兵也受了轻伤但没有下火线。

战斗进行到这个阶段,工兵与突击炮的配合已经臻于完美。博尔科夫斯基上尉报告说:"应该提一下突击炮与工兵突击队之间第一流的团队合作,正是由于工兵们用信号枪为突击炮指示火力点,突击炮才得以用直瞄射击压制敌军的地堡。随后工兵突击队就能接近射击孔,通过近战消灭守军。"

因为科罗托亚克建筑密集区的战斗在9月4日已经结束,第1连便被调至在该镇东郊战斗的第687步兵团。这个团面前有一条建在路堤上、曲折通进一片林地的铁路线,苏军就躲在树林中顽强抵抗。博尔科夫斯基在9月4日19时会见了团长,听他交待了任务:通过侦察确定以步兵为主的突击队的突击方向和目标。侦察分队在9月5日一早出发,博尔科夫斯基上尉后来报告:

"突击队的领队舒莱特军士长、米尔考军士长和施密特上士在5时30分实施了侦察。他们在敌人的视野下,冒着敌人的火力逐一侦察各连的地段,为了准确识别和判定整个攻击地段中的地堡和野战阵地而进行长时间的观察。各突击队和攻击小组还以'顿河小树林'为目标做了攻击准备。侦察的结果在16时上报到团部,根据这些情报,攻击时间定在9月6日15时……在晚上,舒莱特军士长、米尔考军士长和施密特上士的突击队被加强到第687步兵团第1营。各突击队必须在破晓前到达各自的集结阵地,否则在敌人的观察下无法接敌。在各种武器的配合下,进攻于15时开

始。由于事先做了精心准备,各突击队奋勇争先,这次攻击进展顺利,攻下了很多阵地。接着他们同时扑向铁路路堤的右侧,以消灭来自右方的侧射火力。这次进攻也很成功,部队一直前进到铁路急转弯处。虽然敌人进行了猛烈抵抗,第一批目标还是被拿下了。舒莱特军士长带着他队里的两个士兵进入溪谷中,但是在那里的肉搏战中他和两个部下一起战死了。舒莱特突击队和米尔考突击队夺取了3个先前判明的地堡和几处野战阵地。在激烈的肉搏战中,施密特突击队席卷了溪谷中大约400米的阵地,前进到铁路转弯处。在此过程中,他们拿下了6个地堡、2处重机枪阵地、几个步枪火力点和一个通信地堡。虽然在铁路路堤右侧的进攻推进到了铁路转弯处,但敌人在路堤左侧死战不退,并通过侧射火力阻挠左侧的突击队。根据施密特上士的报告,他们随即在左翼部署了一支突击队,横扫了路堤并消灭了敌人的侧射火力。舒莱特突击队和米尔考突击队在快速突进过程中没有消灭在他们左右两侧的敌人,因此这两个突击队不得不花了将近一个晚上的时间,通过残酷的肉搏战歼灭在他们左右两侧的俄国人,为当晚的防守取得有利态势。"

三支各由1名士官和6名士兵组成的突击队表现出了勇猛和锐气,也付出了代价。他们合计有1名士官和3名士兵阵亡,2名士兵失踪,2名士兵重伤,也就是说参战的21人共损失了8人。据统计,苏军的伤亡是25人被打死,30人被俘。第3连的一支分队也在奥托 · 赖特尔参谋军士[1](Otto Reiter)指挥下参加了此次战斗,被部署在路堤右侧。

第336工兵营在9月6日晚上的情况如下:第3连的一个排在前线作为突击队,该连的其余人员则在姆特尼克附近作为师预备队;第2连的一个排作为扫雷分队,其余人员则在一小片树林中

---

1. 奥托 · 赖特尔少尉,第336工兵营第1连,1908年10月18日生于奥比斯菲尔德,1987年5月30日卒于唐格许特。

■ 第336工兵营的奥托 · 赖特尔在1943年的留影，已晋升少尉。

休息；第1连仍在前线。在苦战了整整一个星期后，博尔科夫斯基上尉的连在9月6日夜到7日晨按照营部的命令被换下，齐施中尉的第3连接管了他们的阵地。苏军在科罗托亚克以东树林中的桥头堡始终未被攻克。第1连撤到后方阵地后，统计了自身在科罗托亚克的伤亡：1名士官和5名士兵阵亡，4名士兵失踪，4名士官和6名士兵重伤，1名军官和3名士兵轻伤，2名军官、2名士官和18名士兵轻伤但仍留在部队里。他们共打死了125名苏军士兵，俘房3名军官、1名政治指导员和200名士兵，缴获了14挺轻机枪、8挺重机枪、6门轻迫击炮、3门重迫击炮、19支反坦克枪、45支冲锋枪、220支步枪、4门反坦克炮、1门大炮和2部电台。可以想见，该营在科罗托亚克的出色表现换来了大量荣誉：第1连的士兵获得44

枚二级铁十字勋章和7枚一级铁十字勋章，第2连获得19枚二级铁十字勋章和2枚一级铁十字勋章，第3连获得23枚二级铁十字勋章和3枚一级铁十字勋章，营部获得2枚一级铁十字勋章。

在9月11日，该营报告说，它在9月8日至11日清除了489颗反步兵地雷和285颗反坦克地雷。在此后的两天里，它又清除了54颗各种类型的地雷。9月余下的时间相当平静。临近月底时，第336步兵师在防区中构筑了主防线和备用阵地。每个步兵团在战术上负责各自地段的防守，各获得一名工兵军官来帮助解决技术问题：博尔科夫斯基上尉被分到第685步兵团，布罗克曼中尉被分到第686步兵团，齐施中尉被分到第687步兵团。这些军官负责阵地的施工并提供必要的工具、材料和装备。从9月14日到28日，博尔科夫斯基的第1连在第685步兵团防区内广泛布雷。在9月中旬，一名新军官来到该营，他就是赫尔曼 · 隆特上尉。隆特是1942年8月在家休假时接到新任命的：调到第336工兵营任连长，他在奥斯特洛戈什克以北树林中的后备阵地加入了他的新单位。

10月也是平静的一个月。第336步兵师仍然防守着科罗托亚克地区的顿河沿岸，但是以把守堡垒的方式守卫着战线。在苏军进攻时，任何从阵地撤退的行为都是被禁止的。贯穿整条前线的壕沟将所有据点和火力点连接在一起，主防线前还有一道主要由拒马和带刺铁丝网组成的坚实障碍。10月1日，德军在196.9高地和202.2高地之间构筑了备用阵地。同日，在奥斯特洛戈什克还有一个战俘中转营开始兴建。工兵们偶尔还会被调去执行针对游击队的扫荡。在10月4日，他们承担了一个颇为庄重的任务：两个排奉命为男爵维利巴尔德 · 冯 · 朗格曼 · 翁德 · 埃伦坎普装甲兵上将[1]（Willibald Freiherr von Langermann

1. 男爵维利巴尔德 · 冯 · 朗格曼 · 翁德 · 埃伦坎普装甲兵上将，橡叶骑士十字勋章，第24装甲军，1890年3月29日生于卡尔斯鲁厄，1942年10月3日因伤死于旧舍沃耶附近。

und Erlencamp)操办葬礼,这次葬礼于10月5日在舒罗诺耶的一座教堂举行。10月就这样过去了。

第336工兵营到达斯大林格勒时的指挥结构将大大不同于在科罗托亚克时。就在该营接到开赴斯大林格勒的重大命令前几天,他们的营长里夏德·帕弗利切克少校正好回国休假了。按理指挥权应该转给资深的连长博尔科夫斯基上尉,但他在11月1日被召回B集团军群的军官后备队,随后刚被调到匈牙利第2集团军的德国顾问团任联络官。排在他之后的指挥人选是9月中旬才调到第336工兵营的赫尔曼·隆特上尉。他是士官出身,本来是要担任连长,却以特派上尉的名义留在了营部,而他的主要工作就是接受担当营长的训练,他很快就将得到证明自己才干的机会。

隆特曾被上级军官评价为具有"坚定不移、精力充沛、英勇无畏"的军人风范,在不当班时的举止以及对上下级的态度也是"无可挑剔"的,他的服役记录中没有任何令人尴尬的污点。他为

人彬彬有礼,广受欢迎,颇有领袖气质。在战争初期曾有一个指挥官用寥寥数语总结了隆特的特点:"一个朴素、率直、值得信赖的人,具有纯而又纯的军人品质。"

除了新指挥官,该营还有另一些变化。由于帕弗利切克少校暂时缺阵,博尔科夫斯基上尉一去不返,"后备"的连长隆特上尉不得不挑起代理营长的担子,第1连的连长职位便出现了空缺。营副官卡尔-海因茨·胡伦中尉知道自己有能力指挥一个工兵连,于是毛遂自荐。考虑到他曾作为排长积累过不少经验,再加上担任副官时表现出的勤恳尽责,他显然能成为一个优秀的连长,他的营副官职务则由第3连的排长卡尔·鲁尔少尉接任。

和第294工兵营一样,第336工兵营的大部分官兵也不必受长途行军之苦。他们此时的作战地域距离斯大林格勒实在太远,为了及时赶到战场参加进攻,需要动用快速的运输手段。紧张的

■ 1942年夏季作战期间,第336工兵营的官兵在后方休息时的留影,他们刚刚接收了给养,正准备分发下去。

时间限制意味着准备工作只能做得很简略：11月1日午夜前半小时，第336步兵师接到一份通报，要求师属工兵营做好被空运到另一地区的准备。师长随即通知了隆特上尉，并向他说明了情况。次日晚上20时30分，隆特接到了3日上午9时前往尼古拉耶夫卡附近的伊洛夫斯科耶机场报到的命令。他要从那里直接飞赴第6集团军在顿河畔卡拉奇的集团军工兵学校，听取关于即将进行的作战的指示，并做好迎接自己营的准备。两小时后，也就是11月2日22时30分，第336步兵师接到了正式命令："工兵营运往斯大林格勒的时间定为1942年11月4日。"隆特上尉立刻把手下的连长们召集到指挥所，命令他们率部做好空运准备，他要求他们带上所有能用的重武器，包括火焰喷射器。当被问及目的地时，隆特只需说出一个词："斯大林格勒。"前任副官、现任第1连连长胡伦中尉将在隆特离开后指挥全营。

担任炊事员的威廉·吉贝勒二等兵收拾了自己的炊事用具，他将和营后勤梯队的其他人一起通过陆路到达斯大林格勒。在他打点行装时，身边的工兵们一边大声抱怨这次新任务，一边检查着火焰喷射器、炸药包和个人武器。以前每当要执行特殊的"苦差"时，吉贝勒也听他们发过牢骚。不过既然这些工兵都是无可挑剔的巷战行家，他既不担心他们的士气，也不怀疑他们将在伏尔加河边取得的胜利。

隆特上尉和副官鲁尔少尉在黎明时分出发前往机场，他们的飞机在9时准时起飞，3个小时后降落在斯大林格勒以西10公里外的皮托姆尼克村西北方的机场。与此同时，在科罗托亚克地区，布罗克曼中尉的第2连在中午时分爬上9辆卡车离开营地，他们的目的地也是伊洛夫斯科耶机场，到达那里时夕阳已经给他们投下了长长的影子。他们整理好装备，以班为单位登上第4航空队提

供的Ju 52运输机。飞行过程一切顺利，全连在晚秋的夜色中降落于皮托姆尼克。接着一小队卡车载着他们沿卡拉奇－斯大林格勒铁路线一路西行，过顿河后进入为他们安排的宿营地。

11月4日凌晨，另两个连在破晓前早早做好了前往伊洛夫斯科耶机场的准备。3时刚过卡车就停在营地，15分钟后，胡伦中尉的第1连和齐施中尉的第3连就带着所有武器装备挤进卡车，并以在长途行军中尽可能舒适的方式安顿好。他们在7时开到机场，跳下卡车，迅速将装备装上飞机，然后自己也进入机舱。这一切过程都非常顺利和迅速。不久飞机腾空而起，在10时左右降落到皮托姆尼克机场。第51军提供的卡车将他们接到了位于顿河对面的宿营地。该营的军需官埃里希·鲍赫施皮斯会计中尉在给妻子的信中写道：

"我完成了这辈子最快的一次旅行。在两个半小时里我穿越了500公里，与我同行的是除了辎重队外的全营。这是一次非常愉快的体验，但是现在不安和紧张的时刻又开始了。我这会儿正和另一个营一起等候分配给我的卡车，好领取口粮。天已经黑了（现在是15时），所以我只能写到这里为止。我很好，不用挂念。"

该营受人爱戴的军医霍斯特·加尔沃苏斯医务上尉[1]（Horst Gallwoszus）也到了斯大林格勒。他坚持把急救站设在离前线尽可能近的地方，这证明他的勇气无可非议。这样的做法曾几次使他遭遇生命危险，但他始终不为所动。他相信如果自己能在重伤员中弹后几分钟内进行处理，就能挽救更多生命。截至此时，他的这一理论已经被事实一次次验证，数十名在科罗托亚克负伤的士兵多亏这位勇敢的医生和他手下同样勇敢的助手及勤务兵才捡回一条命，他的英勇事迹被上级认可，使他在9月18日获得一级铁十字勋章，这对军医来说是少有的荣誉。

1. 霍斯特·加尔沃苏斯医务上尉，第336工兵营营部，1908年9月25日生于柯尼斯堡，1943年1月失踪于斯大林格勒。

该营无法空运的部分——例如野战厨房、行李车和装载装备、弹药和口粮的卡车——经过几十个小时的艰苦行驶，最终在11月5日晚上抵达。

第336工兵营在1942年11月4日的战斗力量为8名军官、38名士官和336名士兵，就餐人数则还要多出20人左右。该营在几个星期前的10月17日刚刚接收69名年轻的补充兵，因此是满员的。至于武器方面，该营的轻机枪完全符合编制要求（每连9挺，共27挺），但火焰喷射器数量不足，每连只有两具，而不是编制的三具。该营所有人员都有标准的火器，外加几支苏制波波沙冲锋枪，不过他们还装备了一种不同寻常的武器。在1941年5月驻扎比利时期间，该营官兵曾有机会选购比利时国营公司赫尔斯塔尔工厂（位于列日附近的赫尔斯塔尔镇）制造的勃朗宁FN大威力手枪。工兵们很欣赏这种手枪较大的载弹量（它的弹夹可装13发标准9毫米帕拉贝鲁姆手枪弹，若加上膛内的1发，则最多可装14发），许多人，尤其是军官和士官，都选择佩戴它防身。两个月前这种手枪在科罗托亚克经受了考验，在该营抵达斯大林格勒时，最有经验的人喜欢用它作为备用武器。

科罗托亚克之战把第336工兵营锻造成一支令人钦佩的部队，并为他们提供了城市作战和夺取坚固建筑的宝贵经验。所有官兵都懂得了一个道理：火焰喷射器、炸药和最重要的进攻锐气相结合能有效占领坚固的苏军巢穴。在5个调往斯大林格勒的工兵营中，第336工兵营拥有在建筑密集区域作战的最新经验。因为他们在科罗托亚克成功完成了类似的任务，所以他们信心十足地认为自己能再次获胜。官兵们认为在斯大林格勒没有任何困难能与他们经历过的那场恶战相比，他们最近获得的勋章使他们对那场战斗记忆犹新。第336工兵营的军官们注意到斯大林格勒和科罗托亚克的地形有着显著的相似之处，他们甚至有点惊讶地发现几个苏军据点被起了和科罗托亚克的据点相同的名字："红房子"、"白房子"……但是他们知道凭自己的能力可以轻松完成这个任务。他们信心十足，有些人甚至到了傲慢自大的地步。

附录2：德军工兵营军官简历[1]

库尔特·赫尔曼·威廉·阿赫特贝格中尉——第45工兵营，排长；1918年2月19日生于西普鲁士科尼茨。FTT：第2工兵营。WBK：德意志克罗内。1942年7月29日负伤。留在军中。1943年晋升为中尉。1944年7月27日阵亡于拉脱维亚列普纳。

威廉·艾格纳中尉——第336工兵营第2连，连长；1915年11月15日生。FTT：第83山地工兵营。1941年2月至1942年6月任第336工兵营副官。晋升为中尉（RDA：1942年4月1日）。1942年8月15日阵亡于顿河畔科罗托亚克附近。

弗里茨·安德尔芬格上尉——第45工兵营营部，营副官；1916年12月6日生。WKK：7。WBK：肯普滕／阿尔高。战争开始时在第5工兵营。晋升为少尉（RDA：1940年11月1日）。1942年5月至10月任副官。晋升为中尉（RDA：1942年11月1日）。1943年7月27日在第51装甲工兵营任职时因伤死亡，同年10月6日追晋为上尉。

卡尔·巴克少校——第294工兵营，营长；1906年4月15日生于菲恩海姆／黑森。晋升为上尉（RDA：1936年10月1日）。战争开始时是第4工兵营第2连连长。1940年4月至1942年5月任第294工兵营营长。晋升为少校（RDA：1941年11月1日）。

阿图尔·巴兰斯基上尉——第162工兵营第2连，连长；1904年12月7日生于东普鲁士拉斯滕堡。WBK：巴滕施泰因。1942年10月9日在一次突击队作战中负伤。在斯大林格勒被围。1942年11～12月调至第305工兵营营部。1943年1月5日失踪于斯大林格勒，最终军衔为上尉。

库尔特·巴尔特上尉——第162工兵营第1连，连长；1909年3月18日生于卡塞尔。战争开始时在第29工兵营任排长，军衔为军士长。晋升为中尉（RDA：1941年11月1日）。从第627工兵营调至第162工兵营，1942年5月10日起生效。1942年11月18日阵亡于斯大林格勒。1942年11月30日获一级铁十字勋章。被追晋为上尉（RDA：1942年11月1日）。

埃里希·鲍赫施皮斯会计中尉——第336工兵营营部，军需官；1913年1月8日生。在斯大林格勒被俘，1949年8月获释。1989年卒于汉堡。

路德维希·拜格尔上尉——第305工兵营第3连，连长；1917年10月19日生于特劳恩施泰因／因河畔米赫尔多夫。1942年6月20日在第305

■埃里希·鲍赫施皮斯会计中尉与一群女士在一起。

1. 本附录使用的缩写词说明：FTT——和平时期服役单位，MTT——机动单位，RAD——军衔资历起始日期，WBK——征兵司令部所在地，WKK——所属军区或军区司令部所在地。

工兵营第 2 连以少尉身份获二级铁十字勋章。晋升为中尉（RDA：1942 年 7 月 1 日）。1942 年 9 月 14 日获一级铁十字勋章。1942 年 10 月 14 日负伤。晋升为上尉（RDA：1944 年 2 月 1 日）。在战争中幸存。战后曾在联邦国防军任职。1991 年 1 月 25 日卒于特劳恩施泰因。

约翰内斯·贝纳德中尉——第 294 工兵营营部；留守分队队长。未落入包围圈。

弗里茨·贝格曼中尉——第 294 工兵营第 2 连，连长；1915 年 5 月 22 日生于兰茨贝格／瓦尔塔，勃兰登堡省／诺伊马克。WKK：林根。1942 年 11 月 12 日因伤死于斯大林格勒－戈罗季谢。

赫伯特·博尔科夫斯基少校——第 336 工兵营第 1 连，连长；1909 年 10 月 20 日生于但泽／新港。战争开始时在第 11 工兵营服役。晋升为上尉（RDA：1942 年 2 月 1 日）。1940 年至 1942 年 10 月 31 日任第 336 工兵营第 1 连连长。后调任联络参谋。战争结束时军衔为少校。在战争中幸存。1995 年 7 月 16 日卒。

安东·布劳恩上尉——第 389 工兵营第 1 连，连长；1915 年 7 月 15 日生于于尔丁根。WBK：克雷菲尔德。晋升为少尉（RDA：1937 年 4 月 1 日）。战争开始时任第 49 工兵营副官。在斯大林格勒被围。可能在 1942 年 11～12 月从第 389 工兵营第 1 连调至另一工兵营。1943 年 1 月 23 日失踪于斯大林格勒。追晋为上尉。

卡尔·里夏德·布罗克曼中尉——第 336 工兵营第 2 连，连长；1910 年 5 月 18 日生于汉诺威。行伍出身。战前曾在赫克斯特尔的第 31 工兵团服役。FTT：第 26 工兵营。晋升为中尉（RDA：1941 年 11 月 1 日）。1942 年 8 月 25 日任第 336 工兵营第 2 连连长。1942 年 11 月 11 日在斯大林格勒负伤。1942 年 12 月 23 日获二级铁十字勋章。1944 年 3 月 12 日在第 737 守备工兵营编成内阵亡于加里西亚捷尔诺波尔州斯卡拉特附近。

■ 恩斯特·邦特少尉获得二级铁十字勋章时的留影，当时是军士长。

路德维希·比希少校——第 45 工兵营，营长；1895 年 6 月 13 日生于海特。WBK：慕尼黑。（军人身份号：L. Pi. Kp. 316 -2-）从 B 集团军群军官预备队调至第 45 工兵营"担负该营指挥官之职"，1942 年 8 月 22 日起生效。1942 年 11 月 25 日第 45 工兵营并入第 389 工兵营，比希接任第 389 工兵营营长。1943 年 1 月 23 日失踪于斯大林格勒，最终军衔为少校。

彼得·布赫纳中尉——第 305 工兵营第 1 连，排长；1916 年 8 月 29 日生于巴尔德豪森。1942 年 6 月 10 日获二级铁十字勋章。晋升为中尉（RDA：1942 年 7 月 1 日）。1942 年 8 月 15 日负伤。1944 年 3 月时在第 10 工兵营。1945 年 2 月失踪。

恩斯特·邦特少尉——第 50 装甲工兵营第 3 连，排长；1912 年 10 月 13 日生于霍尔茨豪森。FTT：第 50 工兵营。获得过二级铁十字勋章，晋升为少尉（RDA：1942 年 10 月 1 日）。1942 年 11

月 13 日阵亡于斯大林格勒。

马克斯·邦茨中尉——第 45 工兵营第 1 连，连长；1914 年 7 月 10 日生于乌尔姆／多瑙。WKK：5。WBK：乌尔姆／多瑙。战争开始时在第 45 工兵营。晋升为少尉（RDA：1940 年 2 月 1 日）。晋升为中尉（RDA：1942 年 3 月 1 日）。在斯大林格勒被围。1942 年 11～12 月调至第 389 工兵营第 3 连。1943 年 1 月 23 日起失踪于斯大林格勒。1943 年 6 月 10 日追授金质德意志十字奖章。

保罗·迪策尔技监中尉——第 294 工兵营营部，技术监察官；1903 年 4 月 16 日生于丹科森／明登。1943 年 1 月 2 日失踪于斯大林格勒。可能从战俘营生还。

阿尔方斯·约翰内斯·卡尔·安东·久姆布拉中尉——第 305 工兵营营部；1898 年 7 月 16 日生于上西里西亚舍瑙。从军前是教师。在斯大林格勒被围。可能在 1942 年 11～12 月调至第 305 工兵营营部（原先可能在第 162 工兵营）。1943 年 1 月 5 日被宣布失踪于斯大林格勒。1943 年 5 月 1 日卒于苏联战俘营中。

汉斯·路德维希·埃伯哈德上尉——第 389 工兵营第 2 连，连长；1917 年 6 月 9 日生于中国上海。晋升为少尉（RDA：1938 年 9 月 1 日）。战争开始时在第 15 工兵营第 2 连。晋升为中尉（RDA：1940 年 2 月 1 日）。1942 年 5 月 29 日获一级铁十字勋章。1943 年 1 月 25 日获金质德意志十字奖章。晋升为上尉（RDA：1943 年 2 月 1 日）。从战争中幸存。2002 年 11 月 30 日卒于莱茵巴赫。

伯恩哈德·艾林豪斯中尉——第 336 工兵营第 3 连，排长；1917 年 9 月 7 日生。WKK：6。WBK：科隆 1。FTT：第 26 工兵营。战争开始时在第 16 工兵补充营。晋升为少尉（RDA：1940 年 7 月 1 日）。调到第 336 工兵营，在第 3 连任排长，从 1942 年 5 月 1 日起生效。晋升为中尉（RDA：1942 年 7 月 1 日）。1942 年 7 月 9 日获一级铁十字

勋章。1942 年 11 月 14 日任第 336 工兵营第 1 连连长。在斯大林格勒被围。1943 年 1 月 6 日起失踪于斯大林格勒。可能从战俘营生还。

赫尔穆特·埃梅勒上校——第 50 装甲工兵营，营长；1896 年 2 月 20 日生于汉诺威。晋升为上尉（RDA：1934 年 4 月 1 日）。战争开始时在陆军总司令部工兵监察部（In5）。1940 年 3 月任第 50 工兵营营长。晋升为中校（RDA：1942 年 4 月 1 日）。调至陆军装备及训练补充司令部（In5），1942 年 9 月 15 日起生效。晋升为上校（RDA：1944 年 8 月 1 日）。从战争中幸存。

埃德蒙·芬格上尉——第 336 工兵营；1895 年 2 月 7 日生。晋升为少尉（RDA：1938 年 10 月 1 日）。战争开始时在第 13 工兵营第 2 连任排长（第 4 步兵师，后改为第 14 装甲师）。从第 175 工兵营（第 75 步兵师）调至第 336 工兵营，命令于 1942 年 7 月 1 日起生效。

威廉·弗朗茨·京特·弗里克上尉——第 50 装甲工兵营；1916 年 7 月 1 日生于吕斯特林根／奥尔登堡。晋升为少尉（RDA：1938 年 9 月 1 日）。战争开始时在第 50 工兵营第 1 连。1942 年 5 月任第 50 工兵营第 1 连连长。从第 50 工兵营营部调至第 6 集团军工兵司令参谋部，1942 年 8 月 14 日起生效。任工兵司令（泽勒上校）的副官。1942 年 12 月 25 日随泽勒上校乘飞机进入斯大林格勒包围圈。在 1943 年 1 月 22 日泽勒乘飞机逃离时留在包围圈内，1 月 29 日失踪于斯大林格勒。1943 年 3 月 10 日晋升为上尉（RDA：1943 年 1 月 1 日）。

特奥多尔·富克斯中尉——第 50 装甲工兵营第 3 连，排长；1919 年 6 月 25 日生于哈瑙。1939 年 12 月 25 日获黑色战伤奖章。1940 年 6 月 25 日获二级铁十字勋章。1942 年 6 月 30 日获一级铁十字勋章。1942 年 8 月 1 日获银质战伤奖章。1942 年 4 月 1 日至 10 月 18 日在第 50 工兵营任排长。1942 年 12 月 13 日至 1943 年 10 月 7 日在第 29

■ 1942年6月10日,马克斯·弗里茨领受二级铁十字勋章,左起:不知名者、海因茨·沙特少尉、马克斯·弗里茨少尉、弗朗茨·拉普二等兵、恩斯特·克勒二等兵、不知名者、弗里德里希·拜斯曼少校、不知名者。

装甲工兵补充训练营任排长。从战争中幸存。

马克斯·弗里茨上尉——第305工兵营,营副官;1918年3月11日生于斯图加特。学士。WKK:斯图加特1。1941年5月起任第305工兵营副官。1942年6月10日获二级铁十字勋章。1942年10月回家休假,1942年11月7日返回部队。在斯大林格勒被围。被调至前线任第305工兵营第2连连长。1942年12月22日阵亡于斯大林格勒,被追晋为上尉。

霍斯特·加尔沃苏斯医务上尉——第336工兵营营部,营军医;1908年9月25日生于东普鲁士柯尼斯堡。1943年1月失踪于斯大林格勒。

埃尔温·卡尔·恩斯特·加斯特上尉——第50装甲工兵营,营长;1911年10月18日生于波美拉尼亚施托尔普。(军人身份号:-67- 3./Pi.Btl.9)晋升为中尉(RDA:1937年10月1日)。战争开始时任第9工兵营第3连连长。晋升为上尉(RDA:1940年9月1日)。从第2工兵学校调至第50装甲工兵营任营长,1942年9月15日起生效。1943年1月7日起失踪于斯大林格勒。

卡尔-海因茨·格鲍尔少尉——第45工兵营第1连,排长;1919年4月4日生于桑格豪森。WKK:桑格豪森。从第413工兵团团部调至第45工兵营,1942年7月10日起生效。1942年8月17日阵亡于上格拉希莫夫以西8公里处。

克里斯蒂安·戈伊尼希中尉——第50装甲工兵营第2连,排长;1915年4月1日生于克劳特豪森。从第646桥梁工程营调至第50工兵营,1942年1月15日起生效。1942年7月29日获一级铁十字勋章。在部队开赴斯大林格勒前负伤。从战争中幸存。2001年3月4日卒于迪伦。

汉斯·吉特少校——第162工兵营第3连,连长;1915年10月12日生于布龙贝特。晋升为少尉(RDA:1938年1月1日)。战争开始时在第48工兵营第3连任排长。1940年8月1日任第162工兵营第3连连长。1942年10月31日从第162工兵营调至第29军参谋部。调至WKK 8军官预备队,1943年1月1日起生效。1945年5月1日阵亡于柏林,最终军衔为少校。

赫尔曼·阿尔伯特·弗里德里希·格勒克勒上尉——第45工兵营营部,营副官;1909年7月11日生于康斯坦茨。学士。WBK:斯图加特1。1942年2月至8月任副官。晋升为中尉。在帕乔离开后,比希到任前担任代理营长。1942年8月25日负伤但留在部队。后调往第32装甲工兵营并晋升上尉,1943年11月13日阵亡。

鲁道夫·戈特瓦尔德少尉——第50装甲工兵营第1连,排长;1915年6月30日生于汉堡。晋升为少尉(RDA:1942年10月1日)。1942年

12月25日阵亡于斯大林格勒。

埃米尔·格雷夫少尉——第45工兵营第1连，排长；1915年10月30日生于哈斯默斯海姆／巴登。1942年11月12日起失踪于斯大林格勒。

阿尔布雷希特·尤利乌斯·格雷泽尔少尉——第45工兵营，排长；1919年6月13日生于斯图加特。1942年9月16日获二级铁十字勋章。1942年8月23日因伤死于红佩斯科瓦特卡附近。

鲁道夫·格雷戈尔少尉——第162工兵营营部；1919年2月8日生于诺伊多夫。从斯大林格勒战役中幸存。1943年3月24日获金质德意志十字奖章。晋升为少尉（RDA：1943年12月1日）。1944年9月失踪。

奥拉夫·格里本少校——第50装甲工兵营舟桥分队，队长；1898年4月15日生。未到斯大林格勒。1943年3月3日，任第50装甲工兵营在斯大林格勒包围圈外部队的指挥官。战争结束时晋升至少校军衔。从战争中幸存。1990年8月3日卒于杜塞尔多夫。

里夏德·格林上尉——第305工兵营第2连，连长；1913年5月17日生于基希海姆／泰克。WBK：斯图加特1。战争开始时在第45工兵营。晋升为少尉（RDA：1938年10月1日）。晋升为中尉（RDA：1941年8月1日）。1942年6月10日获二级铁十字勋章。1942年11月11日在斯大林格勒患病。从斯大林格勒战役中幸存。晋升为上尉（RDA：1943年12月1日）。直至战争结束都不曾负伤。1990年5月24日因患前列腺癌卒于基希海姆／泰克。

瓦尔特·哈德科普夫中尉——第50装甲工兵营第2连，连长；1902年8月8日生于吕贝克。WKK：10。WBK：汉堡1。战争开始时在第50工兵营。晋升为少尉（RDA：1939年10月1日）。晋升为中尉（RDA：1942年2月1日）。1942年5月25日获一级铁十字勋章。1942年8月26日任第50装甲工兵营第2连连长时负伤。在斯大林格勒被围。1942年12月16日起作为第50装甲工兵营第3连连长失踪于斯大林格勒。

■ 鲁道夫·格雷戈尔军士长，后晋升少尉。

■ 里夏德·格林中尉和他的幼女，照片摄于1943年初。

■ 瓦尔特·海因里希上尉在1944年中期的一幅照片，可见他已经获得了金质德意志十字奖章、陆军荣誉勋饰和近战勋饰等荣誉。

阿图尔·哈斯勒会计上尉——第50装甲工兵营营部，军需官；1903年2月1日生于汉堡。行伍出身。在斯大林格勒被围。1943年1月失踪于斯大林格勒。

海尔曼少尉——第336工兵营第2连，排长。从第14工兵补充营调至第336工兵营任排长，1942年4月1日起生效。1942年6月10日负伤。

瓦尔特·海因里希少校——第45工兵营第2连，连长；1918年4月6日生于乌尔姆。战争开始时是下士，在第45工兵营第1连任班长。1939年10月15日至1940年1月26日在第2工兵学校第2候补军官训练班学习。1940年1月27日调至第45工兵营任排长。1940年5月17日获二级铁十字勋章。1940年5月28日负伤，同日获黑色战伤勋章。伤愈后，于1940年12月10日返回第45工兵营。1940年12月15日获普通突击章。1941年9月任第45工兵营第2连连长。1941年12月14日获一级铁十字勋章。1942年1月16日负伤，但仍随部作战。

晋升为中尉（RDA：1942年4月1日）。1942年4月18日获陆军荣誉勋饰。1942年6月28日又负伤，但仍随部作战。1942年8月15日获东线冬季作战奖章。1942年9月11日获银质战伤勋章。1943年1月13日负伤，1943年1月21日乘飞机离开包围圈。伤愈后，于1943年8月14日返回第45工兵营。晋升为上尉（RDA：1943年10月1日）。1944年2月21日获金质德意志十字奖章。成为第45工兵营的最后一任营长。晋升为少校（RDA：1944年12月1日）。从战争中幸存。1997年2月13日卒于乌尔姆／多瑙。

奥托－威廉·海因策上尉——第294工兵营营部，营副官；1918年11月12日生于诺特海姆。FTT：第4工兵营。1941年9月到1942年6月任第294工兵营副官。晋升为中尉（RDA：1941年10月1日）。晋升为上尉（RDA：1944年3月1日）。从战争中幸存。1983年5月25日卒于奥斯纳布吕克。他的兄弟霍斯特也是工兵军官，曾获骑士十字勋章。

阿尔方斯·黑普少尉——第305工兵营第2连，排长。1942年6月20日获二级铁十字勋章。1942年10月15日在斯大林格勒负伤。

施塔贝·赫特兰普夫上尉——第162工兵营营部，留守分队队长；在第162工兵营开赴斯大林格勒时指挥留守分队，后来指挥第162工兵营在包围圈外的部队。

埃尔温·兴斯特中尉——第305工兵营第1连，排长；1908年9月14日生于哈默尔恩／威悉。WBK：哈默尔恩。1942年10月16日在斯大林格勒负伤。在斯大林格勒被围。1943年1月5日失踪于斯大林格勒。晋升为中尉。

瓦尔特·欣施维修军士长——第50装甲工兵营营部；1899年1月3日生于汉堡。在斯大林格勒被围。1943年1月失踪于斯大林格勒。

胡贝特·约翰·洪布格尔少尉——第305

工兵营轻装工兵分队，队长；1907年11月23日生于赖泽尔芬根。WBK：勒拉赫。在斯大林格勒被围。1942年12月22日阵亡于斯大林格勒。

卡尔－海因茨·胡伦上尉——第336工兵营第1连，连长；1917年6月2日生于威特玛。FTT：第6工兵营。从第16工兵补充营调至第336工兵营第3连，1942年4月1日起生效。1942年6月至1942年11月任第336工兵营副官。1942年11月1日任第336工兵营第1连连长。1942年11月14日负伤。从斯大林格勒战役中幸存。晋升为上尉（RDA：1943年11月1日）。1943年12月26日阵亡于巴里谢夫卡附近，时任第156工兵营营长。1944年1月25日追授陆军荣誉勋饰。

埃贡·希尔曼中尉——第50装甲工兵营营部，营随从参谋；1918年7月4日生于不来梅港。WBK：威悉明德。FTT：第50工兵营。晋升为少尉（RDA：1940年12月1日）。1942年9月12日获一级铁十字勋章。晋升为中尉（RDA：1942年12月1日）。1943年1月失踪于斯大林格勒。

格哈德·扬克少校——第50装甲工兵营；1911年10月10日生于乌瑟多姆。晋升为少尉（RDA：1937年4月1日）。战争开始时任第43工兵营副官。1940年调至第6集团军工兵司令参谋部，后调至第50工兵营营部，1942年8月14日起生效。从斯大林格勒战役中幸存。晋升为少校（RDA：1944年7月1日）。从战争中幸存。

克斯勒中尉——第336工兵营第1连，排长；晋升为中尉（RDA：1942年7月1日）。

马克斯·凯普勒会计中尉——第305工兵营营部，营军需官；1909年3月7日生于基希海姆／泰克。已婚，育有四个子女。在斯大林格勒被围。1943年1月被宣布失踪于斯大林格勒。1943年2月25日卒于战俘营中。

曼弗雷德·基米希中尉——第45工兵营，排长；1920年1月23日生于索巴尔德苏尔茨。1942年11月15日在斯大林格勒负伤。乘飞机逃出包围圈。1944年10月20日卒于罗马尼亚阿尔斯克的第3655号战俘营。

■ 埃贡·希尔曼中尉，照片中是上士军衔。

■ 第305工兵营营部的马克斯·凯普勒会计中尉（右）。

恩格尔贝特·克莱纳中尉——第162工兵营，排长；1915年2月20日生于布雷斯劳。WKK：布雷斯劳1。1942年12月18日阵亡于斯大林格勒。被追晋为中尉。

奥托·弗朗茨·卡尔·克吕格少校——第162工兵营，营长；1904年9月15日生于埃尔宾。晋升为上尉（RDA：1937年4月1日）。战争开始时任第21工兵营第3连连长。晋升为少校（RDA：1941年12月1日）。1942年11月26日任第305工兵营营长。1943年1月在斯大林格勒负伤。1943年2月2日在斯大林格勒被俘。1943年4月20日卒于苏军战俘营。

克劳斯·孔策中尉——第50装甲工兵营，营副官；1920年3月31日生于汉堡。行伍出身。战争开始时在第50工兵营。晋升为少尉（RDA：1941年2月1日）。在斯大林格勒被围。1943年1月21日起失踪于斯大林格勒。晋升为中尉（RDA：1943年2月1日）。

莱曼医务中尉——第50装甲工兵营营部，营军医；1940年11月至1942年12月在该营任职。1942年12月下旬负伤，乘飞机离开包围圈。从战争中幸存。

约翰内斯·林德纳中尉——第305工兵营营部；1906年7月15日生于东波美拉尼亚雷登丁（今波兰雷登青）。（军人身份号：-358-1./Pi.Ers.2)WBK：施托尔普。在斯大林格勒被围。1943年1月1日起失踪于斯大林格勒。

安东·洛赫雷尔上尉——第45工兵营第2连，排长；1920年6月22日生于乌尔姆。WKK：5。WBK：乌尔姆／多瑙。晋升为少尉（RDA：1941年4月1日）。1942年11月13日离开部队回德国参加培训班。从斯大林格勒战役中幸存。晋升为中尉（RDA：1944年12月1日），在第45工兵营一直服役至战争结束。从战争中幸存。2005年仍在世，但已身染重病。

■ 第50装甲工兵营副官克劳斯·孔策中尉。

阿道夫·洛斯少尉——第389工兵营第1连，排长；1920年2月11日生于阿尔滕斯滕巴赫。1942年8月24日获一级铁十字勋章。1942年1月5日阵亡于斯大林格勒。

库尔特·洛修斯中尉——第336工兵营第1连，连长；1913年4月29日生于马格德堡。1942年6月10日负伤。在斯大林格勒被围。1943年1月7日阵亡于下昆德鲁绍夫斯卡亚附近。

赫尔曼·约翰·隆特上尉——第336工兵营，代理营长；1908年5月14日生于基尔。WBK：卡塞尔2。战争开始时是第29工兵营的参谋军士。1942年7月29日从第39装甲工兵营第2连（第3装甲师）调到第336工兵营任连长（1942年7月1日起生效），但也可能是特派军官。1943年1月1日起失踪于斯大林格勒。

乌尔里希·马托伊斯医务中尉——第294工

■ 第336工兵营第1连排长弗朗茨 · 梅德少尉。

兵营营部，营军医；1915年11月7日生于格尔利茨。1942年11月28日获二级铁十字勋章。1942年12月27日起失踪于斯大林格勒。

弗朗茨 · 梅德少尉——第336工兵营第1连，排长；1910年3月15日生。WKK：1(蒂尔西特)。战争开始时在第21工兵营。晋升为少尉（RDA：1942年10月1日）。1943年1月6日或7日负伤，1943年1月10日乘飞机离开包围圈。从斯大林格勒战役和战争中幸存。战后逃到西德。1979年3月10日卒于伊达尔－奥伯施泰因。

威廉 · 梅勒少尉——第389工兵营，排长；1913年3月8日生。WBK：科隆2。1943年1月23日起失踪于斯大林格勒。可能从战俘营生还。

格哈德 · 门策尔中尉——第294工兵营第3连，连长；1907年2月12日生于厄比斯费尔德。WKK：4。WBK：莱比锡2。晋升为少尉（RDA：1936年4月1日）。晋升为中尉（RDA：1940年7月1日）。战争开始时在第38工兵营营部（第2装甲师）。1942年11月15日染病。1942年11月28

日获二级铁十字勋章。1943年1月5日起被宣布失踪于斯大林格勒。晋升为上尉（RDA：1943年2月1日）。在斯大林格勒被俘，关押于叶拉布加战俘营，后生还回国，1954年12月15日卒于柏林。

汉斯 · 迈尔少尉——第50装甲工兵营轻装工兵分队；1914年3月24日生于汉堡－布兰肯塞。1943年1月被宣布失踪于斯大林格勒。在斯大林格勒被俘。1943年3月19日卒于叶拉布加。

埃尔温 · 莫茨克少校——第389工兵营，营长；1905年8月18日生于维也纳。战争开始时在第17工兵营。1940年1月任第389工兵营营长，晋升为少校（RDA：1942年3月1日）。1942年11月3日从第34工兵补充营调至第23工兵营，任第23工兵营营长至1943年3月3日，此后被禁止升迁。

弗里德里希（弗里茨） · 摩尔芬特中尉——第45工兵营第2连，排长；1919年8月12日生于乌尔姆。行伍出身。战争开始时在第45工兵营。

■ 第45工兵营第2连排长弗里茨 · 摩尔芬特少尉。

晋升为少尉（RDA：1941年2月1日）。1943年1月失踪于斯大林格勒。晋升为中尉（RDA：1943年2月1日）。

蒙茨上尉——第162工兵营，连长；从第162工兵营调至WKK 8军官预备队，1943年1月1日起生效。此蒙茨不是骑士十字勋章获得者约翰内斯·蒙茨上尉。

埃里希·奥伯斯特少尉——第336工兵营第2连，排长；1910年11月21日生于东普鲁士申肯多夫。WKK：1。WBK：哥尼斯堡（Pr）2。战争开始时在第1工兵营。晋升为少尉（RDA：1941年11月1日）。1942年6月18日获一级铁十字勋章。1943年1月失踪于斯大林格勒。

汉斯·厄尔申上尉——第50装甲工兵营营部；1915年3月31日生。WBK：吕讷堡。战争开始时在第50工兵营。晋升为少尉（RDA：1939年4月1日）。晋升为中尉（RDA：1941年8月1日）。晋升为上尉（RDA：1942年10月1日）。任第50装甲工兵营在包围圈外部队的指挥官。

赫伯特·帕尔莫夫斯基少尉——第50装甲工兵营第3连，排长；1911年9月11日生于东普鲁士克勒贝格。WKK：哥尼斯堡（Pr）1。1942年11月13日因伤死于斯大林格勒。

格尔德·雅各布·威廉·帕乔少校——第45工兵营，营长；1909年12月15日生于普鲁士盖托夫。战争开始时在第1工兵训练营。1942年1月26日任第45工兵营营长。1942年7月28日负伤，但仍随部作战。1942年9月3日调至第5装甲工兵补充营。1943年1月26日调至某工兵训练营，并从1942年12月1日起正式任该营营长。晋升为少校（RDA：1944年1月1日）。从战争中幸存。

里夏德·帕弗利切克中校——第336工兵营，营长；1902年2月3日生于奥地利维尔滕。晋升为上尉（RDA：1935年5月1日）。1941年2月至1943年8月任第336工兵营营长。在该营被调

往斯大林格勒前回家度假。晋升为中校（RDA：1943年4月1日）。

布罗德·彼得森少尉——第50装甲工兵营第3连，排长；1917年6月22日生于哈特施泰特。WBK：基尔。战争开始时在第50工兵营。晋升为少尉（RDA：1942年5月1日）。1942年8月26日负伤，1942年9月4日因伤死于上布西诺夫卡。

恩斯特·普菲茨纳少校——第389工兵营，营长；1891年8月14日生于维也纳附近利辛。晋升为上尉（RDA：1940年3月9日）。从第100工兵营调至第389工兵营任营长，1942年11月23日起生效。在斯大林格勒被俘，关押于叶拉布加战俘营。可能从战俘营生还。

格哈德·波尔中尉——第294工兵营第1连，连长；1915年4月21日生于豪特罗达。晋升为少尉（RDA：1938年9月1日）。战争开始时在第14工兵营第2连。1940年4月至10月任第294工兵营副官。1942年11月13日负伤。1942年11月14日因伤死于斯大林格勒。

鲁道夫·蓬佩兽医上尉——第305工兵营营部，营兽医；1911年1月28日生于梅尔奥斯特劳。在斯大林格勒被俘。1943年4月16日卒于叶拉布加战俘营。

林德曼中尉——第50装甲工兵营第3连，连长；1942年8月11日负伤。

阿恩特·鲁道夫会计中尉——第294工兵营营部，军需官；1917年2月8日生于莱比锡。1943年1月22日被宣布失踪于斯大林格勒。在斯大林格勒被俘，关押于叶拉布加战俘营。1943年7月2日尚健在。可能从战俘营生还。

卡尔·鲁尔中尉——第336工兵营第3连，排长；1913年11月17日生。WKK：4。WBK：莱比锡2。MTT：第13装甲工兵营。晋升为少尉（RDA：1941年1月1日）。后调至第336工兵营第1连。1942年11月初任副官。从斯大林格勒战役

中幸存。1943年3月起任第336工兵营副官。晋升为中尉（RDA：1944年2月1日）。

沃尔夫冈·萨托里乌斯少尉——第45工兵营营部，营副官；1913年1月12日生于斯图加特。WKK：5。WBK：斯图加特2。战争开始时在第45工兵营。晋升为少尉（RDA：1941年9月1日）。1942年9月中旬起任营副官。在斯大林格勒被围。1943年1月23日起失踪于斯大林格勒。可能从战俘营生还。

海因茨·沙特中尉——第305工兵营第1连，连长；1915年4月14日生于斯图加特。1942年6月10日获二级铁十字勋章。1942年8月21日负伤。1942年10月18日再次在斯大林格勒负伤。1942年10月25日获一级铁十字勋章。从战争中幸存。1988年10月30日卒于明勤根。

阿尔方斯·申克上尉——第162工兵营第3连，连长；1915年5月24日生于上西里西亚洛伊贝尔。学士。WKK：8。WBK：诺伊施塔特／O.S.。战争开始时在第8工兵营。晋升为少尉（RDA：1940年6月1日）。1941年7月调入第162工兵营第3连。1941年7月15日获二级铁十字勋章。1941年8月6日获一级铁十字勋章。晋升为中尉（RDA：1942年6月1日）。在斯大林格勒被围。晋升为上尉（RDA：1942年12月1日）。1943年2月2日起失踪于斯大林格勒。1943年3月24日追授金质德意志十字奖章。

卡尔·施密特少尉——第336工兵营第1连，排长；1901年10月11日生于奥斯特豪森。WKK：维滕贝格。1942年9月18日获二级和一级铁十字勋章。1943年1月21日起失踪于斯大林格勒。可能从战俘营生还。

威廉·施密特少尉——第336工兵营第1连，排长；1942年9月4日负伤。1942年9月10日获一级铁十字勋章。

恩斯特·奥托·施耐德技监中尉——第50

■第305工兵营第1连连长海因茨·沙特中尉。

装甲工兵营营部，技术监察官；1903年3月8日生于唐格明德。行伍出身。在斯大林格勒被围。1943年1月4日起失踪于斯大林格勒。

威廉·施勒德中尉——第389工兵营，营副官；1915年3月12日生于汉堡。WKK：汉堡6。1942年7月至1943年1月任第389工兵营副官。1943年1月23日失踪于斯大林格勒。

京特·许策上尉——第45工兵营，排长；1912年8月21日生。1942年7月28日负伤，但仍随部作战。1943年8月6日在第58装甲工兵营编成内因伤死亡，最终军衔为上尉。

约翰内斯·许策中尉——第162工兵营第3连，排长；1911年3月1日生于雷克灵豪森。从第80桥梁工程营调至第162工兵营，1942年5月22日起生效。1942年11月19日阵亡于斯大林格勒。

弗里茨·施瓦特纳上尉——第294工兵营，

营长；1913年10月7日生。晋升为中尉（RDA：
1938年6月1日）。在战争爆发时在第13工兵营
营部服役，晋升上尉（RDA：1941年6月1日）。
从第80工兵营调至第294工兵营任营长，命令于
1942年4月12日起生效。1942年5月20日就任第
294工兵营营长。从第294工兵营调至WKK 4军
官预备队，命令于1942年7月15日生效。1943年
7月5日在第811装甲工兵连编成内阵亡于奥廖尔
以南的亚历山德罗夫卡。

　　埃里希·斯库特拉茨中尉——第45工兵营
第3连，排长；1916年4月14日生于拉尔－丁林
根。WKK：5。WBK：勒拉赫1。晋升为少尉（RDA：
1941年8月1日）。1943年1月23日被宣布失踪
于斯大林格勒。晋升为中尉（RDA：1944年8月1
日）。在斯大林格勒被俘：1943年2月至4月在别
克托夫卡－杜博夫卡战俘营，1943年4月至12月
在奥兰基战俘营，1943年12月至1945年9月在叶
拉布加战俘营，1945年9月至1949年5月在喀山
战俘营。1949年5月初获释，1949年5月27日返
乡。2001年12月30日卒于布赖萨赫／巴登。

　　贝特霍尔德·维尔弗里德·施泰格中尉——
第305工兵营第3连，连长；1914年3月13日生
于罗特韦尔。WKK：5。WBK：蒂宾根。战争开
始时在第45工兵营。晋升为少尉（RDA：1940年
9月1日）。1942年6月10日获二级铁十字勋章，
当时在第305工兵营第3连任排长。1942年7月5
日负伤。晋升为中尉（RDA：1942年9月1日）。
1942年12月12日获一级铁十字勋章。1942年12
月18日在斯大林格勒负伤，乘飞机逃离包围圈。
从斯大林格勒战役中幸存。1944年6月17日被宣
布失踪于瑟堡附近。从战争中幸存。2006年2月
21日卒于罗伊特林根。

　　赫尔曼·塔格少尉——第45工兵营第3连，
排长；1918年2月10日生于斯图加特。WBK：卡
尔夫。战争开始时在第45工兵营。1942年11月

■第45工兵营第3连排长埃里希·斯库特拉茨少尉。

11日失踪于斯大林格勒。1943年1月13日晋升为
少尉（RDA：1942年11月1日）。

　　格特弗里德·冯·特能中尉——第294工
兵营；1923或1924年生。WKK：6（默尔斯）。
战争开始时在第26工兵营。晋升为少尉（RDA：
1942年11月1日）。1945年3月9日在第119工
兵营第2连编成内获金质德意志十字奖章，当时
军衔为中尉。在斯大林格勒战役和战争中幸存。
1979年3月14日卒。

　　格哈德·蒂勒少尉——第50装甲工兵营第
2连，排长；1907年8月3日生于柏林。WBK：柏
林8。1942年12月3日获二级铁十字勋章。1943
年1月3日失踪于斯大林格勒。

　　弗里茨·冯·韦尔森中尉——第336工兵
营；1914年1月11日生于爱尔福特。战争开始时
在第253工兵补充营。调至第336工兵营，1942

■第305工兵营营长威廉·特劳布上尉,摄于1942年6月休假中。

年5月1日起生效。在斯大林格勒被围。1943年1月23日阵亡于斯大林格勒,最终军衔为中尉。

卡尔·弗格勒上尉——第45工兵营第3连;1918年8月30日生于阿尔茨豪森。从斯大林格勒战役和战争中幸存。1997年5月6日卒于蒂宾根。

汉斯－迪特里希·瓦尔德拉夫中尉——第45工兵营第3连,排长;1922年8月10日生于乌尔姆／多瑙。晋升为少尉(RDA:1942年2月1日)。1942年11月11日在斯大林格勒负伤。从斯大林格勒战役中幸存。晋升为中尉(RDA:1945年2月1日)。

威廉·特劳布少校——第305工兵营,营长;1895年11月14日生于黑尔姆施泰特。WKK:10。WBK:威悉明德。战争开始时在第22工兵营。晋升为少尉(RDA:1921年8月15日)。晋升为中尉(RDA:1938年10月1日)。晋升为上尉(RDA:1940年12月1日)。1942年10月16日任第305工兵营营长。在斯大林格勒被围。1943年1月5日起失踪于斯大林格勒。晋升为少校(RDA:1944年2月1日)。

洛塔尔·布罗图斯·瓦尔特少尉——第45工兵营第2连,排长;1920年5月1日生于洛伊特基希。WKK:5。WBK:乌尔姆。1942年11月11日阵亡于斯大林格勒。被追晋为少尉(RDA:1942年11月1日)。

埃伯哈德·瓦特上尉——第45工兵营第3连,连长;1917年11月8日生于斯图加特。WKK:5。WBK:康斯坦茨。MTT:第45工兵营。晋升为少尉(RDA:1940年6月1日)。晋升为中尉(RDA:1942年6月1日)。1942年11月11日阵亡于斯大林格勒。1943年10月6日被追晋为上尉。

威廉·魏曼少校——第294工兵营,营长;1895年3月15日生于迈德利希／杜伊斯堡。(军人身份号:1./Pi.Ers.Bd.253 -1-) WKK:16。WBK:默尔斯。战争开始时在第46工兵营。晋升为少尉(RDA:1921年5月25日)。晋升为中尉(RDA:1937年9月1日)。晋升为上尉(RDA:1939年8月1日)。任第60工兵营营长。后从第60工兵营调至第294工兵营,1942年7月15日起生效。晋升为少校(RDA:1942年8月1日)。在斯大林格勒被围。1942年12月4日获一级铁十字勋章勋饰。1943年1月8日起任第100工兵营营长。1943年1月5日起失踪于斯大林格勒。

特奥多尔·维特根医务中尉——第305工兵营营部,营军医;晋升为医务中尉(RDA:1942年8月1日)。1942年11月9日任营军医。后调至第305步兵师的另一单位。在斯大林格勒被围。1943年2月2日在斯大林格勒被俘。从战俘营生还,1948年返乡。

维利·维特上尉——第50装甲工兵营营部,营副官;1917年9月26日生。WKK:10。WBK:伦茨堡。晋升为少尉(RDA:1940年4月1日)。

晋升为中尉（RDA：1942年4月1日）。1940年11月至1942年10月任第50工兵营副官。从斯大林格勒战役中幸存。晋升为上尉（RDA：1944年3月1日）。1944年4月1日获金质德意志十字奖章。1947年5月11日卒。

阿尔弗雷德·卡尔·韦尔茨中尉——第389工兵营，营长；1903年1月6日生。晋升为上尉（RDA：1934年11月1日）。1938年，编写过一本50页的小册子，题为《战斗中的工兵（第一部分）：技术性武器装备的运用，小组、班、排的任务》。战争开始时在陆军署（AHA）。1940年任第91山地工兵营营长。后从A集团军群军官预备队调至第389工兵营任营长，从1942年8月26日起生效。1942年10月11日获二级铁十字勋章。从战争中幸存。1982年7月18日卒。

多纳图斯·韦尔纳医务中尉——第305工兵营营部，营军医；1910年5月12日生于格尔梅斯海姆／普法尔茨。从军前是医生。1942年10月任

■ 第305工兵营营部军医多纳图斯·韦尔纳医务中尉。

■ 1941年时第305工兵营营部人员的一幅合影，自左向右分别为海因里希·布罗迈斯上士（Heinrich Broineis）、瓦尔特·兰贝茨一等兵（Heinrich Broineis）、里夏德·格林少尉、埃米尔·拜尔一等兵（Emil Baier）、格奥尔格·策勒技监少尉和帕克一等兵（Pack），格林和策勒都将活到战后，而另外四人都被宣布为在斯大林格勒"失踪"。

营军医。在斯大林格勒被围。1943年1月失踪于斯大林格勒。

格奥尔格·策勒技监少尉——第294工兵营营部，技术监察官；1915年12月4日生于阿尔策瑙。土木工程师。1943年2月2日在斯大林格勒被俘。从战俘营生还，1948年6月2日返乡。2006年10月仍健在。

沃尔夫冈·齐根哈根中尉——第50装甲工兵营，连长；1917年9月7日生于美因茨。1937年11月2日参军。战争开始时在第36工兵营。晋升为少尉（RDA：1940年4月1日）。晋升为中尉（RDA：1942年4月1日）。1943年2月3日失踪于

斯大林格勒。

伯恩哈德·齐施上尉——第336工兵营第3连，连长；1915年8月15日生于斯特罗许茨／萨克森。WBK：包岑。酷爱狩猎。晋升为少尉（RDA：1938年10月1日）。晋升为中尉（RDA：1941年5月1日）。1942年9月5日获一级铁十字勋章。1943年1月11日起失踪于斯大林格勒。追晋上尉（RDA：1944年9月1日）。

瓦尔特·齐默尔中尉——第294工兵营第2连，连长；1915年6月1日生。WKK：4。WBK：莱比锡2。战争开始时在第14工兵营。晋升为少尉（RDA：1942年6月1日）。1942年11月28日获一级铁十字勋章。可能在斯大林格勒被俘并从战俘营生还。1944年5月1日晋升为中尉（RDA：1943年1月1日）。

汉斯·措恩少尉——第305工兵营第1连，排长；1921年1月11日生于普福尔茨海姆。1939年11月29日参军。最初在第5工兵营。晋升为少尉（RDA：1942年10月1日）。1942年11月12日在斯大林格勒负伤。1942年11月19日获二级铁十字勋章。从斯大林格勒战役和战争中幸存。1989年9月16日卒于美茵河畔法兰克福。

■ 左图是第336工兵营第3连连长伯恩哈特·齐施上尉手持一只猎物留影，他是一位狩猎爱好者。

附录3：德军突击连军官简历[1]

埃伯哈德·鲁道夫·拜尔斯多夫中尉——第24装甲师突击骑兵连，连长；1918年3月27日生于格赖芬哈根。FTT：第5骑兵团。1941年获一级铁十字勋章。1942年9月8日从第413装甲掷弹兵补充营调至第26装甲掷弹兵团，任第6连连长。1942年11月11日在斯大林格勒负伤。晋升为中尉（RDA：1942年1月11日）。1943年1月10日获金质德意志十字奖章。曾获骑士十字勋章推荐。从斯大林格勒战役和战争中幸存。1974年9月15日因心脏病发作卒于奥尔登堡。

维利·金德勒上尉——第44步兵师突击连，连长；1906年12月24日生于卡尔斯鲁厄附近的杜尔拉赫。学士。WBK：斯图加特1。第132掷弹兵团第5连连长。1942年6月10日负伤。伤愈后，任第132掷弹兵团第2连连长。1942年11月14日在斯大林格勒负伤。1942年12月26日获一级铁十字勋章。在斯大林格勒战役中幸存。1944年6月21日因心脏中弹阵亡于波兰塞弗里附近，当时为第357步兵师第944掷弹兵团第5连上尉连长。

汉斯·约阿希姆·马蒂乌斯中尉——第24装甲师突击骑兵连，连长；1920年5月23日生于波恩。第26装甲掷弹兵团第2营副官。1942年11月18日任突击骑兵连连长，直至该连于1942年11月21日或22日解散为止。1942年12月25日阵亡于斯大林格勒。

汉斯·冯·瓦尔特堡中尉——第131步兵团第11连，连长；1920年8月20日生于萨尔茨堡。WBK：维也纳1。1940年1月15日至6月13日在第134掷弹兵补充团第2营。后调至第44行军转运营，随该营于1940年7月31日到达第44

步兵师。1941年7月22日获二级铁十字勋章。1941年8月18日获步兵突击章。1942年3月18日获一级铁十字勋章。1942年8月15日获东线冬季作战奖章。1942年10月10日获黑色战伤勋章。1942年11月在斯大林格勒患黄疸病。晋升为中尉（RDA：1943年7月1日）。2004年8月尚健在。

威廉·威尔米策中尉——第44步兵师突击连，连长；1918年1月27日生于克拉科夫。WKK：17。WBK：维也纳1。（军人身份号：11/Sch.Kp.I.R.316 −239−）战争开始时在第132步兵团。晋升为少尉（RDA：1942年6月1日）。后任第131步兵团第11连连长。1942年11月13日阵亡于斯大林格勒。1943年10月23日被追晋为中尉。

瓦尔特·赫伯特·弗里茨·弗罗布莱夫斯基少尉——第24装甲师突击骑兵连，连长；1917年3月30日生于斯德丁。1938年参军，在第14骑兵团服役。1940年起在第22骑兵团第7连。1941年10月28日获二级铁十字勋章。1941年8月30日获装甲突击章。晋升为少尉（RDA：1942年10月1日）。1942年11月6日从第413装甲掷弹兵补充营调至第26装甲掷弹兵团第7连任排长，但随即被任命为突击骑兵连的排长。1942年11月11日任突击骑兵连连长。1942年11月18日在斯大林格勒负伤。从斯大林格勒战役中幸存。1943年1月7日获战伤勋章。在第26装甲掷弹兵团任排长和连长直至战争结束。1945年曾受重伤，但在梅克伦堡的吕布茨医院康复。在战争中共负伤7次，最后一次导致一条腿截肢。从战争中幸存。1956年加入联邦国防军，以中校军衔退役。1994年12月26日卒于伊森哈根。

---

1. 本附录使用的缩写词说明：FTT——和平时期服役单位，MTT——机动单位，RAD——军衔资历起始日期，WBK——征兵司令部所在地，WKK——所属军区或军区司令部所在地。

附录4：埃尔温 · 加斯特上尉小传

加斯特1911年10月18日生于波美拉尼亚施托尔普，他在这个德国东部城镇中度过了自己的童年和少年时代。虽然加斯特在1932年通过了高中升学考试，但他决定投笔从戎，便在1932年10月15日应征入伍，在11天后的10月26日进行了宣誓。

加斯特加入的第一个单位是驻扎在柯尼斯堡的第1工兵营第2连。1934年4月1日，他晋升为二等兵，转到该营的第1连接受进一步训练。教官立刻注意到加斯特是个充满激情而且心里完全藏不住话的人。一份写于1941年的关于加斯特的评估报告说，他"知道自己想要什么而且会用自己的方式去争取。他有时很莽撞，会固执己见"。报告认为加斯特适合接受军官训练，于是在1934年7月1日，加斯特被提拔为下士，并成为军官候补。一星期后，他被派往一个步兵学校，从7月11日开始修习军官训练课程。他在这个学校一直呆到1935年3月28日，总共学习了8个半月。加斯特在1934年8月2日宣誓效忠元首。在毕业时，他成为中士衔候补军官，随后被送往一个工兵学校继续深造。他在这个学校从1935年4月4日一直学习到9月28日。在毕业前一星期的9月22日，他被晋升为候补军官，而在刚毕业后的10月1日就获得了他渴望已久的少尉军衔。

成为军官的加斯特回到了老部队第1工兵营，此时该营已改称为柯尼斯堡B工兵营[1]。在大扩军运动公开后，柯尼斯堡B工兵营得到了它的最终名称——第21工兵营，加斯特则成为第2连部的通讯军官。1936年8月1日，他被调到第9工兵营，原本他在该营应该只呆几个月，结果却在1936年10月改为长期任职，原因是他的营长对他先前担任通讯军官时的表现印象深刻，于是让他当了第9工兵营的副官，这是一个需要很强的理解力和大量勤奋工作的职位。档案中提到加斯特"精通正式业务，并且在各方面的工作中都表现良好"，因此他凭着出色的业绩在1937年10月1日晋升为中尉。在他做了两年文案工作后，第9工兵营营长弗里茨 · 韦伯少校（Fritz Weber）发现自己这位自信而果敢的副官很希望指挥野战部队，而在1938年也恰好出现了这样的机会：该营第3连连长晋升后被调走了。于是在1938年11月1日，加斯特中尉正式成为该营唯一的摩托化连——第3连的连长。

1939年8月，在大部分德国军队被动员参与波兰之战时，第9工兵营随同其上级单位第9步兵师被派往C集团军群，驻扎在萨尔普法尔茨加强德国西部边境的防守。1940年5月，加斯特随部参加法兰西之战，第一次领受了实战任务。他们经卢森堡和比利时一路推进，在亚眠和索姆河畔打了几仗，随后越过瓦兹河和乌尔克河向巴黎挺进。工兵们有许多辛苦的工作要做，而加斯特中尉的表现超出了人们对他的所有期待。他的营长说他具有"无可挑剔的正直品格"和"冷静刚毅的品质"，"在敌人面前表现得英勇无畏"。法国战役结束后，晋升和荣誉接踵而至：他获得了一级和二级铁十字勋章、普通突击章，还在1940年8月17日晋升为上尉，资历从9月1日算起。

西线战事告一段落后，第9步兵师在法国北部转为预备队，随后在1941年4月调入波兰南部，为入侵苏联做准备。但加斯特上尉没有随军同行。第9工兵营的新任营长许茨勒少校（Schützler）写的一份评估报告大大改变了加斯特的事业轨迹。

1. 为了掩盖德国军队秘密扩张的事实，一些单位被冠以假名称。1934年10月1日，在第1工兵营基础上组建了3个新的营。它们是柯尼斯堡A工兵营（后改为第1工兵营）、吕克工兵营（后成为第11步兵师的第11工兵营）和柯尼斯堡B工兵营（后成为第21步兵师的第21工兵营）。

■ 1939年在卡塞尔附近,加斯特中尉(箭头所指)和他的第9工兵营第3连在一座由该连架设的桥前合影留念,右上小图就是加斯特中尉。

这份报告简要地概括了加斯特的特点,其中不乏溢美之词,还指出加斯特"非常出色"地履行了连长职务,但是在回答"是否适合更高职位"的问题时,许茨勒认为加斯特虽然适合担任"营长,但还嫌太年轻",可以先考虑让他担任"军校教官",上级听从了这个建议。

1941年3月8日,在报告提交一个多月后,加斯特接到了前往德绍-罗斯劳的第2工兵学校的调令。虽然他对离开野战部队心有不甘,但这个决定显然是明智的。埃尔温·加斯特是广泛的专业军官训练的产物,现在轮到他回报这个缔造他的体系了。国防军的大扩张意味着经过良好训练的指挥官严重短缺,而刚从战场返回的少壮军官正适合提高训练质量,并将新近获得的实战经验融入教学中。加斯特以饱满的热情投入了这个新岗位,他的上级齐贝上校(Ziebe)对他很满意,说他"工作勤恳、踏实可靠",作为一个"热情而成功的教官""非常出色地履行了他的现有职责"。对加斯特来说幸运的是,这一回他的上级将在报告中说他"很适合担任营长"。于是,经过一年半无休无止的探询和申请,加斯特终于在1942年9月如愿以偿,被任命为正在苏联腹地作战的第50装甲工兵营的营长,他就此踏上了通向斯大林格勒的命运之路。

附录5：赫尔曼 · 隆特上尉小传

隆特曾被上级军官评价为具有"坚定不移、精力充沛、英勇无畏"的军人风范，在不当班时的举止以及对上下级的态度也是"无可挑剔"的。他的服役记录中没有任何令人尴尬的污点。他为人彬彬有礼、广受欢迎，颇有领袖气质。在战争初期曾有一个指挥官用寥寥数语总结了隆特的特点："一个朴素、率直、值得信赖的人。具有纯而又纯的军人品质。"但是隆特成为营长的道路并非全是坦途。

当战争在1939年9月爆发时，隆特是第9工兵补充营中的一名军士长，作为一名"Zwölfender"即将达到合同规定的服役年限。他的军旅生涯可以追溯到1927年5月1日，当时他年方18，结束木匠学徒期后就加入军队，在第5工兵营第1连服役。他在同年6月16日进行了宣誓。在魏玛共和国时代，要在军中升迁是困难重重的，但是隆特却大致按两年一个台阶的速度稳步晋级：1929年5月成为上等列兵，1931年5月成为二等兵，最后在1933年3月完成为期5个月的士官训练课程，在1933年4月跻身士官行列。在训练期间，隆特接受了大量关于火焰喷射器的教导，对这种威力惊人的武器抱有很大的敬意。

希特勒掌权后，所有军人都需要进行新的宣誓，隆特在1934年4月3日完成此举。1934年10月1日，他晋升为上士，同时调到哈恩－明登工兵营。两年后，在1936年10月6日，他的老部队被整编为新的第29工兵营，隆特成为第1连的一员。他也在同一天被晋升为军士长。1938年，隆特随第29工兵营进入苏台德区，随后在该营一直呆到战争爆发的几天前。当第29工兵营在波兰边境上进行备战时，隆特在1939年8月29日接到一纸调令，去了位于阿沙芬堡的新组建的第9工兵补充营。3天后的9月1日，他被提拔为参谋军士，而他的老部队则在这一天越过了波兰边境。他在补充营度过的时间很短暂，因为这种部队的作用就是为作战部队输送人员。9月19日，隆特参谋军士和第9工兵补充营的其他许多人一起被调到正在维尔德夫莱肯和哈默尔堡的训练场上组建的第195工兵营。接着就是几个月的训练和演习。在这段时间里，第195工兵营的营长厄尔策少校(Oelze)发现了隆特参谋军士身上的领袖气质，在1939年12月8日将他列为军官候补。隆特从此踏上了军官之路，并将最终沿着这条道路前往斯大林格勒。

隆特在12月26日被选入晋升军官的名单，而在4天后，厄尔策少校提交的晋升推荐书不仅建议将他擢升为预备役少尉，还建议同时擢升为预备役中尉。厄尔策在评估报告中说，隆特为人"诚实正直，言行得体，矜持含蓄，与战友打成一片，而且有很好的军事教育背景"。在大多数情况下，破格晋升是很罕见的，但是根据陆军人事局制订的《军官升迁规则》："服役时间超过9年的现役士官，或者服役满12年且在1939年9月1日前退伍的前士官，如果完全胜任连长职务，则可在晋升为少尉的同时晋升为中尉；如果只适合担任排长，则只能晋升为少尉。"

接到这份关于隆特的晋升推荐书后，陆军人事局在1940年2月19日给厄尔策少校发了一封信："要求说明被提议晋升为中尉的隆特参谋军士是否胜任连长职务。"厄尔策毫不犹豫地在1940年3月3日做出了简明的答复："隆特参谋军士完全适合担任连长。"11天后，隆特得到了预备役中尉军衔，资历从1940年2月1日算起。

解决军衔问题后，隆特就被调到为第195工兵营提供补充人员的第253工兵补充营，这次调动从1940年2月26日起生效。几个月后，在5月

22日，隆特中尉终于得到指挥一个连的机会，他成了补充营第2连的连长。隆特以行动证明了自己是卓越的连长，既尊重下属，又能确保他们发挥出全部潜力。两个半月后，他又被调回作战部队，在厄尔策少校的第195工兵营中指挥轻装工兵分队。虽然这不是需要参加实战的职务，隆特还是全心全意地投入了新工作。

1940年10月10日，隆特被调到驻扎在科隆－韦斯特霍芬的翁弗尔萨格特军营的第16工兵补充营，任该营第2连的连长。在1940年底，他的营长提议让隆特成为正式军官。陆军总司令部人事局驳回了提议，在1941年1月30日的回信中说："只有在他领导作战部队的能力得到证明后，此提议才会获批。建议将该军官派往野战部队。"过了将近半年，在1941年6月27日，隆特中尉终于被调往正在东线作战的第39装甲工兵营（第3装甲师）。隆特在斯摩棱斯克战役、基辅围歼战和图拉附近残酷的冬季战斗中经受了锻炼。在训练场上犯错只会招来责骂，但是在战场上犯错却要付出生命代价，先后担任排长和连长的隆特深知这一点，他总是在做出决定前反复权衡，这一做法得

到了部下的尊敬。连续几个月的战斗、推进和损失把隆特从一个杰出的补充连连长变成了杰出的战斗工兵指挥官。他获得了一级和二级铁十字勋章、普通突击章，还在1942年1月被提拔为上尉，资历从1941年11月1日算起。1942年5月，隆特仍在第39装甲工兵营中，随整个第3装甲师从中央集团军群调至南方集团军群。他们成为第6集团军的预备队，在哈尔科夫地区驻扎了几个月，为新的夏季攻势做准备。隆特在5月到6月回家度假，然后在7月至8月间被派往布拉格执行其他任务。

1942年9月初，隆特接到了新的任命：调往第336工兵营任连长。他在1942年9月中旬赶到新部队，当时他们正驻扎在一个名叫科罗托亚克的城镇西南面的后备阵地。隆特的家信披露了在奥斯特洛戈什克周边橡树林中充满诗意的生活，那段犹如田园诗般的日子让隆特和第336工兵营的全体官兵都感到心旷神怡。他们忙着挖掘宽敞的地堡，并在其中布置他们能找到的各种生活设施，以便舒舒服服过一个冬天。然而在11月初，传来了一条将改变所有人命运的可怕命令："工兵营运往斯大林格勒的时间定为1942年11月4日。"

附录6：在斯大林格勒获得铁十字勋章的工兵名单

1942年11月19日

第305工兵营 – 二级铁十字勋章

汉斯 · 措恩少尉（Hans Zorn），第1连（1942年11月12日在斯大林格勒负伤）

1942年11月21日

第305工兵营 – 一级铁十字勋章

亚当 · 保利上士（Adam Pauli），第2连（1943年1月在斯大林格勒失踪）

第305工兵营 – 二级铁十字勋章

卡尔 · 阿贝勒列兵（Karl Abele），第2连

约瑟夫 · 贝克二等兵（Josef Beck），第2连

罗伯特 · 伯恩哈特一等兵（Robert Bernhardt），第3连（1942年12月在斯大林格勒失踪）

古斯塔夫·本茨列兵（Gustav Benz），第3连

弗里德利希 · 布里克斯纳下士（Friedrich Brixner），第1连

库尔特 · 布赫霍尔茨参谋军士（Kurt Buchholz），第1连

约翰 · 布姆一等兵（Johann Bumm），第2连（1942年11月在斯大林格勒失踪）

恩斯特 · 法里昂一等兵（Ernst Fahrion），第1连

卡尔·费塞尔二等兵（Karl Fässer），第2连

马丁 · 盖瑟列兵（Martin Gaisser），第3连

阿尔贝特 · 高格尔列兵（Albert Gauggel），第1连（1942年12月在斯大林格勒失踪）

约瑟夫·盖格尔二等兵（Josef Geiger），第2连

古斯塔夫·格拉泽一等兵（Gustav Glaser），第1连

弗里茨·哈恩上等列兵（Fritz Hahn），第3连

卡尔·哈特曼二等兵（Karl Hartmann），第1连

古斯塔夫 · 豪特二等兵（Gustav Hauth），第1连（1942年10月在斯大林格勒失踪）

鲁道夫 · 海杜克下士（Rudolf Heiduk），第1连（1942年11月12日在斯大林格勒阵亡）

弗朗茨 · 赫尔曼列兵（Franz Hermann），第3连（1943年1月在斯大林格勒失踪）

弗里德利希 · 霍格一等兵（Friedrich Hog），第1连

卡尔 · 霍尔茨阿普费尔二等兵（Karl Holzapfel），第3连（1943年1月在斯大林格勒失踪）

瓦尔特 · 容列兵（Walter Jung），第1连

卡尔 · 卡尔滕巴赫二等兵（Karl Kaltenbach），第2连（1942年12月在斯大林格勒失踪）

约瑟夫 · 卡彭基尔下士（Josef Karpenkiel），第2连（1942年10月26日在斯大林格勒负伤）

约瑟夫 · 金齐尔上士（Josef Kienzier），营部（1942年12月19日在斯大林格勒负伤）

赫尔曼 · 基施曼列兵（Hermann Kirschmann），第3连

卡尔 · 克拉格斯列兵 (Karl Klagges)，第3连 (1942年10月在卡尔波夫卡阵亡)

格奥尔格 · 克内尔下士 (Georg Knerr)，第1连 (1942年11月在莫洛索夫斯卡亚失踪)

瓦尔特 · 克里格列兵 (Walter Krieg)，第3连

马克斯 · 拉特纳二等兵 (Max Lattner)，第3连

戈特洛布 · 林德海默二等兵 (Gottlob Lindheimer)，第3连

胡戈 · 吕特根下士 (Hugo Lüthgen)，第3连

约翰 · 卢茨一等兵 (Johann Lutz)，第1连 (1942年12月在斯大林格勒失踪)

卡尔 · 迈尔二等兵 (Karl Meier)，第3连

京特 · 门采尔列兵 (Günter Mentzel)，第1连 (1942年12月在斯大林格勒失踪)

恩格尔贝特 · 莫内斯一等兵 (Engelbert Mones)，第3连 (1942年12月10日在罗斯托夫阵亡)

阿道夫 · 米勒一等兵 (Adolf Müller)，第1连

汉斯 · 米勒列兵 (Hans Müller)，第2连

雅各布 · 明德二等兵 (Jakob Münd)，第3连

保罗 · 纳斯托尔德二等兵 (Paul Nastold)，第1连 (1943年1月在斯大林格勒失踪)

鲁道夫 · 彼得斯列兵 (Rudolf Peters)，第3连

弗里茨 · 普罗滕盖尔一等兵 (Fritz Prottengeier)，第2连 (1942年10月24日在斯大林格勒阵亡)

安东 · 赖因尔二等兵 (Anton Reinl)，第2连

海因茨 · 林克一等兵 (Heinz Rinck)，第3连 (1942年11月4日在斯大林格勒负伤)

约翰 · 鲁伊德二等兵 (Johann Ruider)，第2连

海尼 · 施密德二等兵 (Heini Schmid)，第3连

路德维希 · 舍尔下士 (Ludwig Schnöll)，营部 (1943年1月在斯大林格勒失踪)

海因茨 · 施佩特下士 (Heinz Späth)，第2连 (1943年1月在斯大林格勒失踪)

汉斯 · 特罗伊二等兵 (Hans Treu)，第2连

戈特利布 · 瓦尔德布勒尔列兵 (Gottlieb Waldbr)，第1连

库尔特 · 文茨连军士长 (Kurt Wenz)，第1连 (1942年12月在斯大林格勒失踪)

安东 · 维尔德一等兵 (Anton Wild)，第1连 (1943年1月在斯大林格勒失踪)

1942年11月28日
第162工兵营 – 二级铁十字勋章

京特 · 阿恩特列兵 (Günter Arndt)，第1连 (在斯大林格勒失踪)

弗朗茨 · 杜德克二等兵 (Franz Dudek)，第3连

伯恩哈德 · 弗罗斯特二等兵 (Bernhard Frost)，第3连

格奥尔格 · 加布里尔上等列兵 (Georg Gabriel)，第1连

恩斯特 · 格鲁尔克下士 (Ernst Gruhlke)，第3连

弗朗茨 · 哈利施二等兵 (Franz Halirsch)，第2连

瓦尔特 · 汉克上等列兵 (Walter Hanke)，第1连 (1942年11月18日在斯大林格勒阵亡)

维利 · 豪克下士 (Willi Hauke)，营部 (1943年1月在斯大林格勒失踪)

海因茨 · 雅内茨科上等列兵 (Heinz Janetzko)，第1连 (1943年1月在斯大林格勒失踪)

康拉德 · 卡林卡一等兵 (Konrad Kalinka)，第1连 (1943年1月在斯大林格勒失踪)

沃尔夫冈 · 卡卢察下士 (Wolfgang Kaluza)，第3连

威廉 · 基尔施二等兵 (Wilhelm Kirsch)，第3连

约瑟夫 · 科布利茨一等兵 (Josef Koblitz)，第2连 (1943年10月在斯大林格勒失踪)

埃里希 · 科赫列兵 (Erich Koch)，第1连 (1942年11月21日在奇尔阵亡)

莱昂哈德 · 迈瓦尔德二等兵 (Leonhard Maiwald)，第1连

埃马努埃尔 · 皮奇下士 (Emanuel Pietsch)，第1连

爱德华 · 普日贝拉二等兵 (Eduard Przybylla)，第3连 (1942年10月25日在斯大林格勒失踪)

弗朗茨 · 林格尔下士 (Franz Ringel)，营部 (1943年1月在斯大林格勒失踪)

保罗 · 舒斯特上等列兵 (Paul Schuster)，第1连

斯坦尼斯劳斯 · 佐尔加二等兵 (Stanislaus Solga)，第3连 (1942年12月3日在斯大林格勒阵亡)

奥托 · 斯特凡一等兵 (Otto Steffan)，第2连 (1942年12月在斯大林格勒失踪)

弗朗茨 · 施泰因德尔一等兵 (Franz Steindl)，营部 (1943年1月在斯大林格勒失踪)

弗里茨 · 蒂尔格纳医务军士长 (Fritz Tilgner)，营部 (1943年1月在斯大林格勒失踪)

马克斯 · 韦尔策尔下士 (Max Welzel)，第3连 (在斯大林格勒失踪)

第294工兵营 – 一级铁十字勋章

奥斯卡 · 迪克勒上士 (Oskar Dickler)，第2连

瓦尔特 · 齐默尔少尉 (Walter Zimmer)，营部

第294工兵营 – 二级铁十字勋章

马克斯 · 巴斯克一等兵 (Max Baaske)，第2连

赫尔曼 · 希茨克列兵 (Hermann Hitzke)，第1连

格哈德 · 胡斯曼军士长 (Gerhard Husmann)，第2连 (1942年12月24日在斯大林格勒失踪)

阿洛伊斯 · 伊尔克一等兵 (Alois Ilg)，第1连 (1943年1月6日在斯大林格勒失踪)

维尔纳 · 延斯一等兵 (Werner Jens)，第1连 (1942年12月9日在斯大林格勒阵亡)

库尔特 · 马克上士 (Kurt Macke)，第1连 (1942年12月26日在斯大林格勒失踪)

乌尔里希 · 马特乌斯医务中尉 (Ulrich Matthäus)，营部 (1942年12月27日在斯大林格勒失踪)

格哈德 · 门策尔中尉 (Gerhard Menzel)，第3连 (1942年11月15日在斯大林格勒负伤)

库尔特 · 默林二等兵 (Kurt Möhring)，第2连

鲁迪 · 米勒一等兵 (Rudi Müller)，第1连 (1942年12月26日在斯大林格勒失踪)

维尔纳 · 罗伊姆许塞尔一等兵 (Werner Räumschüssel)，第1连 (1943年1月5日在斯大林格勒失踪)

奥斯瓦尔德 · 舒尔德斯一等兵 (Oswald Schuldes)，第1连 (1942年12月28日在斯大林格勒失踪)

马丁 · 赛法特一等兵（Martin Seifarth），第2连（1942年12月19日在斯大林格勒失踪）

弗里茨 · 特佩尔军士长（Fritz Toepel），营部（1942年12月31日在斯大林格勒失踪）

库尔特 · 韦伯下士（Kurt Weber），第1连（1943年1月1日在斯大林格勒失踪）

马克斯 · 齐默尔曼二等兵（Max Zimmermann），第1连（1942年12月26日在斯大林格勒失踪）

第336工兵营 – 一级铁十字勋章

约翰 · 坎帕一等兵（Johann Kampa），第1连

奥托 · 赖特尔参谋军士（Otto Reiter），第3连

第336工兵营 – 二级铁十字勋章

保罗 · 亚当二等兵（Paul Adam），第3连（1942年12月在斯大林格勒失踪）

马丁 · 鲍尔一等兵（Martin Bauer），第2连（1942年11月22日在斯大林格勒阵亡）

马克斯 · 鲍曼二等兵（Max Baumann），营部

库尔特 · 贝塞尔一等兵（Kurt Besser），第2连（1942年11月18日在斯大林格勒负伤）

瓦尔特 · 比勒尔上等兵（Walter Bieler），第3连（1943年1月在斯大林格勒失踪）

布鲁诺 · 丹嫩贝格一等兵（Bruno Dannenberg），第1连（1942年12月1日在斯大林格勒阵亡）

库尔特 · 法尔克二等兵（Kurt Falk），第3连（1942年11月13日在斯大林格勒负伤）

赫尔穆特 · 加莱斯基一等兵（Helmut Galeski），第1连

库尔特 · 霍普斯托克一等兵（Kurt Hoppstock），第3连（1942年11月22日在斯大林格勒负伤）

赫伯特 · 克特纳二等兵（Herbert Kettner），第2连

维利 · 拉吉斯上士（Willi Lagies），第1连

瓦尔特 · 洛伦茨一等兵（Walter Lorenz），第3连（1943年1月在斯大林格勒失踪）

卡尔 · 卢格特二等兵（Karl Lugert），第2连（1942年11月22日在斯大林格勒负伤）

鲁道夫 · 拉梅尔特一等兵（Rudolf Rammelt），第1连（1942年11月23日在斯大林格勒失踪）

里夏德 · 里希特一等兵（Richard Richter），第3连（1942年11月11日在斯大林格勒失踪）

埃里希 · 沙特一等兵（Erich Schatt），第1连（1943年1月1日在斯大林格勒失踪）

保罗 · 施拉姆一等兵（Paul Schramm），第1连（1943年1月6日在斯大林格勒失踪）

曼弗雷德 · 许策二等兵（Manfred Schütze），第2连

阿尔弗雷德 · 泽利希二等兵（Alfred Seelig），第3连（1942年11月13日在斯大林格勒负伤）

瓦尔特 · 施特赫列兵（Walter Stäche），第2连

埃里希 · 瓦尔特一等兵（Erich Walter），第2连（1942年12月在斯大林格勒失踪）

海因茨 · 魏泽上等列兵（Heinz Weise），第1连

1942年11月30日

第162工兵营 – 一级铁十字勋章

库尔特 · 巴尔特中尉（Kurt Barth），第1连（1942年11月18日在斯大林格勒阵亡）

1942年12月3日

第50装甲工兵营 – 一级铁十字勋章

卡尔 · 巴拉斯特二等兵（Karl Ballast），第3连

赫尔曼 · 瓦森下士（Hermann Wassen），第2连（1942年12月在斯大林格勒失踪）

第50装甲工兵营 – 二级铁十字勋章

保罗 · 阿恩特一等兵（Paul Arndt），第3连（1943年1月在斯大林格勒失踪）

赫伯特 · 阿斯曼一等兵（Herbert Assmann），第2连

约翰 · 鲍曼二等兵（Johann Baumann），第2连

路德维希 · 贝尔一等兵（Ludwig Behr），第2连

卡尔 · 达斯蒂希二等兵（Karl Dastig），第3连

海因里希 · 艾克一等兵（Heinrich Eike），第2连（1943年1月在斯大林格勒失踪）

约翰内斯 · 格尔肯一等兵（Johannes Geerken），第2连

维尔纳 · 格诺特克二等兵（Werner Gnodtke），第2连

格哈德 · 戈特施利希二等兵（Gerhard Gottschlich），第3连（1942年12月在斯大林格勒失踪）

海因茨 · 格雷克二等兵（Heinz Greeck），第1连（1943年1月在斯大林格勒失踪）

赫伯特 · 古格罗夫斯基一等兵（Herbert Guglowski），第1连

克劳迪乌斯 · 耶斯下士（Claudius Jess），第1连（1943年1月在斯大林格勒失踪）

莱昂哈德 · 克勒上等列兵（Leonhard Keller），第3连

埃里希 · 克雷拉二等兵（Erich Krella），第1连（1943年1月在斯大林格勒失踪）

约瑟夫 · 勒夫勒上士（Josef Löffler），第3连

阿尔弗雷德 · 梅茨纳二等兵（Alfred Metzner），第2连

威廉 · 米勒军士长（Wilhelm Müller），第2连

赫尔曼 · 奥尔登堡二等兵（Hermann Oldenburg），第1连

海诺 · 奥斯特曼一等兵（Heino Ostermann），第1连

海因茨 · 潘宁一等兵（Heinz Panning），第2连（1942年12月在斯大林格勒失踪）

菲利普 · 施泰因二等兵（Phillipp Stein），第3连

格哈德 · 蒂勒少尉（Gerhard Thiele），第2连（1943年1月在斯大林格勒失踪）

马丁 · 韦特尔二等兵（Martin Wetter），第3连（1942年11月17日在斯大林格勒失踪）

1942年12月4日

第294工兵营 – 一级铁十字勋章勋饰

威廉 · 魏曼少校（Wilhelm Weimann），营部

1942年12月12日

第305工兵营 – 一级铁十字勋章

贝特霍尔德 · 施泰格中尉（Berthold Staiger），第3连（1942年12月18日在斯大林格勒负伤）

1942年12月15日

第50装甲工兵营 – 一级铁十字勋章

弗里德利希 · 黑尔贝格军士长（Friedrich Hellberg），第1连（1942年12月在斯大林格勒失踪）

第50装甲工兵营 – 二级铁十字勋章

路德维希 · 阿普曼二等兵（Ludwig Apmann），第2连

威廉 · 冯 · 巴根一等兵（Wilhelm von Bargen），第2连（1942年11月19日在斯大林格勒阵亡）

赫尔穆特 · 巴尔特二等兵（Helmut Barth），第2连

雅各布 · 布尔克哈特二等兵（Jakob Burckhardt），第1连（1942年12月在斯大林格勒失踪）

尼古劳斯 · 杜赫内二等兵（Nikolaus Duchene），第1连（1943年1月在斯大林格勒失踪）

路德维希 · 艾泽曼一等兵（Ludwig Eisemann），第2连

欣里希 · 菲岑二等兵（Hinrich Fitschen），第1连

汉斯 · 弗勒利希列兵（Hans Fröhlich），第3连

容尼 · 科特林斯基一等兵（Jonny Kotlinski），营部

斯坦尼斯劳斯 · 冯 · 库奇科夫斯基列兵（Stanislaus von Kuczkowski），第3连（1942年11月18日阵亡）

库尔特 · 皮希曼二等兵（Kurt Pichmann），第3连

赫伯特 · 施奈德二等兵（Herbert Schneider），营部

埃里希 · 朔尔二等兵（Erich Scholl），第1连

威廉 · 泽格斯一等兵（Wilhelm Seegers），第2连（1942年11月22日在斯大林格勒阵亡）

阿尔弗雷德 · 施塔内克一等兵（Alfred Stanek），第3连

恩斯特 · 聚尔特列兵（Ernst Sülter），第1连（1943年1月在斯大林格勒失踪）

阿图尔 · 弗里德一等兵（Arthur Wriede），第2连

约翰内斯 · 察赫特一等兵（Johannes Zachert），第3连

1942年12月20日

第162工兵营 – 二级铁十字勋章

康拉德 · 屈格勒二等兵（Konrad Kügler），第3连（1942年11月11日在斯大林格勒阵亡）

第294工兵营 – 二级铁十字勋章

威廉 · 安格施泰因上士（Wilhelm Angerstein），第1连

约翰内斯 · 巴隆二等兵（Johannes Balon），第1连（1942年12月10日在斯大林格勒失踪）

阿道夫 · 恩斯特二等兵（Adolf Ernst），第 1 连

威廉 · 弗洛厄二等兵（Wilhelm Flohe），第 3 连

埃里希 · 弗里德曼下士（Erich Friedmann），第 1 连（1942 年 12 月 29 日在斯大林格勒失踪）

保罗 · 甘绍格二等兵（Paul Gansauge），第 3 连（1942 年 12 月 20 日在斯大林格勒失踪）

霍斯特 · 赫尼克一等兵（Horst Hönicke），第 2 连（1942 年 11 月 16 日在斯大林格勒失踪）

埃里希 · 胡特一等兵（Erich Huth），营部（1943 年 1 月 3 日在斯大林格勒失踪）

赫尔穆特 · 基斯特二等兵（Helmut Kirste），第 1 连

克罗斯蒂茨 · 莫斯鲍尔一等兵（Crostitz Moosbauer），第 3 连

瓦尔特 · 雷斯蓬德克二等兵（Walter Respondek），第 2 连（1942 年 12 月 24 日在斯大林格勒失踪）

弗里茨 · 施米茨医务上士（Fritz Schmitz），营部（1943 年 1 月 10 日在斯大林格勒失踪）

约翰 · 特拉夫卡列兵（Johann Trawka），第 2 连

威廉 · 沃施二等兵（Wilhelm Wosch），第 1 连（1942 年 12 月 26 日在斯大林格勒失踪）

第 305 工兵营 – 二级铁十字勋章

瓦尔特 · 比斯多夫下士（Walter Biesdorf），第 1 连

弗里茨 · 布劳尔上等列兵（Fritz Brauer），第 3 连

弗朗茨 · 齐兰卡二等兵（Franz Cyranka），第 3 连

格哈德 · 法伊斯特一等兵（Gerhard Feist），第 2 连

阿尔弗雷德 · 格拉泽二等兵（Alfred Glaser），第 2 连（1942 年 12 月在斯大林格勒失踪）

奥托 · 格茨二等兵（Otto Götz），第 2 连

阿尔贝特 · 瓜斯达二等兵（Albert Gwasda），第 3 连

阿洛伊斯 · 希尔森贝克二等兵（Alois Hilsenbeck），第 2 连（1943 年 1 月在斯大林格勒失踪）

赫尔穆特 · 霍夫曼二等兵（Helmut Hoffmann），第 3 连

奥托 · 耶勒上等列兵（Otto Jehle），第 1 连

约翰 · 凯泽二等兵（Johann Kaiser），第 2 连

弗朗茨 · 卡姆拉德列兵（Franz Kamrad），第 3 连（1943 年 1 月在斯大林格勒失踪）

保罗 · 克洛普弗列兵（Paul Klopfer），第 1 连

阿尔弗雷德 · 柯尼希列兵（Alfred König），第 3 连

埃哈德 · 克雷齐一等兵（Erhard Krätzi），第 3 连

赫伯特 · 克赖多夫二等兵（Herbert Kreidow），第 3 连

约瑟夫 · 门勒一等兵（Josef Männle），第 2 连（1942 年 10 月 30 日在斯大林格勒阵亡）

约瑟夫 · 马特斯下士（Josef Mattes），第 1 连（1943 年 1 月在斯大林格勒失踪）

约翰内斯 · 迈二等兵（Johannes May），第 3 连

奥托 · 米歇尔一等兵（Otto Michel），第 3 连

约瑟夫 · 内切尔一等兵（Josef Nätscher），第 1 连（1943 年 1 月在斯大林格勒失踪）

威廉 · 波尔施二等兵（Wilhelm Porsch），第3连

约翰 · 皮普拉茨列兵（Johann Pyplatz），第1连

约瑟夫 · 鲁德克上等列兵（Josef Rudek），第3连

彼得 · 施劳赫二等兵（Peter Schlauch），第3连

保罗 · 塞弗特二等兵（Paul Seifert），第3连

彼得 · 泰歇尔坎普二等兵（Peter Teichelkamp），第2连（1942年11月19日在斯大林格勒负伤）

阿尔方斯 · 塔尼施二等兵（Alfons Thanisch），第2连

格哈德 · 特林佩列兵（Gerhard Trimpe），第2连

鲁道夫 · 维尔德二等兵（Rudolf Wilde），第3连

弗朗茨 · 温克尔曼二等兵（Franz Winkelmann），第1连

赫尔穆特 · 弗泽拉克一等兵（Helmut Wzelak），第3连

阿尔贝特 · 齐默尔曼二等兵（Albert Zimmermann），第2连

1942年12月23日

第336工兵营 – 二级铁十字勋章

赫尔穆特 · 奥里希二等兵（Helmut Aurich），第3连

卡尔 · 布罗克曼中尉（Karl Brockmann），第2连（1942年11月11日在斯大林格勒负伤）

汉斯 · 埃伦一等兵（Hans Ehren），第3连（1942年12月在斯大林格勒失踪）

赫伯特 · 格勒斯默尔一等兵（Herbert Glessmer），第1连（1942年12月31日在斯大林格勒失踪）

汉斯 · 哈恩一等兵（Hans Hahn），第1连（1943年1月7日在斯大林格勒失踪）

弗里茨 · 黑内尔二等兵（Fritz Hähnel），第2连

卡尔 · 汉斯二等兵（Karl Hanns），第2连

库尔特 · 雅恩列兵（Kurt Jahn），营部

恩斯特 · 基韦尔下士（Ernst Kiewel），营部

库尔特 · 克劳斯一等兵（Kurt Kraus），第1连（1942年11月在斯大林格勒失踪）

赫伯特 · 路德维希二等兵（Herbert Ludwig），第3连

赫伯特 · 马施纳上等列兵（Herbert Marschner），第1连（1943年1月1日在斯大林格勒失踪）

弗里茨 · 马特恩军士长（Fritz Matern），营部

阿尔诺 · 纳格尔列兵（Arno Nagel），第2连

里夏德 · 奥施基纳特一等兵（Richard Oschkinat），第3连（1942年12月23日在斯大林格勒阵亡）

奥托 · 赖歇尔特二等兵（Otto Reichelt），第3连

弗里茨 · 辛德勒列兵（Fritz Schindler），第1连（1942年12月在斯大林格勒阵亡）

鲁道夫 · 瓦伦塔一等兵（Rudolf Valenta），第2连（1942年11月11日在斯大林格勒负伤）

弗朗茨 · 瓦恩克医务下士（Franz Warnke），第3连（1943年1月在斯大林格勒失踪）

附录7：德军第212掷弹兵团军官名录[1]

团部

团长　艾希勒中校（Eichler）······························（第212掷弹兵团）

副官　戈德纳上尉（Gordner）··························（第212掷弹兵团）

值班参谋　蒂尔上尉（Till）·····························（第208掷弹兵团）

特派参谋　伯爵冯 · 博特默上尉（Graf Von Bothmer）··········（第226掷弹兵团）

团部军医　米塔格医务中尉（Mittag）······················（第212掷弹兵团）

团部兽医　赛贝尔利希兽医中尉（Seiberlich）················（第212掷弹兵团）

团司务长　本德尔上尉（Bender）·························（第226掷弹兵团）

团军需官　齐格勒会计中尉（Ziegler）·····················（第212掷弹兵团）

团部连

连长　珀勒中尉（Pöhler）·····························（第212掷弹兵团）

通信排长　桑德尔少尉（Sander）·························（第226掷弹兵团）

工兵排长　普兰茨中尉（Planz）·························（第179工兵营）

第13（步兵炮）连

连长　克拉上尉（Krah）······························（第212掷弹兵团）

排长　彼得少尉（Peter）·····························（第208掷弹兵团）

第14（反坦克）连

连长　霍夫曼上尉（Hoffmann）·························（第212掷弹兵团）

排长　汉森少尉（Hansen）····························（第208掷弹兵团）

第1营

营长　布赫霍尔茨上尉（Buchholz）·······················（第212掷弹兵团）

副官　诺普少尉（Nopp）······························（第208掷弹兵团）

值班参谋　席林少尉（Schilling）·························（第208掷弹兵团）

营部军医　居特勒医务少尉（Gürtler）·····················（第208掷弹兵团）

营军需官　赫尔德军需预备士官（Höld）····················（第208掷弹兵团）

第1连

连长　米勒中尉（Müller）·····························（第208掷弹兵团）

---

1. 本附录为1943年1月6日第79步兵师解散后余部合编的第212掷弹兵团的编制及指挥官名单。

排长　沃尔夫少尉(Wolf)······························（第208掷弹兵团）

排长　比尔吉少尉(Bürgy)··························（第208掷弹兵团）

第2连

连长　布勒茨上尉(Brötz)··························（第208掷弹兵团）

代理连长　菲德勒上尉(Fiedler)····················（第179工兵营）

排长　拉邦特少尉(Labonte)·······················（第208掷弹兵团）

排长　伦博尔德少尉(Rembold)·····················（第179工兵营）

重武器连

连长　申克中尉(Schenk)··························（第208掷弹兵团）

排长　格拉斯布伦纳少尉(Glasbrenner)··············（第208掷弹兵团）

供给连

连长　米勒医务中尉(Müller)·······················（第208掷弹兵团）

第2营

营长　珀奇上尉(Poetsch)··························（第212掷弹兵团）

副官　赫斯少尉(Hess)····························（第212掷弹兵团）

值班参谋　贝格尔少尉(Berger)····················（第179工兵营）

营部军医　索伊弗特医务中尉(Seufert)··············（第212掷弹兵团）

营军需官　博克尔曼会计少尉(Bockelmann)··········（第212掷弹兵团）

第5连

连长　尼特勒中尉(Nittler)·························（第212掷弹兵团）

排长　卡斯特少尉(Karst)··························（第212掷弹兵团）

第6连

连长　里斯中尉(Ries)·····························（第212掷弹兵团）

排长　贝德少尉(Bäder)····························（第212掷弹兵团）

排长　许尔特根少尉(Hürtgen)·····················（第179工兵营）

重武器连

连长　索博塔中尉(Sobotta)·······················（第212掷弹兵团）

排长　豪格少尉(Haug)····························（第212掷弹兵团）

排长　克吕茨纳少尉(Krützner)···(第212掷弹兵团)

供给连

连长　朔斯托克医务中尉(Schostok)···(第179工兵营)

第3营

营长　冯·齐策维茨骑兵上尉(von Zitzewitz)··································(第179自行车营)

副官　布拉班德中尉(Braband)··(第179自行车营)

值班参谋　孔茨少尉(Kunz)···(第226掷弹兵团)

营部军医　魏斯医务军士长(Weiss)··(第179自行车营)

营军需官　米勒会计中尉(Müller)···(第179自行车营)

第9连

连长　费德尔基尔上尉(Federkiel)··(第226掷弹兵团)

排长　瑙曼少尉(Naumann)···(第226掷弹兵团)

第10连

连长　冯·卢克骑兵上尉(von Lucke)···(第179自行车营)

排长　图施少尉(Tusch)···(第179工兵营)

重武器连

连长　拉普骑兵上尉(Rapp)··(第179自行车营)

排长　拉方丹少尉(Lafontaine)··(第226掷弹兵团)

排长　贝克尔少尉(Becker)··(第179工兵营)

排长　弗里斯少尉(Fries)···(第226掷弹兵团)

供给连

连长　普法伊费尔医务少尉(Pfeiffer)··(第226掷弹兵团)

附录8：苏军伏尔加河分舰队的装甲巡逻艇

1125型

排水量：26.5吨。尺寸：长22.65米，宽3.55米。汽油内燃发动机，720～800马力。航速15节（28公里/小时），航程400公里。艇身和驾驶舱装甲板厚度：4～7毫米。武器：1门76.2毫米炮（装在一个T-34坦克炮塔中）、1挺12.7毫米机枪、2挺7.62毫米机枪。乘员：13人。

装甲汽艇12号

出厂舰号14号（1942年6月起为12号，1944年3月7日起为"AE-12"号）。1941年开工，1942年春下水，1942年6月服役，1942年6月29日被分配到奥涅加湖区舰队。1942年6月12日被编入伏尔加河区舰队，1943年9月14日被编入第聂伯河区舰队。先后参与斯大林格勒保卫战、白俄罗斯进攻战役（1944年6月23日-8月29日）和东普鲁士进攻战役（1945年3月31日-4月25日，在该战役中隶属于波罗的海舰队）。1949年9月8日从海军退役。

装甲汽艇13号

出厂舰号15号（1942年6月起为13号，1944年3月7日起为"AE-13"号）。1941年开工，1942年春下水，1942年6月服役，1942年7月10日被分配到伏尔加河区舰队。1943年9月14日被编入第聂伯河区舰队。先后参与斯大林格勒保卫战、白俄罗斯进攻战役（1944年6月23日-8月29日）和柏林进攻战役（1945年4月16日-5月8日）。1960年退役后被移交给伏尔加格勒州国防博物馆用作固定展示。

装甲汽艇53号

出厂舰号71号（1942年9月18日起为32号，1942年11月16日起为53号，1943年3月21日起为321号，1944年3月22日起为"AE-321"号）。1940年开工，1941年夏下水，1941年10月服役，1942年10月31日被分配到伏尔加河区舰队。参与斯大林格勒保卫战。1943年5月30日被编入亚速海区舰队。参与刻赤-埃利季根登陆战役（1943年10月31日-12月11日）。1944年4月13日被编入多瑙河区舰队。参与布达佩斯进攻战役（1944年10月29日-1945年2月13日）。1944年12月9日在武科瓦尔地区被德军炮火击沉。

装甲汽艇61号

出厂舰号73号（1942年9月18日起为71号，1942年10月3日起为94号，1942年10月9日起为71号，1942年11月16日起为61号，1943年3月21日起为312号）。1941年开工，1941年夏下水，1941年10月服役，1942年10月31日被分配到伏尔加河区舰队。参与斯大林格勒保卫战。1943年5月30日被编入黑海舰队亚速海区舰队。1943年8月30日在别格利茨卡亚海岬（塔甘罗格湾）与德军战舰和岸炮战斗时损失。

装甲汽艇63号

出厂舰号34号（1942年6月12日起为24号，1942年8月18日起为65号，1942年9月18日起为63号，1942年11月16日起为43号，1944年3月7日起为"AE-43"号）。1941年开工，1942年春下水，1942年6月服役，1942年7月10日被分配到伏尔加河区舰队。1943年9月14日被编入第聂伯河区舰队。先后参与斯大林格勒保卫战、白俄罗斯进攻战役（1944年6月23日-8月29日）和柏林进攻战役（1945年4月16日-5月8日）。1951年4月20日被编入多瑙河区舰队。

■ 在斯大林格勒战役中，苏联红海军伏尔加河区舰队也为最后胜利做出了突出贡献，尤其在"街垒"工厂的战斗中，该舰队多次组织水上补给行动，为"柳德尼科夫岛"送去急需的给养。本页的图片展示了伏尔加河区舰队装备的1125型装甲巡逻艇。右图为开阔水域高速航行的巡逻艇。

■ 右中图为编队航行的1125型装甲巡逻艇，从一艘巡逻艇的前甲板上拍摄，近处可以观察到该型巡逻艇安装的T-34型坦克炮塔的细节特征。

■ 下图是从左舷后方拍摄的1125型装甲巡逻艇，注意在后甲板上被装甲围板保护的12.7毫米大口径机枪，前甲板上的76毫米炮塔指向左舷前方。

参考文献

[1] Mansur Abdulin. Red Road from Stalingrad：Recollections of a Soviet Infantryman[M].Barnsley: Pen & Sword Military,2004

[2] Antony Beevor. Stalingrad - The Fateful Siege, 1942-1943[M]. NewYork: Viking Penguin,1998

[3] Vasili.I.Chuikov. The Beginning of the road[M]. London:MacGibbon & Kee,1963

[4] William Craig.Enemy at the Cates:The Battle for Stalingrad[M].London:Hodder and Stoughton,1973

[5] Die 62. Infanterie-Division 1938-1944. Die 62. Volks-Grenadier-Division 1944-1945[M]. Fulda: Kameradenhilfswerk der ehemaligen 62. Division,1968

[6] John Erickson. The Rosd to Stalingrad[M]. London: Weidenfeld and Nicolson Ltd,1975

[7] Udo Giulini.Stalingrad und mein zweites Leben[M]. Neustadt/Weinstrasse:Pfalzische Verlagsanstalt GmbH,1978

[8] S.D.Glukhovsky. Ostrov Lyudnikova[M]. Moscow:Voennoye izdatelstvo ministerstva oborony SSSR,1961

[9] Walter Goerlitz. Paulus and Stalingrad[M]. New York:Citadel Press,1963

[10] A.M. Samsonov. Stalingradskaya bitva[M]. Moscow: Izdatelstvo 'Nauka',1968

[11] Heinz Schröter. Stalingrad. The cruelest battle of World War II[M]. London :Pan Book Ltd,1960

[12] Helmut Welz. Verratene Grenadiere[M]. Berlin:Deutscher Militärverlag,1964

[13] Hans Wijers.Der Kampfum Stalingrad:Die Kämpfe im Industriegelände[M]. Brummen:Eigen Verlag Hans Wijers,2001

[14] Earl.F.Ziemke & Magna.E.Bauer. Moscow to Stalingrad:Decision in the East[M]. New York: Military Heritage Press,1988